Chemie heute SII

Nordrhein-Westfalen
Gesamtband · Lösungen

Schroedel

Chemie heute S II

Lösungen zu
Chemie heute S II Nordrhein-Westfalen Gesamtband
(ISBN 978-3-507-11255-1)

Herausgegeben von:
Dr. Rolf Schulte-Coerne

Bearbeitet von:
Prof. Dr. Andreas Dölle
Silke Hayn
Marion Maybaum
Dr. Steffen Menze
Gabriele Pölking
Dr. Peter Seym-Born
Dr. Sabine Struckmeier

Dieses Werk ist in Teilen eine Bearbeitung von
978-3-507-10653-6 und 978-3-507-88010-8.

© 2015 Bildungshaus Schulbuchverlage
Westermann Schroedel Diesterweg
Schöningh Winklers GmbH, Braunschweig
www.schroedel.de

Das Werk und seine Teile sind urheberrechtlich geschützt.
Jede Nutzung in anderen als den gesetzlich zugelassenen Fällen
bedarf der vorherigen schriftlichen Einwilligung des Verlages.
Hinweis zu § 52a UrhG: Weder das Werk noch seine Teile dürfen
ohne eine solche Einwilligung gescannt und in ein Netzwerk eingestellt werden. Dies gilt auch für Intranets von Schulen und
sonstigen Bildungseinrichtungen.
Auf verschiedenen Seiten dieses Buches befinden sich Verweise
(Links) auf Internet-Adressen. Haftungshinweis: Trotz sorgfältiger
inhaltlicher Kontrolle wird die Haftung für die Inhalte der externen
Seiten ausgeschlossen. Für den Inhalt dieser externen Seiten sind
ausschließlich deren Betreiber verantwortlich. Sollten Sie bei dem
angegebenen Inhalt des Anbieters dieser Seite auf kostenpflichtige,
illegale oder anstößige Inhalte treffen, so bedauern wir dies ausdrücklich und bitten Sie, uns umgehend per E-Mail davon in Kenntnis
zu setzen, damit beim Nachdruck der Verweis gelöscht wird.

Druck 1 / Jahr 2015

Redaktion: Dr. Mario Puchner
Einbandgestaltung: Janssen Kahlert Design & Kommunikation GmbH
Grafik: Beltz Bad Langensalza GmbH, Birgitt Biermann-Schickling,
Brigitte Karnath, Peter Langner, Liselotte Lüddecke, Karin Mall,
Stefanie Saile, Birgit Schlierf
Bildquellen: Umschlag (Schüler): corbis, Berlin (arabianEye);
(Graphene): Agentur Focus, Hamburg (SPL/Pasieka); (Seifenschaum):
Panther Media, München (Hans-Joachim Bechheim); (Reagenzgläser):
gettyimages, München (Steve McAllister 2008)
Mathematischer Formelsatz: CMS – Cross Media Solutions GmbH
Druck und Bindung: westermann druck GmbH, Braunschweig

ISBN 978-3-507-**11257**-5

Inhaltsverzeichnis

1 Vom Alkohol zum Aromastoff 4
2 Steuerung chemischer Reaktionen 17
3 Kohlenstoff und Kohlenstoffkreislauf 28
4 Mobile elektrische Energiequellen 34
5 Elektrische Energie für chemische Reaktionen 48
6 Säuren und Basen – analytische Verfahren 58
7 Reaktionswege in der organischen Chemie 75
8 Aromatische Verbindungen 87
9 Kunststoffe – organische Werkstoffe 98
10 Farbstoffe – Farben für Jedermann 106
   Die wichtigsten Begriffe – Concept maps 126

1 Vom Alkohol zum Aromastoff

A21.1

a), b)

Name	Molekülformel	Strukturformel
Ethen	C_2H_4	H₂C=CH₂
Propen	C_3H_6	H₂C=CH–CH₃
Buten	C_4H_8	H₂C=CH–CH₂–CH₃
Ethin	C_2H_2	H–C≡C–H
Propin	C_3H_4	H–C≡C–CH₃
Butin	C_4H_6	H–C≡C–CH₂–CH₃

allgemeine Molekülformel der Alkene: C_nH_{2n}

allgemeine Molekülformel der Alkine: C_nH_{2n-2}

A21.2

a), b)

Name	Molekülformel	Strukturformel
Cyclopropan	C_3H_6	
Cyclobutan	C_4H_8	
Cyclopentan	C_5H_{10}	
Cyclohexan	C_6H_{12}	

allgemeine Molekülformel: C_nH_{2n}

A21.3

Die Struktur verändert sich von lang gestreckt, kettenförmigen Molekülen hin zu eher kugelförmigen Molekülen, je mehr Abzweigungen hinzukommen.

A21.4

Propen: Der Bindungswinkel im Bereich der Doppelbindung beträgt 120°, das dritte Kohlenstoff-Atom ist tetraedrisch gebunden.

Propin: Der Bindungswinkel im Bereich der Dreifachbindung beträgt 180°, das dritte Kohlenstoff-Atom ist tetraedrisch gebunden.

A21.5

Das Lösemittel im Rundkolben verdampft. Der heiße Dampf steigt durch das Dampfleitungsrohr auf und kondensiert am Rückflusskühler. Von dort tropft das Lösemittel auf die Hülse mit dem Extraktionsgut. Dort sammelt sich so lange Lösemittel zusammen mit dem extrahierten Stoff bis es durch den Überlauf zurück in den Rundkolben fließt.

Die Vorteile sind, dass mit relativ wenig Lösemittel der gewünschte Stoff extrahiert werden kann. Ein und das selbe Extraktionsgut wird häufig mit einer Lösemittelmenge durchspült.

Ein Nachteil könnte sein, dass der zu extrahierende Stoff wärmeempfindlich ist und sich im Rundkolben, der ständig erwärmt wird, zersetzt.

A21.6

a)

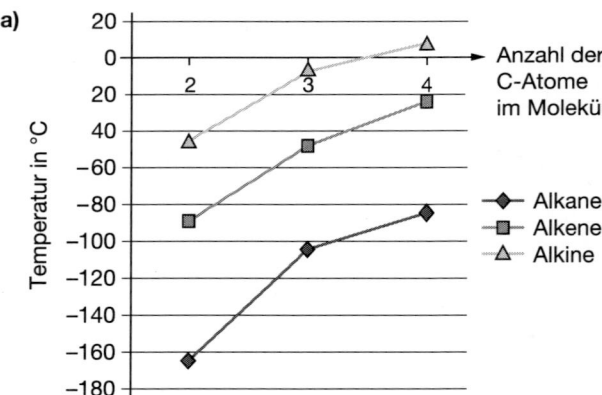

b) Innerhalb einer Reihe nimmt die Siedetemperatur mit zunehmender Molekülgröße zu. Die Siedetemperaturen der Alkane sind niedriger als die der Alkene und Alkine mit gleicher Anzahl an Kohlenstoff-Atomen.

c) Moleküle mit Doppel- und Dreifachbindungen können größere Anziehungskräfte ausbilden und haben deshalb eine höhere Siedetemperatur.

A23.1

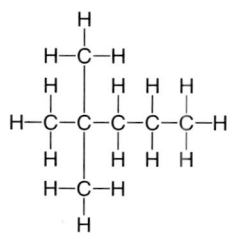

n-Heptan

2-Methylhexan   3-Methylhexan

2,2-Dimethylpentan   2,3-Dimethylpentan

2,4-Dimethylpentan   3,3-Dimethylpentan

2,2,4-Trimethylbutan   3-Ethylpentan

A23.2

a), b)

Name	Molekülformel	Strukturformel
Cyclopropan	C_3H_6	
Cyclobutan	C_4H_8	
Cyclopentan	C_5H_{10}	

allgemeine Molekülformel: C_nH_{2n}

A23.3

1: primäres C-Atom
2: sekundäres C-Atom
3: tertiäres C-Atom

A23.4

a) 2,2,4-Trimethylpentan

b) 3-Ethyl-4,4-dimethylhexan

c) 3,4-Diethyl-2,2,5-trimethylhexan

A23.5

Molekülformel: C_4H_8

But-1-en   But-2-en

Daneben gibt es als weiteres Isomer das 2-Methylpropen.

A23.6

1 C, 2 D, 3 A, 4 B

A23.7

a) Isomere

b) Isomere

c) keine Isomere

d) Isomere

A24.1

a) Carbonsäure/Dicarbonsäure
b) Aldehyd
c) Alkanol/Alkandiol
d) Ester

A24.2

Limonen: C–C-Zweifachbindungen
Terpeneol: C–C-Zweifachbindung, Hydroxy-Gruppe
Ethylpropanoat: Ester-Gruppe
Butylethanoat: Ester-Gruppe

A24.3

Beispiele für Verbindungen mit der Molekülformel $C_3H_6O_2$:

Formel	funktionelle Gruppe	Stoffklasse
H-C(H)(H)-C(H)(H)-C(=O)-O-H	Carboxy-Gruppe	Carbonsäuren
H-C(H)(H)-C(=O)-O-C(H)(H)-H	Ester-Gruppe	Ester
H-C(=O)-O-C(H)(H)-C(H)(H)-H	Ester-Gruppe	Ester

A25.1

Im Internet findet sich eine Fülle an Hinweisen und Informationen zur Geschmacksrichtung Umami.

A25.2

Die Duftmoleküle der Zitrone (*S*-Limonen) und Orange (*R*-Limonen) haben zwar die gleiche chemische Formel, sie unterscheiden sich aber in der räumlichen Anordnung ihrer Atome: Das *R*-Limonen ist das Spiegelbild vom *S*-Limonen. Diesen Unterschied nimmt unsere Nase sofort wahr.

A27.1

Wasserfreies Ethanol kann im Labor beispielsweise durch Destillation über gebranntem Kalk oder Einpressen von elementarem Natrium dargestellt werden. Für die technische Herstellung von „absoluten" Ethanol setzt man vorher Benzol zu. Das Gemisch aus Ethanol, Wasser und Benzol wird anschließend destilliert, wobei man bei 64,9 °C eine Benzol-Alkohol-Wasser-Mischung erhält und bei 68,2 °C eine Mischung von Alkohol und Benzol; es bleibt reines Ethanol zurück.

A27.2

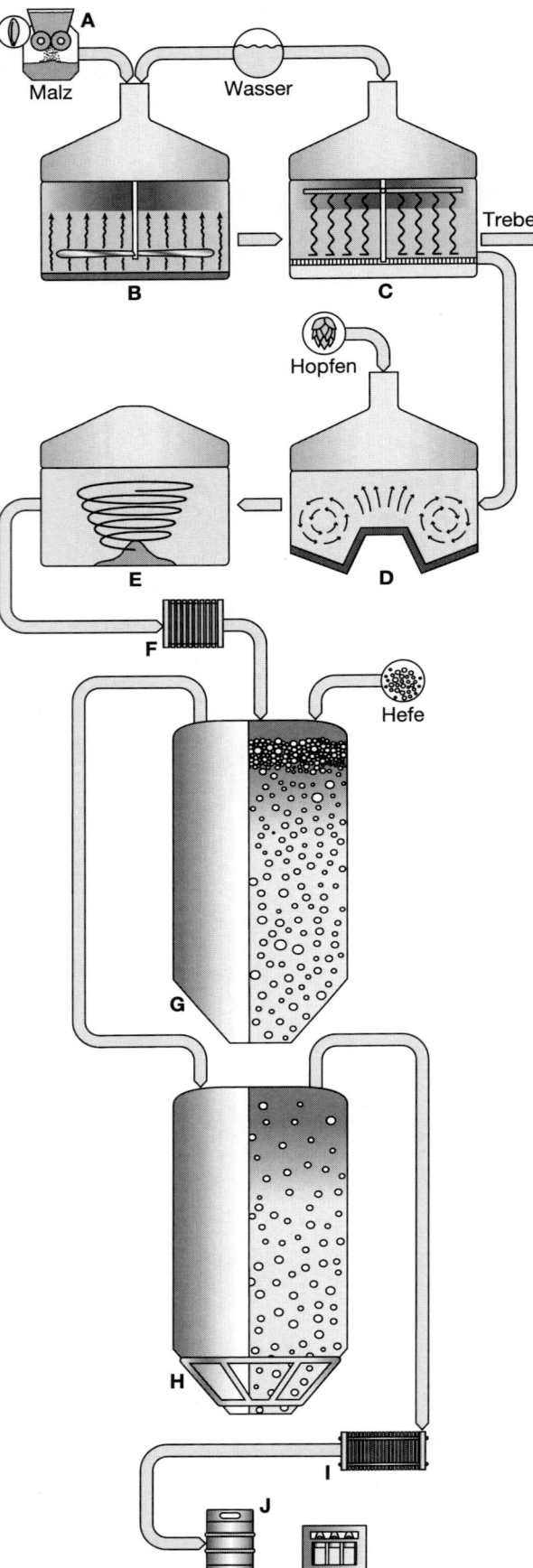

6 Vom Alkohol zum Aromastoff

A In der Schrotmühle wird das Malz gemahlen.
B In der Maischpfanne wird das geschrotete Malz mit Wasser versetzt und erhitzt.
C Im sogenannten Läuterbottich trennt man die festen Bestandteile der Maische, den Treber, von der Würze. Die Bierwürze enthält die wasserlöslichen Bestandteile, vor allem Malzzucker.
D In der Würzpfanne wird Hopfen zugegeben und die Mischung aufgekocht.
E Die erneute Filterung geschieht im Whirlpool.
F Die Bierwürze durchläuft einen Kühler.
G Im Gärtank wandelt die Hefe den Malzzucker in Ethanol und Kohlenstoffdioxid um.
H Nach Abschluss der Hauptgärung gärt das Jungbier einige Wochen in Lagertanks weiter.
I Reste von Hefe werden herausfiltriert.
J Das Bier wird in Fässer und Flaschen abgefüllt.

A27.3

a), b), c)

Getränk	Alkohol-gehalt in Vol.-%	Anteil an Ethanol in ml je 1 l	Anteil an Ethanol in g je 1 l
Bier	5	50	39,5
Rotwein	12	120	94,8
Likör	30	300	237,0
Schnaps	40	400	316,0

A27.4

a) Gegeben: $m(\text{Körper}) = 70$ kg
$V(\text{Bier}) = 3 \cdot 0,3\ l = 0,9\ l = 900$ ml

gesucht: $w(\text{Alkohol im Blut})$

Nimmt man einen Alkoholgehalt von 5 Vol.-% an, ergibt sich für das Volumen des enthaltenen Ethanols:

$V(\text{Alkohol}) = V(\text{Bier}) \cdot 5\% = 900 \cdot 5\% = 45$ ml

$m(\text{Alkohol}) = V(\text{Alkohol}) \cdot \varrho(\text{Alkohol})$
$= 45\ \text{ml} \cdot 0,79\ \text{g} \cdot \text{ml}^{-1} = 35,55$ g

$w(\text{Alkohol im Blut}) = \dfrac{m(\text{Alkohol})\ (\text{in g})}{r \cdot m(\text{Körper})\ (\text{in kg})}$

$= \dfrac{35,55\ \text{g}}{0,7 \cdot 70\ \text{kg}} = \mathbf{0,725\ ‰}$

b) Sinkt der Blutalkohol in einer Stunde um 0,15 ‰, ist nach etwa fünf Stunden der Alkohol vollständig abgebaut.

c) Gegeben: $m(\text{Körper}) = 55$ kg
$m(\text{Alkohol}) = 3 \cdot 20$ g

gesucht: $w(\text{Alkohol im Blut})$ nach 8 h

Alkoholgehalt im Blut vor Abbau:

$w(\text{Alkohol im Blut}) = \dfrac{m(\text{Alkohol})\ (\text{in g})}{r \cdot m(\text{Körper})\ (\text{in kg})}$

$= \dfrac{60\ \text{g}}{0,6 \cdot 55\ \text{kg}} = 1,81\ ‰$

Nach acht Stunden sind etwa 0,8 ‰ abgebaut. Der Restalkohohlgehalt beträgt: 1,81 ‰ − 0,8 ‰ = **1,01 ‰**

d) Die Berechnungen basieren auf durchschnittlichen Erfahrungswerten bezogen auf verschiedene Personen. Die individuelle Abbaurate und Wirkung können so nicht erfasst werden. Sie müssen immer auf den jeweiligen Menschen und seine physiologischen Bedingungen bezogen werden.

A27.5

Individuelle Lösung

A27.6

Individuelle Lösung

A27.7

In der Medizin werden wässrige Ethanollösungen mit Gehalten von 50 bis 80 % als Desinfektionsmittel eingesetzt. Die keimtötende Wirkung beruht dabei auf einer Zerstörung der Bakterienhülle.
Ferner eignet sich Ethanol als Lösemittel und Lösungsvermittler in flüssigen Arzneimitteln, insbesondere bei in Wasser schwer löslichen Wirkstoffen. Man nutzt dabei die Löseeigenschaften von Ethanol aus. Darüber hinaus dient Ethanol der Konservierung und Stabilisierung pflanzlicher Medikamente, sogenannter Phytotherapeutica.
Bei Methanolvergiftungen kann Ethanol intravös verabreicht werden, um die Umwandlung von Methanol in das giftige Methanal zu hemmen.
Hochprozentige Ethanollösungen wie Franzbranntwein sollen durch äußerlichen Anwendung (Einreiben) die Durchblutung fördern.
Die keimabtötende Wirkung von Ethanol macht man sich auch bei der Konservierung von Lebensmitteln zunutze. Darüber hinaus kann bei der Herstellung von Portwein durch Zugabe von Ethanol der Gärprozess vorzeitig beendet werden.

A27.8

Im Internet findet sich eine Fülle von Informationen zum Thema Kraftstoff E10.
Ethanol steht als Erdölersatz in der Diskussion, da es aus nachwachsenden Rohstoffen hergestellt werden kann. Erfolgt der Anbau nachhaltig hat, ist die Verwendung Bioethanol klimafreundlich. Allerdings werden für den Anbau der Energiepflanzen Ackerflächen benötigt, die dann der Lebensmittelproduktion nicht mehr zur Verfügung stehen.

A27.9

Mit der Verwendung von Bioethanol als Kraftstoffzusatz wird eine Verringerung des Verbrauchs an fossilen Energieträgern und zugleich eine Senkung der CO_2-Emissionen angestrebt. Bei der Verbrennung von Bioethanol wird nur so viel Kohlenstoffdioxid freigesetzt, wie zuvor durch das Pflanzenwachstum gebunden wurde. Synthese-Ethanol wird dagegen aus Ethen hergestellt, dass aus Erdöl gewonnen wird.

Für die Verwendung von Bioethanol in Kraftstoffen hat der Gesetzgeber Richtlinien erlassen, mit deren Hilfe die sogenannte Biokraftstoff-Quote erfüllt werden soll.

A29.1

$$H_3C-\underset{\underset{OH}{|}}{\overset{\overset{CH_3}{|}}{C}}-CH_2-CH_3 \qquad H_2C-\underset{\underset{CH_3}{|}}{\overset{\overset{OH\;CH_3}{|}}{C}}-CH_3$$

$$H_3C-CH_2-\underset{\underset{}{}}{\overset{\overset{OH}{|}}{C}H}-CH_2-CH_2-CH_2-CH_3$$

$$H_3C-\overset{\overset{OH}{|}}{C}H-CH_2-\overset{\overset{OH}{|}}{C}H-CH_3$$

A29.2

a) 3-Methylpentan-3-ol

b) Cyclohexanol

c) Propan-1,3-diol

A29.3

Die Bezeichnung dreiwertig gibt an, dass die Moleküle über drei Hydroxy-Gruppen verfügen. Der einfachste dreiwertige Alkohol ist das Propan-1,2,3-triol (Glycerin). Die Bezeichnung tertiär deutet dagegen an, dass die Hydroxy-Gruppe an ein tertiäres Kohlenstoff-Atom gebunden ist, also ein Kohlenstoff-Atom, das mit drei weiteren Kohlenstoff-Atomen verknüpft ist. Ein bekannter Vertreter für einen tertiären Alkohol ist das 2-Methylpropan-2-ol (tert-Butanol).

A29.4

$$\overset{4}{C}H_3-\overset{3}{C}H_2-\overset{2}{C}H_2-\overset{1}{C}H_2-OH$$

Butan-1-ol
(primär)

$$\overset{4}{C}H_3-\overset{3}{C}H_2-\overset{\overset{}{2}}{\underset{\underset{OH}{|}}{C}H}-\overset{1}{C}H_3 \qquad \overset{3}{C}H_3-\overset{\overset{CH_3}{|}}{\underset{\underset{H}{|}}{\overset{2}{C}}}-\overset{1}{C}H_2-OH$$

Butan-2-ol   2-Methylpropan-1-ol
(sekundär)   (primär)

$$\overset{1}{C}H_3-\overset{\overset{CH_3}{|}}{\underset{\underset{OH}{|}}{\overset{2}{C}}}-\overset{3}{C}H_3$$

2-Methylpropan-2-ol
(tertiär)

A29.5

1 D, 2 E, 3 B, 4 C, 5 A

A29.6

a) Ethanol ist sowohl mit Heptan als auch mit Wasser beliebig mischbar. Das Löslichkeitsverhalten kann mithilfe der Molekülstruktur erklärt werden. Das Ethanol-Molekül besteht aus einem unpolaren, hydrophoben Ethyl-Rest und einer polaren, hydrophilen Hydroxy-Gruppe. Zwischen dem Ethyl-Rest des Ethanol-Moleküls und den Heptan-Molekülen können sich Van-der-Waals-Bindungen ausbilden.

$$H_3C-CH_2-CH_2-CH_2-CH_2-CH_2-CH_3$$
$$CH_3-CH_2-\overline{O}H$$
$$H_3C-CH_2-CH_2-CH_2-CH_2-CH_2-CH_3$$

Die polare Hydroxy-Gruppe des Ethanol-Moleküls kann mit den Wasser-Molekülen Wasserstoffbrückenbindungen ausbilden.

$$\underset{H}{\overset{H}{\diagdown}}O\cdots H-\overline{O}-CH_2-CH_3$$

b) Das Decanol-Molekül besitzt einen deutlich größeren Alkyl-Rest. Der Einfluss des unpolaren Molekülteils ist folglich deutlich größer. Decanol sollte sich daher gut in Heptan, aber nicht Wasser lösen.

A29.7

a) Bei beiden Stoffklassen nimmt die Siedetempratur mit zunehmender Molekülmasse zu. Die Siedetemperaturen der Alkane sind jedoch deutlich niedriger als die der Alkanole mit ähnlicher Molekülmasse.

b) Zwischen den Alkan-Molekülen bilden sich Van-der-Waals-Bindungen aus. Zwischen den Alkanol-Molekülen wirken zusätzlich noch Wasserstoffbrückenbindungen. Van-der-Waals-Bindungen sind zwar schwächer als Wasserstoffbrückenbindungen. Mit zunehmender Molekülmasse nimmt jedoch bei den Alkanol-Molekülen der Einfluss der Van-der-Waals-Bindungen zu.

A29.8

Ausschlaggebend für die Verwendung als Feuchthaltemittel ist die Fähigkeit, Wasser zu binden. Glycerin-Moleküle sind in der Lage, Wasserstoffbrückenbindungen zu Wasser-Molekülen auszubilden. Darüber hinaus verdampft Glycerin kaum.

A31.1

a) Analog zu Benennung der Aldehyde ergibt die längste Kohlenstoffkette den Stammnamen der Verbindung. Zur Kennzeichnung der Stoffklasse wird die Endung -on angehängt. Eine Ziffer zwischen Stammnamen und Endsilbe gibt die Position der Keto-Gruppe an.

b) Ein weiteres Pentanonisomer ist das Pentan-3-on:

$$CH_3-CH_2-\overset{\overset{O}{\|}}{C}-CH_2-CH_3$$

Pentanal ist zwar isomer zu den Pentanonen, gehört aber zur Stoffklasse der Aldehyde:

$$CH_3-CH_2-CH_2-CH_2-C\overset{\overline{O}|}{\underset{H}{\diagdown}}$$

Vom Alkohol zum Aromastoff

A31.2

a) Octan-4-on (Butylpropylketon)

b) 2,2-Dimethylpropanal

c) 2-Methylhexan-2-ol

d) Hex-3-enal

A31.3

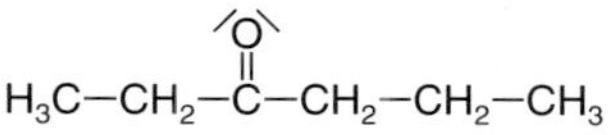

H₃C—CH₂—C(=O)—CH₂—CH₂—CH₃
Hexan-3-on (Keton)

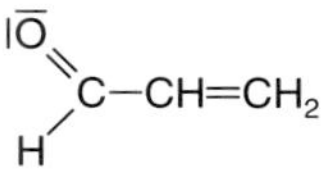

H(O=)C—CH=CH₂
Propenal (Aldehyd)

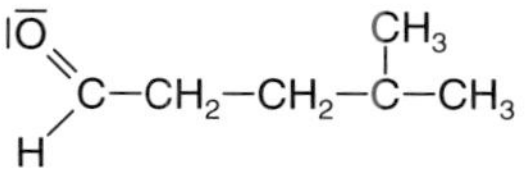

H(O=)C—CH₂—CH₂—C(CH₃)—CH₃ (mit CH₃ am mittleren C)
4-Methylpentanal (Aldehyd)

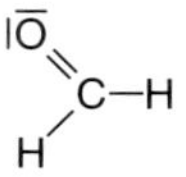

H(O=)C—H
Methanal (Aldehyd)

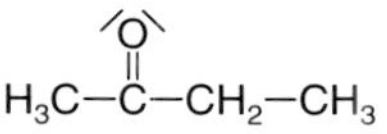

H₃C—C(=O)—CH₂—CH₃
Butan-2-on (Keton)

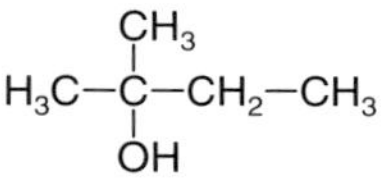

H₃C—C(CH₃)(OH)—CH₂—CH₃
2-Methylbutan-2-ol (Alkohol)

A31.4

a) Octan-1-ol lässt sich zu Octanal oxidieren:
CHO—CH₂—CH₂—CH₂—CH₂—CH₂—CH₂—CH₃

b) Heptan-3-ol kann zu Heptan-3-on oxidiert werden:

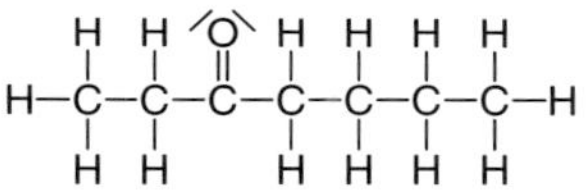

H—C(H)(H)—C(H)(H)—C(=O)—C(H)(H)—C(H)(H)—C(H)(H)—C(H)(H)—H

c) Cyclohexanol wird zu Cyclohexanon oxidiert:

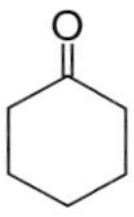

A31.5

a), b)

Name	Strukturformel	Siedetemperatur in °C
Propanon	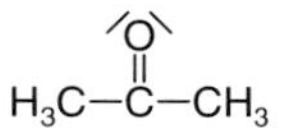 H₃C—C(=O)—CH₃	56
Propan	H₃C—CH₂—CH₃	−42
Propanal	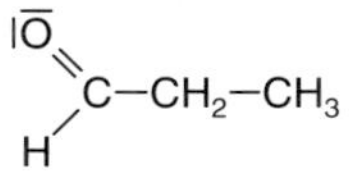 H(O=)C—CH₂—CH₃	49
Propan-1-ol	HO—CH₂—CH₂—CH₃	97

Propan hat die niedrigste Siedetemperatur, da sich zwischen den Propan-Molekülen nur Van-der-Waals-Bindungen ausbilden können.

Die Siedetemperaturen von Propanal und Propanon liegen höher, da durch die polare Carbonyl-Gruppe die Ausbildung von Dipol-Dipol-Bindungen möglich ist.
Propan-1-ol besitzt von den angegebenen Verbindungen die höchste Siedetemperatur, was auf die Anwesenheit von Wasserstoffbrückenbindungen zwischen den Molekülen zurückzuführen ist.

A31.6

Das tertiäre Kohlenstoff-Atom im 2-Methylpropan-2-ol-Molekül kann nicht weiter oxidiert werden, da die Ausbildung einer C=O-Zweifachbildung nicht möglich ist. Das primäre C-Atom im Butan-1-ol-Molekül wird aufgrund geringerer sterischer Hinderung schneller oxidiert als das sekundäre C-Atom im Butan-2-ol-Molekül.

A31.7

a) Heptan ist ein Alkan.

b) Propenal ist eine ungesättigte Verbindung.

c) 2-Methylpentan-2-ol ist ein tertiärer Alkohol.

A31.8

Über die freien Elektronenpaare am Sauerstoff-Atom können Aceton-Moleküle Wasserstoffbrücken mit Wasser-Molekülen eingehen. Aufgrund der unpolaren Methyl-Gruppen ist Aceton auch mit Heptan mischbar; es werden Van-der-Waals-Bindungen ausgebildet.

A31.9

Zur Herstellung von Sperrholz werden als Bindemittel formaldehydhaltige Kunstharze verwendet. Aus diesen Holzwerkstoffen kann bei hoher Raumtemperatur und hoher Luftfeuchtigkeit Formaldehyd ausgasen und dann in schlecht belüfteten Räumen die Raumluft belasten. Erhöhte Konzentrationen an Formaldehyd verursachen bei empfindlichen Menschen Bindehautreizungen, Schwellungen der Schleimhäute und Kopfschmerzen.

Besonders betroffen sind Spanplatten und Sperrhölzer, die in den 1980er Jahren produziert wurden, denn die damals verwendeten Kunstharze neigen auch heute noch stark zur Abgabe von Formaldehyd. Inzwischen wurden die Emissionen der mit Formaldehyd produzierten Holzwerkstoffen durch gesetzliche Regelungen deutlich reduziert Nach der Formaldehydverordnung dürfen Holzwerkstoffe nur in Verkehr gebracht werden, wenn der durch den Holzwerkstoff verursachte Raumgrenzwert an Formaldehyd in der Luft 0,1 ppm (0,1 ml · m⁻³) nicht überschreitet. Außerdem sind formaldehydfrei verklebte Holzwerkstoffe erhältlich.

A33.1

a)  (O::O)

Atome elementarer Stoffe haben immer die Oxidationszahl 0. Die Bindungselektronen werden auf die beiden Atome aufgeteilt.

b)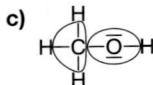

Polare Elektronenpaarbindung: Die Bindungselektronen werden dem elektronegativeren Partner zugeordnet.

c)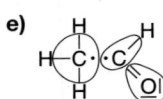

Polare Elektronenpaarbindungen: Die Bindungselektronen werden dem elektronegativeren Partner zugeordnet.

d) Sauerstoff hat in Verbindungen die Oxidationszahl –II. In Ionen entspricht die Summe der Oxidationszahlen aller Atome der Ionenladung.
$3 \cdot (-II) + IV = -2$
⇒ Schwefel hat die Oxidationszahl IV.

e)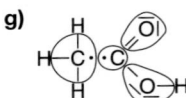

Polare Elektronenpaarbindungen: Die Bindungselektronen werden dem elektronegativeren Partner zugeordnet. Bei der C–C-Bindung werden die Bindungselektronen auf die beiden C-Atome aufgeteilt.

f) Sauerstoff hat in Verbindungen die Oxidationszahl –II. Natrium hat in Verbindungen die Oxidationszahl I. Die Summe der Oxidationszahlen aller Atome ist gleich Null:
$3 \cdot (-II) + I + V = 0$
⇒ Stickstoff hat die Oxidationszahl V.

g)

Polare Elektronenpaarbindungen: Die Bindungselektronen werden dem elektronegativeren Partner zugeordnet. Bei der C–C-Bindung werden die Bindungselektronen die beiden C-Atome aufgeteilt.

h)

Polare Elektronenpaarbindungen: Die Bindungselektronen werden dem elektronegativeren Partner zugeordnet. Bei der O–O-Bindung werden die Bindungselektronen auf die beiden O-Atome aufgeteilt. (hier Ausnahme für Sauerstoff: Oxidationszahl in Peroxiden –I).

i) Sauerstoff hat in Verbindungen die Oxidationszahl –II. Die Summe der Oxidationszahlen aller Atome ist gleich Null.
$2 \cdot (-II) + IV = 0$
⇒ Stickstoff hat die Oxidationszahl IV.

A33.2

0	–III I	I –I	–III I	–II I	–I I
Br_2	NH_3	NaF	C_2H_6	C_2H_4	C_2H_2

–III –II –I –II
$CH_3CH_2CH_2OH$ (H-Atome jeweils I)

II –II	I IV –II	I VI –II	II –II	III –II
FeS	Na_2CO_3	H_2SO_4	CO	Fe_2O_3

A33.3

Oxidationszahl	Verbindung
VII	$HClO_4$
VI	ClO_3
V	ClO_3^-
IV	ClO_2
I	Cl_2O
0	Cl_2
–I	HCl, $AlCl_3$

A33.4

a) Es liegt eine Redoxreaktion vor. Kupfer wird reduziert, Kohlenstoff wird oxidiert.

b) Es liegt eine Redoxreaktion vor. Sauerstoff wird reduziert, Kohlenstoff wird oxidiert.

c) Es liegt keine Redoxreaktion vor. Die Oxidationszahlen aller Atome bleiben unverändert.

d) Es liegt eine Redoxreaktion vor. Wasserstoff wird reduziert, Natrium wird oxidiert.

e) Es liegt keine Redoxreaktion vor. Die Oxidationszahlen aller Atome bleiben unverändert.

f) Es liegt eine Redoxreaktion vor. Chlor wird sowohl reduziert als auch oxidiert.

V34.1

a)
Methanol	CH_3OH
Ethanol	CH_3-CH_2OH
Propan-1-ol	$CH_3-CH_2-CH_2OH$
Butan-1-ol	$CH_3-CH_2-CH_2-CH_2OH$
Pentan-1-ol	$CH_3-CH_2-CH_2-CH_2-CH_2OH$

b)

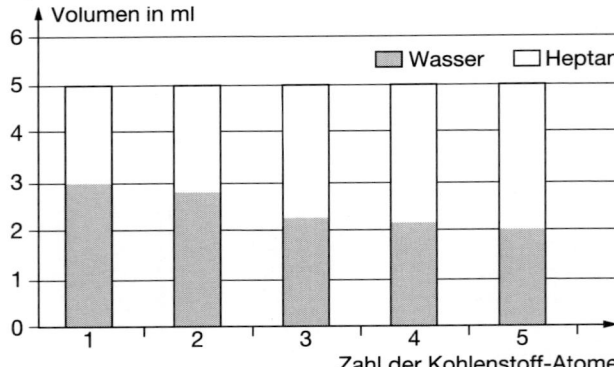

c) hydrophob – hydrophil

CH_3-OH

CH_3-CH_2-OH

$CH_3-CH_2-CH_2-OH$

$CH_3-CH_2-CH_2-CH_2-OH$

$CH_3-CH_2-CH_2-CH_2-CH_2-OH$

Die Größe des hydrophoben Restes nimmt vom Methanol zum Pentanol zu. Damit werden die Van-der-Waals-Bindungen stärker und die Bedeutung der Wasserstoffbrückenbindungen nimmt ab.

V34.2

a)

	Butan-1-ol	Butan-2-ol	2-Methyl-propan-2-ol
3 Tropfen	sofortige Entfärbung	Entfärbung	Die Farbe der Lösung bleibt unverändert.
10 Tropfen	vollständige Farbänderung nach braun	langsame Farbänderung nach braun	Die Farbe der Lösung bleibt unverändert.
1 ml	Farbänderung nach braun	Die Farbe der Lösung mischt sich mit der braunen Farbe.	Die Farbe der Lösung bleibt unverändert.

b) $CH_3-CH_2-CH_2-CH_2-OH$
Butan-1-ol

$CH_3-CH_2-CH(OH)-CH_3$
Butan-2-ol

$CH_3-C(CH_3)(OH)-CH_3$
2-Methylpropan-2-ol

c) Butan-1-ol ist ein primäres Alkanol; es kann über Butanal bis zur Butansäure oxidiert werden. Bei der Reaktion wird das zugesetzte Oxidationsmittel fast vollständig umgesetzt.
Butan-2-ol ist ein sekundäres Alkanol. Es kann nur zu Butanon oxidiert werden. Gibt man weiteres Oxidationsmittel hinzu, wird dieses nicht mehr umgesetzt.
2-Methylpropan-2-ol kann als tertiäres Alkanol nicht oxidiert werden.

d) Kaliumpermanganat dehydriert die Alkanole. Es handelt sich um eine Redoxreaktion, bei der die Oxidationszahl des Kohlenstoff-Atoms der funktionellen Gruppe steigt. Bei Mangan sinkt die Oxidationszahl von VII im Permanganat-Ion auf II beim Mangan(II)-Ion. Permanganat wird reduziert; es oxidiert dabei das Alkanol.

V34.3

a) Bei der filterlosen Zigarette färbt sich das Salz im Trockenrohr deutlich stärker braun als bei der Filterzigarette. Das Schiff-Reagenz färbt sich in beiden Fällen rosa.

b) Im Zigarettenrauch sind Teerstoffe und Aldehyde enthalten. Das Kochsalz hält nur Feuchtigkeit und Teer zurück.

c) Der Filter entfernt vorrangig die Teerstoffe aus dem Zigarettenrauch.

V35.4

a), b)

Beobachtung	Deutung
Das Kupferdrahtnetz färbt sich beim Erhitzen schwarz.	Kupfer wird zu Kupferoxid oxidiert.
Das heiße Netz wird im Propan-1-ol wieder rotglänzend.	Kupferoxid wird wieder zu Kupfer reduziert.
Es entsteht ein unangenehmer, süßlicher Geruch.	Propanol hat zu einem flüchtigeren Stoff reagiert.

c) $CH_3-CH_2-CH_2OH + CuO \longrightarrow CH_3-CH_2-CHO + Cu + H_2O$

d) Zwischen den Propanal-Molekülen liegen im Gegensatz zu den Propanol-Molekülen keine Wasserstoffbrückenbindungen mehr vor. Da die Bindungen zwischen den Molekülen schwächer sind, liegt die Siedetemperatur niedriger.

V35.5

a) Propanal: Die Lösung trübt sich, orange-roter Niederschlag.
Propanon: keine wesentlichen Veränderungen.

b) Propansäure bzw. ein Salz der Propansäure.

V35.6

a)

Beobachtung	Deutung
5. Die Permanganatlösung entfärbt sich teilweise.	Permanganat wird reduziert.
Das Schiff-Reagenz färbt sich rosa.	Im Gasraum befindet sich ein Aldehyd.
7. Die Siedetemperatur liegt bei 100 °C.	Das Destillat könnte ein Essigsäure-Wasser-Gemisch sein.
8./9. Es riecht stark nach Essig. Der pH-Wert liegt bei 3.	Das Destillat enthält Essigsäure.

b) Es wird gezeigt, dass die Oxidation über die Zwischenstufe des Aldehyds verläuft.

A37.1

a) Heptansäure

b) Butandisäure

c) 2-Hydroxybutansäure

d) 3-Methylpentansäure

A37.2

a) $CH_3-CH_2-CH_2-CH_2-COOH$

b) $CH_2=CH-COOH$

c)
$$HOOC-CH(OH)-CH_2-COOH$$

A37.3

Die elektrische Leitfähigkeit beruht auf der Anwesenheit von Wasserstoff-Ionen. In der reinen Essigsäure liegen alle Moleküle undissoziiert vor. Erst bei Zugabe von Wasser ist die Abgabe von Protonen und somit die Bildung von Wasserstoff-Ionen möglich.

A37.4

a) Alkansäure-Moleküle bestehen aus einem hydrophoben Alkyl-Rest und einer hydrophilen Carboxy-Gruppe. Zwischen den unpolaren Alkyl-Resten bilden sich Van-der-Waals-Bindungen aus. Die polare Carboxy-Gruppe ist in der Lage Wasserstoffbrückenbindungen zu Wasser-Molekülen auszubilden. Beim Heptansäure-Molekül überwiegt der Einfluss des Alkyl-Rests. Zwar bilden sich zwischen den Carboxy-Gruppen und den Wasser-Molekülen Wasserstoffbrücken aus, diese sind jedoch zu schwach, um den Einfluss der Alkyl-Reste auszugleichen. Heptansäure ist daher in Heptan, aber nicht in Wasser löslich. Im Falle der Essigsäure überwiegt dagegen der Einfluss der Carboxy-Gruppe.

b) Die Löslichkeit von Essigsäure in Heptan beruht auf der Bildung von Doppelmolekülen. Dabei bilden sich zwischen den beiden Carboxy-Gruppen zwei Wasserstoffbrückenbindungen aus. Als Ganzes sind die Doppelmoleküle jedoch unpolar.

A37.5

Oxalsäure ist die einfachste Dicarbonsäure. Reine Oxalsäure ist ein weißer, kristalliner Feststoff, der sich ab 157 °C unter Bildung von Kohlenstoffdioxid, Kohlenstoffmonoxid und Wasser zersetzt. Oxalsäure und ihre Salze, die sogenannten Oxalate, sind giftig. Sie stören den Calciumhaushalt und können so Herz- und Nierenschäden sowie Lähmungserscheinungen hervorrufen. In der Natur kommen Oxalsäure und Oxalate in größeren Mengen in Sauerklee, Rhabarber und Spinat vor. Oxalsäurehaltige Lebensmittel sollten daher nie roh verzehrt werden. Beim Kochen zerfällt die Oxalsäure und kann so keinen Schaden mehr anrichten.

A37.6

a)
$$H_3C-CH(OH)-C(\overline{\underline{O}}|)(OH)$$

b) Bei der Reaktion von Milchsäure mit Natronlauge dissoziert das Milchsäure-Molekül, das heißt, das Proton der Carboxy-Gruppe wird abgegeben. Dabei entstehen durch eine Neutralisation Wasser und eine wässrige Lösung von Natriumlactat. Das Proton der Hydroxy-Gruppe wird dagegen nicht abgespalten, da die vorliegende O–H-Bindung weniger polar ist.

c)
$$CH_3-\overset{O}{C}H(OH)-C(O)(OH) \qquad CH_3-\overset{O}{\underset{||}{C}}-C(O)(OH)$$

A37.7

Bei den Alkansäuren nimmt die Säurestärke mit zunehmender Kettenlänge ab.
Bei den Chloralkansäuren nimmt die Säurestärke mit der Anzahl der Chlor-Atome zu.

A39.1

$H_3C-CH_2-COO-CH_3$
Methylpropanoat

$H_3C-COO-CH_2-CH_3$
Ethylethanoat

$H-COO-CH_2-CH_2-CH_3$
Propylmethanoat

$H-COO-CH(CH_3)-CH_3$
1-Methylethylmethanoat

A39.2

Zur Benennung von Estern siehe Nomenklaturregeln im Schülerband.

A39.3

Bei der Lagerung bildet sich aus der vorhandenen Essigsäure und dem Ethanol Ethylethanoat, das für die Geschmacksveränderung verantwortlich ist.

A39.4

Pentansäure und Propansäure weisen die höchsten Siedetemperaturen auf, was auf die Bildung von Doppelmolekülen zurückzuführen ist. Dabei bilden sich zwischen zwei Carbonsäure-Molekülen Wasserstoffbrückenbindungen aus. Zwischen den unpolaren Doppelmolekülen liegen Van-der-Waals-Bindungen vor.
Die Siedetemperatur von Ethylpropanoat ist ähnlich der Siedetemperatur von Heptan, desjenigen Alkans mit ähnlicher Molekülmasse. In beiden Fällen liegen zwischen den Molekülen Van-der-Waals-Bindungen vor. Der Einfluss der Ester-Gruppe ist vergleichsweise gering.
Die Siedetempraturen der Alkohole liegen höher als die vergleichbarer Alkane, da Alkohol-Moleküle zusätzlich Wasserstoffbrückenbindungen ausbilden können.

A39.5

Ester sind in ihrem Löslichkeitverhalten den gesättigten Kohlenwasserstoffen vergleichbar. Sie lösen sich gut in unpolaren Substanzen, da ihre Moleküle Van-der-Waals-Bindungen ausbilden. Der Einfluss der Ester-Gruppe reicht meist nicht aus, um eine gute Löslichkeit mit polaren Substanzen erzielen.

A39.6

a)
$$H_3C-CH(OH)-C(\overline{\underline{O}}|)(OH)$$

b)
$$2\ CH_3-CH(OH)-C(\overline{\underline{O}}|)(OH) \longrightarrow \text{[cyclisches Dilactid]} + 2\ H_2O$$

A39.7

Ester sind häufig empfindlich gegenüber Feuchtigkeit. Die Esterbindung kann durch Wasser gespalten werden.

A39.8

a)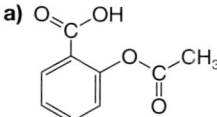

Acetylsalicylsäure   Salicylsäuremethylester

b) Wintergrünöl kommt in verschiedenen Heidekrautgewächsen insbesondere dem Wintergün vor und wird in der Regel durch Wasserdampfdestillation gewonnen. Aufgrund des charakteristischen Geruchs findet es Anwendung in Badezusätzen sowie Parfümerie- und Kosmetikprodukten. Darüber hinaus kann es als Aromastoff für Kaugummis der Geschmacksrichtung „wintergreen" eingesetzt werden, die vor allem in Nordamerika recht verbreitet sind.

c) Acetylsalicylsäure wird als Wirkstoff in schmerzstillenden, fiebersenkenden und entzündungshemmenden Arzneimitteln eingesetzt. Darüber hinaus hemmt Acetylsalicylsäure die Bildung von Thrombozyten.

A39.9

Methanol kann über Methanal zu Methansäure oxidiert werden. Die entstandene Methansäure kann dann in einer Veresterungsreaktion mit Methanol zu Methylmethanoat umgesetzt werden.

A39.10

Bienenwachs besteht im Wesentlichen aus einem Gemisch von Estern langkettiger Carbonsäuren und Alkohol. Daneben finden sich Anteile freier Carbonsäuren und Alkohole sowie gesättigter Kohlenwasserstoffe.
Bei Skiwachs handelt es sich um Gemische von verschiednenen gesättigten Kohlenwasserstoffen.

V40.1

a) Bereits bei etwa 70 °C destilliert das Gemisch. Das Destillat mischt sich vollständig mit Heptan, aber nur zu einem geringen Teil mit Wasser. Die wässrige Lösung riecht fruchtig-süßlich.

b) $CH_3COOH + CH_3-CH_2OH \longrightarrow$
$CH_3-COOCH_2-CH_3 + H_2O$

c) Die Siedetemperatur liegt niedriger als erwartet, da Ethylethanoat mit Ethanol ein niedriger siedendes Gemisch bildet.

d) Ester-Moleküle können zwar Wasserstoffbrückenbindungen mit Wasser-Molekülen eingehen. Zwischen den unpolaren Alkyl-Gruppen bilden sich jedoch Van-der-Waals-Bindungen. Der Ester ist daher nicht vollständig mit Wasser mischbar.

V40.2

a)

Ester	Geruch
2-Methylpropylethanoat (Essigsäure-2-methylpropylester)	Birne
Pentylethanoat (Essigsäurepentylester)	Banane
Ethylbutanoat (Buttersäureethylester)	Pfirsich

b) $CH_3-COOH + HOCH_2CH(CH_3)_2 \longrightarrow$
$CH_3-COOCH_2CH(CH_3)_2 + H_2O$
2-Methylpropylethanoat

$CH_3-COOH + HOCH_2-CH_2-CH_2-CH_2-CH_3 \longrightarrow$
$CH_3-COOCH_2-CH_2-CH_2-CH_2-CH_3 + H_2O$
Pentylethanoat

$CH_3-CH_2-CH_2-COOH + HOCH_2-CH_3 \longrightarrow$
$CH_3-CH_2-CH_2-COOCH_2-CH_3 + H_2O$
Ethylbutanoat

V40.3

a)

Ester	Geruch
1. Ethylethanoat	süßlich-fruchtig, Klebstoff
2. Pentylethanoat	Banane
3. Ethylpropanoat	Rum
4. Propylbenzoat	Jasmin

b) Parallel zur beschriebenen Estersynthese führt man einen Blindversuch unter gleichen Bedingungen, jedoch ohne Alkoholzugabe durch. Dann titriert man die Lösung der Veresterung und des Blindversuchs. Als Indikator ist Thymolphthalein geeignet. Die Differenz der bestimmten Stoffmengen an Säure ist eben so groß wie die Stoffmenge des gebildeten Esters.

A41.1

Die Ausbeute ist abhängig von der Vollständigkeit der Reaktion. Hier entscheiden unter anderem die Reaktionsbedingungen. Daneben wird die Ausbeute aber auch durch Nebenreaktionen und Verluste bei der Reinigung verringert.

A41.2

a) $HOOC-COOH + 2\ C_2H_5OH \longrightarrow$
$C_2H_5OOC-COOC_2H_5 + 2\ H_2O$

$n(HOOC-COOH) = \dfrac{m(HOOC-COOH)}{M(HOOC-COOH)} = \dfrac{5\ g}{90\ g \cdot mol^{-1}}$
$= \mathbf{0{,}056\ mol}$

$n(C_2H_5OH) = 2\ n(HOOC-COOH) = 0{,}11\ mol$

$m(C_2H_5OH) = n(C_2H_5OH) \cdot M(C_2H_5OH)$
$= 0{,}11\ mol \cdot 46\ g \cdot mol^{-1} = \mathbf{5{,}1\ g}$

b) $n(C_2H_5OOC-COOC_2H_5) = \dfrac{m(C_2H_5OOC-COOC_2H_5)}{M(C_2H_5OOC-COOC_2H_5)}$

$= \dfrac{5\text{ g}}{146\text{ g} \cdot \text{mol}^{-1}} = \mathbf{0{,}034\text{ mol}}$

$\dfrac{n(C_2H_5OOC-COOC_2H_5)}{n(HOOC-COOH)} = \dfrac{0{,}034\text{ mol}}{0{,}056\text{ mol}} = 0{,}61 = \mathbf{61\,\%}$

A43.1

Die Retentionszeit ist abhängig von der Art, der Länge und der Beschaffenheit der stationären Phase: Je größer die Wechselwirkungen zwischen einer Substanz mit der stationären Phase sind, desto größer ist die Retentionszeit. Ein weiterer Faktor ist die Temperatur. Bei höheren Temperaturen bewegen sich die Teilchen schneller mit der mobilen Phase. Die Retentionszeit ist geringer.

A43.2

Die Retentionszeiten werden sowohl von der Größe als auch vom Verzweigungsgrad der Moleküle beeinflusst. Größere Moleküle werden langsamer durch die Trennsäule transportiert als kleinere. Verzweigte Moleküle bewegen sich aufgrund der geringeren Oberfläche schneller durch durch die Säule als unverzweigte Moleküle.

A43.3

a) $A(\text{Hexan}) = 0{,}5 \cdot 26\text{ mm} \cdot 3\text{ mm} = 39\text{ mm}^2$

$A(\text{Methylethanoat}) = 0{,}5 \cdot 32{,}5\text{ mm} \cdot 3{,}5\text{ mm} = 57\text{ mm}^2$

$F_K = \dfrac{A(\text{Hexan})}{A(\text{Methylethanoat})} = \dfrac{39\text{ mm}^2}{57\text{ mm}^2} = \mathbf{0{,}684}$

b) $A(\text{Hexan}) = 0{,}5 \cdot 26\text{ mm} \cdot 3\text{ mm} = 39\text{ mm}^2$

$A(\text{Methylethanoat}) = 0{,}5 \cdot 24\text{ mm} \cdot 2{,}5\text{ mm} = 30\text{ mm}^2$

$m(\text{Methylethanoat}) = \dfrac{F_K \cdot m(\text{Hexan}) \cdot A(\text{Methylethanoat})}{A(\text{Hexan})}$

$= \dfrac{0{,}684 \cdot 2\text{ g} \cdot 30\text{ mm}^2}{39\text{ mm}^2} = \mathbf{1{,}1\text{ g}}$

A43.4

Natürliche Aromen sind häufig Gemische von einer großen Vielzahl von Stoffen. Bei der Synthese von künstlichen Aromen beschränkt man sich jedoch meist auf die wesentlichen Komponenten. Durch diese Beschränkungen ergeben sich Abweichungen im Geschmack von natürlichen und künstlich hergestellten Aromen. Zudem wird bei vielen Lebensmitteln der Geschmackseindruck durch Zusatz von Geschmacksverstärkern vertieft. Wer fast ausschließlich Lebensmittel, deren Geschmack auschließlich oder überwiegend auf künstlichen Aromen beruht, zu sich nimmt, könnte so den Geschmackseindruck des natürlichen Produkts verlieren.

A46.B1

a) *Organische Verbindungen:* Verbindungen des Kohlenstoffs mit Ausnahme von Kohlenstoffdioxid, Kohlenstoffmonooxid und den anorganischen Carbonaten.

Kohlenstoffgerüst: Verknüpfung von Kohlenstoff-Atomen, die die Grundstruktur eines Moleküls bilden.

funktionelle Gruppe: Molekülteil, der das Reaktionsverhalten organischer Verbindungen bestimmt.

Alkane: Gesättigte kettenförmige Kohlenwasserstoffe. Allgemeine Formel: C_nH_{2n+2}

Alkene: Ungesättigte Kohlenwasserstoffe mit (mindestens) einer C=C-Zweifachbindung. Allgemeine Formel: C_nH_{2n}

Alkine: Ungesättigte Kohlenwasserstoffe mit (mindestens) einer C≡C-Dreifachbindung. Allgemeine Formel: C_nH_{2n-2}

Homologe Reihe: Abfolge von Verbindungen, deren Mitglieder sich jeweils um eine CH_2-Einheit unterscheiden.

Alkohole: Organische Verbindungen mit einer OH-Gruppe.
Alkanole: Alkohole, die sich von Alkanen ableiten.
Hydroxy-Gruppe: funktionelle Gruppe der Alkohole.

Aldehyde: Organische Verbindungen mit einer CHO-Gruppe im Molekül.

Ketone: Organische Carbonylverbindungen mit der Molekülformel R^1-CO-R^2.

Carbonsäuren: Organische Säuren mit einer COOH-Gruppe.
Ester: Reaktionsprodukte von Alkoholen mit organischen oder anorganischen Säuren: $R^1-O-\underset{\underset{O}{\|}}{C}-R^2$

Oxidation: Abgabe von Elektronen bzw. die Erhöhung der Oxidationszahl bei einer Reaktion.
Reduktion: Aufnahme von Elektronen bzw. die Erniedrigung der Oxidationszahl bei einer Reaktion.

Oxidationszahl: Fiktive Ladung eines Atoms in einer Verbindung. Für die Ermittlung werden die Bindungselektronen jeweils den elektronegativeren Atomen zugeordnet. Oxidationszahlen sind ein wichtiges Hilfsmittel zum Aufstellen von Redoxgleichungen. Bei einer Oxidation wird die Oxidationszahl eines Atoms durch Elektronenabgabe erhöht, während bei einer Reduktion die Oxidationszahl eines Atoms durch Elektronenaufnahme erniedrigt wird.

Einwaage: Masse der bei einer chemischen Reaktion vorgelegten Edukten.
Ausbeute: Quotient aus der erhaltenen Stoffmenge und der maximal möglichen Stoffmenge.

Gas-Chromatografie: Trennverfahren, bei dem ein Gemisch mittels einer mobilen Phase bestehend aus einem Gas über eine stationäre Phase geführt wird. Die stationäre Phase besteht häufig aus einem mit einer schwer verdampfbaren Flüssigkeit beschichtetem Feststoff.

b) siehe Seite 126

c) individuelle Lösung

A46.B2

a) $n = \dfrac{m}{M}$

$n(\text{Ameisensäure}) = \dfrac{30\ g}{46 \cdot mol^{-1}} = $ **0,65 mol**

$n(\text{Methanol}) = \dfrac{20\ g}{32\ g \cdot mol^{-1}} = $ **0,63 mol**

$n(\text{Methylmethanoat}) = \dfrac{22\ g}{60\ g \cdot mol^{-1}} = $ **0,37 mol**

b)

$\dfrac{n(\text{Methylmethanoat})}{n_{max}(\text{Methylmethanoat})} = \dfrac{n(\text{Methylmethanoat})}{n(\text{Methanol})}$

$= \dfrac{0,37\ mol}{0,63\ mol} = 0,59 = $ **59 %**

Da die Stoffmenge an Methanol geringer ist als die Stoffmenge an Ameisensäure wird die maximal mögliche Menge an Ester durch die eingesetzte Menge an Methanol begrenzt.

c) Unter Laborbedingungen wäre man mit dieser Ausbeute gerade noch zufrieden. Für technische Prozesse ist diese Ausbeute jedoch deutlich zu gering.

d) Einerseits könnte die Reaktion noch unvollständig sein, andererseits kann bei einer Destillation ein erheblicher Teil des Produkts verloren gehen.

A46.B3

a) Ethanol-Moleküle können zu Alkan-Molekülen Van-der-Waals-Bindungen und zu Wasser-Molekülen Wasserstoffbrückenbindungen ausbilden.

b) Wasserstoffbrückenbindungen und Van-der-Waals-Bindungen sind beim Ethanol ähnlich stark, daher können viele Stoffe, unabhängig von zwischenmolekularen Bindungen, in Ethanol gelöst werden.

A46.B4

- Wahl der Edukte
- Entscheidung für Reaktionsbedingungen
- Planung einer geeigneten Apparatur

A46.B5

a) $\overset{-I}{H_2O_2} + 2\ e^- + 2\ H^+ \longrightarrow 2\ \overset{-II}{H_2O}$

b) $\overset{-III}{CH_3}-\overset{-I}{CH_2}-OH + 12\ OH^- \longrightarrow 2\ \overset{IV}{C}O_2 + 12\ e^- + 9\ H_2O$

c) $\overset{I}{Ag_2}O + 2\ e^- + 2\ H^+ \longrightarrow 2\ \overset{0}{Ag} + H_2O$

d) $\overset{-I}{CH_2}Br-\overset{-I}{CH_2}Br + 2\ e^- + 2\ H^+ \longrightarrow \overset{-II}{CH_2}=\overset{-II}{CH_2} + 2\ HBr$

e) $\overset{VII}{Mn}O_4^- + 5\ e^- + 8\ H^+ \longrightarrow \overset{II}{Mn}^{2+} + 4\ H_2O$

f) $\overset{-III}{CH_3}-\overset{I}{C}HO + 2\ OH^- \longrightarrow \overset{-III}{CH_3}-\overset{III}{C}OOH + 2\ e^- + H_2O$

Reduktionen: a, c, d, e
Oxidationen: b, f

A47.C1

a) Ein Duftstoff sollte leicht verdampfbar sein. Dementsprechend sollten seine Moleküle nicht allzu groß sein.

b) Flecken sollten mit einem geeigneten Lösemittel entfernt werden. Das Lösemittel sollte in kleinen Mengen um den Fleck herum aufgetragen und auf der anderen Seite mit Löschpapier oder Ähnlichem aufgesaugt werden. Bei der Wahl des Lösemittels sollte man auch die Pflegehinweise auf dem Etikett des Kleidungsstücks beachten. Möchte man verschiedene Lösemittel ausprobieren, beginnt man in der Regel mit dem unpolarsten.

c) Etherische Öle aus Naturstoffen sind häufig komplexe Mischungen mit einer Vielzahl an Einzelkomponenten. Künstlich hergestellte Duftstoffzubereitungen zeichnen sich dagegen durch eine deutlich geringere Anzahl an Komponenten aus. Gemische organischer Stoffe können mithilfe der Gas-Chromatografie getrennt und analysiert werden. Bei diesem Verfahren wird das Stoffgemisch in einem Trägergas an einer festen (stationären) Phase vorbeigeführt. Dabei handelt es sich häufig um einen Feststoff, der mit einer schwerverdampfaren Substanz beschichtet ist. Die Komponenten des Stoffgemischs treten mit der stationären Phase in Wechselwirkung und werden von ihr zurückgehalten. Die Verweilzeit in der Chromatografiesäule ist für die einzelnen Komponenten unterschiedlich. Das Gemisch wird auf diese Weise aufgetrennt.

d) Das Fenchol-Molekül besitzt ein gesättigtes Kohlenstoffgerüst mit einem verbrückten Sechsring und einer Hydroxy-Gruppe.

Phellandren ist ein ungesättigter Kohlenwasserstoff mit einem Cyclohexenring und einer weiteren C–C-Zweifachbindung.

Das Anethol-Molekül verfügt über einen aromatischen Sechsring, eine Ether-Gruppe und eine C–C-Zweifachbindung.

e) Fenchel enthält unterschiedliche Aromastoffe, die sich auch in der Löslichkeit in Wasser, Ethanol und Heptan unterscheiden. Somit sind die extrahierten Duftöle unterschiedlich zusammengesetzt und riechen auch unterschiedlich. In der wässrigen Probe lösen sich nur sehr geringe Mengen an Duftstoffen. Die in der Aufgabenstellung genannten Stoffe sind in Wasser allesamt unlöslich. Zwar besitzen Fenchol-Moleküle eine Hydroxy-Gruppe, die mit Wasser-Molekülen Wasserstoffbrückenbindungen ausbilden könnte, der Einfluss des unpolaren, hydrophoben Kohlenwasserstoff-Rests überwiegt jedoch.

Fenchol und Anethol sind löslich in Ethanol. Der Extrakt ist dementprechend reich an diesen Duftstoffen.

Aufgrund des großen unpolaren Kohlenwasserstoffgerüsts, das alle drei Moleküle besitzen, ist eine gute Löslichkeit in Heptan zu erwarten.

A47.C2

a) $C_6H_{12}O_6 \longrightarrow 2\ CH_3CH_2OH + 2\ CO_2$

b) Mit dem Begriff Gärung bezeichnet man den Abbau energiereicher Verbindungen zu energieärmeren ohne Beteiligung von Sauerstoff. Dabei erfolgt der Abbau nicht vollständig.

c) Nach einer kurzen Anlaufphase nimmt der Zuckergehalt der Lösung innerhalb der ersten Wochen deutlich ab. Danach ist die Abnahme deutlich geringer bis sich der Gehalt schließlich einem Wert von 40 g · l^{-1} annähert. Analog zum Zuckergehalt steigt der Alkhoholgehalt zunächst drastisch, dann aber immer langsamer und nähert sich schließlich einem Wert von 14 Vol.-% an. Die Gärung scheint zum Erliegen zu kommen. Das gebildete Ethanol wirkt als Zellgift und tötet die Hefepilze ab.

d) Gegeben: $V_{Destillat}$ = 17 ml
$m_{Destillat}$ = 15,98 g

gesucht: Alkoholgehalt im Wein

$$\varrho = \frac{m_{Destillat}}{V_{Destillat}} = \frac{15{,}98 \text{ g}}{17 \text{ ml}} = 0{,}94 \text{ g} \cdot \text{ml}^{-1}$$

Alkoholgehalt im Destillat: 45 Vol.-%. Unter der Annahme, dass der gesamte Alkohol sich im Destillat befindet und das Destillat etwa ein Drittel des Volumens der Probe ausmacht, ergibt sich für den Wein ein Alkoholgeghalt von etwa 15 Vol.-%.

2 Steuerung chemischer Reaktionen

A51.1

a) $n(H_2) = \dfrac{V}{V_m} = \dfrac{20\ ml}{24{,}5\ l \cdot mol^{-1}} = 8{,}2 \cdot 10^{-4}\ mol$

b) $n(HCl) = 2\,n(H_2) = 2 \cdot 8{,}2 \cdot 10^{-4}\ mol = \mathbf{1{,}64 \cdot 10^{-3}\ mol}$

c) $n_1(HCl) = n_0(HCl) - n(HCl) = c_0(HCl) \cdot V(HCl) - n(HCl)$
$= 1{,}0\ mol \cdot l^{-1} \cdot 0{,}1\ l^{-1} - 1{,}64 \cdot 10^{-3}\ mol$
$= 100\ mmol - 1{,}64\ mmol = 98{,}36\ mmol$

$c_1(HCl) = \dfrac{n_1(HCl)}{V(HCl)} = \dfrac{98{,}36\ mmol}{100\ ml} = 0{,}9836\ mol \cdot l^{-1}$

$|\Delta c| = |c_1 - c_0| = \mathbf{0{,}0164\ mol \cdot l^{-1}}$

d) $|\Delta c(ZnCl_2)| = \dfrac{|\Delta c(HCl)|}{2} = \mathbf{0{,}082\ mol \cdot l^{-1}}$

e) $v(HCl) = \dfrac{|\Delta c(HCl)|}{\Delta t} = \dfrac{(0{,}0164\ mol \cdot l^{-1})}{60\ s}$
$= \mathbf{2{,}73 \cdot 10^{-4}\ mol \cdot l^{-1} \cdot s^{-1}}$

$v(ZnCl_2) = \dfrac{|\Delta c(ZnCl_2)|}{\Delta t} = \dfrac{(0{,}0082\ mol \cdot l^{-1})}{60\ s}$
$= \mathbf{1{,}36 \cdot 10^{-4}\ mol \cdot l^{-1} \cdot s^{-1}}$

A51.2

a) $CaCO_3(s) + 2\,H^+(aq) + 2\,Cl^-(aq) \longrightarrow$
$Ca^{+2}(aq) + 2\,Cl^-(aq) + H_2O(l) + CO_2(g)$

b) Das bei der Reaktion entstehende CO_2 entweicht und wird nicht mitgewogen.

c) gegeben: $m_0(CaCO_3) = 20{,}0\ g$
$m_0(HCl) = 50{,}0\ g$
$c_0(HCl) = 1{,}0\ mol \cdot l^{-1}$
$\Delta t = t_1 - t_0 = 100\ s$
$m_1 = 69{,}9\ g$

$m(CO_2) = m_0(CaCO_3) + m_0(HCl) - m_1$
$= 20{,}0\ g + 50{,}0\ g - 69{,}9\ g = \mathbf{0{,}1\ g}$

$n(CO_2) = \dfrac{m(CO_2)}{M(CO_2)} = \dfrac{0{,}1\ g}{44\ g \cdot mol^{-1}}$
$= 2{,}27 \cdot 10^{-3}\ mol = \mathbf{2{,}27\ mmol}$

$n(HCl) = 2 \cdot n(CO_2) = \mathbf{4{,}54\ mmol}$

$n_0(HCl) = c_0(HCl) \cdot V_0(HCl) = c_0(HCl) \cdot \dfrac{m_0(HCl)}{\rho(HCl)}$
$= 1\ mol \cdot l^{-1} \cdot \dfrac{50{,}0\ g}{1{,}015\ g \cdot ml^{-1}} = 49{,}26\ mmol$

$n_1(HCl) = n_0(HCl) - n(HCl) = 49{,}26\ mmol - 4{,}54\ mmol$
$= 44{,}72\ mmol$

$c_1(HCl) = \dfrac{n_1(HCl)}{V_0(HCl)} = \dfrac{44{,}72\ mmol}{49{,}26\ ml} = 0{,}90\ mol \cdot l^{-1}$

$|\Delta c(HCl)| = |c_1(HCl) - c_0(HCl)|$
$= |0{,}90\ mol \cdot l^{-1} - 1\ mol \cdot l^{-1}| = 0{,}10\ mol \cdot l^{-1}$

$|\Delta c(CaCl_2)| = \tfrac{1}{2}|\Delta c(HCl)| = 0{,}05\ mol \cdot l^{-1}$

$v(HCl) = \dfrac{|\Delta c(HCl)|}{\Delta t} = \dfrac{0{,}10\ mol \cdot l^{-1}}{100\ s} = \mathbf{1{,}0 \cdot 10^{-4}\ mol \cdot l^{-1} \cdot s^{-1}}$

$v(CaCl_2) = \dfrac{|\Delta c(CaCl_2)|}{\Delta t} = \dfrac{0{,}05\ mol \cdot l^{-1}}{100\ s}$
$= \mathbf{5{,}0 \cdot 10^{-5}\ mol \cdot l^{-1} \cdot s^{-1}}$

A51.3

Die Geschwindigkeit nimmt mit fortschreitender Dauer zu: a, b.

Die Geschwindigkeit nimmt mit fortschreitender Dauer ab: c, d, e, f.

A53.1

a) Die Anzahl der Treffer ist näherungsweise direkt proportional sowohl zum Anteil der A-Perlen als auch zum Anteil der B-Perlen. Die Grafik bestätigt also das Geschwindigkeitsgesetz: $v = k \cdot c(A) \cdot c(B)$

b) Ein Treffer bei der Simulation bedeutet in diesem Fall, dass bei einem Griff zwei A-Perlen gezogen werden.
Bei der Simulation mit der Tabellenkalkulation kann ein der Abbildung entsprechendes Arbeitsblatt eingesetzt werden. Die Abfrage in der Spalte C bezieht sich in beiden Teilen auf das Feld E2.

$v(C) = k \cdot c^2(A)$

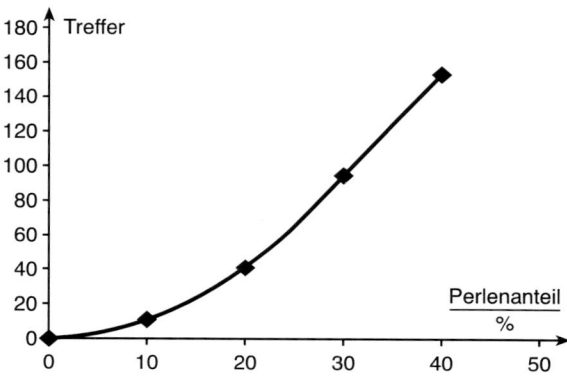

V54.1

Hinweise: 1. Bei diesen Versuchen wird Kaliumsulfatlösung bzw. Kaliumnitratlösung zugegeben, um die Ionenstärke konstant zu halten. Da die Reaktionsgeschwindigkeit nicht nur von der Konzentration der Reaktionspartner sondern auch vom Ausmaß der elektrostatischen Wechselwirkungen in der Lösung abhängt, führt der Zusatz der Inertlösungen zu besseren Ergebnissen.
2. Die $(NH_4)_2S_2O_8$-Lösung sollte möglichst in p.a.-Qualität eingesetzt werden, um katalytisch wirkende Spuren von Fe(III) zu vermeiden.

a) Konzentrationsabhängigkeit:

Versuch	$V(I^-)$ in ml	$V(S_2O_8^{2-})$ in ml	t_r in s	t_r^{-1} in s^{-1}
1	20	20	60	0,017
2	20	15	78	0,013
3	20	10	120	0,008
4	20	5	240	0,004
5	15	20	75	0,013
6	10	20	120	0,008
7	5	20	238	0,004

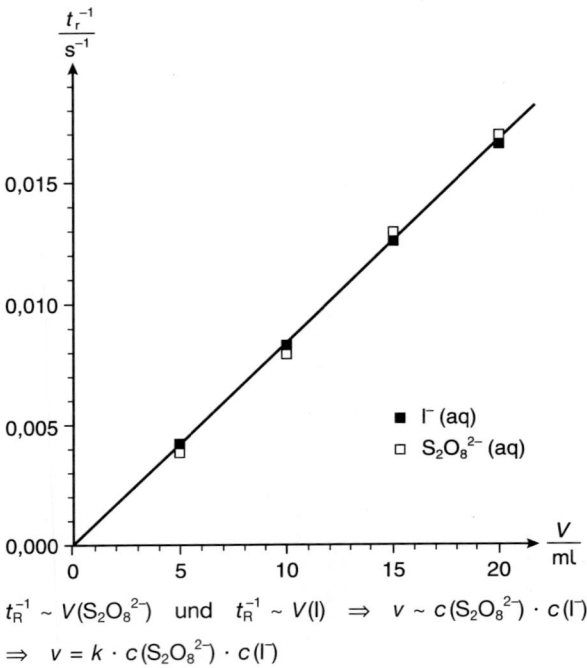

$t_R^{-1} \sim V(S_2O_8^{2-})$ und $t_R^{-1} \sim V(I^-)$ $\Rightarrow$ $v \sim c(S_2O_8^{2-}) \cdot c(I^-)$
$\Rightarrow$ $v = k \cdot c(S_2O_8^{2-}) \cdot c(I^-)$

b) Temperaturabhängigkeit

ϑ in s	t_r in s	t_r^{-1} in s^{-1}
10	250	0,0040
20	120	0,0083
30	65	0,0154
40	36	0,0278

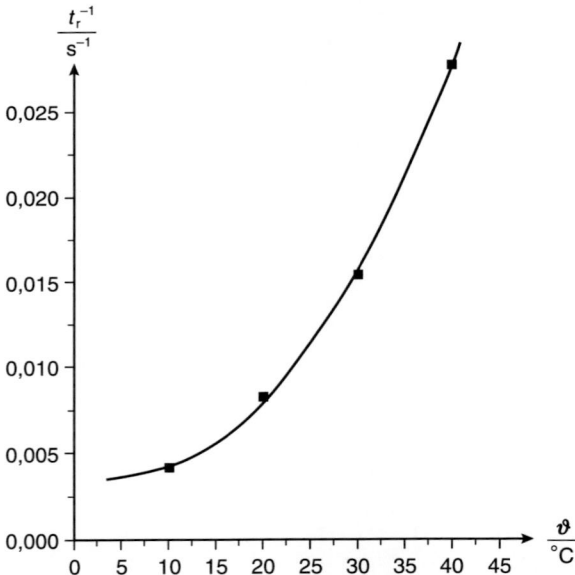

c) Die Reaktionsdauer beträgt nur noch 15 s. Damit hat sich die Reaktionsgeschwindigkeit in etwa verzehnfacht.

V54.2

ϑ in s	t_r in s	t_r^{-1} in s^{-1}
10	165	0,0061
20	45	0,0222
30	15	0,0667

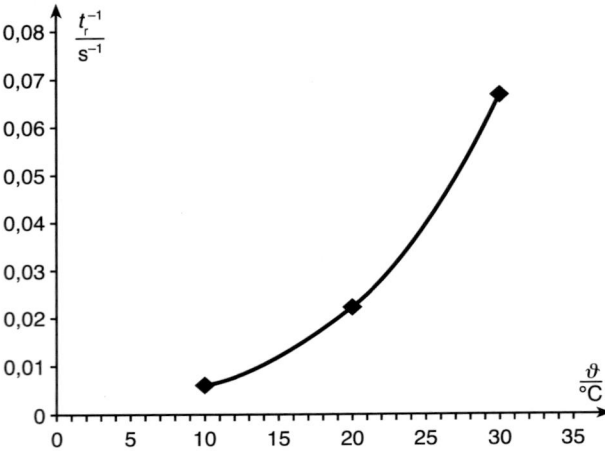

b) Die Reaktionsgeschwindigkeit verdreifacht sich jeweils bei einer Temperaturerhöhung um 10 K.

V55.3

a) $v = \dfrac{\Delta c}{t_r}$

$\Delta c =$ konstant

$v = \dfrac{k}{t_r}$ $\Rightarrow$ $t_r^{-1} \sim v$

b) Temperaturabhängigkeit

ϑ in s	t_r in s	t_r^{-1} in s^{-1}
10	165	0,0061
20	80	0,0125
30	41	0,0244
40	20	0,0500

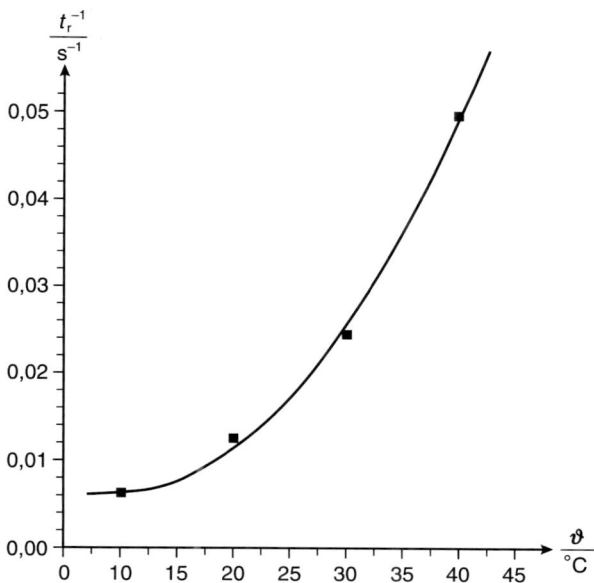

c) Die Reaktionsgeschwindigkeit verdoppelt sich jeweils bei einer Temperaturerhöhung um 10 K.

d) Konzentrationsabhängigkeit:

$V(S_2O_3^{2-})$ in ml	t_r in s	t_r^{-1} in s^{-1}
50	30	0,0333
40	38	0,0263
30	52	0,0192
20	80	0,0125
10	175	0,0057

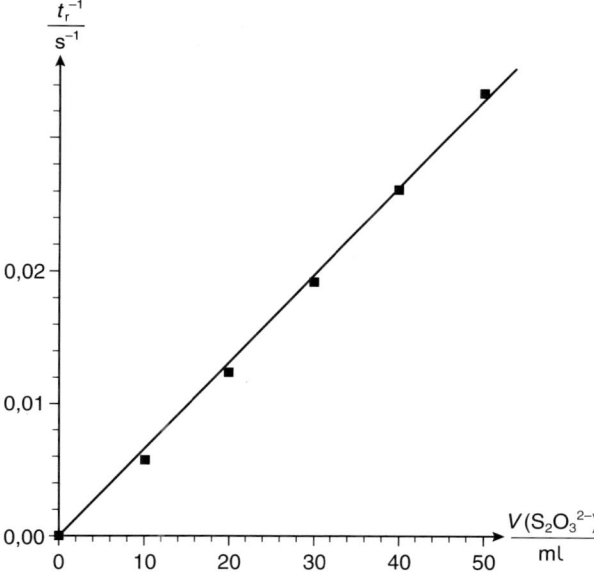

e) Die Reaktionsgeschwindigkeit steigt proportional zur Konzentration der Peroxodisulfat-Ionen.

V55.4

a) bis c)

t in s	$V(H_2)$ in ml	$n(H_2)$ in mmol	$n(HCl)$ in mmol	$c(MgCl_2)$ in mol·l^{-1}	$c(HCl)$ in mol·l^{-1}
0	0	0	5	0	0,5
44	5	0,21	4,583	0,021	0,458
92	10	0,42	4,167	0,042	0,417
145	15	0,63	3,750	0,063	0,375
203	20	0,83	3,333	0,083	0,333
269	25	1,04	2,917	0,104	0,292
345	30	1,25	2,500	0,125	0,25
433	35	1,46	2,083	0,146	0,208
538	40	1,67	1,667	0,167	0,167
670	45	1,88	1,250	0,188	0,125
846	50	2,08	0,833	0,208	0,083

Die Formel im Feld C3 dient zur Berechnung der Stoffmenge an Wasserstoff. Sie beruht auf dem Gesetz von Avogadro, nach dem bei 20 °C in einem Volumen von 24 Litern stets 1 mol Teilchen eines Gases enthalten sind.

d)

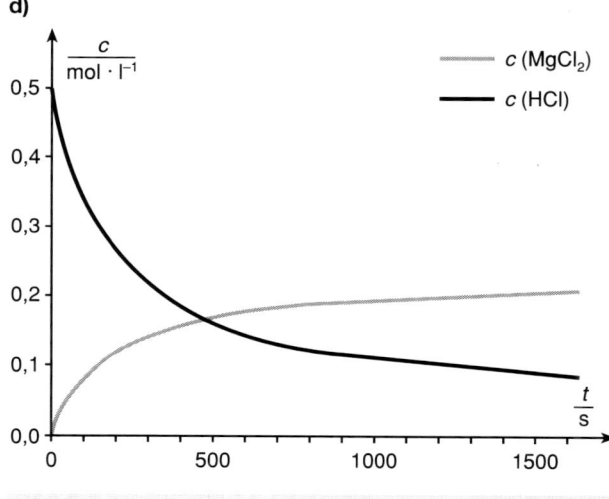

A57.1

a) $2 H_2 + O_2 \longrightarrow 2 H_2O$

b) Wasserstoff und Sauerstoffgas werden in einem Eudiometer im Verhältnis 2 : 1 gemischt. Das Gasgemisch wird anschließend mithilfe eines Funkens gezündet.

c) Lockern der Bindungen zwischen den Wasserstoff-Atomen im Wasserstoff-Molekül und zwischen den Sauerstoffatomen im Sauerstoff-Molekül

A57.2

Auch bei niedrigen Temperaturen sind noch Teilchen vorhanden, deren kinetische Energie oberhalb der für das Verlassen der Flüssigkeit notwendigen Mindestenergie liegt.

A57.3

Um eine Folgereaktion wie beim Umfallen der Dominosteine zu erreichen, muss dem ersten Stein Energie in Form eines Stoßes zugeführt werden. Beim Umfallen überträgt er einen Teil seiner kinetischen Energie auf den folgenden Stein. Dieser wiederum überträgt kinetische Energie auf den folgenden usw. Auf diese Weise wird die Reaktion weitergetragen.
Ähnlich verhält sich mit den Teilchen bei einer chemischen Reaktion. Zunächst muss einigen Teilchen Energie zugeführt werden, damit die Reaktion in Gang kommt. Die bei der exothermen Reaktion freiwerdende Energie wird durch Stösse auf die umliegenden Teilchen übertragen, wodurch diese reagieren können.

A57.4

a) $E_{kin}(O_2) = E_{kin}(H_2)$

$\frac{1}{2} m(O_2) \cdot v^2(O_2) = \frac{1}{2} m(H_2) \cdot v^2(H_2)$

$\frac{1}{2} M(O_2) \cdot N_A \cdot v^2(O_2) = \frac{1}{2} M(H_2) \cdot N_A \cdot v^2(H_2)$

$v^2(H_2) = M(O_2) \cdot v^2(O_2)$

$|v(H_2)| = \dfrac{\sqrt{M(O_2) \cdot v^2(O_2)}}{M(H_2)}$

$= \dfrac{\sqrt{16 g \cdot mol^{-1} (478 \; m \cdot s^{-1})^2}}{1 g \cdot mol^{-1}} = 1912 \; m \cdot s^{-1}$

b) Die mittlere Geschwindigkeit der Wasserstoff-Moleküle ist vier mal so groß wie die der Sauerstoff-Moleküle. Die Wasserstoff-Moleküle verlassen deshalb den Ballon vier mal so schnell.

c) Die kinetische Energie E_{kin} ist zur Temperatur T direkt proportional. Die mittlere Geschwindigkeit v ist direkt proportional zur Wurzel der kinetischen Energie. Durch eine Erhöhung der Temperatur erhöht sich die kinetische Energie und damit auch die mittlere Geschwindigkeit der Moleküle. Die Moleküle strömen schneller aus dem Ballon. Die Ausströmzeit verkürzt sich deshalb.

A59.1

Es entstehen Kohlenstoffdioxid, Wasser und Formiat-Ionen.

A59.2

Der Katalysator bildet mit den Edukten eine oder mehrere Zwischenstufen, für deren Bildung eine niedrigere Aktivierungsenergie notwendig ist als bei der Reaktion ohne Katalysator. Die Reaktionsenthalpie ist dagegen die Differenz der Summe der Bildungsenthalpien der Produkte und der Eduke und daher vom Reaktionsweg unabhängig. Durch einen Katalysator kann die Reaktionsenthalpie nicht verändert werden.

A59.3

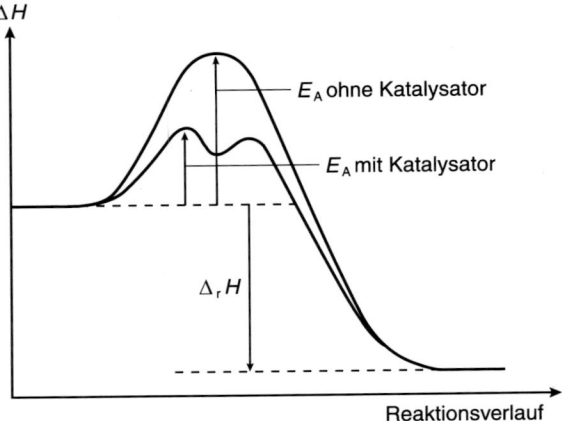

Reaktionsverlauf für eine exotherme Reaktion mit und ohne Katalysator

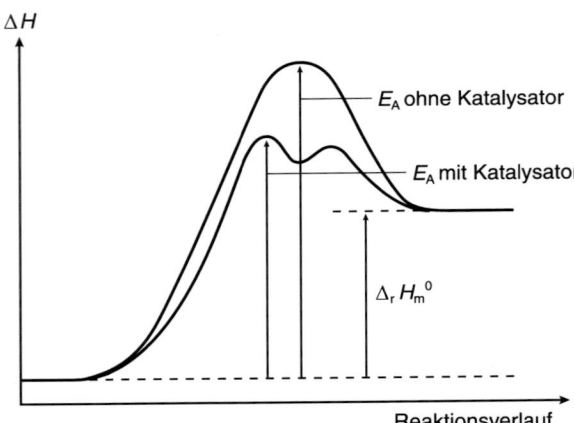

Reaktionsverlauf für eine endotherme Reaktion mit und ohne Katalysator

A59.4

- Oxidation von Ethanol zu Essigsäure auf Buchenholzspänen
- Sauerwerden von Wein
- Sauerwerden von Milch
- Abbau von Stärke mittels Mundspeichel
- Gärung von zuckerhaltigen Lösungen (Herstellung von Weinen)
- Zersetzung von Wasserstoffperoxid durch Katalase
- Bildung von Methan aus Kohlenstoffdioxid und Wasserstoff durch Archaeen

A59.5

Die Prozesse können kontinuierlich durchgeführt werden und der Katalysator muss nicht aus dem Produktgemisch entfernt werden.

A59.6

Der Katalysator muss an der Reaktion teilnehmen, da er sonst nicht wirksam wäre. Durch weitere Reaktionsschritte wird der Katalysator wieder zurückgebildet. Die Reaktion kann zwar ohne ihn stattfinden, die Reaktionsgeschwindigkeit ist dann allerdings oft so niedrig, dass die Reaktion nicht feststellbar ist.

A59.7

a) Aus den Kraftfahrzeugabgasen müssen unverbrannte Kohlenwasserstoffe, Kohlenstoffmonooxid und Stickstoffoxide entfernt werden. Die größte Bedeutung dabei wird folgenden Reaktionen zugeschrieben:

b) $C_mH_n + \left(m + \dfrac{n}{4}\right) O_2 \longrightarrow m\ CO_2 + \dfrac{n}{2} H_2O$

$2\ CO + O_2 \longrightarrow 2\ CO_2$

$2\ NO + 2\ CO \longrightarrow N_2 + 2\ CO_2$

c) Das auf einem porösen keramischen Träger fein verteilte katalytisch aktive Material (durchschnittlich etwa 2 g pro Abgaskatalysator) ist eine Edelmetall-Legierung. Neben dem Hauptbestandteil Platin enthält sie auch Rhodium und Palladium.

A59.8

a) $C_{12}H_{22}O_{11} + H_2O \longrightarrow C_6H_{12}O_6 + C_6H_{12}O_6$

b) In Limonadengetränke sind stets hydratisierte Wasserstoff-Ionen enthalten. Da Limonadengetränke vor dem Verzehr in der Regel längere Zeit gelagert werden, reicht die katalytische Wirkung der vorhandenen H^+-Ionen aus, um die zugesetzte Saccharose vollständig in Glucose und Fructose abzubauen.

c) Limonaden haben dennoch einen süßen Geschmack, da es sich bei Glucose und Fructose ebenfalls um süß schmeckende Verbindungen handelt.

A60.1

a) $CuO + 2\ HCl \longrightarrow CuCl_2 + H_2O$

$2\ CuCl_2 + O_2 \longrightarrow 2\ CuO + Cl_2$

b) Wie anhand der Gleichungen deutlich zu erkennen ist, wird das eingesetzte Kupferoxid im ersten Schritt in Kupferchlorid überführt. Im zweiten Schritt bildet sich Kupferoxid wieder zurück. Der Katalysator nimmt also an der Reaktion teil.

A60.2

Im ersten Schritt der Reaktion wird Ammoniak in Gegenwart eines Katalysators verbrannt. Dabei entsteht Stickstoffmonooxid:

$4\ NH_3 + 5\ O_2 \longrightarrow 4\ NO + 6\ H_2O$

Im zweiten Schritt wird Stickstoffmonooxid zu Stickstoffdioxid oxidiert:

$2\ NO + O_2 \longrightarrow 2\ NO_2$

A60.3

a) Im ersten Schritt der Kohleverflüssigung wird Kohle mit Wasserdampf zu Synthesegas, einem Gemisch aus Kohlenmonooxid und Wasserstoff umgesetzt:

$C + H_2O \longrightarrow CO + H_2$

Im weiteren Verlauf werden dann Kohlenstoffmonooxid und Wasserstoff zu Alkanen umgesetzt:

$CO + (2n + 1)\ H_2 \longrightarrow C_nH_{2n+1}$

b) Die Katalysatoren bestehen zumeist aus den Metallen Cobalt, Nickel, Eisen oder Ruthenium, die auf poröse Trägermaterialien wie Zeolithe, Aluminiumoxid oder Kieselgur aufgebracht sind.

c) Die Gewinnung von Benzin aus Kohle ist vor allem für Länder interessant, die über Kohlevorkommen verfügen.

A60.4

$CO_2 + 4\ H_2 \longrightarrow CH_4 + 2\ H_2O$

Als weiteres Produkt dieser Reaktion entsteht Wasser.

V61.1

a) An der Kartoffeloberfläche entsteht ein farbloses Gas. Der glimmende Span flammt auf.

b) $2\ H_2O_2 \longrightarrow 2\ H_2O + O_2$

c) Mit der erhitzten Kartoffel findet keine Gasentwicklung mehr statt. Das Enzym wurde zerstört.

V61.2

a) $n(MnO_4^-) = \dfrac{2}{5} n(C_2H_2O_4) = $ **0,4 mol**

b) Als Katalysator werden Mn^{2+}-Ionen zugesetzt. Da bei der Reaktion auch Mn^{2+}-Ionen entstehen, beschleunigt die Reaktion sich selbst.

V61.3

a) Der Nachweis auf Glucose ist nur im Schritt 3 erfolgreich.

b) Salzsäure ist der Katalysator.

c) Da auch bei Zugabe anderer Säuren wie Essigsäure oder Schwefelsäure eine Reaktion abläuft, müssen die Wasserstoff-Ionen für die katalytische Wirkung verantwortlich sein.

A61.1

a) Propen: $CH_2=CH-CH_3$
Propenal: $CH_2=CH-CHO$
Propanon: $CH_3-CO-CH_3$

b) Die Aktivierungsenergien der verschiedenen Reaktionen werden je nach Katalysator unterschiedlich stark verringert. Daher können sich unterschiedliche Reaktionen als schnellste Möglichkeit durchsetzen.

c), d)

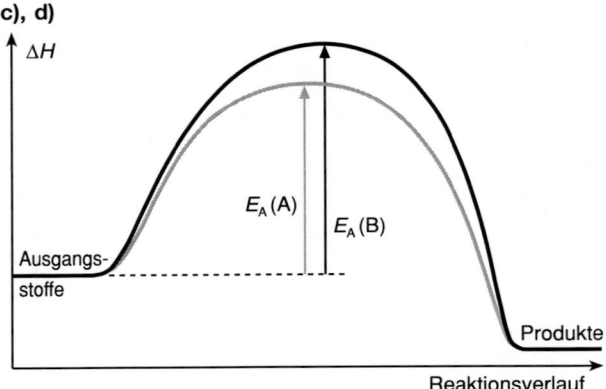

Reaktion A (graue Linie) hat die niedrigere Aktivierungsenergie und läuft bevorzugt ab.

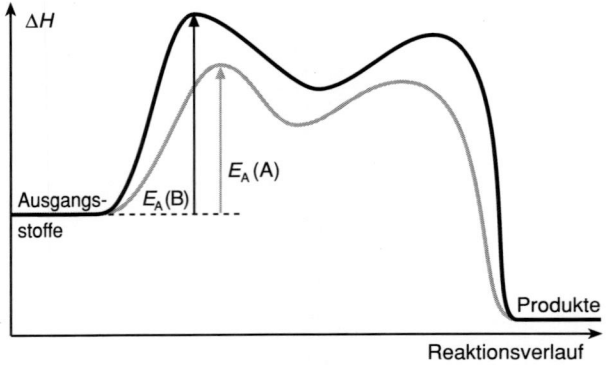

Die Aktivierungsenergie der Reaktion A wurde durch den ersten Katalysator stärker gesenkt. Diese Reaktion ist schneller.

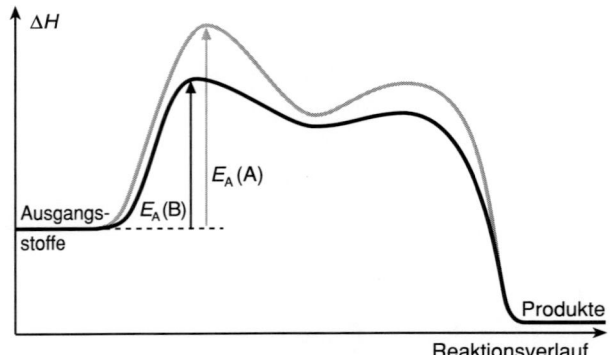

Die Reaktion B (schwarze Linie) wurde durch einen anderen Katalysator stärker begünstigt und läuft bevorzugt ab.

A63.1

Man setzt einer Probe aus einem Gemisch, in dem man keine Reaktion mehr feststellt, eines der Edukte zu. Findet jetzt keine merkliche Reaktion statt, so läuft die Reaktion nur sehr langsam ab.

A63.2

a) $HCOOCH_3 + H_2O \rightleftharpoons HCOOH + CH_3OH$

b) Zu Beginn der Reaktion wird eine sehr geringe elektrische Leitfähigkeit gemessen, da Methylmethanoat elekterisch nicht leitend ist. Durch die Spaltung des Esters zu Methansäure und Methanol erhöht sich die Leitfähigkeit. Bei Methansäure handelt es sich um eine schwache Säure handelt, die in Wasser teilweise dissoziiert. Die durch die Dissoziation gebildeten geladenen Wasserstoff-Ionen erhöhen die Leitfähigkeit. Die Leitfähigkeit steigt mit Fortschreiten der Reaktion, da immer mehr Methansäure gebildet wird. Mit Erreichen des Gleichgewichtszustands bleibt die elektrische Leitfähigkeit konstant.

c) Mit Erreichen des Gleichgewichtszustandes bleibt die elektrische Leitfähigkeit konstant.

A63.3

a) Die Anwesenheit der gebildeten Silber-Ionen lässt sich durch Zugabe eines geeigneten Fällungsmittels wie Natriumchloridlösung nachweisen. Es bildet sich dabei ein Niederschlag von Silberchlorid.

b) Bei Zugabe von Kaliumthiocyanatlösung bildet sich eine rote Farbstofflösung, die auf $Fe(SCN)^{2+}$-Ionen zurückzuführen ist.

A63.4

Wird ein Teil des Alkohols im Wein oxidiert, bilden sich Carbonsäuren, die mit den Alkoholen verestert werden. Da die Hauptsäuren im Wein nicht besonders stark sind, ist eine längere Lagerzeit erforderlich.

A63.5

Ein Beispiel für ein konvergentes System ist das Angebot-Nachfrage-Gleichgewicht, das durch den Preis gesteuert wird: Ist die Nachfrage im Verhältnis zum Angebot groß, steigt der Preis und die Nachfrage sinkt.
Divergent verläuft hingegen die Steuerung bei einem Waldbrand. Beim Brand steigt die Temperatur und der Brand wird beschleunigt. Oft wird hier auch von einem Teufelskreis gesprochen.

V64.1

a) $CH_3-COOH + CH_3-CH_2-OH \longrightarrow$
$ CH_3-COOCH_2-CH_3 + H_2O$

b) $n = \dfrac{m}{M}$

$n(CH_3COOH) = \dfrac{15\ g}{60 \cdot mol^{-1}} = \mathbf{0{,}25\ mol}$

$n(CH_3CH_2OH) = \dfrac{23\ g}{46\ g \cdot mol^{-1}} = \mathbf{0{,}5\ mol}$

$n(H_2O) = \dfrac{25\ g}{18\ g \cdot mol^{-1}} = \mathbf{1{,}4\ mol}$

c) $n_0(H_2SO_4) = c(H_2SO_4) \cdot V(H_2SO_4(aq))$
$ = 1\ mol \cdot l^{-1} \cdot 25\ ml = 25\ mmol$

$$n_{Probe}(H_2SO_4) = \frac{n_0(H_2SO_4) \cdot V_{Probe}}{V(\text{Lösung})}$$
$$= \frac{25 \text{ mmol} \cdot 2 \text{ ml}}{68 \text{ ml}} = 0,74 \text{ mmol}$$

d) Die aufgeführten Werte sind als Beispielwerte zu verstehen. Je nach Dauer der Aufheizphase können die für den Siedebeginn und nach weiteren 15 Minuten ermittelten Anteile merklich von den angegebenen Werten abweichen.

Zeit	V(NaOH) in ml	n(NaOH) in mmol	n(CH$_3$COOH)* in mmol
0 min	8,8	8,8	7,32
Siedebeginn	8,0	8,0	6,52
15 min	6,7	6,7	5,22

* n(CH$_3$COOH) = n(NaOH) − 2n_{Probe}(H$_2$SO$_4$)

e) n(Ethanol) = $n_{Einwaage}$(Ethanol) + Δn(Essigsäure)

n(Ester) = $n_{Einwaage}$(Ester) − Δn(Essigsäure)

n(Wasser) = $n_{Einwaage}$(Wasser) − Δn(Essigsäure)

Zeit	n(Essig-säure) in mmol	Δn(Essig-säure) in mmol	n(Ethanol) in mmol	n(Ester) in mmol	n(Wasser) in mmol
Einwaage	8,3	0	14,8	0	41,2
0 min	8,12	−0,18	14,62	0,18	41,38
Siedebeginn	7,72	−0,58	14,22	0,58	41,78
15 min	6,32	−1,98	12,82	1,98	43,18

V64.2

a) $n = \frac{m}{M}$

n(Ester) = $\frac{22 \text{ g}}{88 \text{ g} \cdot \text{mol}^{-1}}$ = **0,25 mol**

n(CH$_3$CH$_2$OH) = $\frac{11,5 \text{ g}}{46 \text{ g} \cdot \text{mol}^{-1}}$ = **0,25 mol**

n(H$_2$O) = $\frac{25 \text{ g}}{18 \text{ g} \cdot \text{mol}^{-1}}$ = **1,4 mol**

b) n_0(H$_2$SO$_4$) = c(H$_2$SO$_4$) · V(H$_2$SO$_4$(aq))
= 1 mol · l^{-1} · 25 ml = 25 mmol

n_{Probe}(H$_2$SO$_4$) = $\frac{n_0(H_2SO_4) \cdot V_{Probe}}{V(\text{Lösung})}$ = $\frac{25 \text{ mmol} \cdot 2 \text{ ml}}{64 \text{ ml}}$
= **0,78 mmol**

Hinweis: Tabellen und Grafik zu c), d) und e) geben beispielhaft die Ergebnisse eines Experiments wieder. Da der Verlauf der Reaktion merklich von der Dauer der Aufheizphase abhängt, ergeben sich in der Praxis mehr oder minder große Abweichungen von den Beispielwerten.

c)

Zeit in min	V(NaOH) in ml	n(NaOH) in mmol	n(CH$_3$COOH)* in mmol
0	1,6	1,6	0
5	1,8	1,8	0,24
9	2,4	2,4	0,84
13	2,9	2,9	1,34
17	3,4	3,4	1,84
21	3,7	3,7	2,14
25	4,0	4,0	2,44
29	4,2	4,2	2,64
33	4,4	4,4	2,84
37	4,5	4,5	2,94
41	4,6	4,6	3,04
45	4,7	4,7	3,14
49	4,8	4,8	3,24

* n(CH$_3$COOH) = n(NaOH) − 2n_{Probe}(H$_2$SO$_4$)
n_{Probe}(H$_2$SO$_4$) = 0,78 mmol

d)

Zeit in min	Δn(Essig-säure) in ml	n(Ethanol) in mmol	n(Ester) in mmol	n(Wasser) in mmol
0	0	7,8	7,8	43,8
5	0,24	8,04	7,56	43,56
9	0,84	8,64	6,96	42,96
13	1,34	9,14	6,46	42,46
17	1,84	9,64	5,96	41,96
21	2,14	9,94	5,66	41,66
25	2,44	10,24	5,36	41,36
29	2,64	10,44	5,16	41,16
33	2,84	10,64	4,96	40,96
37	2,94	10,74	4,86	40,86
41	3,04	10,84	4,76	40,76
45	3,14	10,94	4,66	40,66
49	3,24	11,04	4,56	40,56

e)
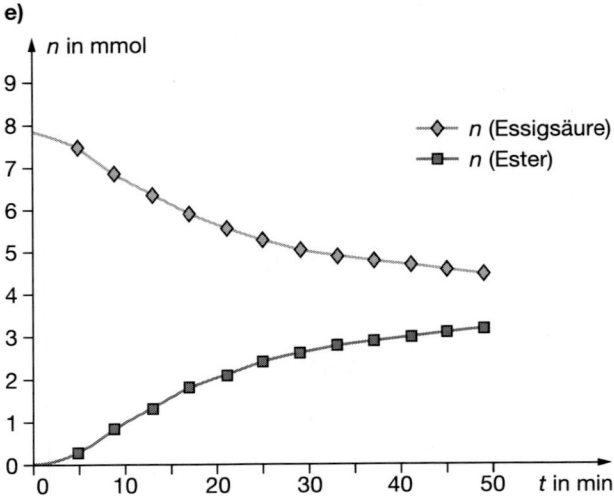

f) Die sich bei der Esterspaltung bildende Mischung enthält aufgrund des Ethanol-Zusatzes einen höheren Anteil des Esters als im Falle der Veresterung. Hinzu kommt, dass aufgrund der kürzeren Beobachtungszeit das Gleichgewicht bei der Veresterung häufiger noch nicht eingestellt ist.

V65.3

a) Zunächst bildet sich schwerlösliches Calciumcarbonat. Bei weiterem Einleiten von Kohlenstoffdioxid löst sich der Niederschlag unter Bildung von HCO_3^--Ionen. Beim Erhitzen bildet sich wieder Calciumcarbonat, da Kohlenstoffdioxid ausgetrieben wird.
Zunächst sinkt die Konzentration an Ca^{2+}- und OH^--Ionen aufgrund der Bildung von schwerlöslichem Calciumcarbonat. Dadurch sinkt die Leitfähigkeit und die Stromstärke nimmt ab.
Die Bildung von Ca^{2+}-Ionen und HCO_3^--Ionen führt wieder zu einer höheren Leitfähigkeit.
Aufgrund der beim Erhitzen entstehenden Calciumcarbonat-Fällung verringern sich die Ionenkonzentrationen in der Lösung. Die Leitfähigkeit nimmt entsprechend ab.
Hinweis: Traditionell wird in diesem Zusammenhang meist von der *Bildung des leichtlöslichen Calciumhydrogencarbonats* gesprochen. Eine Verbindung $Ca(HCO_3)_2$ existiert jedoch nicht; insofern ist es problematisch, sich auf die *Löslichkeit* eines hypothetischen Feststoffs zu beziehen.

b) $Ca^{2+}(aq) + 2\ OH^-(aq) + CO_2(g) \rightleftharpoons$
$\qquad CaCO_3(s) + H_2O(l)$

$CaCO_3(s) + CO_2(g) + H_2O(l) \rightleftharpoons$
$\qquad Ca^{2+}(aq) + 2\ HCO_3^-(aq)$

$Ca^{2+}(aq) + 2\ HCO_3^-(aq) \rightleftharpoons$
$\qquad CaCO_3(s) + CO_2(g) + H_2O(l)$

V65.4

a) Die tiefgrüne Lösung wird beim Verdünnen hellblau. Bei Zugabe von Salzsäure färbt sich die Lösung wieder grün.

b) $[CuCl(H_2O)_5]^+(aq) + H_2O(l) \rightleftharpoons$
$\qquad [Cu(H_2O)_6]^{2+}(aq) + Cl^-(aq)$

V65.5

a)
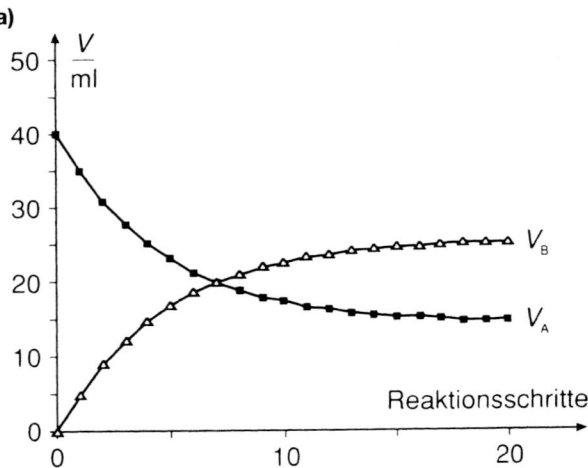

b) Das jeweils im Glasrohr transportierte Flüssigkeitsvolumen entspricht der Geschwindigkeiten von Hinreaktion und Rückreaktion, die Querschnittsflächen der beiden Glasrohre entsprechen den Geschwindigkeitskonstanten und die Endvolumina den Gleichgewichtskonzentrationen.

c) Im Zustand des dynamischen Gleichgewichts werden gleiche Flüssigkeitsvolumina von A nach B und von B nach A transportiert. Für die beiden Stechheber ist also das Produkt aus Querschnittsfläche und Füllhöhe konstant. Bei einer Reaktion A $\rightleftharpoons$ B laufen Hin- und Rückreaktion mit gleicher Geschwindigkeit ab:
$k_A \cdot c(A) = k_B \cdot c(B)$

A67.1

Durch das Verdünnen einer konzentrierten Kochsalzlösung nimmt die Konzentration an geladenen Teilchen ab. Reine Essigsäure leitet den elektrischen Strom nicht, da sie in reiner Form undissoziiert vorliegt. Durch Verdünnen mit Wasser wird die Dissoziation ermöglicht. Es entstehen positiv geladene Wasserstoff-Ionen und negativ geladene Acetat-Ionen. Dadurch steigt die elektrische Leitfähigkeit.

A67.2

a) Durch eine Druckerhöhung wird die Hinreaktion begünstigt, da die Teilchenanzahl abnimmt.

b) Durch eine Druckerhöhung wird die Hinreaktion begünstigt, da die Teilchenanzahl abnimmt.

c) Eine Druckerhöhung begünstigt die Rückreaktion aufgrund abnehmender Teilchenzahlen.

d) Eine Druckerhöhung hat keinen Einfluss auf die Reaktion, da nur Feststoffe vorliegen.

A67.3

Zur Überprüfung gibt man zwei Reagenzgläser Lösungen von SCN^--Ionen und Fe^{3+}-Ionen gleicher Konzentration. Im ersten Reagenzglas wird SCN^--Lösung zugesetzt. In das zweite Reagenzglas gibt man die gleiche Menge an Fe^{3+}-Lösung der gleichen Konzentration. Verstärkt sich in beiden

Proben die Färbung gleich stark, ist die erste Reaktionsgleichung richtig.
Nach der zweiten Reaktionsgleichung sollte eine stärkere Färbung auftreten.

A67.4

a) $I_2(g) + H_2(g) \rightleftharpoons 2\,HI(g)$

b) Druck hat keinen Einfluss auf das Gleichgewicht, da die Teilchenzahlen auf beiden Seiten der Gleichung gleich sind. Da die Reaktion exotherm abläuft, verschiebt sich das Gleichgewicht durch eine Erhöhung der Temperatur zugunsten von Iod und Wasserstoff. Durch eine Temperaturerniedrigung verschiebt sich das Gleichgewicht auf die Seite von Iodwasserstoff.

A69.1

$$K = \frac{c^2(A_3B)}{c^3(A_2) \cdot c(B_2)}$$

A69.2

$$K = \frac{(16{,}48 \cdot 10^{-3})^2}{1{,}71 \cdot 10^{-3} \cdot 2{,}91 \cdot 10^{-3}} = \mathbf{54{,}6}$$

$$K = \frac{(13{,}54 \cdot 10^{-3})^2}{0{,}74 \cdot 10^{-3} \cdot 4{,}56 \cdot 10^{-3}} = \mathbf{54{,}4}$$

$$K = \frac{(15{,}59 \cdot 10^{-3})^2}{1{,}25 \cdot 10^{-3} \cdot 3{,}56 \cdot 10^{-3}} = \mathbf{54{,}5}$$

A69.3

K wird größer, da die Konzentration der Reaktionsprodukte (im Zähler des Quotienten) größer wird.

A69.4

$$K = \frac{(16{,}4 \cdot 10^{-3})^2}{1{,}7 \cdot 10^{-3} \cdot 2{,}9 \cdot 10^{-3}} = \mathbf{54{,}6}$$

A69.5

$$1{,}25 = \frac{22{,}72 \cdot 22{,}72}{48{,}5 \cdot n(H_2)} \Leftrightarrow n(H_2) = \frac{(22{,}72)^2}{48{,}5 \cdot 1{,}25} = \mathbf{8{,}5\ mol}$$

A69.6

$$K = \frac{c^2(H^+)}{c(HAC)}$$

$c(HAC) = c_0(HAC) - c(H^+)$

$$1{,}76 \cdot 10^{-5}\ mol \cdot l^{-1} = \frac{c^2(H^+)}{c_0(HAC) - c(H^+)}$$

$$= \frac{c^2(H^+)}{(0{,}1\ mol \cdot l^{-1}) - c(H^+)}$$

$0 = c^2(H^+) + c(H^+) \cdot 1{,}76 \cdot 10^{-5}\ mol \cdot l^{-1} - 0{,}1\ mol \cdot l^{-1} \cdot 1{,}76 \cdot 10^{-5}\ mol \cdot l^{-1}$

$c(H^+) = -8{,}8 \cdot 10^{-6} + 1{,}37 \cdot 10^{-3} = \mathbf{1{,}36 \cdot 10^{-3}\ mol \cdot l^{-1}}$

A69.7

a) $CaCO_3(s) \longrightarrow Ca^{2+}(aq) + CO_3^{2-}(aq)$

b) gegeben: $m(CaCO_3) = 6{,}9\ mg$

$M(CaCO_3) = 100{,}1\ g \cdot mol^{-1}$

$$n(CaCO_3) = \frac{m(CaCO_3)}{M(CaCO_3)}$$

$$= \frac{6{,}9\ mg}{100{,}1\ g \cdot mol^{-1}} = 6{,}89 \cdot 10^{-5}\ mol$$

$$c(Ca^{2+}) = \frac{n(CaCO_3)}{V_{Lösung}} = 6{,}89 \cdot 10^{-5}\ mol \cdot l^{-1}$$

$K = c(Ca^{2+}) \cdot c(CO_3^{2-})$

$c(Ca^{2+}) = c(CO_3^{2-})$

$K = c^2(Ca^{2+}) = \mathbf{4{,}75 \cdot 10^{-9}\ mol^2 \cdot l^{-2}}$

c) Allgemein verringert sich die Löslichkeit von Salzen, wenn eine Ionensorte im Überschuss vorliegt. Gibt man zu einer im Gleichgewichtszustand befindlichen Salzlösung Ionen hinzu, verschiebt sich die Gleichgewichtslage durch Bildung von Niederschlägen. Ist in einem Liter Wasser 1 g Natriumcarbonat gelöst, so beträgt die Gleichgewichtskonstante für den Lösungsvorgang $8{,}42 \cdot 10^{-7}\ mol^3 \cdot l^{-3}$. Da die Gleichgewichtskonstante für die Lösung von Calciumcarbonat deutlich kleiner ist, wird sich kein Calciumcarbonat lösen.

A69.8

$BaSO_4(s) \longrightarrow Ba^{2+}(aq) + SO_4^{2-}(aq)$

$K = c(Ba^{2+}) \cdot c(SO_4^{2-}) = 1{,}5 \cdot 10^{-9}\ mol^2 \cdot l^{-2}$

$c(Ba^{2+}) = c(SO_4^{2-})$

$c^2(Ba^{2+}) = 1{,}5 \cdot 10^{-9}\ mol^2 \cdot l^{-2}$

$c(Ba^{2+}) = \mathbf{3{,}87 \cdot 10^{-5}\ mol \cdot l^{-1}}$

In einem Liter lösen sich 0,0387 mmol Bariumsulfat. Dies entspricht etwa 9 mg.

A69.9

Stoffmengen im Gleichgewicht:
Alkohol + Säure $\rightleftharpoons$ Ester + Wasser
(2−x)   (3−x)   x   x

$$4 = \frac{x^2}{(2-x) \cdot (3-x)} \Leftrightarrow x^2 - \frac{20}{3}x + 8 = 0;$$

$x = 1{,}57\ mol \quad x = 5{,}09\ mol$

Der zweite Wert (5,09 mol) entfällt, da nicht mehr Reaktionsprodukte gebildet werden können, als Edukte eingesetzt wurden. Der umgesetzte Ethanolanteil beträgt damit:

$$\frac{1{,}57\ mol}{2\ mol} = 0{,}785 = \mathbf{78{,}5\ \%}$$

A71.1

a) individuelle Lösung

b) individuelle Lösung
Hinweis: In beiden Fällen sollte der Quotient größer als 1 sein und damit das Gleichgewicht auf der energieärmeren Seite liegen.

c) Beide Quotienten sind bei der höheren Temperatur größer. Aber die Zunahme ist bei der Rückreaktion stärker. Damit erkennt man eine teilweise Verschiebung zur energiereicheren Seite des Gleichgewichts.

A71.2

a) Bei einer Erhöhung der Temperatur wird die endotherme Reaktion, also der Zerfall von Distickstofftetraoxid, begünstigt. Mit der zunehmenden Temperatur erhöht sich die Anzahl der Teilchen mit der für einen Zerfall erforderlichen Mindestenergie. Zwar steigt auch der Anteil an Eduktteilchen, die zu Distickstofftetraoxid reagieren können. Die Zunahme ist jedoch im Verhältnis geringer ausgeprägt.

b) Beim Zerfall bilden sich aus einem Distickstofftetraoxid-Molekül zwei Stickstoffdioxid-Moleküle, die Teilchen nimmt folglich zu. In einem geschlossenen Behälter steigt dementsprechend auch der Druck. Eine Druckerhöhung begünstigt jedoch Bildungsreaktion und steht somit dem Zerfall entgegen.

A71.3

Im Gasgemisch hat nur ein verschwindend kleiner Anteil von Teilchen die erforderliche Mindestenergie. Durch den Funken wird dem Gasgemisch Energie zugeführt. Auf der Teilchenebene entspricht dies einer Erhöhung des Anteils von reaktionsfähigen Teilchen. Die gebildeten Produktteilchen übertragen einen Teil ihrer kinetischen Energie auf andere Teilchen, die dadurch ihrerseits die erforderliche Mindestenergie erreichen. Insgesamt erhöht sich innerhalb kurzer Zeit der Anteil der reaktionsfähigen Teilchen. Die Stoßhäufigkeit und damit auf die Anzahl der erfolgreichen Zusammenstösse nehmen zu.

A74.B1

a) *Reaktionsgeschwindigkeit:* Pro Zeiteinheit umgesetzte Stoffmenge von Edukten (Konzentrationsänderung pro Zeiteinheit). Die Reaktionsgeschwindigkeit ist abhängig von den Konzentrationen, der Temperatur, dem Zerteilungsgrad der Stoffe sowie vom Wirken eines Katalysators.

Methode der Anfangsgeschwindigkeit: Bei dieser Methode erfasst man die Reaktionszeit t_r für eine kleine Konzentrationsänderung zu Beginn der Reaktion.

Geschwindigkeitsgleichung, Geschwindigkeitskonstante: Die Geschwindigkeitsgleichung beschreibt die Abhängigkeit der Reaktionsgeschwindigkeit von der Konzentration der Reaktionspartner. Die Geschwindigkeitskonstante ist der Proportionalitätsfaktor der Geschwindigkeitsgleichung.

Mindestenergie: Energie, die Teilchen haben müssen, um miteinander zu reagieren. Sie entspricht der *Aktivierungsenergie*.

Stoßtheorie: Teilchen müssen mit einander zusammenstoßen, um reagieren zu können. Die Häufigkeit von Zusammenstößen bestimmt die Reaktionsgeschwindigkeit.

Energieverteilung nach Boltzmann: Häufigkeitsverteilung für die kinetische Energie von Gasmolekülen.

Katalysator: Stoff, der die Geschwindigkeit chemischer Reaktionen erhöht. Er liegt nach der Reaktion wieder im ursprünglichen Zustand vor.

homogene Katalyse, heterogene Katalyse: Bei der homogenen Katalyse liegen Edukte und Katalysator im selben Aggregatzustand vor, bei der heterogenen Katalyse in unterschiedlichen.

chemisches Gleichgewicht: Chemische Reaktion, bei der sich nach ausreichender Zeit ein dynamischer Gleichgewichtszustand einstellt: Hinreaktion und Rückreaktion laufen mit gleicher Geschwindigkeit ab.

Prinzip von Le Chatelier: Die Störung eines Gleichgewichts durch Änderungen der Reaktionsbedingungen führt zu einer Verschiebung des Gleichgewichts in die Richtung, die der Störung entgegen wirkt.

Gleichgewichtskonstante: Quotient aus dem Produkt der Gleichgewichtskonzentrationen der Produkte und dem Produkt der Gleichgewichtskonzentrationen der Edukte.

b) siehe Seite 127

c) individuelle Lösung

A74.B2

a)

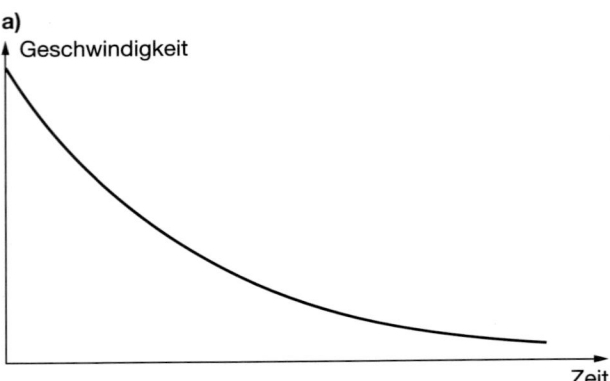

b) Bei der Reaktion nimmt die Geschwindigkeit zunächst zu, da ein Produkt die Reaktion katalysiert. Da Kohlenstoffdioxid entweicht und Wasser schon vorher vorliegt, müssen die Mn^{2+}-Ionen als Katalysator wirken. Im weiteren Verlauf nimmt die Reaktionsgeschwindigkeit wieder ab, da sich die Edukte verbrauchen.

A74.B3

Bei dem für den Stausee beschriebenen Gleichgewichtszustand handelt es sich um ein dynamisches Gleichgewicht. Anders als beim chemischen Gleichgewicht liegt aber kein geschlossenes System vor, denn es erfolgt ein Stofftransport über die Systemgrenzen hinweg, bei dem genauso viel Wasser zufließt wie abfließt. Dieser Typ dynamischer Gleichgewichte wird deshalb auch als *Fließgleichgewicht* bezeichnet.

A75.C1

a) $N_2(g) + 3\,H_2(g) \rightleftharpoons 2\,NH_3(g)$

b) $K = \dfrac{p^2(NH_3)}{p(N_2) \cdot p^3(H_2)}$

c) Der Teildruck von Ammoniak ergibt sich als Differenz des Gesamtdrucks und den Teildrücken von Stickstoff und Wasserstoff:

$p(NH_3) = p(\text{gesamt}) - p(N_2) - p(H_2)$
$= 300 \text{ bar} - 65 \text{ bar} - 195 \text{ bar} = 40 \text{ bar}$

$K = \dfrac{p^2(NH_3)}{p(N_2) \cdot p^3(H_2)} = \dfrac{(40{,}0 \text{ bar})^2}{65{,}00 \text{ bar} \cdot (195{,}00 \text{ bar})^3}$
$= 3{,}32 \cdot 10^{-6} \text{ bar}^{-2}$

Die Gleichgewichtslage wurde nicht erreicht. Die Verweilzeit im Reaktor ist sehr kurz. Infolgedessen wird nur ein Ammoniakanteil von etwa 17 % erreicht. Tatsächlich müsste der Anteil bei diesem Druck und dieser Temperatur etwa 38 % betragen.

d) An der Reaktionsgleichung erkennt man, dass die Bildung von Ammoniak mit der Verringerung der Teilchenanzahl verbunden ist. Eine Druckerhöhung begünstigt daher die Bildungsreaktion. Die Reaktion verläuft exotherm. Dementsprechend sollte eine vergleichsweise niedrige Temperatur gewählt werden.

e) Die Spaltung der Dreifachbindung in den Stickstoff-Molekülen ist ein zentraler Schritt der Bildung von Ammoniak. Mit einem erhöhten Stickstoffdruck wird der Anteil der reaktionsfähigen Stickstoff-Moleküle auf der Katalysatoroberfläche und damit die Reaktionsgeschwindigkeit erhöht.

f) Das gebildete Ammoniak wird kontinuierlich aus dem Prozess entfernt. Nicht umgesetzte Edukte werden wieder in den Reaktor zurückgeführt. Die beim Abscheiden und Abkühlen des Ammoniaks freiwerdende Reaktionswärme kann zum Aufheizen der Edukte genutzt werden.

A75.C2

a)

	1990–2000	2000–2010
SO_2	88 %	40 %
CO	60 %	33 %
C_xH_y	52 %	25 %
NO_x	32 %	30 %

b) Sowohl Schwefel als auch im Benzin enthaltene Bleiverbindungen wirken als sogenannte Katalystorgifte. Sie setzen sich auf der Oberfläche des Katalysators ab und verändern ihn dauerhaft, sodass die katalytische Wirkung verlorengeht.

c) Beim Kaltstart ist der Katalysator noch unwirksam. Der feststellbare Geruch tritt auch bei Funkenentladungen auf und wird durch NO_x hervorgerufen.

d) Der Katalysator könnte vorgeheizt werden.

e) Bei Volllastbetrieb gelangen große Mengen an Abgasen in den Katalysator und erhöhen so die Betriebstemperatur. Übersteigt die Betriebstemperatur 1000 °C kann das Trägermaterial im Katalysator zerstört werden.

3 Kohlenstoff und Kohlenstoffkreislauf

A79.1

a) siehe Strukturdarstellungen im Schülerband Seite 78

b) Graphen: planar
Diamant: tetraedrisch

A79.2

Graphit und Graphen: Elektrisch leitend, da innerhalb der Schichtebene frei bewegliche Elektronen vorliegen.
Diamant und Fullerene: Elektrisch nicht leitend, da keine frei beweglichen Elektronen vorliegen.

A79.3

In der Diamantstruktur liegt eine Gitterstruktur vor. Die einzelnen Kohlenstoff-Atome sind in jede Raumrichtung miteinander vernetzt.

A79.4

Schmierfähigkeit: Die Schichtstruktur des Graphits ermöglicht Verschiebungen und Abrieb entlang der Einzelschichten.
Schützende Eigenschaften/Hitzebeständigkeit: Graphit ist chemisch relativ träge und wasserabweisend.
Anwendung: Schmierstoff für Motorräder

A79.5

Steinkohle ist ein Stoffgemisch mit großen Graphitanteilen, aber keine Modifikation des Kohlenstoffs.

A79.6

Graphit-Moleküle bestehen nur aus gleichseitigen Sechsecken. Bei den Fullerenen-Molekülen und beim Fußball weist die Struktur gleichseitige Fünfecke auf, die von Sechsecken umgeben sind. Dadurch verändern sich Bindungswinkel und es entstehen kugelförmige Gebilde.

A79.7

gegeben: $d(\text{Ball}) = 11\ \text{cm} = 0{,}11\ \text{m}$
$d(\text{Erde}) = 12\,700\ \text{km} = 12\,700\,000\ \text{m}$

gesucht: $d(\text{Fulleren})$

$$\frac{d(\text{Fulleren})}{d(\text{Ball})} = \frac{d(\text{Ball})}{d(\text{Erde})}$$

$$d(\text{Fulleren}) = \frac{d(\text{Ball})^2}{d(\text{Erde})} = \frac{(0{,}11\ \text{m})^2}{12\,700\,000\ \text{m}}$$

$$= 9{,}5 \cdot 10^{-10}\ \text{m} = \mathbf{0{,}9\ nm}$$

A81.1

Ein Verbundwerkstoff besteht aus mindestens zwei verschiedenen Materialien, die unterschiedliche Eigenschaften besitzen.
Beispiele: Glasfaser, Stahlbeton, Verbundplatten, Bimetall

A81.2

a) Durch das Verstrecken erfolgt die gleichmäßige Ausrichtung der Schichten und damit gleichförmige Materialeigenschaften.

b) Carbonfasern sind nur entlang der Zugrichtung besonders stabil. Durch das Gewebe sind Fasern in jede Raumrichtung der zweidimensionalen Gewebematte orientiert und können entsprechenden Krafteinwirkungen widerstehen.

A81.3

Rußpartikel lagern sich zu Aggregaten zusammen, die ihrerseits zu Agglomeraten verbunden sein können. Elektrisch leitfähiger Industrieruß ist stark verzweigt und bildet somit eine große Oberfläche aus.

A81.4

Rußvariante	Eigenschaft	Alltagsprodukt
Super Abrasion Furnace	abriebfest	Reifen
Acetylen-Ruß	leitfähig	Elektroden in Batterien

A81.5

a)
$$\overset{\text{-III}}{C}H_3-\overset{\text{-II}}{C}H_2-\overset{\text{-II}}{C}H_2-\overset{\text{-II}}{C}H_2-\overset{\text{-III}}{C}H_3 + 6\ \overset{0}{O_2} \longrightarrow 5\ \overset{0}{C} + 12\ \overset{\text{I -II}}{H_2O}$$

$$\overset{\text{-III}}{C}H_3-\overset{\text{-II}}{C}H_2-\overset{\text{-II}}{C}H_2-\overset{\text{-II}}{C}H_2-\overset{\text{-III}}{C}H_3 + 11\ \overset{0}{O_2} \longrightarrow 5\ \overset{\text{IV -II}}{CO_2} + 12\ \overset{\text{I -II}}{H_2O}$$

Bei der vollständigen Verbrennung liegt das Kohlenstoff-Atom im Kohlenstoffdioxid vollständig oxidiert vor (IV).

b) Verbrennungsreaktionen laufen bei Sauerstoffüberschuss vollständig ab, bei Sauerstoffmangel unvollständig.

c) Bei der Industrierußherstellung muss die zugeführte Sauerstoffmenge streng kontrolliert werden, um eine Weiterreaktion des Kohlenstoffs zu Kohlenstoffdioxid zu unterbinden.

A81.6

Graphen ist bis zu 400 mal belastbarer als Stahl. Graphenseile bräuchten eine rechnerische Dicke von 0,25 cm, um die gleiche Last halten zu können.

A81.7

Die Eigenschaften von Carbon Nanotubes lassen sich beispielsweise verändern über:
- Länge
- Durchmesser
- Befüllung mit Fremdatomen
- Mehrwandigkeit

A83.1

Bei der Fotosynthese wird Kohlenstoffdioxid aus der Atmosphäre von den Pflanzen gebunden. Bei der Zellatmung und bei der Verwesung wird es wieder freigesetzt. Ferner gelangt Kohlenstoffdioxid durch Vulkanausbrüche von dert Lithosphäre in die Atmosphäre. Durch Ausgasen und Lösen erfolgt ein permanter Austausch von Kohlenstoffdioxid zwischen der Atmosphäre und der Hydrosphäre. Die Ablagerung und das Auswaschen schwerlöslicher Carbonate führt zu einem Austausch von Kohlenstoff zwischen der Hydrosphäre und der Lithosphäre.

Kohlenstoffquellen: Zersetzung organischen Materials beispielsweise durch abbauende Bakterien und Pilze, natürliche Brände, Verwitterungsprozesse von Kalkstein, sich erwärmende Gewässer, Atmungsprozesse von Land- und Wasserorganismen

Kohlenstoffsenken: Sedimentierung, pflanzliche Baustoffe in Folge von Fotosynthesevorgängen, sich abkühlende Gewässer, unvollständige Zersetzung

A83.2

Sowohl der Kohlenstoffkreislauf, wie auch der Wasserkreislauf sind temperaturabhängig. Hohe Temperaturen führen zu einem Anstieg der atmosphärischen Konzentrationen beider Stoffe.

Senken für atmosphärisches Wasser:
- Versickertes, gebundenes oder eingeschlossenes Wasser tieferer Gesteinsschichten,
- das gefrorene Wasser der Polkappen, Gletscher und Permafrostböden
- Pflanzen, die der Umgebungsluft Wasser entziehen, statt es über Wurzeln aufzunehmen.

Quellen für atmosphärisches Wasser:
- Beschleunigte Verdunstung durch Temperaturerhöhungen aus den Weltmeeren, Seen, Flüssen und feuchten Böden.
- Verbrennung von Wasserstoffverbindungen.

A83.3

a) 4,8 Gigatonnen

b) Die anthropogene Erhöhung der atmosphärischen Kohlenstoffdioxidkonzentration (und die daraus ableitbare Erwärmung) erhöht die Fotosyntheserate der Pflanzen.

A83.4

Der gleichbleibende Ausstoß von Kohlenstoffdioxid eines Kohlekraftwerks würde in den äquatorialen Breiten die Kohlenstoffdioxidkonzentration der Atmosphäre stärker erhöhen, als in den Polargebieten. Das kältere Wasser der Polargebiete (0–10 °C) besitzt im Vergleich zu den Gewässern des Äquators (20–30 °C) eine etwa doppelt so große Gaslöslichkeit und wirkt als Kohlenstoffsenke.

Die Erhöhung der atmosphärischen Kohlenstoffdioxidkonzentration führt insbesondere am Äquator zu einer verstärkten Kohlenstoffdioxidbindung durch Pflanzen. Der bei höheren Temperaturen beschleunigte pflanzliche Stoffwechsel und der dichtere pflanzliche Bewuchs verstärken den Prozess der Biomassebildung. In der Folge der weiteren Biomasse nimmt auch die Kohlenstoffdioxidfreisetzung durch abbauende Prozesse zu.

A83.5

Der Lösungsprozess von Kohlenstoffdioxid wäre bis zur Neueinstellung des dynamischen Gleichgewichts bevorteilt. Mit der Bildung von Hydrogencarbonat-Ionen würden auch $H^+(aq)$-Ionen gebildet werden. Der pH-Wert der Meere würde sinken.

A83.6

a) siehe Abbildung im Schülerband Seite 80

b) Fotosynthese für das Wachstum:
$6\ CO_2 + 6\ H_2O \longrightarrow C_6H_{12}O_6 + 6\ O_2$

Zersetzung und Verbrennung:
$C_6H_{12}O_6 + 6\ O_2 \longrightarrow 6\ CO_2 + 6\ H_2O$

Theoretisch wird genauso soviel Kohlenstoffdioxid freigesetzt, wie durch die Fotosynthese in der Biomasse gebunden wurde.

c) *Vorteile:* Schont fossile Energieträger, ist regenerierbar/kann Nachwachsen

Nachteile: Zeitdauer des Nachwachsens, Landbedarf für die Kultivierung, verbranntes Holz muss aus nachhaltiger Forstwirtschaft stammen, Holz muss aus der Region des Verbrauchers stammen.

d) Erwartet werden beispielsweise Aussagen zur bedingten Nachhaltigkeit, da Kohlenstoffdioxid beim Anbau und Transport aus zumeist fossilen Brennstoffen emittiert wird. Gleiches gilt für den notwendigen Bau der Heizungsanlagen. Heizen mit Holz kommt nur für einen Teil der Bevölkerung in Betracht, da der Flächenverbrauch für die Forstwirtschaft sonst zu groß wäre. Allerdings wird der Verbrauch fossiler Energieträger reduziert.

A85.1

Der übrige Strahlungsanteil wird reflektiert oder durch Partikel und Aerosole der Atmosphäre absorbiert.

A85.2

Eine Zunahme der Wolkenbildung könnte einerseits mehr Sonneneinstrahlung direkt in den Weltraum reflektieren und damit die Erde abkühlen lassen oder andererseits zu einem verstärkten Wärmerückhalt führen. Der Einfluss der Wolkendecke ist von der Wolkenhöhe abhängig. Wolken der oberen Atmosphäre verstärken die direkte Reflektion der Sonneneinstrahlung. Niedrige Wolkendecken erhöhen den Wärmestau.

A85.3

Herd: Elektrische Energie in Wärmeenergie
Dynamo: Bewegungsenergie in elektrische Energie
Bremsen: Bewegungsenergie in Wärmeenergie

A85.4

Die Abbildung ist in ihrer Aussage ungenau. Man muss den natürlichen und anthropogenen Treibhauseffekt unterscheiden. Kohlenstoffdioxid entsteht nicht nur bei anthropogenen Prozessen. Zudem ist nicht nur der Kohlenstoffdioxidanteil der Atmosphäre für den Treibhauseffekt verantwortlich, sondern auch weitere Treibhausgase. Der Rückhalt der Sonneneinstrahlung ist nicht vollständig. Es fehlen der direkt reflektierte und der als Wärmestrahlung in den Weltraum emittierte Energieanteil in der Darstellung.

A85.5

a) 1750 gilt als Wendepunkt der atmosphärischen Zusammensetzung. Bis zu diesem Zeitpunkt gilt sie als durch den Menschen unverändert.

b) Die Zunahme beträgt in der Atmosphäre für Kohlenstoffdioxid etwa 135 %, für Methan etwa 170 % und für Distickstoffmonooxid etwa 140 %.

c) *Distickstoffmonooxid:* Freisetzung aus landwirtschaftlichen Düngemitteln, bei industriellen Prozessen und aus Abgasen des Verkehrs
Kohlenstoffdioxid: Verbrennungs- und Verwitterungsprozesse.
Methan: Zunahme durch verstärkte Massentierhaltung, anaerobes Abbauprodukt organischen Materials, Förderung und Transport von Methan, Getreideanbau.

A85.6

Halogenierte Kohlenwasserstoffe und Stickstofftrifluorid haben eine hohe Verweilzeit in der Atmosphäre und ein hohes globales Erwärmungspotential. Der Bereich des Maximums ihrer Strahlungsabsorption langwelliger Wärmestrahlung ist noch nicht gesättigt, wie es bei Wasser oder auch teilweise bei Kohlenstoffdioxid vorliegt.

A87.1

a) Die atmosphärische CO_2-Konzentration folgt mit Verzögerung der Temperaturentwicklung. Eine Ausnahme bildet die heutige CO_2-Konzentration. Der Anstieg der letzten Jahrzehnte erfolgte extrem schnell und ohne einen vorherigen Temperaturanstieg.

b) Die verstärkten Temperaturschwankungen erklären sich aus der zunehmenden Fülle von nutzbaren Stellvertreterdaten der jüngeren Erdgeschichte, beziehungsweise aus tatsächlichen Messungen der letzten Jahrhunderte.

A87.2

a), b) *Abtrennung:* In der Diskussion stehen eine Reihe von Verfahren zur Abtrennung und Lagerung von Kohlenstoffdioxid. Für den Kraftwerksbereich wird das Auswaschen von CO_2 aus dem Abgas nach der Verbrennung diskutiert.

Dabei wird das CO_2 mithilfe von Aminen oder auch Hydrogencarbonaten aus dem Abgas entfernt. Waschverfahren sind in der Regel sehr energieaufwändig. Zudem können von den waschaktiven Substanzen Gefahren für Mensch und Umwelt ausgehen.
Bei der Abscheidung in Kombikraftwerken mit integrierter Kohlevergasung wird das Kohlenstoffdioxid bereits vor dem eigentlich Verbrennungsvorgang entfernt. Dazu wird Kohle mit Wasserdampf zu Kohlenstoffmonooxid und Wasserstoff umgesetzt. Im zweiten Schritt erfolgt die Umwandlung von Kohlenstoffmonooxid und Wasser in Kohlenstoffdioxid und Wasserstoff. Die Technologie ist jedoch noch nicht zur marktreife entwickelt.
Beim Oxyfuel-Verfahren erfolgt die Verbrennung in einer reinen Sauerstoffatmosphäre. Das Abgas besteht nur aus Kohlenstoffdioxid und Wasserdampf. Eine Trennung ist daher vergleichsweise einfach. Aufwändig ist dagegen die Gewinnung des reinen Sauerstoffs, was insgesamt zu einer Verringung des Wirkungsgrads dieser Technologie führt.

Speicherung und Lagerung: Die derzeit aussichtsreichste Variante bietet das Verpressen in tiefe Sedimentschichten, die mit Salzwasser gefüllt sind. Unter den dort herrschenden Drücken liegt das Kohlenstoffdioxid im überkritischen Zustand vor. Aufgrund der ähnlichen Dichte ist das CO_2 so in der Lage das Salzwasser zu verdrängen.
Als weitere Alternative wird das Einbringen in Kohleflöze, die nicht abgebaut werden, untersucht. In diesem Fall würde anstelle von Salzwasser Methan verdängt, dass als Brennstoff genutzt werden kann. Ebenfalls interessant ist der Austausch von Methan-Hydraten gegen CO_2 in Sedimentschichten am Meeresboden. In allen Fällen birgt das Ausgasen von Kohlenstoffdioxid große Gefahren. Auch sind die Auswirkungen auf die Umwelt noch nicht hinreichend untersucht. Technisch aufwändig gestaltet sich zudem der Transport von CO_2.

A87.3

Der Klimawandel wirkt sich global aus und wird von der internationalen Wirtschaft verursacht. Umweltpolitik muss somit auch global erfolgen.

A87.4

CO_2-Entwicklung seit 1990

Land/Region	Prozentuale Zunahme
Japan	3
USA	7
Nordamerika (gesamt)	10
Australien	52
Afrika	70
Lateinamerika	71
Asien (gesamt)	142
Naher Osten	167
Indien	172
China	207

Land/Region	Prozentuale Abnahme
EU	12
Eurasien (gesamt)	21
Russland	30

A87.5

Pro-Kopf-Ausstoß an CO_2 im Jahr 2009

Region	Ausstoß in Tonnen pro Jahr
Afrika	0,93
Asien	2,81
Europa (EU)	5,48
Nordamerika	11,56

Man erkennt einen deutlich höheren Pro-Kopf-Ausstoß in den industrialisierten Regionen der Erde.

A87.6

Deutschland und Russland erfüllen die Beschlüsse der Konferenz von Rio de Janeiro und haben ihren CO_2-Ausstoß unter das Niveau von 1990 abgesenkt. Die USA und China können die Vorgaben nicht erfüllen.

A89.1

- Der Klimawandel wird durch die Sonnenaktivität bestimmt, nicht von der Kohlenstoffdioxidkonzentration in der Atmosphäre.
- Zum Klimawandel finden keine echten Forschungsprozesse mehr statt. Die Politik hat sich im Verbund mit renommierten Wissenschaftlern auf eine gemeinsame Aussage geeinigt.
- Die Wissenschaft zum Klimawandel findet häufig nur zum Nutzen des Ansehens von Wissenschaftlern statt, nicht zur wissenschaftlichen Erkenntnis.
- Zur Vermeidung der Erderwärmung muss mehr als nur die Kohlenstoffdioxidkonzentration der Atmosphäre berücksichtigt werden.
- Klimawandel gab es in der Erdgeschichte immer, der momentane Erwärmungsprozess verläuft aber zehnmal schneller als jemals zuvor.
- Die Schwankungen der Sonnenaktivität können nicht als Ursache für die derzeitige Klimaänderung interpretiert werden.

A89.2

- Klimapolitik ist Wirtschaftpolitik. Kurzfristige Absatzinteressen überwiegen langfristigen Klimaschutzzielen
- China beharrt auf seinem Entwicklungslandstatus um das Kyoto-Protokoll zum wirtschaftlichen Vorteil nicht unterzeichnen zu müssen.
- Die USA fordern die chinesische Unterzeichnung des Kyoto-Protokolls um China gegenüber wettbewerbsfähiger zu werden.

A89.3

individuelle Lösung

A89.4

Erwartet wird eine Diskussion, die positionsgerecht geführt wird. Aussagen von wirtschaftlichen Interessen sollen denen von Umweltverbänden gegenübergestellt werden. In dieser Diskussion soll auch die Zerrissenheit der Wissenschaft dargestellt werden und kritisch die lobbyistische Finanzierung von Wissenschaftlern zum Zweck der Meinungsmache beleuchtet werden. Gegebenfalls könne auch unterschiedliche Positionen der Wirtschaft hinterfragt werden, beispielsweise der Öl- oder Atomindustrie und der Anbieter regenerativer Energie- und Produktlieferanten.

A90.1

Übersicht der Hauptbestandteile

Begriff	Inhaltsstoffe
Zement	Bindemittel für Mörtel und Beton. Besteht überwiegend aus fein gemahlenem CaO und weiteren Stoffen, wie Metalloxiden und Gips
Mörtel	Baustoff, bestehend aus einem Bindemittel, Wasser und Gesteinszugaben bis 4 mm Korngröße
Beton	Baustoff, bestehend aus einem Bindemittel, Wasser und gröberen Sand und Kiesbeimischungen.

A90.2

Kohlenstoffdioxidhaltiges Wasser dringt in die Mauersteine ein und löst Bestandteile der kalkhaltigen Fugen. Die Hinreaktion ist bevorteilt:

$$CaCO_3(s) + CO_2(aq) + H_2O(l) \rightleftharpoons Ca^{2+}(aq) + 2\,HCO_3^-(aq)$$

Durch Sonneneinstrahlung auf das Mauerwerk beschleunigt sich der Verdunstungsprozess des Wassers. An den Randbereichen des durchnässten Mauerwerks verlagert sich das Gleichgewicht auf die linke Seite und Calciumcarbonat fällt aus.

A90.3

Kühlende Maßnahmen beziehungsweise ein Befeuchten frisch betonierter Bauteile verhindern ein zu schnelles Verdunsten des Wassers. Calciumcarbonat würde zu schnell ausfallen und eine unregelmäßige Kristallstruktur mit geringerer Festigkeit ergeben. Die Regelmäßigkeit der Kristallstruktur wird heutzutage auch über Betonzusatzmittel gesteuert. Große Betonteile entwickeln beim Abbinden zudem große Hitze durch die exothermen Abbindungsprozesse. Ohne Kühlung kann dies zu thermisch bedingten Rissen im Bauteil führen.

V91.1

Farbebestimmung: Bei einem schwarzen Pulver lässt sich ein Diamant ausschließen, Ruß, Fullerene und Graphit nicht.

Zerreiben: Graphit und einige Russvarianten hinterlassen schwarzgraue Spuren auf dem Papier. Die Spuren lassen sich durch einen Vergleich mit einem Bleistiftstrich in Farbe und Oberflächenglanz voneinander unterscheiden.

Elektrische Leitfähigkeit: Leitet die Probe elektrischen Strom, kann es sich nur um leitfähige Rußvarianten oder Graphit handeln, Fullerene leiten den elektrischen Strom nicht.

Löslichkeit in Toluol: Bei Bedarf kann eine nicht leitfähige Rußvariante von den Fullerenen durch die typische Färbung in Toluol unterschieden werden. Ruß löst sich nicht in Toluol.

V91.2

a) Epoxidharz und Kohlenstofffasern bilden zusammen einen Faserverbundwerkstoff. Das Harz verbindet die einzelnen Lagen und Fasern der Kohlenstoffgewebe. Die Fasern und ihre Ausrichtung erzeugen die Festigkeit und Belastbarkeit des Materials.

b) Einer in Faserrichtung verlaufende Krafteinwirkung wird von Faserverbundwerkstoffen besonders gut widerstanden. Im Gewebestreifen diagonal verlaufende Fasern werden besonders bei torsionsgefährdeten Bereichen eingesetzt. Läng- und querverlaufende Fasern widerstehen Biegungen des Gewebestreifens in Längsrichtung besonders gut.

V91.3

a) Zur Bestimmung des Glühverlustes wird das Gewicht der trockenen Probe zum Ende des Versuchs von dem Gewicht der trockenen Probe vor Beginn des Versuchs subtrahiert. Das Ergebnis entspricht der Masse des Glühverlustes. Zur prozentualen Darstellung des Glühverlustes muss die Masse des Glühverlustes durch die Masse der Probe vor Beginn des Versuches dividiert und das Ergebnis mit Hundert multipliziert werden:

$m_{Glühverlust} = m_{Beginn} - m_{Ende}$

Glühverlust (in Prozent) = $\dfrac{m_{Glühverlust}}{m_{Beginn}} \cdot 100\%$

b) siehe Tabelle im Schülerband

c) $CaCO_3(s) + 2\ HCl(aq) \longrightarrow CaCl(aq) + CO_2(g) + H_2O(l)$

d) Mithilfe der Neutralisationstitration wird die Konzentration der Salzsäure zum Ende des Versuchs bestimmt. Die Differenz entspricht der abreagierten Salzsäure. Die Differenz der Konzentrationen kann bei einer 1 molaren Salzsäure direkt in die Stoffmengendifferenz übertragen werden:

$c(HCl) \Rightarrow n(HCl)$

Bei der Reaktion wird ein $n(CaCO_3)$ von 2 $n(HCl)$ umgesetzt. Die Stoffmenge des in der Probe enthaltenen Calciumcarbonats entspricht somit der halben Stoffmenge der verbrauchten Salzsäure:

$2\ n(CaCO_3) = n(HCl)$

Zur Berechnung der enthaltenen Kalkmenge wird die Stoffmenge des Calciumcarbonats mit der molaren Masse multipliziert:

$m(CaCO_3) = n(CaCO_3) \cdot M(CaCO_3)$

Für die Angabe in Massenprozent muss die berechnete Kalkmenge in Bezug zum anfänglichen Probengewicht gebracht werden:

Massenanteil: $\dfrac{m(CaCO_3)}{m(Pobe)} \cdot 100\%$

A94.B1

a) *Modifikation:* Erscheinungsform, in der ein Element vorliegen kann.

Diamant, Graphit, Graphen, Fullerene: Modifikationen des Kohlenstoffs. Sie unterschieden sich im Aufbau ihrer Kristallgitter und in ihren Stoffeigenschaften.

Carbonfasern: Industriell hergestellte Faser aus kohlenstoffhaltigen Materialien.

Ruß: schwarzer, pulverförmiger Feststoff, der zum überwiegenden Teil aus Kohlenstoff besteht.

Carbon Nanotubes: kleine röhrenförmige Gebilde, deren Wände ähnlich wie Graphen aus einer Schicht miteinander verknüpfter Kohlenstoff-Atome bestehen.

Kohlenstoffkreislauf: Chemische Umwandlungen von Kohlenstoffverbindungen in den Sphären der Erde und der Austausch zwischen ihnen.

natürlicher Treibhauseffekt: Erwärmung der Erdoberfläche durch die Wirkung von Treibhausgasen in der Atmosphäre.

anthropogener Treibhauseffekt: Anteil des Treibhauseffekts, der auf menschliche Einflüsse zurückgeht.

Klimawandel: Veränderung des Klimas auf der Erde im Laufe der Zeit.

Kalkkreislauf: natürliche oder technische Umwandlung von Calciumcarbonat.

b) siehe Seite 128

c) individuelle Lösung

A94.B2

a) In der Messkurve zeigen sich periodische Schwankungen der jahreszeitlichen CO_2-Konzentration der Atmosphäre um einen stetig steigenden Mittelwert. Die jährliche Zunahme der mittleren CO_2-Konzentration beträgt etwa 2 ppm, die jahreszeitliche Schwankung zwischen April (max) und Oktober (min) beläuft sich auf circa 6 ppm.

b) Die jährlichen Schwankungen der CO_2-Konzentration beruhen auf der verstärkten Fotosyntheseaktivität. Die Monate Juli bis Oktober sind die wärmsten Monate des Jahres bei gleichzeitig feuchtem Klima.

c) Die ansteigende Tendenz wird durch den verstärkten CO_2-Ausstoß industrieller Prozesse und die Erwärmung der Meere verursacht. Die Erwärmung führt zu einer verminderten Gaslöslichkeit und einer Erhöhung der atmosphärischen CO_2-Konzentration.

A94.B3

Carbon Nanotubes können unterschiedlich orientiert sein. Der Aufrollvektor beeinflusst die Eigenschaften.

A95.C1

a) Eine Erwärmung des Klimas führt zu einer Freisetzung von Methan aus dem bisher gefrorenen Meeresuntergrund. Gleichzeitig bedeutet eine Erwärmung des Klimas eine verringerte Methanlöslichkeit in den sich erwärmenden Weltmeeren, wodurch zusätzlich Methan in die Atmosphäre gelangt. Dort wirkt es als Treibhausgas. Der GWP von Methan ist 23 mal größer als der von CO_2. Somit ist Methan ein sehr viel stärkeres Treibhausgas und führt zu einer Zunahme des Treibhauseffekts, der eine weitere Erwärmung und Methanfreisetzung bewirkt.

b) siehe Grafik im Schülerband Seite 90

c) *Branntkalk:* $CaCO_3(s) \longrightarrow CaO(s) + CO_2(g)$
Die Reaktion ist endotherm. Branntkalk wird bei etwa 1000 °C hergestellt.

Löschkalk: $CaO(s) + H_2O(l) \longrightarrow Ca(OH)_2(s)$
Das Löschen des Branntkalks führt zu einer starken Hitzeentwicklung. Die Reaktion ist exotherm.

d) Ein Viertel des bei der weltweiten Zementproduktion entstehenden CO_2 stammt aus der Reaktion des Kalkbrennens.
gegeben: $m(CaO) = 140\,000\,000$ t $= 1,4 \cdot 10^{14}$ g
$M(CaO) = 56$ g $\cdot$ mol^{-1}, $M(CO_2) = 44$ g $\cdot$ mol^{-1}

gesucht: $m(CO_2)$

$n(CaO) = \dfrac{m(CaO)}{M(CaO)}$

$= \dfrac{1,4 \cdot 10^{14} \text{ g}}{56 \text{ g} \cdot \text{mol}^{-1}} = 2,5 \cdot 10^{12}$ mol

Bei der Reaktion wird pro CaO-Molekül ein CO_2-Molekül freigesetzt. Es gilt: $n(CaO) = n(CO_2)$

$m(CO_2) = n(CO_2) \cdot M(CO_2)$

$= 2,5 \cdot 10^{12}$ mol $\cdot$ 44 g $\cdot$ mol^{-1} = **$1,1 \cdot 10^{14}$ g**

Es entstehen 110 Millionen Tonnen CO_2 bei der Reaktion des Kalkbrennens. Nach Textangaben werden drei Viertel des Gases aber als Nebenprodukt der Verbrennungsprozesse zur Befeuerung der Öfen freigesetzt. Daher ist die Menge an ausgestoßenem CO_2 viermal so groß. Insgesamt werden also 440 Millionen Tonnen CO_2 weltweit durch die Zementproduktion abgegeben. Allerdings werden 110 Millionen Tonnen beim Aushärten von Zement wieder gebunden.

e) Die Abbildung zeigt eine prognostizierte Zunahme der Zementproduktion bis 2050. Derartige Entwicklungsprognosen sind die Grundlage zur Berechnung von Klimaszenarien. Nach Textangaben zeigte sich die Zementproduktion nach der Wirtschaftskrise 2008 sogar rückläufig. Diese Entwicklung war in der Prognose zur Zementproduktion nicht vorhergesagt. Prognosen beruhen also immer auf unterschiedlich wahrscheinlichen Annahmen und führen bei entsprechender Berücksichtigung zu verschiedenen Ergebnissen mit abweichenden Szenarien.

f) Bei der Erstellung unterschiedlicher Szenarien finden verschiedene Einflussfaktoren auf das Klima Berücksichtigung. Es unterscheiden sich in der Wissenschaft auch Annahmen von verstärkenden oder abschwächenden Wechselwirkungen zwischen Einflussfaktoren, Annahmen unterschiedlicher Auswirkung einzelner Faktoren auf das Klima und Annahmen verschiedener Entwicklung von Faktoren, beispielsweise des weltweiten Ausstoßes von CO_2 oder der Methanfreisetzung.

4 Mobile elektrische Energiequellen

A99.1

a) Bei Elektronenübertragungsreaktionen sind die beiden Teilreaktionen Oxidation (Abgabe von Elektronen) und Reduktion (Aufnahme von Elektronen) stets miteinander gekoppelt. Die Verbindung zwischen den Teilreaktionen ist die gleiche Anzahl ausgetauschter Elektronen. Beide Teilreaktionen finden gleichzeitig statt. Elektronenübertragungsreaktionen werden auch Redoxreaktionen genannt.

b) In der Redoxreihe der Metalle werden die Redoxpaare Metall-Kation/Metall-Atom nach ihrem edlen Charakter geordnet. Auch Redoxpaare, die nicht aus Metallen gebildet werden, können in die Redoxreihe eingeordnet werden. In der Redoxreihe nimmt die Oxidierbarkeit der beteiligten Teilchen ab und die Reduzierbarkeit zu.

c) Leicht oxidierbare Metalle reagieren schnell mit verdünnten Säuren wie beispielsweise verdünnter Salzsäure. Solche Metalle werden als unedel bezeichnet. Edle Metalle lassen sich nicht von verdünnten Säuren oxidieren.

A99.2

Redoxpaare sind Teilchenpaare, die durch Abgabe oder Aufnahme von Elektronen in einander überführt werden können.
Beispiele: I_2/I^-, Mg^{2+}/Mg, H^+/H_2

A99.3

a) Magnesium und Eisen reagieren mit verdünnter Salzsäure. Bei der Reaktion lösen sich die Metalle unter Entwicklung von Wasserstoffgas auf. Magnesium reagiert heftiger als Eisen, Gold reagiert nicht.

b)

Reduktion:	$2\,H^+(aq) + 2\,e^- \dashrightarrow H_2(g)$
Oxidation:	$Mg(s) \dashrightarrow Mg^{2+}(aq) + 2\,e^-$
Redoxreaktion:	$Mg(s) + 2\,H^+(aq) \longrightarrow Mg^{2+}(aq) + H_2(g)$
Reduktion:	$2\,H^+(aq) + 2\,e^- \dashrightarrow H_2(g)$
Oxidation:	$Fe(s) \dashrightarrow Fe^{2+}(aq) + 2\,e^-$
Redoxreaktion:	$Fe(s) + 2\,H^+(aq) \longrightarrow Fe^{2+}(aq) + H_2(g)$

A99.4

In der Redoxreihe stehen rechts die stärksten Oxidationsmittel und links die stärksten Reduktionsmittel. Die Kationen der edlen Metalle (rechts) sind die stärksten Elektronenakzeptoren und oxidieren daher links stehende Metall-Atome. Die Atome unedler Metalle (links) geben leicht Elektronen an Kationen edlerer Metall-Atome ab und sind also starke Reduktionsmittel.

A99.5

Die Stärke als Reduktionsmittel in der Redoxreihe ist links am größten ist und nimmt nach rechts ab. Die Reihenfolge der Redoxpaare in der Redoxreihe ist von links nach rechts: Zn^{2+}/Zn Pb^{2+}/Pb Hg^{2+}/Hg. Damit nimmt die Stärke der Metalle als Reduktionsmittel vom Zink zum Quecksilber ab: Zn > Pb > Hg.

A99.6

Angelaufenes Silberbesteck besitzt als Überzug einen dünnen Belag aus Silbersulfid, welches sich durch Reaktion des Silbers mit in der Luft spurenweise enthaltenem Schwefelwasserstoff oder bei Reaktion mit schwefelhaltigen Speisen (zum Beispiel Eiern) bildet. Wird angelaufenes Besteck in einer Salzlösung zusammen mit Aluminiumfolie eingelegt, so wird das Aluminium oxidiert und das Silbersulfid zu Silber reduziert, da Silber edler ist als Aluminium:

$$3\,Ag_2S(s) + 2\,Al(s) \longrightarrow 6\,Ag(s) + 2\,Al^{3+}(aq) + 3\,S^{2-}(aq)$$

Dabei müssen sich die Aluminiumfolie und das Silberbesteck berühren.
Wird die Reinigung in heißer Lösung durchgeführt, macht sich über dem Reinigungsbad oft ein Geruch nach Schwefelwasserstoff („faule Eier") bemerkbar. Der Schwefelwasserstoff entsteht durch Säure-Base-Reaktion mit in Wasser enthaltenen Protonen. Der gasförmige Schwefelwasserstoff kann dann aus der Lösung entweichen.

A99.7

Die Edelmetalle sind edler als das Eisen im Schrott. Daher werden ihre Metall-Kationen von Eisen zu den Metall-Atomen reduziert, während Eisen-Atome als Fe^{2+}-Ionen in Lösung gehen, zum Beispiel:

Reduktion:	$2\,Ag^+(aq) + 2\,e^- \dashrightarrow 2\,Ag(s)$
Oxidation:	$Fe(s) \dashrightarrow Fe^{2+}(aq) + 2\,e^-$
Redoxreaktion:	$2\,Ag^+(aq) + Fe(s) \longrightarrow Fe^{2+}(aq) + 2\,Ag(s)$

Filtriert man das Gemisch, so bleiben Edelmetalle und restlicher Eisenschrott zurück. Bei Zugabe von verdünnter Salzsäure geht das Eisen in Lösung, zurückbleiben nur die Edelmetalle.
Mit dieser Reaktion wurden in dem sogenannten Eisenwolle-Eimer Silbersalzlösungen recycelt, die beim Entwickeln von Filmen und Vergrößern von Fotos entstehen.

A99.8

Reaktionstyp	Elektronenübertragungsreaktionen	Protonenübertragungsreaktionen
Art der übertragenen Teilchen	Elektronen	Protonen
korrespondierende Paare: allgemeine Formulierung Beispiel	Redoxpaare M^{z+}/M oder Ox/Red Ag^+/Ag; Cu^{2+}/Cu	Säure-Base-Paare HA/A^- oder HB^+/B HCl/Cl^-; NH_4^+/NH_3
Donatorteilreaktion: Donator Art der Teilreaktion allgemeine Teilreaktionsgleichung Beispiel	Reduktionsmittel, reduzierte Form Elektronenabgabe $M(s) \dashrightarrow M^{z+}(aq) + z\,e^-$ $Zn(s) \dashrightarrow Zn^{2+}(aq) + 2\,e^-$	Protonendonator, Brönsted-Säure Protonenabgabe $HA \dashrightarrow A^- + H^+$ $HCl \dashrightarrow Cl^- + H^+$
Akzeptorteilreaktion: Akzeptor Art der Teilreaktion allgemeine Teilreaktionsgleichung Beispiel	Oxidationsmittel, oxidierte Form Elektronenaufnahme $M^{z+}(aq) + z\,e^- \dashrightarrow M(s)$ $Cu^{2+}(aq) + 2\,e^- \dashrightarrow Cu(s)$	Protonenakzeptor, Brönsted-Base Protonenaufnahme $B + H^+ \dashrightarrow HB^+$ $NH_3 + H^+ \dashrightarrow NH_4^+$
Donator-Akzeptor-Reaktion: Art der Reaktion allgemeine Reaktionsgleichung Beispiel	Redoxreaktion Red 1 + Ox 2 $\longrightarrow$ Ox 1 + Red 2 $Zn(s) + Cu^{2+}(aq) \longrightarrow Zn^{2+}(aq) + Cu(s)$	Säure-Base-Reaktion Säure 1 + Base 2 $\longrightarrow$ Base 1 + Säure 2 $HCl + NH_3 \longrightarrow Cl^- + NH_4^+$

A99.9

individuelle Lösung
Mögliche Vorgehensweise: Die Versuchsvorschrift wird entweder anhand der Vorgaben im Schülerband oder entsprechend der im Unterricht verwendeten Versuchsvorschriften erstellt. Inhaltlich kann man sich an der Vorschrift zu V104.2 im Schülerband orientieren.
Um die Stellung in der Redoxreihe möglichst gut einzugrenzen, kann man mit einem Zinkblech als unedlem Partner in einer Sn^{2+}-Lösung und mit Zinnblech in Ag^+-Lösung als edlem Partner beginnen. Dann nähert man sich entsprechend der (schon bekannten) Redoxreihe durch Experimente mit weiteren Redoxpaaren schrittweise dem Redoxpaar Sn^{2+}/Sn an. Als Beobachtung erwartet man, dass sich das Zinnblech in den Lösungen der edleren Partner unter Abscheidung der edleren Metalle (beispielsweise Ag oder Cu) auflöst und dass sich die unedleren Metalle wie Zn oder Fe unter Abscheidung von metallischem Zinn auflösen.

A101.1

Galvanische Zellen bestehen aus zwei unterschiedlichen Halbzellen, die durch ein Diaphragma oder eine ähnliche Anordnung räumlich von einander getrennt sind. Die Halbzellen wiederum bestehen jeweils aus einer Elektrode, die in eine Elektrolytlösung eintaucht. Das Diaphragma verhindert eine Durchmischung der Elektrolyten der beiden Halbzellen, lässt jedoch einen Transport von Ionen zu. Zwischen den Elektroden kann eine Spannung gemessen werden. Werden sie durch einen Elektronenleiter oder über einen Energiewandler verbunden, fließt ein elektrischer Strom, und es werden Stoffe in den Halbzellen umgesetzt. In galvanischen Zellen kann chemische in elektrische Energie umgewandelt werden.

A101.2

a)
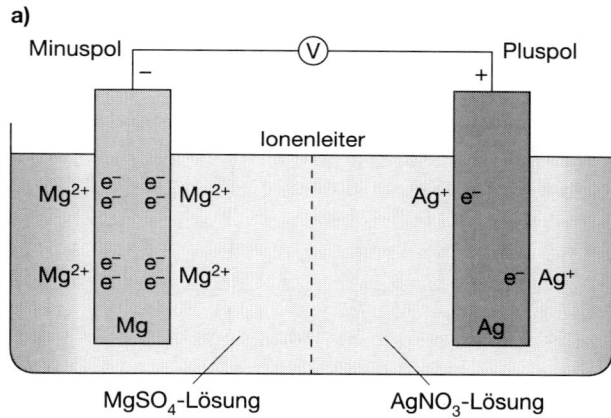

b) Die Mg-Elektrode bildet den Minuspol, da Magnesium unedler als Silber ist und (bei gleicher Konzentration der Lösungen) mehr Mg^{2+}-Ionen in Lösung gehen als Ag^+-Ionen. Daher lädt sich die Mg-Elektrode stärker negativ auf als die Ag-Elektrode.

c) *Donatorhalbzelle (Minuspol):*
$Mg(s) \dashrightarrow 2\,Mg^{2+}(aq) + 2\,e^-$
Akzeptorhalbzelle (Pluspol):
$2\,Ag^+(aq) + 2\,e^- \dashrightarrow 2\,Ag(s)$

Zellreaktion:
$Mg(s) + 2\,Ag^+(aq) \longrightarrow Mg^{2+}(aq) + 2\,Ag(s)$

A101.3

a) Marinaden für Sauerbraten enthalten üblicherweise Essig, das heißt Ethansäure, welche den sauren Geschmack des Sauerbratens hervorruft.

b) Saure Lösungen enthalten hydratisierte H^+-Ionen, welche Al-Atome in der Alufolie oxidieren können und dabei selbst zu Wasserstoff-Molekülen reduziert werden:

Reduktion: $\quad 6\,H^+(aq) + 6\,e^- \dashrightarrow 3\,H_2(g)$
Oxidation: $\quad 2\,Al(s) \dashrightarrow 2\,Al^{3+}(aq) + 6\,e^-$

Redoxreaktion: $\quad 6\,H^+(aq) + 2\,Al(s) \longrightarrow 2\,Al^{3+}(aq) + 3\,H_2(g)$

c) Das Entstehen der Löcher wird durch Marinieren in einer Porzellan- oder Glasschüssel nur verlangsamt. Die Lösung von Aluminiumsalzen in der Marinade kann man nur durch die Verwendung von anderen Materialien, die kein Aluminium enthalten, verhindern.

d) Ein abschließendes Urteil kann im Moment (Stand 2015) noch nicht gefällt werden. Man sollte bei der möglichen Aufnahme von Aluminium in den Körper zumindest sehr vorsichtig sein. Durch Kontakt der Marinade mit Alufolie lösen sich bereits beträchtliche Mengen Aluminium in der Marinade. Die Menge an gelöstem Aluminium kann durchaus schon an den erlaubten Grenzwert heranreichen.

A103.1

Die Stellung der Redoxpaare in der Redoxreihe muss zur Lösung dieser Aufgabe nicht bekannt sein, da Donator- und Akzeptor-Halbzelle bereits durch die Angabe des Zelldiagramms festgelegt sind.

a) *Donatorhalbzelle (Minuspol):*
$Zn(s) \dashrightarrow Zn^{2+}(aq) + 2\,e^-$
Akzeptorhalbzelle (Pluspol):
$2\,Ag^+(aq) + 2\,e^- \dashrightarrow 2\,Ag(s)$

Zellreaktion:
$Zn(s) + 2\,Ag^+(aq) \longrightarrow Zn^{2+}(aq) + 2\,Ag(s)$

b) *Donatorhalbzelle (Minuspol):*
$Cd(s) \dashrightarrow Cd^{2+}(aq) + 2\,e^-$
Akzeptorhalbzelle (Pluspol):
$2\,H^+(aq) + 2\,e^- \dashrightarrow H_2(g)$

Zellreaktion:
$Cd(s) + 2\,H^+(aq) \longrightarrow Cd^{2+}(aq) + H_2(g)$

c) *Donatorhalbzelle (Minuspol):*
$H_2(g) \dashrightarrow 2\,H^+(aq) + 2\,e^-$
Akzeptorhalbzelle (Pluspol):
$Cu^{2+}(aq) + 2\,e^- \dashrightarrow Cu(s)$

Zellreaktion:
$H_2(g) + Cu^{2+}(aq) \longrightarrow 2\,H^+(aq) + Cu(s)$

d) *Donatorhalbzelle (Minuspol):*
$Sn^{2+}(aq) \dashrightarrow Sn^{4+}(aq) + 2\,e^-$
Akzeptorhalbzelle (Pluspol):
$2\,Fe^{3+}(aq) + 2\,e^- \dashrightarrow 2\,Fe^{2+}(aq)$

Zellreaktion:
$Sn^{2+}(aq) + 2\,Fe^{3+}(aq) \longrightarrow Sn^{4+}(aq) + 2\,Fe^{2+}(aq)$

A103.2

Hinweis: Das Potential des Redoxsystems Fe^{3+}/Fe^{2+} kann der Tabelle im Anhang des Schülerbands entnommen werden.

Donatorhalbzelle (Minuspol):
$Zn(s) \dashrightarrow Zn^{2+}(aq) + 2\,e^-$
Akzeptorhalbzelle (Pluspol):
$2\,Fe^{3+}(aq) + 2\,e^- \dashrightarrow 2\,Fe^{2+}(aq)$

Zellreaktion:
$Zn(s) + 2\,Fe^{3+}(aq) \longrightarrow Zn^{2+}(aq) + 2\,Fe^{2+}(aq)$

A103.3

Das Redoxpaar der Bleihalbzelle steht in der Redoxreihe vor dem der Kupferhalbzelle und bildet daher die negativ geladene Donatorhalbzelle, die im Zelldiagramm links steht.
Zelldiagramm: $\ominus\ Pb(s)\,|\,Pb^{2+}(aq)\ \vdots\ Cu^{2+}(aq)\,|\,Cu(s)\ \oplus$

Für die Zellspannung unter Standardbedingungen ergibt sich dann:
$U°_{Zelle} = E°(\text{Akzeptorhalbzelle}) - E°(\text{Donatorhalbzelle})$
$U°_{Zelle} = 0{,}34\,V - (-0{,}13\,V) = 0{,}47\,V$

A103.4

Das Redoxpaar der Zinkhalbzelle steht in der Redoxreihe vor dem der Bleihalbzelle und bildet daher die negativ geladene Donatorhalbzelle, die im Zelldiagramm links steht.
Zelldiagramm: $\ominus\ Zn(s)\,|\,Zn^{2+}(aq)\ \vdots\ Pb^{2+}(aq)\,|\,Pb(s)\ \oplus$

Bei der Blei/Silberzelle (Zelle 1) ist die Bleihalbzelle die Donatorhalbzelle (der Minuspol), bei der Zink/Silberzelle (Zelle 2) die Zinkhalbzelle. Es gilt also für die beiden Zellspannungen unter Standardbedingungen:
$U°_{Zelle} = E°(\text{Akzeptorhalbzelle}) - E°(\text{Donatorhalbzelle})$
$U°_{Zelle1} = E°(Ag^+/Ag) - E°(Pb^{2+}/Pb) = 0{,}93\,V$
$U°_{Zelle2} = E°(Ag^+/Ag) - E°(Zn^{2+}/Zn) = 1{,}56\,V$
Die Zellspannung $U°_{Zelle}$ einer Zink/Bleizelle unter Standardbedingungen lässt sich wegen der Additivität der Redoxpotentiale wie folgt bestimmen:
$U°_{Zelle} = U°_{Zelle2} - U°_{Zelle1}$
$E°(Ag^+/Ag) - E°(Zn^{2+}/Zn) - [E°(Ag^+/Ag) - E°(Pb^{2+}/Pb)] =$
$\qquad E°(Pb^{2+}/Pb) - E°(Zn^{2+}/Zn)$
$U°_{Zelle} = (1{,}56 - 0{,}93)\,V = 0{,}63\,V$

A103.5

individuelle Lösung
Mögliche Vorgehensweise: Die Versuchsvorschrift wird entweder anhand der Vorgaben im Praktikum oder entsprechend der im Unterricht verwendeten Versuchsvorschriften erstellt.
Beim üblichen Aufbau für die Bestimmung von Standardelektrodenpotentialen verwendet man eine Wasserstoffhalbzelle. Mit dieser wird eine Chlorhalbzelle kombiniert. Wenn beide Halbzellen unter Standardbedingungen verwendet werden, ergibt sich das Standardelektrodenpotential der Chlorhalbzelle direkt als die gemessene Spannung. Die Chlorhalbzelle kann auch mit einer anderen Halbzelle kombiniert werden, deren Standardpotential bekannt ist. Dann wird zur Berechnung des Standardpotentials der Chlorhalbzelle ähnlich wie in Aufgabe A103.4 verfahren.

Das Redoxpaar der Chlorhalbzelle ist nicht in der Redoxreihe der Metalle enthalten. Daher muss recherchiert werden, welche Halbzelle den Minuspol darstellt (Tabelle mit Standardelektrodenpotentialen im Anhang des Schülerbands oder im Internet). Hier ist die Wasserstoffelektrode der Minuspol und die Chlorelektrode der Pluspol.

Donatorhalbzelle (Minuspol):
$H_2(g) \dashrightarrow 2\,H^+(aq) + 2\,e^-$
Akzeptorhalbzelle (Pluspol):
$Cl_2(g) + 2\,e^- \dashrightarrow 2\,Cl^-(aq)$

Zellreaktion:
$H_2(g) + Cl_2(g) \longrightarrow 2\,H^+(aq) + 2\,Cl^-(aq)$

Das aus den genannten Tabellen zu entnehmende Standardpotential der Chlorhalbzelle beträgt $E°(Cl_2/Cl^-) = 1{,}36\,V$.

V104.1

a) Die Temperatur im Reagenzglas mit Kupfersulfatlösung und Eisenpulver (Lösung 1) steigt an, während sie in der Vergleichslösung (Lösung 2) konstant bleibt.
Nach einiger Zeit entfärbt sich Lösung 1 und ist auf dem Eisenpulver ist ein rötlicher Schimmer zu beobachten.
Nach der Zugabe von Ammoniaklösung färbt sich nur die Ausgangslösung (Lösung 2) tiefblau.
Nach Zugabe von Kaliumhexacyanidoferrat(III) zu Lösung 1b wird die Lösung dunkelblau oder man erhält einen dunkelblauen Niederschlag.

b) Der Temperaturanstieg zeigt eine chemische Reaktion an (Energieumsatz). Das wird auch durch die Veränderung der Farbe von hellblau (Cu^{2+}(aq)-Ionen) zu farblos (Fe^{2+}(aq)-Ionen) unterstützt. Nur die Ausgangslösung (Lösung 2) ergibt die tiefblaue Farbe des Kupfertetrammin-Komplexes. Das heißt, dass in Lösung 1 keine Cu^{2+}(aq)-Ionen mehr enthalten sind, da sie vollständig zu elementarem Kupfer reduziert wurden, welches sich auf dem Eisenpulver abgeschieden hat.
Bei der Reduktion zu Kupfer sind gleichzeitig Fe-Atome zu Fe^{2+}(aq)-Ionen oxidiert worden, die mit Kaliumhexacyanidoferrat(III) als dunkelblaues Berliner Blau nachgewiesen wurden.

Reduktion: $\quad Cu^{2+}(aq) + 2\,e^- \dashrightarrow Cu(s)$
Oxidation: $\quad Fe(s) \dashrightarrow Fe^{2+}(aq) + 2\,e^-$

Redoxreaktion: $\quad Cu^{2+}(aq) + Fe(s) \longrightarrow Fe^{2+}(aq) + Cu(s)$

V104.2

a) Bei den Feldern in der folgenden Tabelle mit Pluszeichen, findet eine Abscheidung von grauen bis schwarzen Belägen auf den Metallblechen statt. Im Fall der Kupfersulfatlösung wird diese entfärbt, und der Belag kann rötlich bis rot gefärbt sein.

	Ag^+	Cu^{2+}	Fe^{2+}	Zn^{2+}	Mg^{2+}
Ag		–	–	–	–
Cu	+		–	–	–
Fe	+	+		–	–
Zn	+	+	+		–
Mg	+	+	+	+	

b) In den Fällen, bei denen eine Reaktion stattgefunden hat, werden die Atome des unedleren Metalls zu den entsprechenden Ionen oxidiert und die Ionen der Lösung zu den entsprechenden Atomen des edleren Metalls reduziert. Hier werden nur die Teilgleichungen des ersten Beispiels mit angegeben:

Reduktion: $\quad 2\,Ag^+(aq) + 2\,e^- \dashrightarrow 2\,Ag(s)$
Oxidation: $\quad Cu(s) \dashrightarrow Cu^{2+}(aq) + 2\,e^-$

Redoxreaktion: $\quad 2\,Ag^+(aq) + Cu(s) \longrightarrow 2\,Ag(s) + Cu^{2+}(aq)$

$2\,Ag^+(aq) + Fe(s) \longrightarrow 2\,Ag(s) + Fe^{2+}(aq)$
$2\,Ag^+(aq) + Zn(s) \longrightarrow 2\,Ag(s) + Zn^{2+}(aq)$
$2\,Ag^+(aq) + Mg(s) \longrightarrow 2\,Ag(s) + Mg^{2+}(aq)$
$Cu^{2+}(aq) + Fe(s) \longrightarrow Cu(s) + Fe^{2+}(aq)$
$Cu^{2+}(aq) + Zn(s) \longrightarrow Cu(s) + Zn^{2+}(aq)$
$Cu^{2+}(aq) + Mg(s) \longrightarrow Cu(s) + Mg^{2+}(aq)$
$Fe^{2+}(aq) + Zn(s) \longrightarrow Fe(s) + Zn^{2+}(aq)$
$Fe^{2+}(aq) + Mg(s) \longrightarrow Fe(s) + Mg^{2+}(aq)$
$Zn^{2+}(aq) + Mg(s) \longrightarrow Zn(s) + Mg^{2+}(aq)$

c) Die Redoxreihe für die untersuchten Redoxpaare ist mit zunehmendem edlen Charakter:
$Mg^{2+}/Mg < Zn^{2+}/Zn < Fe^{2+}/Fe < Cu^{2+}/Cu < Ag^+/Ag$

V104.3

a) Bis auf Kupfer reagieren alle Metalle mit der verdünnten Salzsäure. Dabei werden die Metalle aufgelöst, und es bildet sich ein Gas. Der Nachweis mit der Knallgasprobe verläuft positiv.

b) Anhand der Reaktion mit der verdünnten Salzsäure werden die Metalle in zwei Kategorien eingeteilt: Die unedlen Metalle reagieren mit verdünnter Salzsäure, die edlen Metalle nicht. Bei der Reaktion werden die Metall-Atome zu Metall-Ionen oxidiert, während die H^+-Ionen in der sauren Lösung zu Wasserstoff-Molekülen reduziert werden:

$Mg(s) + 2\,H^+(aq) \longrightarrow Mg^{2+}(aq) + H_2(g)$
$Zn(s) + 2\,H^+(aq) \longrightarrow Zn^{2+}(aq) + H_2(g)$
$Fe(s) + 2\,H^+(aq) \longrightarrow Fe^{2+}(aq) + H_2(g)$

c) Die Metalle Magnesium, Zink und Eisen sind demnach unedel, Kupfer wird zu den edlen Metallen gerechnet.
Hinweis: Mit den Kenntnissen der Redoxreihe beziehungsweise mit den Ergebnissen aus Versuch V28.2 können die Schülerinnen und Schüler folgende Aussage treffen: Der edle Charakter der Metalle nimmt in der folgenden Reihe zu: $Mg^{2+}/Mg < Zn^{2+}/Zn < Fe^{2+}/Fe < Cu^{2+}/Cu$

V105.1

individuelle Lösung
Mögliche Ergebnisse:
a) Zwischen Zink und Kupfer wird eine Spannung von etwa 1,1 V gemessen. Die Zn-Elektrode bildet den Minuspol, die Cu-Elektrode den Pluspol.

b) *Zelldiagramm*
$Zn(s)\,|\,Zn^{2+}(aq,\,0{,}1\,mol\cdot l^{-1})\;\vdots\;Cu^{2+}(aq,\,0{,}1\,mol\cdot l^{-1})\,|\,Cu(s)$

c) Wenn Metalle in ihre Lösungen eintauchen, stellt sich ein chemisches Gleichgewicht ein. Die Reaktionsgleichungen für die Elektroden- und Zellreaktionen sind:

Donatorhalbzelle (Minuspol):
$Zn(s) \dashrightarrow Zn^{2+}(aq) + 2\,e^-$
Akzeptorhalbzelle (Pluspol):
$Cu^{2+}(aq) + 2\,e^- \dashrightarrow Cu(s)$

Zellreaktion:
$Cu^{2+}(aq) + Zn(s) \rightleftharpoons Cu(s) + Zn^{2+}(aq)$

d) Bei jeweils gleicher Konzentration der Ionen in den Salzlösungen ist es vom edlen Charakter des Metalls abhängig, wie viele positiv geladene Metall-Kationen in Lösung gehen oder als Metall-Atome abgeschieden werden.
In der Daniell-Zelle ist das Zink unedler als Kupfer, und somit gehen mehr Zn^{2+}-Ionen in Lösung als Cu^{2+}-Ionen. Daher bleiben auf der Zn-Elektrodenoberfläche mehr Elektronen zurück als auf der Cu-Elektrode. Die Zn-Elektrode ist stärker negativ aufgeladen als die Cu-Elektrode. Die Zn-Elektrode wird so zum Minuspol, die Cu-Elektrode zum Pluspol. Der Unterschied in der Aufladung der Elektroden kann als Zellspannung U_{Zelle} gemessen werden.

e) Begründung für die Polung der Zelle siehe Aufgabe c).

f) Für eine Skizze siehe Schülerband Seite 100 Abbildung 2 oder Seite 101 Abbildung 3.

Wird anstelle des Voltmeters ein Energiewandler wie ein geeigneter Motor angeschlossen, fließt durch den äußeren Stromkreis ein Elektronenstrom vom Minuspol zum Pluspol, weswegen die Zn-Elektrode (Minuspol) Donatorhalbzelle und die Cu-Elektrode (Pluspol) Akzeptorhalbzelle genannt werden. Da nun an der Zn-Elektrode Zn^{2+}-Kationen in Lösung gehen und an der Cu-Elektrode die Lösung an Cu^{2+}-Kationen verarmt, müssen in den beiden Halbzellen die Ladungen ausgeglichen werden. Dies geschieht durch Transport von negativ geladenen Sulfat-Ionen zur Zn^{2+}/Zn-Halbzelle und von positiv geladenen Zn^{2+}-Ionen in die Cu^{2+}/Cu-Halbzelle (Ionentransport).

g) In der Zn^{2+}/Zn-Halbzelle nimmt die Masse der Zn-Elektrode ab und die Konzentration der Zn^{2+}-Kationen zu, in der Cu^{2+}/Cu-Halbzelle die Masse der Cu-Elektrode zu und die Konzentration der Cu^{2+}-Kationen ab.

h) Die unterschiedlichen Möglichkeiten eine Daniell-Zelle aufzubauen unterscheiden sich im Wesentlichen in den Elektrodenflächen und der Möglichkeit des jeweiligen Aufbaus, den Ionentransport zu gewährleisten. Beide Faktoren sind bestimmend für die Stärke des elektrischen Stroms, der in den Zellen bei Anschluss eines Energiewandlers fließen kann. Die Zellen sind gleich in der Wahl der Elektrodenmaterialien und damit auch in der gemessen Zellspannung.

i) Die elektrische Leistung einer solchen Zelle hängt vom Produkt aus elektrischer Spannung U und elektrischer Stromstärke I ab. Die Zellspannung ist für alle aufgebauten Daniell-Zellen etwa gleich. Somit hängt die Leistung von den beiden in Aufgabe h) genannten Faktoren ab.

A106.1

Das Standardelektrodenpotential des Redoxpaares Br_2/Br^- ist mit 1,10 V größer als das des Redoxpaares Fe^{3+}/Fe^{2+} (0,77 V). Daher kann eine Br_2-Lösung Fe^{2+}-Ionen zu Fe^{3+}-Ionen oxidieren:
$2\,Fe^{2+}(aq) + Br_2(aq) \longrightarrow 2\,Fe^{3+}(aq) + 2\,Br^-(aq)$

A106.2

a) Das Redoxpaar Mg^{2+}/Mg besitzt ein niedrigeres Standardelektrodenpotential (−2,37 V) als das Redoxpaar Cu^{2+}/Cu (0,34 V). Magnesium ist also unedler als Kupfer. Daher werden Mg-Atome oxidiert, während die Cu^{2+}-Ionen zu Cu-Atomen reduziert werden:
$Cu^{2+}(aq) + Mg(s) \longrightarrow Cu(s) + Mg^{2+}(aq)$

b) Das Redoxpaar Mg^{2+}/Mg besitzt ein niedrigeres Standardelektrodenpotential (−2,37 V) als das Redoxpaar Cu^{2+}/Cu (0,34 V). Magnesium ist also unedler als Kupfer. Deswegen können Mg^{2+}-Ionen nicht durch Cu-Atome reduziert werden, es findet keine Reaktion statt.

c) Das Redoxpaar Pb^{2+}/Pb besitzt ein niedrigeres Standardelektrodenpotential (−0,13 V) als das Redoxpaar Ag^+/Ag (0,80 V). Blei ist also unedler als Silber. Pb-Atome werden oxidiert, während die Ag^+-Ionen zu Ag-Atomen reduziert werden:
$2\,Ag^+(aq) + Pb(s) \longrightarrow 2\,Ag(s) + Pb^{2+}(aq)$

d) Das Standardelektrodenpotential des Redoxpaares Cl_2/Cl^- ist größer (1,36 V) als das des Redoxpaares I_2/I^- (0,62 V). Chlor-Atome können die I^--Ionen zu I_2-Moleküle oxidieren und werden dabei zu Cl^--Ionen reduziert:
$Cl_2(aq) + 2\,I^-(aq) \longrightarrow 2\,Cl^-(aq) + I_2(aq)$

A106.3

a) Mit steigendem Standardelektrodenpotential nehmen folgende Eigenschaften zu:
- Stärke des Oxidationsmittels: Bei der oxidierten Form steigt die Tendenz zur Elektronenaufnahme.
- Reduzierbarkeit: Bei der oxidierten Form steigt die Tendenz zur Elektronenaufnahme und damit die Reduzierbarkeit.
- Fähigkeit zur Elektronenaufnahme: Die Oxidationswirkung des Stoffes nimmt zu.

b) Starke Oxidationsmittel: Fluor, Permanganat-Ionen, Chlor.
Starke Reduktionsmittel: Lithium, Natrium, Magnesium.

c) Fe^{2+}-Ionen können sowohl zu Fe^{3+}-Ionen oxidiert als auch zu Fe-Atomen reduziert werden. Im ersten Fall wirken sie als Reduktionsmittel, im zweiten als Oxidationsmittel.

V107.1

Die erhaltenen Zellspannungen U_{Zelle} sind etwa:

Halbzelle	Ag^+/Ag	Cu^{2+}/Cu	Fe^{2+}/Fe	Zn^{2+}/Zn
Ag^+/Ag	0,00 V	0,46 V	1,24 V*	1,56 V
Cu^{2+}/Cu		0,00 V	0,78 V*	1,10 V
Fe^{2+}/Fe			0,00 V	0,32 V*
Zn^{2+}/Zn				0,00 V

Die in der Tabelle aufgeführten Werte wurden aus den Standardelektrodenpotentialen der verschiedenen Halbzellen erhalten. Sie stimmen für die Kombinationen der Halbzellen Ag^+/Ag, Cu^{2+}/Cu und Zn^{2+}/Zn gut mit den gemessenen Werten überein. Die Abweichung für die Kombination mit der Fe^{2+}/Fe-Halbzelle (*) ist systematisch und liegt an einem unter Bedingungen des Schulversuchs größeren

Wert für das Standardpotential der Fe^{2+}/Fe-Halbzelle. Aufgrund des Luftsauerstoffs und des in der Lösung bereits gelösten Sauerstoffs werden Fe^{2+}-Ionen zu Fe^{3+}-Ionen oxidiert, sodass man ein mittleres Elektrodenpotential für die Halbzellen Fe^{2+}/Fe und Fe^{3+}/Fe misst. Außerdem wird der Messwert durch auf dem Eisenblech gebildetes Eisenoxid beeinflusst. Der tabellierte Wert für das Standardelektrodenpotential der Fe^{2+}/Fe-Halbzelle wird dagegen unter Luftausschluss bestimmt. Die Werte unterhalb der Diagonalen ergeben sich durch Vertauschen der Kabel des Voltmeters und hätten bei negativem Vorzeichen den gleichen Betrag.

b) Die Zelldiagramme sind:
⊖ Zn(s)|Zn^{2+}(aq, 0,1 mol · l^{-1}) ┊
    Ag^+(aq, 0,1 mol · l^{-1})|Ag(s) ⊕
⊖ Zn(s)|Zn^{2+}(aq, 0,1 mol · l^{-1}) ┊
    Cu^{2+}(aq, 0,1 mol · l^{-1})|Cu(s) ⊕
⊖ Zn(s)|Zn^{2+}(aq, 0,1 mol · l^{-1}) ┊
    Fe^{2+}(aq, 0,1 mol · l^{-1})|Fe(s) ⊕
⊖ Fe(s)|Fe^{2+}(aq, 0,1 mol · l^{-1}) ┊
    Ag^+(aq, 0,1 mol · l^{-1})|Ag(s) ⊕
⊖ Fe(s)|Fe^{2+}(aq, 0,1 mol · l^{-1}) ┊
    Cu^{2+}(aq, 0,1 mol · l^{-1})|Cu(s) ⊕
⊖ Cu(s)|Cu^{2+}(aq, 0,1 mol · l^{-1}) ┊
    Ag^+(aq, 0,1 mol · l^{-1})|Ag(s) ⊕

c) Die Kombination gleicher Halbzellen liefert erwartungsgemäß keine Spannung, da die beiden Elektroden nicht unterschiedlich geladen sind. Da verschiedene Halbzellen unterschiedlich geladen sind, misst man für ihre Kombination eine Spannung.

d) Die Spannung ist für die beiden am weitesten in der Redoxreihe von einander entfernt stehenden Redoxpaare (Ag^+/Ag und Zn^{2+}/Zn) am größten. Die beiden Redoxpaare Zn^{2+}/Zn und Fe^{2+}/Fe stehen sich in der Redoxreihe am nächsten. Die Messung ihrer Kombination ergibt die kleinste Spannung.

V107.2

a) Bei eingeschalteter Spannung ist am Minuspol in der farblos bis gelblichen Zinkiodidlösung das Entstehen eines grauen Überzugs zu beobachten. Nach einiger Zeit lassen sich oft auch kleine graue Kristalle beobachten, die an der Elektrode hängen („Zinkbaum"). Am Pluspol bilden sich braun-rote Schlieren, die langsam nach unten sinken. Nach kurzer Trockenzeit ist der gebildete graue Feststoff auf dem Minuspol als Überzug auf der Elektrode noch besser zu sehen.

b) Bei der Elektrolyse werden am Minuspol Zn^{2+}-Ionen zu Zn-Atomen reduziert, welche sich als elementares Zink auf der Graphitoberfläche niederschlagen. Am Pluspol werden I^--Ionen zu I_2-Molekülen oxidiert. Das elementare Iod hat eine rot-braune Farbe, und die Dichte der konzentrierten Lösung ist größer als die von Wasser. Die konzentrierte Lösung durchmischt sich nicht sofort vollständig mit der übrigen Lösung und sinkt nach unten.

Minuspol: Zn^{2+}(aq) + 2 e^- ---→ Zn(s)
Pluspol: 2 I^-(aq) ---→ I_2(aq) + 2 e^-

Zellreaktion: Zn^{2+}(aq) + 2 I^-(aq) ⇌ Zn(s) + I_2(l)

Wenn die Elektrolyse abgebrochen wird, stehen die Zn^{2+}-Ionen in der Lösung mit dem gebildeten Zn im Gleichgewicht, und die I^--Ionen mit dem gebildeten I_2. Da die beiden Ableitelektroden aus Graphit von Zink und Iod umgeben sind, hat man auf diese Weise eine galvanische Zelle aus einer Zn^{2+}/Zn-Halbzelle und einer I_2/I^--Halbzelle erhalten. An den Elektroden lässt sich eine entsprechende Zellspannung U_{Zelle} von etwa 1,4 V messen.

c) Zelldiagramm:
Graphit(s)|Zn(s)|Zn^{2+}(aq) ┊ I^-(aq)|I_2(aq)|Graphit(s)

Minuspol: Zn(s) ---→ Zn^{2+}(aq) + 2 e^-
Pluspol: I_2(aq) + 2 e^- ---→ 2 I^-(aq)

Zellreaktion: Zn(s) + I_2(l) ⇌ Zn^{2+}(aq) + 2 I^-(aq)

d) Für die Standardzellspannung der galvanischen Zelle gilt:
$U°_{Zelle} = E°(I_2/I^-) - E°(Zn^{2+}/Zn)$
und damit für das Standardelektrodenpotential der I_2/I^--Elektrode:
$E°(I_2/I^-) = U°_{Zelle} + E°(Zn^{2+}/Zn)$
$E°(I_2/I^-) ≈ 1{,}4\ V + (-0{,}76\ V) = 0{,}64\ V$
Das Elektrodenpotential ist etwas kleiner als bei Ag^+/Ag.

e) Für die elektrochemischen Zellen in beiden Versuchsteilen erhält man die gleichen Reaktionsgleichungen, nur mit umgekehrter Richtung der Reaktionen.

A107.1

Permanganat-Ionen sind in saurer Lösung ein starkes Oxidationsmittel. Das Redoxpaar MnO_4^-/Mn^{2+} besitzt ein positives Standardelektrodenpotential (1,51 V), welches noch größer als das des Redoxpaares Cl_2/Cl^- (1,36 V) ist. Das bedeutet, dass Chlorid-Ionen von Permanganat-Ionen zu Chlor-Molekülen oxidiert werden. Dies würde bei den gewünschten Redoxreaktion stören. Da Sulfat- oder Hydrogensulfat-Ionen nicht von Permanganat-Ionen oxidiert werden, wird zum Ansäuern Schwefelsäure verwendet.

A107.2

Das Redoxpaar Fe^{3+}/Fe^{2+} hat ein größeres Standardelektrodenpotential (0,77 V) als das Redoxpaar Cu^{2+}/Cu (0,34 V). Somit können Cu-Atome unter Reduktion von Fe^{3+}-Ionen zu Fe^{2+}-Ionen zu Cu^{2+}-Ionen oxidiert werden. Das nicht benötigte Kupfer zwischen den Leiterbahnen wird also zu Cu^{2+}-Ionen oxidiert. Die entstehenden Cu^{2+}-Ionen gehen in Lösung und können abgespült werden, sodass diese Stellen frei von Kupfer und nicht leitend sind.

A109.1

Donatorhalbzelle (Minuspol):
Zn(s) ---→ Zn^{2+}(aq) + 2 e^-

$E(Zn^{2+}/Zn) = E°(Zn^{2+}/Zn) + \dfrac{0{,}059\ V}{2} \lg \dfrac{c(Zn^{2+})}{mol \cdot l^{-1}}$

$E(Zn^{2+}/Zn) = -0{,}76\ V + \dfrac{0{,}059\ V}{2} \lg 10^{-4} = -0{,}88\ V$

Akzeptorhalbzelle (Pluspol):
Pb^{2+}(aq) + 2 e^- ---→ Pb(s)

$E(Pb^{2+}/Pb) = E°(Pb^{2+}/Pb) + \dfrac{0{,}059\ V}{2} \lg \dfrac{c(Pb^{2+})}{mol \cdot l^{-1}}$

$E(Pb^{2+}/Pb) = -0{,}13\ V + \dfrac{0{,}059\ V}{2} \lg 10^{-1} = -0{,}16\ V$

Zellreaktion:
Zn(s) + Pb^{2+}(aq) ⟶ Zn^{2+}(aq) + Pb(s)

$U_{Zelle} = E(\text{Akzeptorhalbzelle}) - E(\text{Donatorhalbzelle})$
$U_{Zelle} = E(Pb^{2+}/Pb) - E(Zn^{2+}/Zn)$
$U_{Zelle} = -0{,}16 \text{ V} - (-0{,}88 \text{ V}) = 0{,}72 \text{ V}$

A109.2

Die Standardwasserstoffelektrode hat definitionsgemäß ein Elektrodenpotential von 0,00 V. Da die Ce^{4+}/Ce^{3+}-Halbzelle ein Standardelektrodenpotential von 1,61 V aufweist, ist diese Halbzelle die Akzeptorhalbzelle und die Wasserstoffhalbzelle die Donatorzelle.
Donatorhalbzelle (Minuspol):
$E(H^+/H_2) = 0{,}00 \text{ V}$
Akzeptorhalbzelle (Pluspol):
$E(Ce^{4+}/Ce^{3+}) = E°(Ce^{4+}/Ce^{3+}) + \dfrac{0{,}059 \text{ V}}{1} \lg \dfrac{c(Ce^{4+})}{c(Ce^{3+})}$

$E(Ce^{4+}/Ce^{3+}) = 1{,}61 \text{ V} + 0{,}059 \text{ V} \lg \dfrac{0{,}001}{0{,}1} = 1{,}49 \text{ V}$

Damit ist die Zuweisung als Akzeptorzelle bestätigt.
Zelldiagramm:
$Pt(s)|H_2(g, 10^5 \text{ Pa})|H^+(aq, 1 \text{ mol} \cdot l^{-1}) \vdots$
$Ce^{4+}(aq, 0{,}001 \text{ mol} \cdot l^{-1}); Ce^{3+}(aq, 0{,}1 \text{ mol} \cdot l^{-1})|Pt(s)$

A109.3

Reduktion:
$MnO_4^-(aq) + 8 H^+(aq) + 5 e^- \dashrightarrow Mn^{2+}(aq) + 4 H_2O(l) \quad | \cdot 2$
Oxidation:
$2 Cl^-(aq) \dashrightarrow Cl_2(g) + 2 e^- \quad | \cdot 5$

Redoxreaktion:
$2 MnO_4^-(aq) + 16 H^+(aq) + 10 Cl^-(aq) \longrightarrow$
$\qquad 2 Mn^{2+}(aq) + 5 Cl_2(g) + 8 H_2O(l)$

Cl_2/Cl^--Elektrode:

$E(Cl_2/Cl^-) = E°(Cl_2/Cl^-) + \dfrac{0{,}059 \text{ V}}{2} \lg \dfrac{c^2(Cl^-)}{\text{mol} \cdot l^{-1}}$

Bei Standarddruck und $c(Cl^-) = 1 \text{ mol} \cdot l^{-1}$ entspricht die Chlorelektrode der Standardchlorelektrode:
$E(Cl_2/Cl^-) = 1{,}36 \text{ V} - 0{,}059 \text{ V} \lg(1) = 1{,}36 \text{ V}$

MnO_4^-/Mn^{2+}-Elektrode:

$E(MnO_4^-/Mn^{2+}) = 1{,}51 \text{ V} + \dfrac{0{,}059 \text{ V}}{5} \lg \dfrac{c(MnO_4^-) \cdot c^8(H^+)}{c(Mn^{2+}) \cdot (\text{mol} \cdot l^{-1})}$

Wenn $c(MnO_4^-) = c(Mn^{2+})$, dann gilt

$E(MnO_4^-/Mn^{2+}) = 1{,}51 \text{ V} + \dfrac{0{,}059 \text{ V}}{5} \cdot 8 \cdot \dfrac{\lg c(H^+)}{\text{mol} \cdot l^{-1}}$

Für $c(H^+) = 1 \text{ mol} \cdot l^{-1}$:
$E(MnO_4^-/Mn^{2+}) = 1{,}51 \text{ V}$
Für $c(H^+) = 10^{-4} \text{ mol} \cdot l^{-1}$:
$E(MnO_4^-/Mn^{2+}) = 1{,}51 \text{ V} + (-0{,}38 \text{ V}) = 1{,}13 \text{ V}$

Aus dem Vergleich der beiden Elektrodenpotentiale erkennt man, dass in stark saurer Lösung ($c(H^+) = 1 \text{ mol} \cdot l^{-1}$) das Potential der MnO_4^-/Mn^{2+}-Elektrode deutlich größer als das der Cl_2/Cl^--Elektrode ist. Die Permanganat-Ionen sind also in der Lage, die Chlorid-Ionen zu oxidieren. Bei der nur schwach sauren Lösung ($c(H^+) = 10^{-4} \text{ mol} \cdot l^{-1}$) ist dies nicht mehr möglich, da nun das Potential der MnO_4^-/Mn^{2+}-Elektrode kleiner als das der Cl_2/Cl^--Elektrode ist.
Für die Begründung ist der Vergleich der Elektrodenpotentiale ausreichend, bei genauer Betrachtung müsste die Zellspannung berechnet werden, wobei qualitativ allerdings das gleiche Ergebnis erzielt wird.

A110.1

Da für positive pH-Werte mit $E(H^+/H_2) = -0{,}059 \text{ V} \cdot \text{pH}$ immer negativ ist, ist die Halbzelle mit unbekannter H^+-Ionenkonzentration die Donatorhalbzelle. Es folgt also für das Zelldiagramm:
$Pt(s)|H_2(g, 10^5 \text{ Pa})|H^+(aq) \vdots$
$\qquad H^+(aq, 1 \text{ mol} \cdot l^{-1})|H_2(g, 10^5 \text{ Pa})|Pt(s)$
Für eine solche Zelle gilt:

$U_{Zelle} = 0{,}059 \text{ V} \cdot \text{pH}$, also $\text{pH} = \dfrac{U_{Zelle}}{0{,}059 \text{ V}}$

a) pH = 9,00

b) pH = 11,98

c) pH = 7,71

A110.2

Für eine solche Zelle gilt:
$U_{Zelle} = 0{,}059 \text{ V} \cdot \text{pH}$

pH = 5,2 ergibt $U_{Zelle} = 0{,}31 \text{ V}$
pH = 8,1 ergibt $U_{Zelle} = 0{,}48 \text{ V}$

A110.3

Das Standardelektrodenpotential der Silber/Silberchlorid-Elektrode ist größer als das zu erwartende Potential der Wasserstoff-Elektrode. Somit ist die Wasserstoff-Halbzelle die Donatorhalbzelle und die Silber/Silberchlorid-Elektrode die Akzeptorhalbzelle.
Zelldiagramm:
$Pt(s)|H_2(g, 10^5 \text{ Pa})|H^+(aq) \vdots$
$\qquad Cl^-(aq, 1 \text{ mol} \cdot l^{-1})|AgCl(s)|Ag(s)$

$U_{Zelle} = E(\text{Akzeptorhalbzelle}) - E(\text{Donatorhalbzelle})$
$U_{Zelle} = E(Ag/AgCl) - E(H^+/H_2)$
$U_{Zelle} = 0{,}24 \text{ V} - 0{,}059 \text{ V} \cdot \lg \dfrac{c(H^+)}{\text{mol} \cdot l^{-1}}$

$c(H^+) = 1{,}0 \cdot 10^{-1} \text{ mol} \cdot l^{-1}$ ergibt $U_{Zelle} = 0{,}30 \text{ V}$.
$c(H^+) = 2{,}0 \cdot 10^{-6} \text{ mol} \cdot l^{-1}$ ergibt $U_{Zelle} = 0{,}58 \text{ V}$.

V111.1

a) Da beide Silber-Elektroden selbstverständlich das gleiche Standardelektrodenpotential haben, ist das Elektrodenpotential der Elektrode mit der geringeren Konzentration an Ag^+-Ionen kleiner. Da die Anfangslösung verdünnt wird, stellen die Elektroden mit der Konzentration c_x die Donatorhalbzelle dar. *Zelldiagramm:*
$\ominus \; Ag(s)|Ag^+(aq, c_x) \vdots Ag^+(aq, 0{,}1 \text{ mol} \cdot l^{-1})|Ag(s) \; \oplus$

b), c) *Donatorhalbzelle (Minuspol):*
$Ag(s) \dashrightarrow Ag^+(aq) + e^-$
Akzeptorhalbzelle (Pluspol):
$Ag^+(aq) + e^- \dashrightarrow Ag(s)$

Zellreaktion:
$Ag(s) + Ag^+(aq) \longrightarrow Ag^+(aq) + Ag(s)$

d) Als Ergebnisse werden etwa erhalten:

Nr.	c_0 in mol·l^{-1}	c_x in mol·l^{-1}	$\dfrac{c_0}{c_x}$	$\lg\dfrac{c_0}{c_x}$	U_{Zelle} in V
0	$1{,}0 \cdot 10^{-1}$	$1{,}0 \cdot 10^{-1}$	10^0	0	0,00
1	$1{,}0 \cdot 10^{-1}$	$1{,}0 \cdot 10^{-2}$	10^1	1	0,06
2	$1{,}0 \cdot 10^{-1}$	$1{,}0 \cdot 10^{-3}$	10^2	2	0,12
3	$1{,}0 \cdot 10^{-1}$	$1{,}0 \cdot 10^{-4}$	10^3	3	0,18
4	$1{,}0 \cdot 10^{-1}$	$1{,}0 \cdot 10^{-5}$	10^4	4	0,24

Wenn die beiden Halbzellen Ag$^+$-Ionen in der gleichen Konzentration enthalten, wird keine Spannung gemessen. Für jeden Verdünnungsschritt erhöht sich die Spannung um jeweils etwa 0,06 V. Aufgrund von Verdünnungsfehlern können die gemessenen Spannungen jedoch von den angegebenen Werten abweichen.

e) Als Diagramm wird eine Ursprungsgerade erhalten.

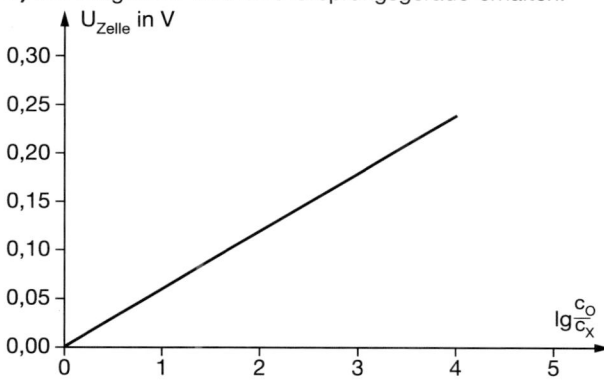

f) Der erhaltene Graph muss eine Ursprungsgerade mit einer Steigung von etwa 0,06 V sein, um die gegebene Gleichung zu bestätigen.

V111.2

a) Für die Metalle Zink und Eisen ist die Silber/Silberchlorid-Elektrode die Akzeptorhalbzelle, für Kupfer und Silber die Donatorhalbzelle (Standardelektrodenpotentiale).
Zelldiagramme:
Zn(s) | Zn^{2+}(aq) ⁞ Cl$^-$(aq, gesättigt) | AgCl(s) | Ag(s)
Fe(s) | Fe^{2+}(aq) ⁞ Cl$^-$(aq, gesättigt) | AgCl(s) | Ag(s)
Ag(s) | AgCl(s) | Cl$^-$(aq, gesättigt) ⁞ Cu^{2+}(aq) | Cu(s)
Ag(s) | AgCl(s) | Cl$^-$(aq, gesättigt) ⁞ Ag$^+$(aq) | Ag(s)

b) Es wird für die verschiedenen Kombinationen der Metallelektroden mit der Ag/AgCl-Elektrode etwa erhalten:
Zn^{2+}/Zn: 1,0 V
Fe^{2+}/Fe: 0,4 V*
Cu^{2+}/Cu: 0,1 V
Ag$^+$/Ag: 0,6 V
Es gilt dabei:
$U_{Zelle} = E(\text{Akzeptorhalbzelle}) - E(\text{Donatorhalbzelle})$
Berechnung der Elektrodenpotentiale aus den Messwerten:
$E(\text{Zn}^{2+}/\text{Zn}) = E(\text{AgCl/Ag}) - U_{Zelle} = 0{,}20\text{ V} - 1{,}0\text{ V} = -0{,}8\text{ V}$
$E(\text{Fe}^{2+}/\text{Fe}) = 0{,}20\text{ V} - 0{,}4\text{ V} = -0{,}2\text{ V}^*$
$E(\text{Cu}^{2+}/\text{Cu}) = U_{Zelle} + E(\text{AgCl/Ag}) = 0{,}1\text{ V} + 0{,}20\text{ V} = 0{,}3\text{ V}$
$E(\text{Ag}^+/\text{Ag}) = 0{,}20\text{ V} + 0{,}6\text{ V} = 0{,}8\text{ V}$

c) Für die Berechnung der Elektrodenpotentiale aus den Literaturwerten (Spannungsreihe) gilt:

$$E(M^{z+}/M) = E°(M^{z+}/M) + \frac{0{,}059\text{ V}}{z}\lg\frac{c(M^{z+})}{\text{mol}\cdot\text{l}^{-1}}$$

Damit erhält man mit der Konzentration an Metall-Kationen M^{z+}:

$E(\text{Zn}^{2+}/\text{Zn}) = E°(\text{Zn}^{2+}/\text{Zn}) + \dfrac{0{,}059\text{ V}}{2}\lg 0{,}1$
$\qquad = -0{,}76\text{ V} - 0{,}03\text{ V} = -0{,}79\text{ V}$
$E(\text{Fe}^{2+}/\text{Fe}) = -0{,}44\text{ V} - 0{,}03\text{ V} = -0{,}47\text{ V}$
$E(\text{Cu}^{2+}/\text{Cu}) = 0{,}34\text{ V} - 0{,}03\text{ V} = 0{,}31\text{ V}$
$E(\text{Ag}^+/\text{Ag}) = 0{,}80\text{ V} - 0{,}06\text{ V} = 0{,}74\text{ V}$

Die oben aufgeführten Werte stimmen für die Kombinationen der Halbzellen Ag$^+$/Ag, Cu^{2+}/Cu und Zn^{2+}/Zn gut mit den gemessenen Werten überein, nur der Wert für die Kombination mit der Fe^{2+}/Fe-Halbzelle (*) weicht ab. Für die weitere Diskussion siehe V31.1a.

A113.1

Graphit leitet den elektrischen Strom, Mangandioxid hingegen ist ein Nichtleiter. Das Mangandioxid kann seine Funktion in der Batterie nur erfüllen, wenn die einzelnen Braunstein-Teilchen in elektrischem Kontakt zur Graphitelektrode stehen. Dieser Kontakt wird durch den Graphitzusatz hergestellt. Der Graphitzusatz sorgt somit für die elektrische Leitfähigkeit.

A113.2

Bei Belastung der Batterie ändern sich die Konzentrationen in der direkten Umgebung der Elektroden sehr stark. Dadurch sinken die Potentiale und damit die Spannung der Batterie, sodass die Arbeitsspannung unterhalb der Nennspannung liegt. Im unbelasteten Zustand normalisieren sich durch Diffusion und anschließende Sekundärreaktionen die Konzentrationen, und die Spannung steigt wieder an. Dabei sind die Diffusionsgeschwindigkeit und die Ionenbeweglichkeit stark von der Temperatur abhängig.

A113.3

Ladung (Kapazität) der Alkali-Mangan-Batterie $Q = 1{,}3$ Ah
Preis einer Batterie: etwa 0,50 €
Preis für 1 kWh beim örtlichen Stromanbieter: etwa 0,26 €
Elektrische Arbeit der Batterie:
$W = U \cdot Q = 1{,}5\text{ V} \cdot 1{,}3\text{ Ah} = 2{,}0\text{ Wh}$
Für die Energie von 1 kWh würde man 500 Batterien benötigen, die insgesamt etwa 250 € kosten würden.

A113.4

individuelle Lösung
Hinweis: Folgende Aspekte sollten berücksichtigt werden:
Vergleich:
- Ähnlichkeiten und Unterschiede im Aufbau und bei chemischen Prozessen
- gleiche Nennspannung von 1,5 V
- gleiche Baugrößen möglich

Vorteile der Alkali-Mangan-Batterie:
- höhere Kapazität bei gleicher Baugröße
- höherer Stromfluss über längere Zeit bei besserer Konstanz der Spannung
- keine Nebenreaktion mit Abfall der Leistung
- in der Regel auslaufsicherer als einfache Zink-Kohle-Batterien

- bei tieferen Temperaturen einsetzbar
- geringere Selbstentladung
- bessere Wirtschaftlichkeit und Ökobilanz

A113.5

a), b) individuelle Lösung
Hinweis: Folgende Aspekte sollten bei beim Vergleich berücksichtigt werden:
- Nennspannung
- Kapazität
- Leistung
- Energie(dichte)
- Selbstentladung
- Betriebstemperatur
- Ladezyklen
- Wirtschaftlichkeit
- Ökobilanz

A115.1

Während der Entladung eines Bleiakkumulators wird Schwefelsäure verbraucht und Wasser gebildet. Die Konzentration der Schwefelsäure nimmt also im Akkumulator beim Entladen ab. Beim Laden findet der umgekehrte Prozess statt, und die Konzentration steigt wieder an:

$$Pb(s) + 2\,H_2SO_4(aq) + PbO_2(s) \underset{\text{Laden}}{\overset{\text{Entladen}}{\rightleftarrows}} 2\,PbSO_4(s) + 2\,H_2O(l)$$

Die Dichte einer Schwefelsäurelösung steigt mit der Konzentration.
Mögliche Ergebnisse einer Recherche:
$\varrho = 1{,}22\ g \cdot cm^{-3}$: normal geladen, Spannung 12,4 V
$\varrho = 1{,}12\ g \cdot cm^{-3}$: normal entladen, Spannung 11,9 V

A115.2

individuelle Lösung
Die verschlossenen Bauformen werden auch als VRLA-Akkumulatoren bezeichnet. Zwei Bauformen: Gel-Akkumulator und Absorbent Glass Mat-Akkumulator (AGM).

Die Schwefelsäure ist als Elektrolyt unterschiedlich festgelegt bzw. fixiert: Beim Gel-Akku liegt sie durch Zusatz von Kieselsäure als ein Gel vor. Beim Vlies-Akku befindet sich zwischen den Elektroden ein Glasfaser-Vlies, in dem die Schwefelsäure aufgesaugt ist. Bei den beiden Varianten sind die Akku-Zellen zugeschweißt. Sie besitzen jedoch ein Überdruckventil, damit bei Ausgasung von Wasserstoff (negative Elektrode) und Sauerstoff (positive Elektrode) beim Aufladen des Akkus kein gefährlicher Überdruck entsteht.

Vorteile:
- Bei beiden Varianten kann man die Akkus unabhängig von ihrer Lage im Raum betreiben, da die Schwefelsäure fixiert ist und die Zellen zugeschweißt sind.
- Da die Schwefelsäure bei den Gel-Akkus geliert ist, entsteht keine Säureschichtung. Bei herkömmlichen Blei-Akkus befindet sich Schwefelsäure mit höherer Dichte unten und mit geringerer Dichte oben in der Zelle, was zu einem merklichen Kapazitätsverlust führt. Bei Vlies-Akkus findet eine Säureschichtung zwar statt, sie ist im Vergleich zu herkömmlichen Akkus aber stark vermindert.
- Blei-Akkus mit fixiertem Elektrolyten bilden beim Aufladen deutlich weniger Gase als herkömmliche, da sich im fixierten Elektrolyten keine Gaskanäle ausbilden können.
- Vlies-Akkus liefern gleich hohe Ströme wie herkömmliche Blei-Akkus. Aufgrund ihrer Auslaufsicherheit werden sie als Starterbatterie in Motorrädern oder in Elektrofahrzeugen verwendet.

Nachteile:
- Herkömmliche Blei-Akkus haben einen geringeren Innenwiderstand als Gel-Akkus. Gel-Akkus können daher nicht so hohe Ströme liefern und sind somit als Starterbatterie weniger geeignet.

A115.3

gegeben: geladener Akku mit $60\ A \cdot h$
Stromentnahme: $6\ A$
gesucht: t

$$t = \frac{Q}{I} = \frac{60\ A \cdot h}{6\ A} = 10\ h$$

A115.4

individuelle Lösung
Hinweis: Folgende Aspekte sollten berücksichtigt werden:
- Salzartige Hydride: hauptsächlich Verbindungen zwischen Alkali- und Erdalkalimetallen und Wasserstoff.
- Metallische Hydride: bis auf wenige Ausnahmen Übergangsmetallhydride; Metallstrukturen, in die Wasserstoff eingelagert wird. Wichtige Anwendung: Nickel-Metallhydrid-Akkumulator.
- Kovalente Hydride: Hydride der I. und II. Nebengruppe und III. bis VII. Hauptgruppe.
- Komplexe Hydride. Salzartig, aber mit kovalent gebundenem Wasserstoff.

A115.5

individuelle Lösung
Hinweis: Folgende Aspekte sollten berücksichtigt werden, wenn entsprechende Informationen zu finden sind:
- Ähnlichkeiten und Unterschiede im Aufbau und bei chemischen Prozessen
- gleiche Nennspannung von 1,2 V
- gleiche Baugrößen möglich
- Kapazität
- Leistung
- Energie(dichte)
- Selbstentladung
- Betriebstemperatur
- Ladezyklen
- Wirtschaftlichkeit
- Ökobilanz

Besonders die hohe Giftigkeit und gesundheitsschädigende Wirkung sollten erwähnt werden, welche zu einem EU-Verbot (mit nur wenigen Ausnahmen) von cadmiumhaltigen Akkumulatoren führten.

A115.6

individuelle Lösung

A116.1

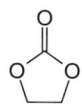

Ethylencarbonat (1,3-Dioxolan-2-on) (1)   Diethylcarbonat (Kohlensäurediethylester) (2)

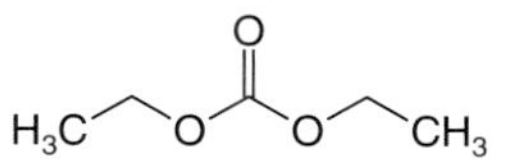

Beide Verbindungen sind Ester der Kohlensäure, mit Ethan-1,2-diol bei (1) und Ethanol bei (2). Sie werden als polare, nicht wässrige Lösemittel verwendet. Beide Ester bestehen aus Dipolmolekülen mit einer negativen Partialladung am Carbonylsauerstoff-Atom und einer positiven am Carbonylkohlenstoff-Atom. Die Moleküle beider Ester wechselwirken über Dipolkräfte mit den Lithium-Ionen und Perchlorat-Ionen und solvatisieren diese.

A116.2

individuelle Lösung
Hinweis: Folgende Aspekte sollten berücksichtigt werden:
- ähnlicher Aufbau
- ähnliche Nennspannung
- wichtigster Unterschied: kein flüssiger Elektrolyt, sondern ein Polymer, welches fest bis gelartig ist
- Komponenten als Folien herstellbar
- fast beliebige Bauformen möglich
- Energiedichte
- mechanische und thermische Stabilität
- Lade- und Entladevorgang
- Lebensdauer

V117.1

a) *Zink-Kohle-Batterie:*
Spannung: 1,5 V
Zink-Kohle-Batterien parallel geschaltet:
Spannung: 1,5 V
Zink-Kohle-Batterien in Reihe geschaltet:
Spannung: 4,5 V

b) $Zn(s) + 2\,MnO_2(s) + 2\,H_2O(l) \longrightarrow Zn^{2+}(aq) + 2\,OH^-(aq) + 2\,MnOOH(s)$

Sekundärreaktionen: Die am Pluspol gebildeten Hydroxid-Ionen reagieren mit Ammonium-Ionen zu Ammoniak- und Wasser-Molekülen:

$NH_4^+(aq) + OH^-(aq) \longrightarrow NH_3(aq) + H_2O(l)$

Ammoniak-Moleküle werden dann von den am Minuspol entstandenen Zink-Ionen gebunden:

$Zn^{2+}(aq) + 2\,NH_3(aq) \longrightarrow [Zn(NH_3)_2]^{2+}(aq)$

Die Diamminzink-Ionen bilden zusammen mit den Chlorid-Ionen des Elektrolyten einen schwerlöslichen Niederschlag:

$[Zn(NH_3)_2]^{2+}(aq) + 2\,Cl^-(aq) \longrightarrow [Zn(NH_3)_2]Cl_2(s)$

c) Die Extraktionshülse soll verhindern, dass sich Stoffe frei vermischen. Trotzdem soll sie gewährleisten, dass ein Ladungsausgleich zwischen den beiden Elektrodenräumen möglich ist. Sie übernimmt die Rolle der Salzbrücke oder des Diaphragmas in den bisherigen Versuchen.

d) Parallelschaltung   Reihenschaltung

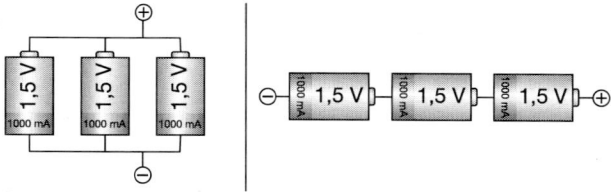

e) Bei einer Reihenschaltung von Batterien addieren sich die Spannungen der Batterien:
$U = U_1 + U_2 + U_3$

Bei einer Parallelschaltung von Batterien bleibt die Spannung im Stromkreis gleich:
$U = U_1 = U_2 = U_3$

V117.2

Um Zink-Kohle-Batterien zu erhalten, kauft man am besten 4,5 V-Block-Batterien, die jeweils drei Zink-Kohle-Batterien enthalten.

a) Im Längsschnitt einer solchen Batterie erkennt man den Aufbau der Batterie: Sie besteht aus einem Zinkbecher, in welchem sich eine leicht feuchte Pappschicht befindet. Die Pappschicht umhüllt fest gepresstes schwarzes Pulver, in dem sich ein Kohlestab befindet.
Der Zinkbecher ist der Minuspol der Batterie. Bei verbrauchten Batterien ist er oft korrodiert, da sich das Zink beim elektrochemischen Prozess zersetzt. Die Pappschicht ist mit dem eingedickten Elektrolyten Ammoniumchlorid getränkt. Das schwarze Pulver ist eine Mischung aus Mangandioxid, Mangan(III)-oxidhydroxid, Graphitpulver und als eingedicktem Elektrolyten Ammoniumchloridpaste. Das Gemisch stellt den Pluspol dar. Der in dem schwarzen Gemisch befindliche Kohlestab dient als Ableitelektrode.

b) Bei frischen Batterien reagiert das schwarze Gemisch wegen der Reaktion des im Elektrolyten enthaltenen Ammoniumchlorids mit Wasser leicht sauer.

c) siehe Aufgabe A37.1

V117.3

a) Die Spannung vor dem Ladevorgang beträgt etwa 1,3 V. Beim Laden entsteht ein schwarzer Überzug auf dem Silberblech. Nach dem Laden beträgt die Spannung 1,5 bis 1,9 V. Beim Entladen über den Motor (oder einen anderen Umwandler) verschwindet der schwarze Überzug fast vollständig wieder.

b) individuelle Lösung
Je nach Quelle unterscheiden sich die Ergebnisse etwas, was die Elektrodenmaterialien angeht. Als Ergebnis für das Zelldiagramm erhält man in einer vereinfachten Version für beide Zelltypen das gleiche Zelldiagramm:
$\ominus\ Zn(s)|Zn(OH)_2(aq)\ \vdots\ Ag_2O(aq)|Ag(s)\ \oplus$

Die jeweiligen Elektrodenreaktionen werden unterschiedlich dargestellt und sind zum Teil wegen Komplexbildung kompliziert.
Inzwischen gibt es beim Silber-Zink-Akkumulator auch neuere Entwicklungen mit höheren Energiedichten als bei Lithium-Ionen-Akkumulatoren. Die neueren Silber-Zink-

Akkumulatoren sollen unproblematischer in der Handhabung sein.

c) individuelle Lösung

A121.1

Die Teilgleichungen und die Zellreaktion für die Wasserstoff-Sauerstoff-Brennstoffzelle lauten:

Minuspol: $\quad 2\,H_2(g) \dashrightarrow 4\,H^+(aq) + 4\,e^-$
Pluspol: $\quad O_2(g) + 4\,H^+(aq) + 4\,e^- \dashrightarrow 2\,H_2O(l)$

Zellreaktion: $\quad 2\,H_2(g) + O_2(g) \longrightarrow 2\,H_2O(l)$

Beim Betrieb der Brennstoffzelle fließen 4 mol Elektronen durch den äußeren Stromkreis, wenn 2 mol Wasserstoffgas mit 1 mol Sauerstoffgas umgesetzt werden. Das entspricht einer Ladung Q von $Q = n \cdot N_A \cdot e$ mit der Avogadro-Konstante N_A und der Elementarladung e:

$Q = 4{,}00\text{ mol} \cdot 6{,}02 \cdot 10^{23}\text{ mol}^{-1} \cdot 1{,}60 \cdot 10^{-19}\text{ C}$
$\quad = 385 \cdot 10^3\text{ C} \quad$ oder

$Q = \dfrac{385 \cdot 10^3}{3600}\text{ Ah} = 107\text{ Ah}$

Mit den Massen für 2 mol Wasserstoff und 1 mol Sauerstoff von 36 g ergibt sich eine spezifische Kapazität der Brennstoffzelle von

$\dfrac{107\text{ Ah}}{0{,}036\text{ kg}} = 2{,}97 \cdot 10^3\text{ Ah} \cdot \text{kg}^{-1}$

Mit einer Nennspannung der Brennstoffzelle von etwa 1 V für technisch realisierte Zellen erhält man eine theoretisch erzielbare Energiedichte von ungefähr

$\dfrac{W}{m} = U \cdot C = 1\text{ V} \cdot 3 \cdot 10^3\text{ Ah} \cdot \text{kg}^{-1} = 3 \cdot 10^3\text{ Wh} \cdot \text{kg}^{-1}$

A121.2

individuelle Lösung

Zelltyp	Alkalische Brennstoffzelle (AFC)	Polymerelektrolyt-Brennstoffzelle (PEMFC)	Phosphorsäure-Brennstoffzelle (PAFC)	Schmelzcarbonat-Brennstoffzelle (MCFC)	Festoxid-Brennstoffzelle (SOFC)
Elektrolyt	KOH (aq)	Polymermembran	H_3PO_4	Alkalicarbonat-schmelzen	Oxidkeramik
Mobiles Ion	OH^-	H^+	H^+	CO_3^{2-}	O^{2-}
Betriebstemperatur in °C	60 ... 120	80 ... 120	110 ... 220	500 ... 700	450 ... 1000
Leistung in kW	10 ... 100	0,1 ... 500	< 104	105	< 105
Realisierte Anwendungen	bemannte Raumfahrt, U-Boote	Fahrzeuge, U-Boote, Raumfahrt, mobile Akku-Ladegeräte	Blockheizkraftwerke, Kleinkraftwerke	Blockheizkraftwerke	Kraftwerke
Mögliche Anwendungen	U-Boote	in Wohnhäusern	Blockheizkraftwerke, Kleinkraftwerke	Kraftwerke	Kraftwerke

A121.3

individuelle Lösung
Hinweis: Folgende Aspekte sollten berücksichtigt werden: Edukte (z. B. Methan, Methanol, Mitteldestillate, Biokraftstoffe), Produkte (Kohlenstoffmonoxid, Kohlenstoffdioxid, Methan, Wasserstoff), Reaktionsgleichungen, technische Realisierung, verwendete Katalysatoren (z. B. Nickel), Reaktionsbedingungen, Vorteile (Einsatz von Biomasse zur Verbesserung der Klimabilanz, Methanol ist flüssig und daher Methanol-Dampfreformer als Komponente eines Wasserstoffantriebs zur Erhöhung der Akzeptanz in der Bevölkerung im Vergleich zu direktem Einsatz von Wasserstoffgas), Nachteile (Methanol ist giftig und leicht entzündlich, teure und anfällige Komponenten, Verwendung fossiler Energieträger führt zur Produktion von Kohlenstoffdioxid)

A121.4

individuelle Lösung
Als weitere Zelltypen kommen beispielsweise in Frage: Direkt-Methanol-Brennstoffzelle, Direkt-Ameisensäure-Brennstoffzelle, Direkt-Kohlenstoff-Brennstoffzelle.

	Wasserstoff-Sauerstoff-Brennstoffzelle (saurer Bereich)	Direkt-Methanol-Brennstoffzelle	Direkt-Ameisensäure-Brennstoffzelle	Direkt-Kohlenstoff-Brennstoffzelle
Reaktion am Minuspol	$H_2(g) \dashrightarrow 2\,H^+(aq) + 2\,e^-$ oder $H_2(g) + 2\,OH^- \dashrightarrow 2\,H_2O(l) + 2\,e^-$	$CH_3OH(l) + H_2O(l) \dashrightarrow 6\,H^+(aq) + 6\,e^- + CO_2(g)$	$HCOOH(l) \dashrightarrow CO_2(g) + 2\,H^+(aq) + 2\,e^-$	$C + 2\,CO_3^{2-} \dashrightarrow 3\,CO_2 + 4\,e^-$
Reaktion am Pluspol	$O_2(g) + 4\,H^+(aq) + 4\,e^- \dashrightarrow 2\,H_2O(l)$ oder $O_2(g) + 2\,H_2O(l) + 4\,e^- \dashrightarrow 4\,OH^-(aq)$	$O_2(g) + 4\,H^+(aq) + 4\,e^- \dashrightarrow 2\,H_2O(l)$	$O_2(g) + 4\,H^+(aq) + 4\,e^- \dashrightarrow 2\,H_2O(l)$	$O_2 + 2\,CO_2 + 4\,e^- \dashrightarrow 2\,CO_3^{2-}$
Zellreaktion	$2\,H_2(g) + O_2(g) \longrightarrow 2\,H_2O(l)$	$2\,CH_3OH(l) + 3\,O_2(g) \longrightarrow 4\,H_2O(l) + 2\,CO_2(g)$	$2\,HCOOH(l) + O_2(g) \longrightarrow 2\,CO_2(g) + 2\,H_2O(l)$	$C + O_2 \longrightarrow CO_2$
Betriebstemperatur in °C	80 ... 120	60 ... 130	30 ... 40	
Leistung in kW	0,1 ... 500	0,001 ... 100	0,001 ... 100	
Mögliche Anwendungen	Fahrzeuge, U-Boote, Raumfahrt, mobile Akku-Ladegeräte	mobile Stromversorgung	kleine elektronische Geräte	Kraftwerke

A121.5

individuelle Lösung

A124.B1

a) *Elektronenübertragungsreaktion:* Chemische Umsetzung, bei der Elektronen von einem Reaktionspartner auf einen anderen übertragen werden.
Redoxreaktion: Gleichzeitige Oxidation und Reduktion bei einer chemischen Umsetzung.
Redoxreihe, elektrochemische Spannungsreihe: Tabellarische Zusammenstellung der Elektrodenpotentiale für Redoxpaare im Standardzustand: $c = 1\,mol \cdot l^{-1}$, $p = 1000\,hPa$, $T = 298\,K$. Üblich ist eine Anordnung nach steigenden Werten.

galvanische Zelle: Kombination von zwei Halbzellen mit elektrolytisch leitender Verbindung, beispielsweise in Batterien.
Pluspol: Durch Elektronenmangel positiv geladene Elektrode.
Minuspol: Durch Elektronenüberschuss negativ geladene Elektrode.
Redoxpaar: Teilchenpaare, die durch Aufnahme oder Abgabe von Elektronen ineinander überführt werden können.

Halbzelle: Anordnung, bei der eine Elektrode in einen geeigneten Elektrolyten eintaucht.

Zelldiagramm: Einfache Form zur Beschreibung einer galvanischen Zelle. Ein senkrechter Balken stellt die Grenzfläche zwischen dem Metall und der Lösung dar, ein senkrechter gestrichelter Balken ein Diaphragma als Ionenleiter.

Elektrodenpotential: Gibt an, welche elektrische Spannung eine Halbzelle liefern kann.

Zellspannung: Die an den Elektroden einer galvanischen Zelle messbare Spannung, Differenz der Elektrodenpotentiale.

Standardwasserstoffelektrode: Elektrode, deren Elektrodenpotential bei 25 °C gleich 0 V gesetzt wurde. Sie besteht aus einem Platinblech, das in eine wässrige Lösung taucht, die Oxonium-Ionen in der Konzentration $c = 1{,}00 \text{ mol} \cdot \text{l}^{-1}$ enthält. Das Platinblech wird von Wasserstoff bei einem Druck von 1000 hPa umspült.

Standardelektrodenpotential: Elektrodenpotential, das in Kombination mit der Standardwasserstoffelektrode unter Standardbedingungen gemessen wird.

Konzentrationszelle: galvanische Zellen, die aus gleichen Halbzellen mit unterschiedlichen Ionenkonzentrationen aufgebaut sind.

Batterie: Galvanische Zelle zur elektrochemischen Stromerzeugung.

Akkumulator: Batterie, die nach der Entladung durch Anlegen einer Spannung wieder aufgeladen werden kann (Umkehrung der Reaktionen des Entladens).

Brennstoffzelle: Energiewandler, bei dem chemische Energie in elektrische Energie umgewandelt wird. Die Reaktionspartner können dabei kontinuierlich zugeführt werden.

b) siehe Seite 129

c) individuelle Lösung

A124.B2

a) Anhand des Aussehens lassen sich die folgenden Stoffe zuordnen: Kupfersulfatlösung (blau), Silber (silberglänzend), Zink (mattgrau)
Nicht zugeordnet werden können die beiden farblosen Lösungen.

b) Das mattgraue Zinkblech wird in die beiden farblosen Lösungen getaucht. In der Silbernitratlösung bildet sich eine silberglänzende Schicht auf dem Zinkblech, in der Zinksulfatlösung findet keine sichtbare Reaktion statt. Nach der Spannungsreihe ist Zink unedler als Silber und reduziert somit die Ag^+-Ionen in der Lösung zu metallischem Silber und wird selbst oxidiert.

c) $2\,Ag^+(aq) + Zn(s) \longrightarrow 2\,Ag(s) + Zn^{2+}(aq)$
Die Elektronenabgabe beim Zink stellt eine Oxidation dar, die Elektronenaufnahme durch die Ag^+-Ionen eine Reduktion. Beide Vorgänge laufen gleichzeitig ab und bilden eine Redoxreaktion.

A124.B3

Hinweis: Das Volumen beider Ionenlösungen sollte gleich sein. Dann kann man statt mit Stoffmengen direkt mit den Konzentrationen rechnen.

a) $Cu^{2+}(aq) + Zn(s) \longrightarrow Cu(s) + Zn^{2+}(aq)$

Bei der Reaktion entstehen genauso viele Zink-Ionen wie Kupfer-Ionen entladen werden.
$c_1(Cu^{2+}) = 0{,}1 \text{ mol} \cdot \text{l}^{-1}$, $c_2(Cu^{2+}) = 0{,}01 \text{ mol} \cdot \text{l}^{-1}$
$c_1(Cu^{2+}) - c_2(Cu^{2+}) = 0{,}1 \text{ mol} \cdot \text{l}^{-1} - 0{,}01 \text{ mol} \cdot \text{l}^{-1}$
$\qquad = 0{,}09 \text{ mol} \cdot \text{l}^{-1}$
$\Rightarrow c_2(Zn^{2+}) = c_1(Zn^{2+}) + 0{,}09 \text{ mol} \cdot \text{l}^{-1}$
$\qquad = 0{,}1 \text{ mol} \cdot \text{l}^{-1} + 0{,}09 \text{ mol} \cdot \text{l}^{-1} = 0{,}19 \text{ mol} \cdot \text{l}^{-1}$

b) Donatorhalbzelle:
$E(Zn^{2+}/Zn) = -0{,}76 \text{ V} + \dfrac{0{,}059 \text{ V}}{2} \lg 0{,}19$
$\qquad = -0{,}76 \text{ V} + 0{,}0295 \text{ V} \cdot (-0{,}721)$
$\qquad = -0{,}76 \text{ V} - 0{,}02 \text{ V} = -0{,}78 \text{ V}$

Akzeptorhalbzelle:
$E(Cu^{2+}/Cu) = 0{,}34 \text{ V} + 0{,}0295 \text{ V} \cdot (-2) = 0{,}28 \text{ V}$

$U_{Zelle} = E(\text{Akzeptorhalbzelle}) - E(\text{Donatorhalbzelle})$
$U_{Zelle} = 0{,}28 \text{ V} - (-0{,}78 \text{ V}) = 1{,}06 \text{ V}$

c) Die gebildeten Zink-Ionen reagieren mit den im Überschuss vorhandenen Hydroxid-Ionen zu einem löslichen Zink-Komplex. Dadurch bleibt die Konzentration freier Zink-Ionen in der Lösung sehr gering und nahezu konstant, was zu einem nahezu konstanten Elektrodenpotential und damit zu einer fast konstanten Zellspannung führt.

A125.C1

a) Für eine Skizze siehe Schülerband Seite 116
Beim Laden werden in die Graphenschicht Lithium-Ionen und Elektronen eingelagert. Die Lithium-Cobaltoxidschicht wird beim Laden oxidiert und setzt dabei Lithium-Ionen und Elektronen frei. Beim Entladen laufen diese Reaktionen in umgekehrter Richtung ab.

b) Laden: $2\,LiCoO_2 + C_6(s) \dashrightarrow LiCoCoO_4 + Li^+[C_6]^-(s)$
Entladen: $Li^+[C_6]^-(s) + LiCoCoO_4 \dashrightarrow C_6(s) + 2\,LiCoO_2$

Beim Laden werden die im Lithiumcobaltoxid freigesetzten Lithium-Ionen in die Graphenschicht eingelagert, beim Entladen wandern diese zurück in die Lithiumcobaltoxidschicht. Der Name Lithium-Ionen-Akku weist daraufhin, dass Lithium-Ionen an beiden Elektrodenreaktionen beteiligt sind.

c) Beim Lithium-Ionen-Akku wandern Lithium-Ionen zum Pluspol beziehungsweise Minuspol, metallisches Lithium ist an den Reaktionen nicht beteiligt. In der Lithium-Mangandioxid-Batterie wird beim Entladen metallisches Lithium zu Lithium-Ionen oxidiert.

d) Bei der Lithiumbatterie ist metallisches Lithium ein Reaktionspartner. Dieses würde mit Wasser zu Wasserstoff reagieren, was die Batterie zerstören könnte.
Beim Lithium-Ionen-Akku würde beim Laden Wasserstoff entstehen und der Akku ebenfalls zerstört werden.

e) Der Lithium-Ionen-Akku enthält ein organisches und somit brennbares Elektrolytlösemittel, der Bleiakku enthält keine brennbaren Stoffe.

f) individuelle Lösung

A125.C2

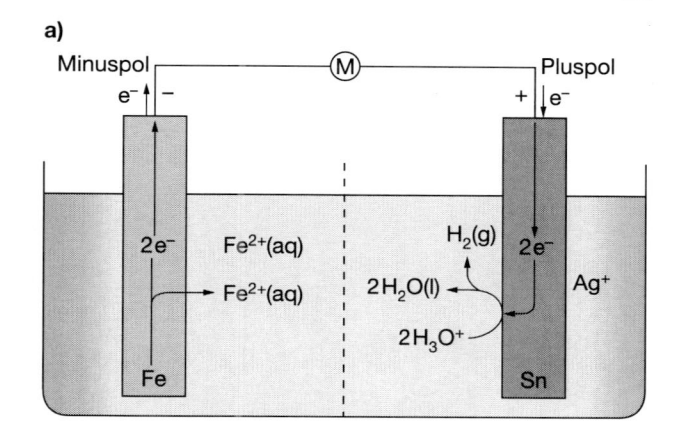

a)

Eisen ist das unedlere Metall. Dementsprechend bildet das Eisenblech den Minuspol, das Zinnblech den Pluspol.

$Fe(s) + 2\,H_3O^+(aq) \longrightarrow Fe^{2+}(aq) + H_2(g) + 2\,H_2O(l)$

$U_{Zelle} = E(\text{Akzeptorhalbzelle}) - E(\text{Donatorhalbzelle})$
$U_{Zelle} = -0{,}14\,V - (-0{,}44\,V) = 0{,}3\,V$

b)

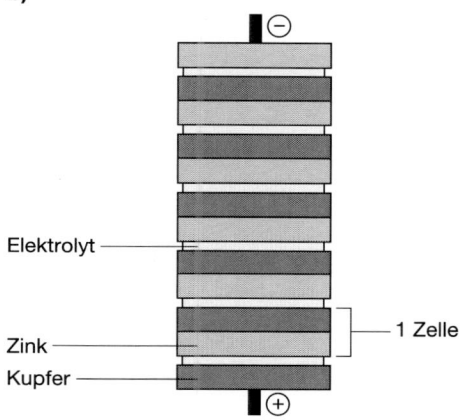

Am Minuspol wird Zink zu Zink-Ionen oxidiert, am Pluspol werden Luftsauerstoff und Oxonium-Ionen reduziert.

Minuspol: $Zn(s) \dashrightarrow Zn^{2+}(aq) + 2\,e^-$
Pluspol: $O_2(aq) + 4\,e^- + 2\,H_2O(l) \dashrightarrow 4\,OH^-(aq)$
beziehungsweise $2\,H_3O^+ + 2\,e^- \dashrightarrow H_2(g) + 2\,H_2O(l)$

$U_{Zelle} = E°_H(\text{Sauerstoff}) - E°_H(\text{Zink})$
$\phantom{U_{Zelle}} = 0{,}40\,V - (-0{,}76\,V) = 1{,}16\,V$

$U_{Zelle} = E°_H(\text{Wasserstoff}) - E°_H(\text{Zink})$
$\phantom{U_{Zelle}} = 0{,}00\,V - (-0{,}76\,V) = 0{,}76\,V$

c) Zink als unedles Metall und damit Elektronendonator ist in beiden Zellen gleich. Bei der Daniell-Zelle bildet Kupfer mit den Kupfer-Ionen der Lösung eine Kupferhalbzelle als Akzeptorhalbzelle, bei der Volta-Zelle ist das Kupfer lediglich eine Elektrode und nicht an der Reaktion beteiligt, hier werden entweder Luftsauerstoff oder Oxonium-Ionen aus der Lösung reduziert. Mit Luftsauerstoff ist die verfügbare Spannung vergleichbar zur Daniell-Zelle, bei der Reduktion von Oxonium-Ionen ist die Spannung deutlich kleiner und sinkt mit steigendem pH-Wert der Elektrolytlösung.

d) *Minuspol:* $Zn(s) \dashrightarrow Zn^{2+}(aq) + 2\,e^-$
Pluspol: $O_2(aq) + 4\,e^- + 2\,H_2O(l) \dashrightarrow 4\,OH^-(aq)$

$U_{Zelle} = E(\text{Akzeptorhalbzelle}) - E(\text{Donatorhalbzelle})$
$U_{Zelle} = 0{,}40\,V - (-0{,}74\,V) = 1{,}14\,V$

Das System ähnelt der Volta-Zelle beziehungsweise einer Zink-Luft-Batterie mit saurem Elektrolyten.

5 Elektrische Energie für chemische Reaktionen

A129.1

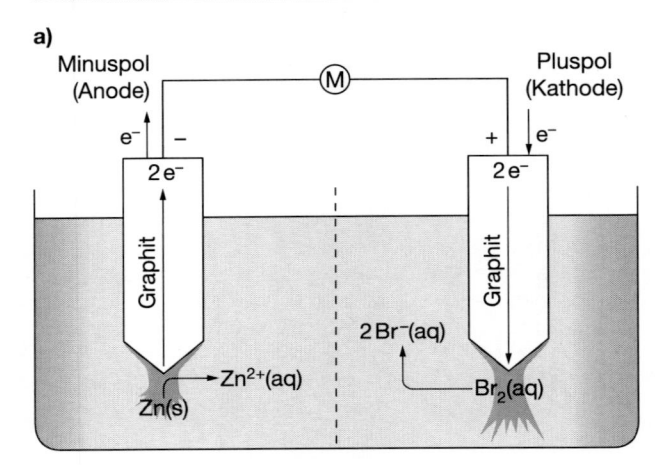

a)

Minuspol (Anode) — M — Pluspol (Kathode)

Graphit-Elektroden in Lösung mit $Zn(s) \rightarrow Zn^{2+}(aq)$ am Minuspol und $2\,Br^-(aq) \rightarrow Br_2(aq)$ am Pluspol.

b) *Minuspol (Oxidation, Anode):*
$Zn(s) \longrightarrow Zn^{2+}(aq) + 2\,e^-$
Pluspol (Reduktion, Kathode):
$Br_2(aq) + 2\,e^- \longrightarrow 2\,Br^-(aq)$

c) In der galvanischen Zelle laufen die Reaktionen als Umkehrung der Elektrolyse ab. Die Polung bleibt wie bei der Elektrolyse. Die Begriffe Anode/Oxidation gelten am Minuspol und Kathode/Reduktion am Pluspol.

A129.2

Bei der Elektrolyse findet an der Anode eine Oxidation statt, negativ geladene Ionen geben Elektronen an die Elektrode ab. An der Kathode findet eine Reduktion statt, positiv geladene Ionen nehmen aus der Elektrode Elektronen auf.

A129.3

Durch eine äußere angelegte Spannung wird ein Elektronenfluss so erzwungen, dass eine Elektrode durch Elektronenmangel zum Pluspol und die andere Elektrode durch Elektronenüberschuss zum Minuspol wird.

A129.4

In der galvanischen Zelle kehrt sich die Reaktionsrichtung gegenüber der Elektrolysezelle um, sodass der Elektronenfluss und damit die Stromrichtung ebenfalls die Richtung ändern.

A129.5

individuelle Lösung

A129.6

a) Das zinkhaltige Erz wird zunächst zu Zinkoxid umgesetzt, dann in Schwefelsäure als Zinksulfat gelöst. Durch Zugabe von Zinkpulver werden Begleitmetalle ausgefällt. Die so gereinigte Zinksulfatlösung wird elektrolysiert.

b) $2\,ZnS(s) + 3\,O_2(g) \longrightarrow 2\,ZnO(s) + 2\,SO_2(g)$
$ZnO(s) + H_2SO_4(aq) \longrightarrow ZnSO_4(aq) + H_2O(l)$
$M^{z+}(aq) + Zn(s) \longrightarrow M(s) + Zn^{2+}(aq)$
$Zn^{2+}(aq) + 2\,e^- \longrightarrow Zn(s)$
$4\,OH^-(aq) \longrightarrow O_2(g) + 2\,H_2O(l) + 4\,e^-$

c) *Kathode (Reduktion):* $Zn^{2+}(aq) + 2\,e^- \dashrightarrow Zn(s)$

d) Schwefeldioxid ist giftig und somit als Abgas ein Umweltgift. Es wird daher ausgewaschen und zu Schwefelsäure verarbeitet, die im zweiten Schritt der Aufbereitung eingesetzt werden kann.

e) individuelle Lösung

V130.1

a) *Zinkbromid:* Bildung eines silbergrauen Belags am Minuspol und einer braunen Lösung am Pluspol. Es entstehen Zink und Brom.
Kupferchlorid: rotbrauner Belag am Minuspol und Entwicklung eines blassgrünen, stechend riechenden Gases am Pluspol. Es entstehen Kupfer und Chlor.
Salzsäure: Bildung eines farb- und geruchlosen Gases am Minuspol und eines blassgrünen, stechend riechenden Gases am Pluspol. Es entstehen Wasserstoff und Chlor.

b) Zinkbromidlösung:
Minuspol (Kathode bei der Elektrolyse):
$Zn^{2+}(aq) + 2\,e^- \dashrightarrow Zn(s)$
Pluspol (Anode bei der Elektrolyse):
$2\,Br^-(aq) \dashrightarrow Br_2(aq) + 2\,e^-$

Kupferchloridlösung:
Minuspol (Kathode bei der Elektrolyse):
$Cu^{2+}(aq) + 2\,e^- \dashrightarrow Cu(s)$
Pluspol (Anode bei der Elektrolyse):
$2\,Cl^-(aq) \dashrightarrow Cl_2(aq) + 2\,e^-$

Salzsäure:
Minuspol (Kathode bei der Elektrolyse):
$2\,H_3O^+(aq) + 2\,e^- \dashrightarrow H_2(g) + 2\,H_2O(l)$
Pluspol (Anode bei der Elektrolyse):
$2\,Cl^- \dashrightarrow Cl_2(aq) + 2\,e^-$

In galvanischen Zellen laufen diese Reaktionen in umgekehrter Richtung ab.

c) Die Polung (Pluspol und Minuspol) bleibt gleich, wohingegen Anode (Oxidation) und Kathode (Reduktion) wechseln.

V130.2

a) Beim Anlegen einer Spannung und den ersten Schritten der Erhöhung ist nur ein sehr kleiner Stromfluss messbar. Ab etwa 1,5 V steigt die Stromstärke nahezu linear und an den Elektroden sind Reaktionen erkennbar. Bei Zinkchlorid bildet sich am Minuspol an der Kohleelektrode ein silbergrauer Belag, am Pluspol ein grünliches Gas. Bei Zinkbromid beobachtet man am Pluspol eine Braunfärbung der Lösung. Bei Kupferchlorid scheidet sich am Minuspol ein rotbrauner Belag ab und am Pluspol bildet sich ein grünliches Gas.

b) Zinkchloridlösung:
Minuspol (Kathode, Reduktion):
$Zn^{2+}(aq) + 2\ e^- \dashrightarrow Zn(s)$
Pluspol (Anode, Oxidation):
$2\ Cl^-(aq) \dashrightarrow Cl_2(aq) + 2\ e^-$

Zinkbromidlösung:
Minuspol (Kathode, Reduktion):
$Zn^{2+}(aq) + 2\ e^- \dashrightarrow Zn(s)$
Pluspol (Anode, Oxidation):
$2\ Br^-(aq) \dashrightarrow Br_2(aq) + 2\ e^-$

Kupferchloridlösung:
Minuspol (Kathode, Reduktion):
$Cu^{2+}(aq) + 2\ e^- \dashrightarrow Cu(s)$
Pluspol (Anode, Oxidation):
$2\ Cl^-(aq) \dashrightarrow Cl_2(aq) + 2\ e^-$

c) individuelle Lösung

d) Zunächst verläuft die Kurve nahezu parallel zur x-Achse, dann erfolgt ein linearer Anstieg. Zur grafischen Ermittlung der Zersetzungsspannung wird der rechte Kurvenast verlängert. Der Schnittpunkt mit der x-Achse gibt den Wert für die Zersetzungsspannung an.

e) Die ermittelten Zersetzungsspannungen entsprechen näherungsweise der jeweiligen Zellspannung.

V130.3

a) Im festen Zinkchlorid fließt zunächst kein Strom. Kurz vor dem Schmelzen steigt die Stromstärke leicht an, in der Schmelze fließt ein Strom von etwa 100 mA. Das Kaliumiodid-Stärke-Papier färbt sich braun-violett. Auf dem Kupferdraht am Minuspol bildet sich ein silberglänzender Belag.

b) Zinkchlorid wurde in Zink und Chlor zerlegt:
Minuspol (Kathode, Reduktion):
$Zn^{2+}(aq) + 2\ e^- \dashrightarrow Zn(s)$
Pluspol (Anode, Oxidation):
$2\ Cl^-(aq) \dashrightarrow Cl_2(aq) + 2\ e^-$

c) Im festen Zinkchlorid sind die Ionen unbeweglich, sodass kein Stromfluss möglich ist. In der Schmelze sind die Ionen frei beweglich, sodass ein Strom fließen kann.

d) Das am Pluspol entstandene Chlorgas oxidiert die Iodid-Ionen im Kaliumiodid-Stärke-Papier zu Iod. Das gebildete Iod kann so mit Kaliumiodid-Stärke-Papier nachgewiesen werden: $Cl_2(g) + 2\ I^-(aq) \longrightarrow 2\ Cl^-(aq) + I_2(aq)$

V131.4

a), b) individuelle Lösung

c) *Nachweisreaktionen:*
Glimmspanprobe (Sauerstoffnachweis):
$C(s) + O_2(g) \longrightarrow CO_2(g)$
Knallgasprobe (Wasserstoff):
$2\ H_2(g) + O_2(g) \longrightarrow 2\ H_2O(g)$
Kalkwasser (Kohlenstoffdioxid):
$CO_2 + Ca(OH)_2 \longrightarrow CaCO_3(s) + H_2O(l)$

Elektrolysen:
$2\ H_2O(l) \longrightarrow 2\ H_2(g) + O_2(g)$ beziehungsweise
$2\ H_2O(l) + C(s) \longrightarrow 2\ H_2(g) + CO_2(g)$
Minuspol (Kathode, Reduktion):
$2\ H_3O^+(aq) + 2\ e^- \dashrightarrow H_2(g) + H_2O(l)$

Pluspol (Anode, Oxidation):
$4\ OH^-(aq) \dashrightarrow O_2(g) + 2\ H_2O(l) + 4\ e^-$

V131.5

a) individuelle Lösung

b) *Minuspol (Kathode):*
$2\ H_3O^+(aq) + 2\ e^- \dashrightarrow H_2(g) + H_2O(l)$
Pluspol (Anode):
$4\ OH^-(aq) \dashrightarrow O_2(g) + 2\ H_2O(l) + 4\ e^-$

c) individuelle Lösung

d) individuelle Lösung

e) In beiden Diagrammen ist ein linearer Anstieg der Geraden zu beobachten. Die Steigung der Geraden ist bei Wasserstoff jeweils doppelt so groß wie bei Sauerstoff.
1. Faradaysches Gesetz: $n \sim Q$ mit $Q = I \cdot t$

f) Die Gasentwicklung verläuft bei Wasserstoff doppelt so schnell wie bei Sauerstoff, da für die Reaktion nur die Hälfte an Elektronen benötigt wird.

A133.1

Zinkchloridlösung:
$Zn^{2+}(aq) + 2\ Cl^-(aq) \longrightarrow Zn(s) + Cl_2(aq)$
$U_Z = 1{,}36\ V - (-0{,}76\ V) = 2{,}12\ V$
Zinkbromidlösung:
$Zn^{2+}(aq) + 2\ Br^-(aq) \longrightarrow Zn(s) + Br_2(aq)$
$U_Z = 1{,}09\ V - (-0{,}76\ V) = 1{,}85\ V$
Zinkiodidlösung:
$Zn^{2+}(aq) + 2\ I^-(aq) \longrightarrow Zn(s) + I_2(aq)$
$U_Z = 0{,}54\ V - (-0{,}76\ V) = 1{,}30\ V$

A133.2

a) An der Kathode (Minuspol) werden Kupfer-Ionen aus der Lösung zu Kupfer-Atome reduziert; an der Elektrode setzt sich metallisches Kupfer ab, was zu einer Massenzunahme führt. An der Anode werden Kupfer-Atome oxidiert und gehen in Lösung. Die Masse der Elektrode nimmt entsprechend ab.
Kathode (Minuspol, Reduktion):
$Cu^{2+}(aq) + 2\ e^- \dashrightarrow Cu(s)$
Anode (Pluspol, Oxidation):
$Cu(s) \dashrightarrow Cu^{2+}(aq) + 2\ e^-$

b) $U_Z = 0{,}34\ V - 0{,}34\ V = 0\ V$
Das Diagramm zeigt eine Ursprungsgerade.

A133.3

a) Die Überspannung eines Gases bei der Elektrolyse hängt vom Elektrodenmaterial und von der Stromdichte ab. Sie steigt bei allen genannten Gasen und bei allen Elektrodenmaterialien mit steigender Stromdichte.

b) Ausgehend von den Tabellenwerten für Chlorgas sollte bei Graphitelektroden eine mit steigender Stromdichte größer werdende Überspannung auftreten. An blanken Platinelektroden tritt der gleiche Effekt auf, allerdings ist die Überspannung insgesamt kleiner. An platinierten Platinelektroden bleibt die Überspannung vernachlässigbar klein.

Elektrische Energie für chemische Reaktionen

c) Ohne Überspannung würde an der Kathode (Minuspol) Wasserstoff durch Reduktion der Oxonium-Ionen aus der Schwefelsäure gebildet. Die Wasserstoffhalbzelle besitzt das größere Potential und somit wäre ohne die Überspannung eine geringere Zersetzungsspannung erforderlich.

A133.4

In der Gleichung $W = U \cdot I \cdot t$ steht U für die Zersetzungsspannung U_Z. Somit erhöht eine Überspannung die erforderliche elektrische Energie W. Im Wasserstoff ist damit weniger chemische Energie gespeichert als ohne Überspannung. Bei anderen Elektrolysen verhindert die Überspannung die Bildung von Wasserstoff statt des gewünschten Produkts.

A135.1

a) Die gebildete Stoffmenge n ist in allen Fällen proportional zur geflossenen Ladung Q. Für alle Stoffe ergeben sich somit Ursprungsgeraden. Die Steigung der Geraden und damit die Stoffmenge n ist umgekehrt proportional zur Anzahl z der zur Entladung erforderlichen Elektronen.

b) Der Verlauf als Ursprungsgerade entspricht dem 1. Faradayschen Gesetz, die unterschiedlichen Steigungen dem 2. Faradayschen Gesetz. Die Ladung für 1 mol Silber ist die Faraday-Konstante.

c) *Abscheidung von Silber:*
$Ag^+(aq) + e^- \dashrightarrow Ag(s)$
Silber-Ionen sind einfach positiv geladen. Für die Abscheidung von 1 mol Silber sind 1 mol Elektronen erforderlich.
Abscheidung von Kupfer:
$Cu^{2+}(aq) + 2\,e^- \dashrightarrow Cu(s)$
Kupfer-Ionen sind zweifach positiv geladen. Für die Abscheidung von 1 mol Kupfer sind dementsprechend 2 mol Elektronen erforderlich.

A135.2

individuelle Lösung für Übersetzung
Zusammenfassung: Die bei der Wasserzerlegung entstandenen Stoffmengen hängen von der geflossenen Elektrizitätsmenge ab, nicht aber von sonstigen Bedingungen bei der Durchführung.

A135.3

a) gegeben: $m(Cu) = 1000$ g
$M(Cu) = 63{,}55$ g $\cdot$ mol^{-1}
$\Rightarrow n(Cu) = 15{,}75$ mol
gesucht: Q
$Q = n \cdot z \cdot F = 15{,}75 \text{ mol} \cdot 2 \cdot 96485 \text{ C} \cdot \text{mol}^{-1}$
$= 3\,039\,277{,}5$ C

b) gegeben: $Q = 3\,039\,277{,}5$ C
$t = 1$ h $= 3600$ s
gesucht: I
$I = \dfrac{Q}{t} = \dfrac{3\,039\,277{,}5 \text{ C}}{3600 \text{ s}} = 844{,}2$ A

c) Die theoretische Ladung $Q = 3\,039\,277{,}5$ C entspricht 0,844 kAh für 1 kg Kupfer und ist damit niedriger als die tatsächlich erforderliche Ladung. Der tatsächliche Wert ist höher, da die Elektrolytlösung einen Widerstand besitzt und ein Teil des Stroms nur zur Erwärmung führt und nicht zur chemischen Reaktion genutzt werden kann.

A135.4

Abscheidung von Kupfer:
$Cu^{2+}(aq) + 2\,e^- \dashrightarrow Cu(s)$
Abscheidung von Zink:
$Zn^{2+}(aq) + 2\,e^- \dashrightarrow Zn(s)$

Da in beiden Elektrolysezellen bei Schaltung in Reihe die gleiche Ladung fließt und in beiden Fällen die Ionenladung z gleich ist, entsteht auch die gleiche Stoffmenge n.

A135.5

Die Elektrolytlösung erwärmt sich, da sie einen elektrischen Widerstand aufweist und ein Teil der zugeführten elektrischen Energie in Wärme umgewandelt wird. Eine mögliche Definition wäre:

Wirkungsgrad = $\dfrac{\text{theoretisch erforderliche Ladung}}{\text{gemessene Ladung}}$

Durch die Erwärmung beim Laden eines Akkus bleibt ein Teil der zugeführten elektrischen ungenutzt.

A137.1

individuelle Lösung

A137.2

Durch die Überspannung des Sauerstoffs an der Anode wird die Sauerstoffbildung unterbunden und überwiegend Chlor gebildet. Beim Amalganverfahren kann wegen der Überspannung von Wasserstoff an einer Kathode aus Quecksilber Natriumamalgam als eine reaktive Quecksilberverbindung gebildet werden.

A137.3

$n(NaCl) = \dfrac{m}{M} = \dfrac{500\,000\,000 \text{ g}}{58{,}5 \text{ g} \cdot \text{mol}^{-1}} = 8\,547\,009$ mol

$Q = 8\,547\,009 \text{ mol} \cdot 96485 \text{ C} \cdot \text{mol}^{-1} = 8{,}25 \cdot 10^{11}$ C

$W_{el} = 8{,}25 \cdot 10^{11} \text{ C} \cdot 3 \text{ V} = 2{,}48 \cdot 10^{12}$ Ws
$= 6{,}87 \cdot 10^8$ Wh $= 687\,000$ kWh

A137.4

$2\text{ NaCl}(l) \longrightarrow 2\text{ Na}(l) + Cl_2(g)$

Anode (Pluspol):
$2\text{ Cl}^- \dashrightarrow Cl_2(g) + 2\,e^-$
Kathode (Minuspol):
$Na^+ + e^- \dashrightarrow Na(l)$

A137.5

Aluminium besitzt ein Standardelektrodenpotential von −1,66 V und ist damit deutlich unedler als Wasserstoff. An der Kathode würde nur Wasserstoff statt Aluminium reduziert.

A137.6

gegeben: $n(Al) = 1$ mol, $z = 3$
gesucht: Q
$Q = n \cdot z \cdot F = 3 \cdot 96485$ C $= 289455$ C

Die Zersetzungsspannung U_Z beträgt 2,2 V. In der Praxis wird Elektrolyse jedoch bei 4,5 V durchgeführt.

$W_{min} = 2{,}2$ V $\cdot$ 289 455 C $= 636\,801$ Ws $= 0{,}177$ kWh
$W_{exp} = 4{,}5$ V $\cdot$ 289 455 C $= 1\,302\,546$ Ws $= 0{,}362$ kWh

Der tatsächliche Wert ist etwa doppelt so groß wie der theoretische Wert. Die Energiedifferenz wird in Wärme umgewandelt und hält die Schmelze flüssig.

A137.7

a) Eine Rohkupferplatte, die noch weitere Metalle wie Gold, Silber, Eisen und Zink enthält, wird in einer schwefelsauren Kupfersulfatlösung als Anode geschaltet. Eine Reinstkupferplatte bildet die Kathode.
Anode (Pluspol):
$Cu(s) \dashrightarrow Cu^{2+}(aq) + 2e^-$ beziehungsweise
$M(s) \dashrightarrow M^{2+} + 2e^-$ mit M = Zn, Fe, andere unedle Metalle
Kathode (Minuspol):
$Cu^{2+}(aq) + 2e^- \dashrightarrow Cu(s)$

b) An der Anode werden Kupfer und unedlere Metalle durch Elektronenabgabe oxidiert, an der Kathode werden Kupfer-Ionen zu Kupfer-Atomen reduziert. Edelmetalle wie Silber oder Gold können bei einer Elektrolysespannung von 0,3 V wegen ihres größeren Standardelektrodenpotentials nicht oxidiert werden. Sie sammeln sich im Anodenschlamm, der abgeschöpft und zur Gewinnung von Edelmetallen weiterverarbeitet wird. Da Eisen oder Zink unedler als Kupfer sind, können deren Ionen nicht reduziert werden, solange Kupfer-Ionen in der Lösung vorhanden sind.

A137.8

individuelle Lösung
Hinweis: Die Lösung könnte folgende Aspekte enthalten: Kupfer wird aufgrund seiner guten elektrischen Leitfähigkeit auf Leiterplatinen und für elektrische Kabel verwendet. Als Halbedelmetall ist Kupfer recht korrosionsbeständig und findet im Rohrleitungsbau (Wasserleitungen und Heizungsrohre) Verwendung. Das Recycling von Kupfer ist bedeutsam, da die Kupfergewinnung und -raffination energieintensiv sind und zugleich ein großer Kupferbedarf besteht.

A137.9

a) $2\,Cu_2S(s) + 3\,O_2(g) \longrightarrow 2\,CuO(s) + 2\,SO_2(g)$
$Cu_2S + 2\,CuO \longrightarrow 4\,Cu(s) + SO_2(g)$

b) Schwefeldioxid kann zu Schwefelsäure verarbeitet werden, die als Grundchemikalie vielfältige Verwendungsmöglichkeiten in der chemischen Industrie besitzt.

A139.1

Korrosionsfördernd sind Luftfeuchtigkeit, höhere Temperaturen, Säuren und säurebildende Gase sowie Salze (Chlorid-Ionen). Als Schutzmaßnahme eignet sich der Ausschluss der korrosionsfördernden Bedingungen, etwa durch kühle, trockene Lagerung. Auch das Reinigen von Metallgegenständen kann hilfreich sein. Daneben gibt es eine Vielzahl von Korrosionsschutzmaßnahmen, die teilweise für bestimmte Metalle geeignet sind.

A139.2

Bei Kontakt mit Kupfer lädt sich Zink positiv auf. Dies behindert die Entladung der Oxonium-Ionen. Hier entsteht daher kein Wasserstoff. Am Kupferblech können Oxonium-Ionen entladen werden, da Kupfer im Kontakt mit Zink negativ geladen wird.
Allgemeine Gesetzmäßigkeit: Je edler ein Metall ist, umso weniger wird es von Wasser oder Säuren korrodierend angegriffen. Je unedler ein Metall ist, umso stärker wird es von Wasser oder Säuren korrodierend angegriffen.

A139.3

Beim genannten pH-Wert des Regenwassers beträgt das Potential des Wasserstoffs etwa −0,3 V. Somit ist eine Säurekorrosion bei Blei nicht möglich. Sollten sich etwa durch Sauerstoffkorrosion Blei-Ionen ($Pb^{2+}(aq)$) bilden, reagieren diese mit den Carbonat-Ionen oder den Sulfat-Ionen des Regenwassers zu schwerlöslichem Bleicarbonat beziehungsweise Bleisulfat. Beide Verbindungen schützen vor weiterer Korrosion.

A139.4

Luftsauerstoff löst sich im Wasser und diffundiert bis zur Eisenoberfläche. Eisen wird unter Elektronenabgabe oxidiert und es entstehen Eisen(II)-Ionen. Sauerstoff-Moleküle nehmen die Elektronen auf und bilden mit Wasser-Molekülen Hydroxid-Ionen. Als Zwischenprodukt bildet sich Eisen(II)-hydroxid. Eisen(II)-hydroxid und Sauerstoff reagieren in einer weiteren Redoxreaktion zu Eisen(II)-oxid und Wasser.

$Fe(s) \longrightarrow Fe^{2+}(aq) + 2e^-$
$O_2(aq) + 2\,H_2O(l) + 4e^- \longrightarrow 4\,OH^-$
$Fe^{2+}(aq) + 2\,OH^-(aq) \longrightarrow Fe(OH)_2(s)$
$4\,Fe(OH)_2(s) + O_2(aq) \longrightarrow 4\,FeO(OH)(s) + 2\,H_2O(l)$
$2\,FeO(OH)(s) \longrightarrow Fe_2O_3 \cdot H_2O$

Da die Luft in den Pyramiden sehr trocken war, konnte sich auf den Metallgegenständen kein korrosionsfördernder Wasserfilm bilden.

A139.5

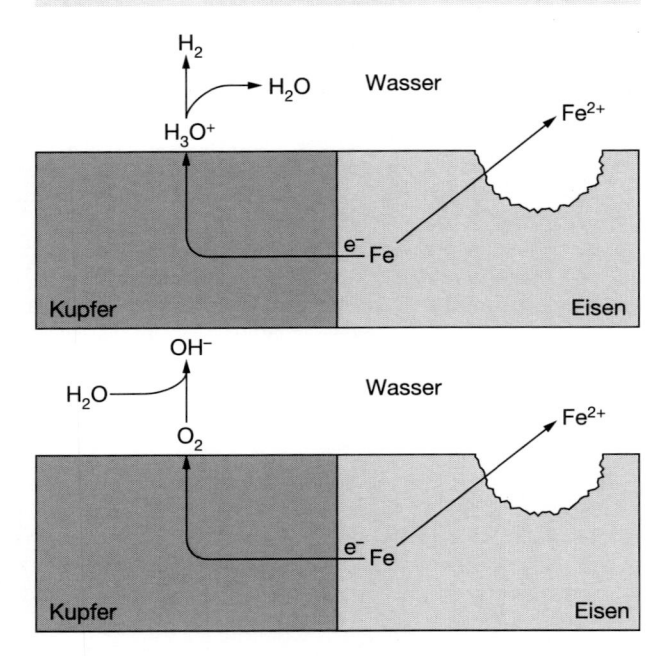

[Abbildung: Oben – Säurekorrosion: Kupfer/Eisen in Kontakt mit Wasser, H_3O^+ wird zu H_2 reduziert, H_2O entsteht, Elektronen fließen von Fe zu Cu, Fe^{2+} geht in Lösung. Unten – Sauerstoffkorrosion: analog mit O_2, H_2O und OH^-.]

Im Allgemeinen werden die Bauteile aus Kupfer von Eisenbauteilen getrennt. Dies geschieht beispielsweise mit Kunststofffolien oder metallischen Verbindungsstücken, bei denen sich kein Lokalelement bildet. Dazu ist im geschlossenen Heißwasserkreislauf praktisch kein Sauerstoff gelöst, sodass keine Sauerstoffkorrosion stattfinden kann. Ebenso ist die Oxonium-Ionen-Konzentration sehr gering, sodass auch keine Säurekorrosion ablaufen kann.

A139.6

a) Zum Schutz vor Korrosion sollte man bei der Wartung des Fahrrads beispielsweise Roststellen beseitigen und neu lackieren. Bewegliche, nicht lackierte Metallteile wie Zahnräder oder Kette kann man ölen, damit sich kein Wasserfilm auf dem Metall bilden kann.

b) Als weitere Maßnahmen zum Schutz empfiehlt es sich, ein nasses Fahrrad zu trocknen und das Fahrrad trocken abzustellen. Daneben sollte das Fahrrad regelmäßig gereinigt werden, da im Schmutz korrosionsfördernden Salze enthalten sind.

A141.1

Einschließlich Zink- und Phosphatschicht ist die Schutzschicht 140–280 µm dick, die eigentliche Lackschicht 90–130 µm. Der wesentliche Korrosionsschutz wird durch die Zinkschicht erreicht. Der kathodische Tauchlack bildet eine verbindende Haftschicht zwischen dem Blech und dem farbgebenden Lack. Er schließt den Kontakt des Autoblechs mit Wasser und Schmutz weitgehend aus. Der Füllerlack gleicht Unebenheiten im Tauchlack aus und kann sehr glatt poliert werden. Der Basislack ist die eigentlich farbgebende Lackschicht, diese ist aber nicht besonders widerstandsfähig. Füllerlack und Basislack tragen nicht zum Korrosionsschutz bei. Der Klarlack ist hart; er schützt gegen mechanische und witterungsbedingte Einflüsse.

A141.2

a) Der zu schützende Stahltank ist als Kathode geschaltet. Als Anode dient Eisenschrott. Durch die angelegte externe Spannung wird das Eisen im Eisenschrott oxidiert, die Elektronen fließen zum Stahltank und reduzieren die im Wasserfilm gelösten Oxonium-Ionen. Der Ort der Korrosion ist also vom Tank zum Eisenschrott verlagert.

b) Der Eisenschrott ist als Anode geschaltet, sodass hier eine Oxidation stattfindet. Die Elektronen fließen zur Kathode und reduzieren die Oxonium-Ionen im Wasserfilm am Stahltank.
Anode (Oxidation):
$Fe(s) \dashrightarrow Fe^{2+}(aq) + 2e^-$
Kathode (Reduktion):
$2\,H_3O^+(aq) + 2\,e^- \dashrightarrow H_2(g) + 2\,H_2O(l)$

c) Es kann nur so lange ein Strom fließen wie Eisenschrott als Anode vorhanden ist, daher kann die Kontrolle mit einem Strommessgerät erfolgen.

A141.3

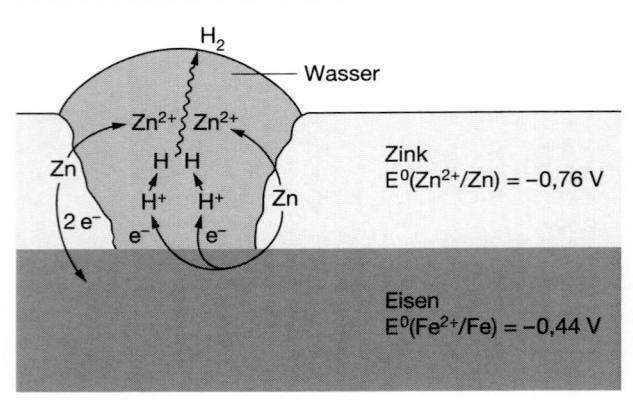

[Abbildung: Zinkschicht auf Eisen, Säurekorrosion des Zinks; $Zn \to Zn^{2+} + 2e^-$, H^+ wird zu H_2 reduziert. Zink: $E^0(Zn^{2+}/Zn) = -0{,}76\,V$; Eisen: $E^0(Fe^{2+}/Fe) = -0{,}44\,V$.]

Eisen besitzt ein größeres Standardelektrodenpotential als Zink, ist also edler. Die Oxonium-Ionen oxidieren nur Zink. Der Korrosionsschutz endet erst, wenn die gesamte Zinkschicht durch Korrosion abgebaut ist.

A141.4

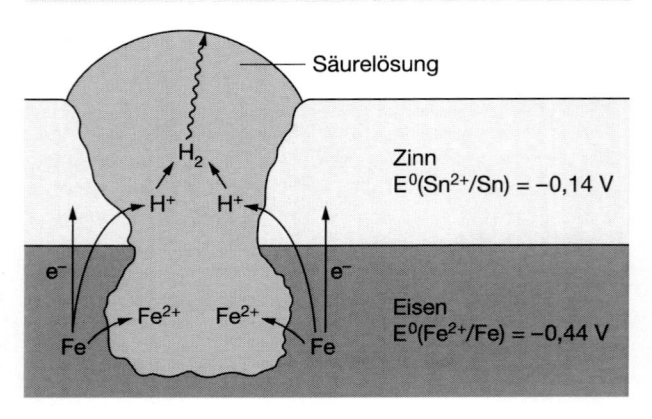

[Abbildung: Zinnschicht auf Eisen in Säurelösung, beschädigte Zinnschicht, Eisen wird oxidiert: $Fe \to Fe^{2+} + 2e^-$, H^+ zu H_2. Zinn: $E^0(Sn^{2+}/Sn) = -0{,}14\,V$; Eisen: $E^0(Fe^{2+}/Fe) = -0{,}44\,V$.]

Beim Öffnen der Dose kann die Zinnschicht beschädigt werden, sodass sich ein Lokalelement bildet. Eisenionen gehen daraufhin in Lösung und beeinträchtigen den Geschmack des Doseninhalts.

A141.5

Das so erzeugte Eisenoxid ist im Gegensatz zum Aluminiumoxid weich und wasserdurchlässig. Es könnte somit nicht vor weiterer Korrosion schützen.

A141.6

individuelle Lösung
Hinweis: Rostumwandler basieren häufig auf Phosphorsäurelösungen. In einer chemischen Reaktion reagiert Eisenoxidhydroxid zu Eisenphosphat, das eine kompakte, wasserundurchlässige Schicht bildet. Der weitere Korrosionsprozess wird aber nur gestoppt, wenn weder Rost noch Rostumwandler (Phosphorsäure) auf dem Metallstück zurückbleiben.

A141.7

Eine dünne Zinnschicht auf dem Weißblech kann nur elektrolytisch erzeugt werden. Das Feuerverzinnen ist zwar ebenfalls möglich, aber der Verbrauch an Zinn ist zu hoch.

A65.8

individuelle Lösung
Hinweis: Die Poster sollten aufzeigen, dass die Rostanfälligkeit deutlich zurückgegangen ist. Ursachen hierfür sind vollverzinkte Karrosserien, bessere Lacke und Lacktechnik.

A141.9

Eine Metalloxidschicht an den Steckern erhöht den elektrischen Widerstand und verändert so die Signalstärke, was bei den genannten kleinen Signalen von Bedeutung ist. Durch das Vergolden der Steckverbindungen wird eine Korrosion praktisch vollständig unterbunden.

V142.1

a) *blanker Eisennagel:* Der blanke Eisennagel rostet. → Blau- und Rotfärbung.

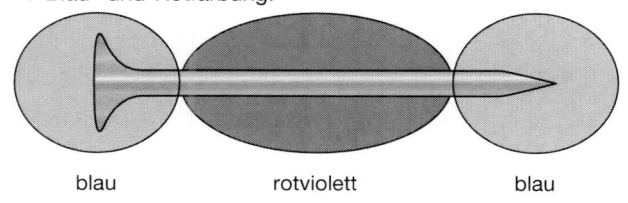

blau — rotviolett — blau

halb oxidierter Eisennagel: An der oxidierten Stelle tritt eine Rotfärbung und an der blanke Stelle eine Blaufärbung auf.

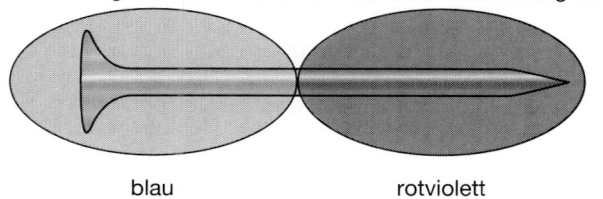

blau — rotviolett

Mit Kupferdraht umwickelter Eisennagel: Rotfärbung im Bereich des Kupferdrahtes, Blaufärbung an den Enden.

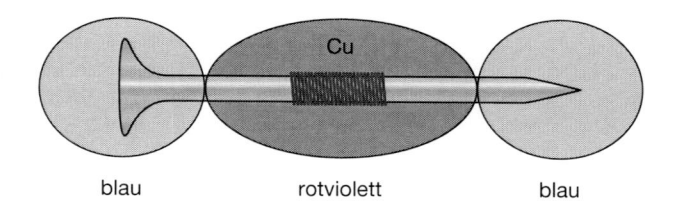

blau — rotviolett — blau

Eisennagel mit Zinkblech: Das Zink löst sich langsam auf; am Eisennagel beobachtet man eine Rotfärbung.

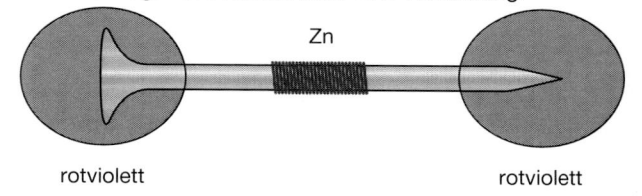

rotviolett — rotviolett

Versuch mit der Natriumnitritlösung:
Der Eisennagel in der Nachweislösung beginnt zu Rosten; der Nagel in der Natriumnitritlösung bleibt dagegen unverändert.

Versuch mit der Gleichspannungsquelle:
Der an den Pluspol angeschlossene Nagel löst sich mit der Zeit auf und man beobachtet eine Blaufärbung.

b), c), d) Die Blaufärbung in den Petrischalen zeigt an, dass an der betreffenden Stelle Eisen(II)-Ionen in Lösung gegangen sind. Durch Reaktion mit Hexacyanidoferrat(III)-Ionen hat sich dabei Berliner Blau ($Fe_4[Fe(CN)_6]_3$) gebildet.

$$Fe(s) \dashrightarrow Fe^{2+}(aq) + 2\ e^-$$

Hinweis: Die Versuche zeigen, dass die stärker oxidierten Stellen des Eisens als Kathode fungieren, während die blanken Stellen die Anode bilden.

Bei dem mit Kupferdraht umwickelten Eisennagel bildet sich ein Lokalelement. Eisen geht in Form von Eisen(II)-Ionen in Lösung, es entsteht Berliner Blau. Die Elektronen des Eisens fließen zum Kupfer und reduzieren dort den im Wasser gelösten Luftsauerstoff:

$$O_2(aq) + 4\ e^- + 2\ H_2O(l) \dashrightarrow 4\ OH^-(aq)$$

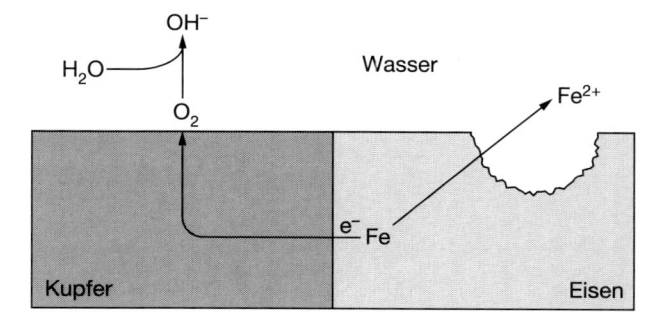

Bei dem mit Zinkblech umwickelten Eisennagel bildet sich ebenfalls ein Lokalelement. Zink-Ionen werden zu Zink-Ionen oxidiert. Die Elektronen fließen zum Eisen und reduzieren dort den im Wasser gelösten Luftsauerstoff.

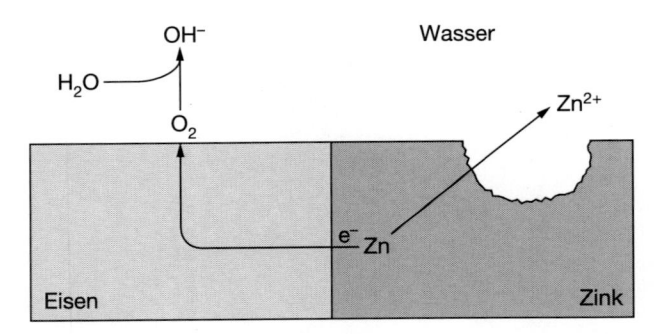

In der Nitritlösung entsteht mit der Zeit Salpetersäure, die die Oberfläche des Eisennagels passiviert. Hierbei bildet sich eine sehr dünne, aber dichte und fest haftende Oxidhaut. Der Nagel kann demzufolge nicht korrodieren.

Durch das Anlegen der Gleichspannung treten Fe^{2+}-Ionen aus dem an den Pluspol angeschlossenen Nagel (Anode) aus. Dadurch wird die Lösung blau gefärbt und es kommt mit der Zeit zur Auflösung des Nagels.

e) Die Rosafärbung der Lösung zeigt die Bildung von Hydroxid-Ionen an. Durch die Oxidation des Eisens werden Elektronen frei und reduzieren an anderer Stelle in der Lösung den gelösten Sauerstoff unter Bildung von Hydroxid-Ionen.

$O_2(aq) + 2 H_2O(l) + 4 e^- \dashrightarrow 4 OH^-(aq)$

f) Die Blaufärbung ist ein Nachweis von Eisen(II)-Ionen und beruht auf dem unlöslichen Berliner Blau ($Fe_4[Fe(CN)_6]_3$). Das Farbpigment entsteht, wenn Fe^{2+}-Ionen mit den in Lösung befindlichen Hexacyanidoferrat(III)-Ionen reagieren.

V142.2

a) Durch den Reinigungsprozess wird die vorhandene Oxidschicht weitgehend entfernt.

b) Bei der Elektrolyse wird das Aluminiumblech (Pluspol) etwas matter, an der Graphitelektrode (Minuspol) ist eine Gasentwicklung zu beobachten. Im Färbebad färbt sich das Aluminiumblech rot, das Spülwasser sowie das fixierende kochende Wasser färben sich nur wenig. Die Batterieschwefelsäure bleibt farblos, am eloxierten Blech tritt keine sichtbare Reaktion auf.

c) *Pluspol:* $Al(s) + H_2O(l) \dashrightarrow Al_2O_3 + H_3O^+(aq) + e^-$
Minuspol: $2 H_3O^+(aq) + 2 e^- \dashrightarrow H_2(g) + 2 H_2O(l)$

Gesamtreaktion: $Al(s) + H_2O(l) \longrightarrow Al_2O_3 + H_2(g)$

d) Die sehr dünne natürliche Oxidschicht kann kaum eingefärbt werden, da sie eine geschlossene Oberfläche hat. In der Eloxal-Oxidschicht sind feine Kapillaren, in die sich die Farbstoffteilchen einlagern.

e) Beim Fixieren im kochenden Wasser werden die Kapillaren verschlossen, sodass der Farbstoff nicht mehr herausgelöst werden kann. Die gebildete Eloxal-Oxidschicht schützt das Aluminium auch vor einem Säureangriff.

V143.1

a) Auf dem mattgrauen Eisenblech bildet sich ein silberglänzender Belag, an der Graphitelektrode steigen Gasbläschen auf, von der Elektrode lösen sich schwarze Flocken ab. Die Lösung erwärmt sich etwas.

b) $Zn^{2+}(aq) + 2 e^- \dashrightarrow Zn(s)$

c) Die geflossene Ladung Q kann über die Beziehung $Q = I \cdot t$ aus den Messwerten berechnet werden.
Die Berechnung der Stoffmenge erfolgt mit

$n(Zn) = \dfrac{Q}{z \cdot F}$ mit $z = 2$ und $F = 96485\ C \cdot mol^{-1}$

Die Masse des Zinks, die theoretisch abgeschieden werden kann, wird berechnet mit
$m(Zn) = n(Zn) \cdot M(Zn)$ mit $M(Zn) = 65{,}4\ g \cdot mol^{-1}$
Die tatsächlich abgeschiedene Masse $m(Zn)$ wird aus der Massendifferenz des Eisenblechs nach und vor der Elektrolyse berechnet.

d) In der Praxis wird weniger Zink abgeschieden, da ein Teil des geflossenen Stroms über den Widerstand der Lösung in Wärme umgewandelt wird.

V143.2

a) Auf dem Eisenblech bildet sich beidseitig ein goldglänzender Belag.

b) Abscheidung von Kupfer: $Cu^{2+}(aq) + 2 e^- \dashrightarrow Cu(s)$
Abscheidung von Zink: $Zn^{2+}(aq) + 2 e^- \dashrightarrow Zn(s)$

V143.3

a) Im Bereich des eingekratzten Schriftbilds färbt sich das Blech silberglänzend, das übrige Blech bleibt kupferfarben. Der silberglänzende Belag ist metallisches Silber.

b) $Ag^+(aq) + e^- \longrightarrow Ag(s)$

c) Nur im lackfreien Bereich können Elektronen vom Blech auf die Silber-Ionen übertragen werden.

A145.1

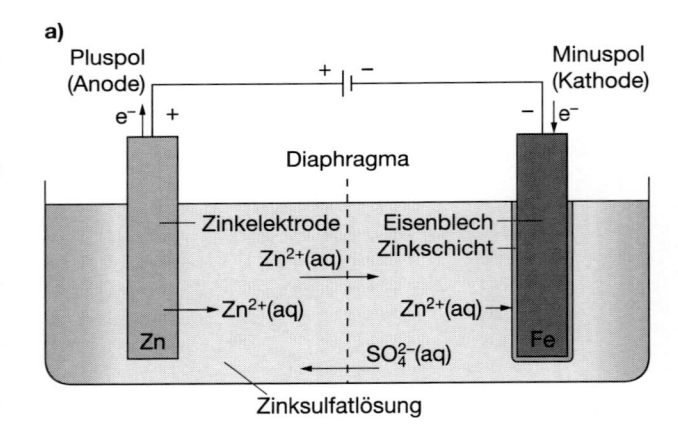

a)

b) Zink ist als Material für die Gegenelektrode (Pluspol/Anode) geeignet, da hier bei der Elektrolyse Zink-Ionen in Lösung gehen und so die Zink-Ionenkonzentration in der Lösung konstant bleibt.

c) *Pluspol (Anode, Oxidation):* $Zn(s) \dashrightarrow Zn^{2+}(aq) + 2e^-$
Minuspol (Kathode, Reduktion): $Zn^{2+}(aq) + 2e^- \dashrightarrow Zn(s)$

d) Die Zink-Ionen der Lösung bilden mit den Hydroxid-Ionen der Natronlauge einen löslichen Komplex. Die wirksame Konzentration an Zink-Ionen wird dadurch sehr klein gehalten, sodass die Zinkabscheidung auf dem Eisenblech langsam erfolgt. Dies ist wichtig, um eine gleichmäßige Zinkschicht zu erhalten.

e) Für das Volumen der Zinkschicht ergibt sich (Die Beschichtung der Kanten wird nicht berücksichtigt):
$V(Zn) = 2 \cdot 5 \text{ cm} \cdot 10 \text{ cm} \cdot 0{,}01 \text{ cm} = 1 \text{ cm}^3$

Die Masse ergibt sich aus der Dichte und dem Volumen:
$m(Zn) = \varrho(Zn) \cdot V(Zn) = 7{,}14 \text{ g} \cdot \text{cm}^{-3} \cdot 1 \text{ cm}^3 = 7{,}14 \text{ g}$

Die Stoffmenge an Zink kann berechnet werden mit:
$n(Zn) = \dfrac{m(Zn)}{M(Zn)} = \dfrac{7{,}14 \text{ g}}{65{,}4 \text{ g} \cdot \text{mol}^{-1}} = 0{,}11 \text{ mol}$

Für die erforderliche elektrische Ladung ergibt sich:
$Q = n \cdot z \cdot F = 0{,}11 \text{ mol} \cdot 2 \cdot 96485 \text{ C mol}^{-1} = 21227 \text{ C}$

f) Eisen ist ein vielseitg einsetzbares Metall, das aber sehr korrosionsanfällig ist. Durch Verzinken erreicht man einen haltbaren Korrosionsschutz, der die Gebrauchseigenschaften des Eisengegenstands nicht negativ verändert.

A145.2

individuelle Lösung
Hinweis: Die Rechercheergebnisse sollten folgende Aspekte enthalten: Die Siedetemperatur des Silbers beträgt 2200 °C. Für das Verdampfen ist somit ein hoher Energieaufwand erforderlich. Mittels Galvanotechnik muss das nichtleitende Glas vorher mit einem leitenden Material vollständig beschichtet werden. Mängel in der Beschichtung beeinträchtigen die Spiegelwirkung. Üblich ist die Reduktion von Silber aus einer Silbersalzlösung wie bei der Silberspiegelprobe.

A145.3

a) In der Vorbehandlung wird der Gegenstand sorgfältig gereinigt und durch Beizen so vorbehandelt, dass das aufzubringende Metall gut haftet. Es folgt das eigentliche Galvanisieren, bei dem die Metallschicht aufgebracht wird. In der Nachbehandlung wird die Oberfläche gehärtet und versiegelt.

b) Die Bäder enthalten Metall-Ionen wie Zink-, Chrom-, Nickel-Ionen und Komplexbildner wie Cyanid-Ionen, die entweder giftig oder umweltschädlich sind. Diese würden die Kleinstlebewesen im Belebtbecken des Klärwerks abtöten. Die Inhaltsstoffe der Bäder können in den üblichen Reinigungsstufen des Klärwerks nicht entfernt werden. Die abgetrennten Schlämme enthalten als ausgefällte Verbindungen die genannten Ionen.

c) individuelle Lösung
Hinweis: Die Rechercheergebnisse sollten folgende Aspekte enthalten: Cyanide werden zu ungefährlichen Stickstoffverbindungen umgesetzt. Die Metallverbindungen können zu neuen Galvanisierbädern aufgearbeitet werden.

A145.4

Die Qualität wird besonders durch die Güte der Oberfläche und der Elektrolysegeschwindigkeit beeinflusst.

A145.5

Der Zusatz eines Komplexbildners verringert die Konzentration der freien hydratisierten Ionen, sodass sich nach der Nernst-Gleichung auch das Potential ändert.

A145.6

a) Gold und Kupfer besitzen mit +1,50 V und +0,34 V stark unterschiedliche Potentiale. Aus der Lösung würde bei gleichen Konzentrationen zunächst nur das sehr edle Gold abgeschieden.

b) Um eine Abscheidung entsprechend der gewünschten Legierung zu erreichen, müssen die Potentiale angeglichen werden. Dies geschieht beispielsweise über Variation der Konzentrationen oder die Zugabe von Komplexbildnern.

A148.B1

a) *Elektrolyse:* Durch Anlegen einer Gleichspannung erzwungene Reaktion, Umkehrung der Reaktion einer entsprechenden galvanischen Zelle.
Redoxreaktion: Elektronenübertragungsreaktion. Gleichzeitige Oxidation und Reduktion bei einer chemischen Umsetzung.
Anode: Elektrode, an der eine Oxidation stattfindet.
Kathode: Elektrode, an der eine Reduktion stattfindet.
Pluspol: Durch Elektronenmangel positiv geladene Elektrode.
Minuspol: Durch Elektronenüberschuss negativ geladene Elektrode.
Gleichgewichtsspannung: Potentialdifferenz der Abscheidungspotentiale für die Reaktionen an Pluspol und Minuspol.
Zersetzungsspannung: Mindestspannung bei der Elektrolyse; Spannung, bei der eine sichtbare Elektrodenreaktion einsetzt. Summe aus Gleichgewichtsspannung und Überspannung.
Abscheidungspotential: Potential der Reaktion an einer Elektrode bei der Elektrolyse, entspricht dem Standardelektrodenpotential der entsprechenden Halbzelle in einer galvanischen Zelle.
Überspannung: Differenz zwischen Gleichgewichtsspannung und tatsächlicher Zersetzungsspannung. Tritt besonders bei der Abscheidung von Gasen auf.
Elektrische Ladung: Produkt aus Elektrolysestromstärke und Elektrolysezeit $Q = I \cdot t$.
Elementarladung: Ladung der Elementarteilchen Elektron und Proton, kleinstmögliche Ladung.
Faraday-Gesetze: Beschreiben den Zusammenhang zwischen geflossener Ladung und abgeschiedener Stoffmenge.
Faraday-Konstante: Beträgt $F = 96485 \text{ C} \cdot \text{mol}^{-1}$.
Chloralkalielektrolyse: Verfahren zur Herstellung von Chlor und Natronlauge aus Natriumchlorid.
Membranverfahren: Wichtiges Verfahren der Chloralkalielektrolyse, bei der Anoden- und Kathodenraum durch eine PTFE-Membran getrennt sind.
Schmelzflusselektrolyse: Die Elektrolyse findet in einer Salzschmelze statt.
Säurekorrosion: Im Wasser gelöste Oxonium-Ionen oxidieren ein unedles Metall.
Sauerstoffkorrosion: Im Wasser gelöster Sauerstoff oxidiert ein Metall.
Lokalelement: Zwei unterschiedlich edle Metalle bilden in wässriger Lösung bei Berührung ein korrosionsförderndes Lokalelement.

Kathodischer Korrosionsschutz: Der zu schützende Gegenstand wird als Kathode gegen ein unedleres Metall (Opferanode) geschaltet.

Eloxalverfahren: Auf einer Aluminiumoberfläche wird elektrolytisch eine sehr wiederstandsfähige Oxidschicht erzeugt.

Galvonotechnik: Gegenstände werden elektrolytisch mit einem dünnen Metallüberzug versehen.

b) siehe Seite 130

c) individuelle Lösung

A148.B2

a) *Anode (Pluspol, Oxidation):* $2\ Cl^-(aq) \dashrightarrow Cl_2(g) + 2\ e^-$
Kathode (Minuspol, Reduktion): $2\ H_3O^+(aq) + 2\ e^- \dashrightarrow H_2(g) + 2\ H_2O(l)$

Gesamtreaktion: $2\ HCl(aq) \longrightarrow H_2(g) + Cl_2(g)$

b) $U_Z = U°_H(Cl_2/2\ Cl^-) - U°_H(2\ H^+/H_2)$
$= 1{,}36\ V - 0{,}00\ V = 1{,}36\ V$

c) Da Sauerstoff aus dem Wasser ein geringeres Abscheidungspotential als Chlor besitzt, muss für die Elektrode ein Material gewählt werden, für das Sauerstoff eine hohe und Chlor möglichst keine Überspannung besitzt.

A148.B3

a) Beim Feuerverzinken wird das Blech in flüssiges Zink getaucht. Beim Herausziehen bleibt ein Zinkfilm auf dem Blech haften. Eine chemische Reaktion läuft nicht ab. Beim elektrolytischen (galvanischen) Verzinken wird das Blech als Kathode gegen ein Zinkblech in einer Zinkelektrolytlösung geschaltet, sodass sich metallisches Zink auf dem Blech abscheidet. Galvanisches Verzinken:
Kathode (Minuspol, Eisenblech): $Zn^{2+}(aq) + 2\ e^- \dashrightarrow Zn(s)$
Anode (Pluspol, Zinkelektrode): $Zn(s) \dashrightarrow Zn^{2+}(aq) + 2\ e^-$

b) Für das Volumen der Zinkschicht ergibt sich:
$V(Zn) = 8000\ cm^2 \cdot 0{,}02\ cm = 160\ cm^3$

Die Masse ergibt sich aus der Dichte und dem Volumen:
$m(Zn) = \varrho(Zn) \cdot V(Zn) = 7{,}14\ g \cdot cm^{-3} \cdot 160\ cm^3$
$= 1142{,}4\ g$

Die Stoffmenge an Zink kann berechnet werden mit:
$n(Zn) = \dfrac{m(Zn)}{M(Zn)} = \dfrac{1142{,}4\ g}{65{,}4\ g \cdot mol^{-1}} = 17{,}47\ mol$

Für die erforderliche elektrische Ladung ergibt sich:
$Q = n \cdot z \cdot F = 17{,}47\ mol \cdot 2 \cdot 96485\ C \cdot mol^{-1}$
$= 3371186\ C$

c)

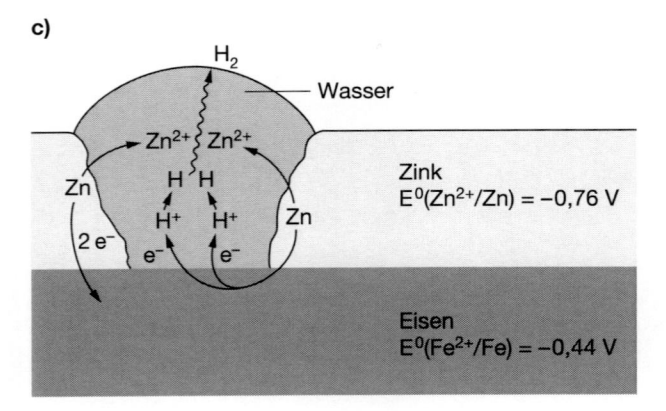

Eisen ist edler als Zink beziehungsweise hat ein größeres Standardelektrodenpotential, sodass Oxonium-Ionen nur Zink oxidieren können. Der Korrosionsschutz endet erst, wenn die Zinkschicht durch Korrosion abgebaut ist.

A148.B4

Aluminium ist sehr unedel, aber durch eine Oxidschicht gegen Korrosion geschützt. In Kontakt mit einem anderen Metall bildet sich ein Lokalelement, sodass Aluminium nun korrodieren kann. An den Stellen, an denen es mit der Lebensmittelflüssigkeit in Kontakt steht, tritt Lochfrass auf. Zudem können sich Chlorid-Ionen gut in die Poren der Oxidschicht einlagern und diese anlösen.

A149.C1

a) $2\ ZnS(s) + 3\ O_2(g) \longrightarrow 2\ ZnO(s) + 2\ SO_2(g)$

b) $ZnO(s) + H_2SO_4(l) \longrightarrow ZnSO_4(aq) + H_2O(l)$

c) Die genannten Begleitmetalle sind edler als Zink und werden somit durch Zinkpulver reduziert, wobei sich gelöste Zink-Ionen bildet. Nach dem Ausfällen liegt also eine reine Zinksulfatlösung vor.
$Zn(s) + M^{2+}(aq) \longrightarrow Zn^{2+}(aq) + M(s)$ mit M = Pb, Co, Ni
$Zn(s) + 2\ Ag^+(aq) \longrightarrow Zn^{2+}(aq) + 2\ Ag(s)$

Die Metalle müssen vor der Elektrolyse abgetrennt werden, da sie bei der Elektrolyse das geringere Abscheidungspotential hätten.

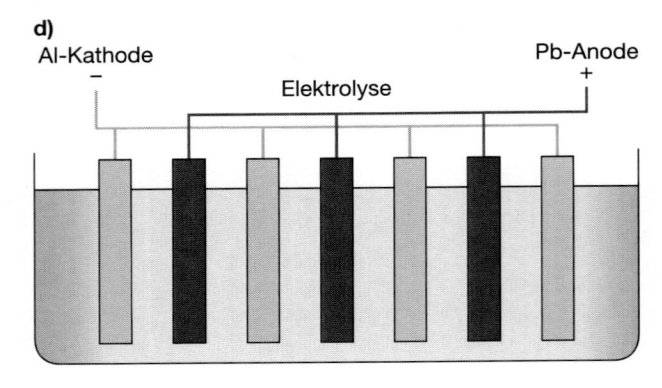

d)

Kathode (Minuspol, Reduktion): $Zn^{2+}(aq) + 2\ e^- \dashrightarrow Zn(s)$
Anode (Pluspol, Oxidation):
$4\ OH^- \dashrightarrow O_2(g) + 4\ e^- + 2\ H_2O(l)$
oder $6\ H_2O(l) \dashrightarrow 4\ H_3O^+(aq) + O_2(g) + 4\ e^-$

e) Wasserstoff muss am gewählten Aluminiumblech eine sehr große Überspannung besitzen, sodass sein Abscheidungspotential größer als das des Zinks wird.

f) individuelle Lösung
Hinweis: Die Poster sollten folgende Aspekte enthalten: Erzvorkommen und Erzgewinnung, Röstvorgang, Lösen in Schwefelsäure, Vorbehandlung des Elektrolyten und Elektrolyse, gegebenenfalls Eisengewinnung mit Hochofen und Stahlgewinnung, Walzwerk, Eisenblech und elektrolytischem Verzinken oder Feuerverzinken, sowie Lackieren.

A149.C2

a) $2\ Al(s) + 3\ Ag_2S(s) + 6\ H_2O(l) \longrightarrow$
$2\ Al(OH)_3(s) + 6\ Ag(s) + 3\ H_2S(aq)$

b)

Salzlösung

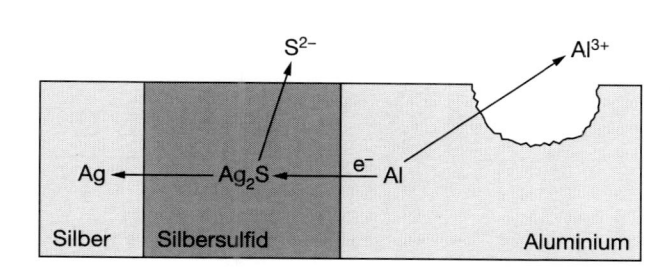

Ag ← Ag$_2$S ← S^{2-} | e$^-$ Al → Al^{3+}

Silber | Silbersulfid | Aluminium

c) Das Silberputztuch wird schwarz, weil das schwarze Silbersulfid mit dem Tuch abgerieben wird. Dadurch wird die Silberschicht auf dem Besteck immer dünner. Beim Verfahren mit der Alufolie reagiert das Silbersulfid wieder zu metallischem Silber, sodass die Silberschicht erhalten bleibt. Daher ist dieses Verfahren vorzuziehen.

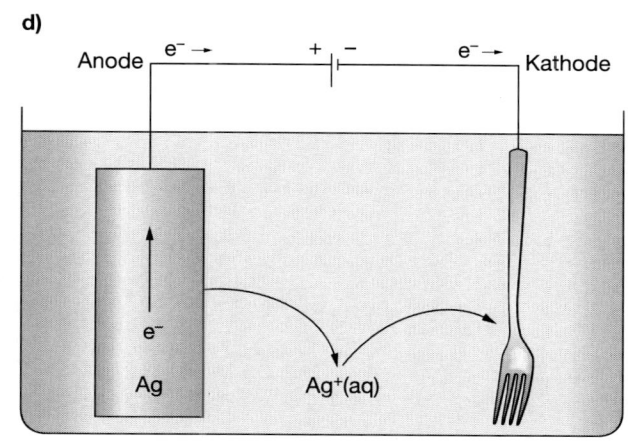

d)

Anode — e$^-$ → + | − ← e$^-$ — Kathode

Ag → Ag$^+$(aq) → (Gabel)

e) Silber ist mit einem Standardelektrodenpotential von 0,80 V edler als Wasserstoff (0,00 V) oder Sauerstoff (0,40 V).

f) Für das Volumen der Silberschicht ergibt sich:
$V(Ag) = 112 \text{ cm}^2 \cdot 0{,}015 \text{ cm} = 1{,}68 \text{ cm}^3$

Die Masse ergibt sich aus der Dichte und dem Volumen:
$m(Ag) = \varrho(Ag) \cdot V(Ag) = 10{,}5 \text{ g} \cdot \text{cm}^{-3} \cdot 1{,}68 \text{ cm}^3$
$= 17{,}64 \text{ g}$

Die Stoffmenge an Silber kann berechnet werden mit:
$n(Ag) = \dfrac{m(Ag)}{M(Ag)} = \dfrac{17{,}64 \text{ g}}{107{,}87 \text{ g} \cdot \text{mol}^{-1}} = 0{,}164 \text{ mol}$

Für die erforderliche elektrische Ladung ergibt sich:
$Q = n \cdot z \cdot F = 0{,}164 \text{ mol} \cdot 1 \cdot 96\,485 \text{ C} \cdot \text{mol}^{-1}$
$= 15\,823{,}5 \text{ C}$

Elektrische Energie für chemische Reaktionen

6 Säuren und Basen – analytische Verfahren

A153.1

a)

Säure	Verwendung
Ameisensäure	Entkalker, Bad- und WC-Reiniger
Essigsäure	Entkalker, Bad- und WC-Reiniger, Lebensmittelkonservierung
Citronensäure	Entkalker, Bad- und WC-Reiniger, Lebensmittelkonservierung
Salzsäure	Entkalker, Bad- und WC-Reiniger, pH-Senker im Schwimmbad
Phosphorsäure	Entkalker, Bad- und WC-Reiniger, Lebensmittelzusatzstoff (in Cola-Getränken)
Milchsäure	Lebensmittelkonservierung
Äpfelsäure	Lebensmittelkonservierung
Acetylsalicylsäure	Schmerzmittel
Trichloressigsäure	Verätzung von Warzen, Narbenbehandlung
Natriumhydrogensulfat	pH-Senker im Schwimmbad
Ammoniumchlorid	pH-Senker im Schwimmbad

b)

Base	Verwendung
Waschsoda	Reinigungsmittel
Natriumhydroxid	Reinigungsmittel (Backofenspray, Rohreiniger), pH-Heber im Schwimmbad
Natronlauge	Laugengebäck
Natriumhydrogencarbonat	Antacida
Natriumacetat	pH-Heber im Schwimmbad
Natriumcarbonat	pH-Heber im Schwimmbad

A153.2

a)

E-Nummer	Name	Strukturformel
E 200	Sorbinsäure	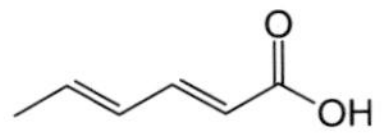 (Strukturformel)
E 210	Benzoesäure	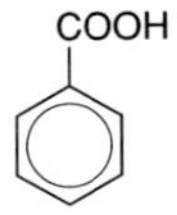 (Strukturformel)
E 236	Ameisensäure	(Strukturformel)
E 280	Propionsäure	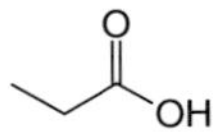 (Strukturformel)
E 300	Ascorbinsäure	(Strukturformel)

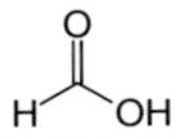

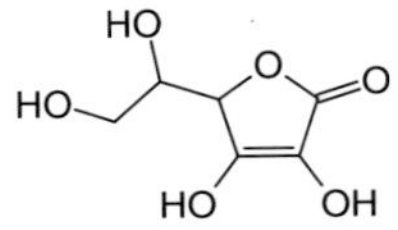

b)

E-Nummer	Verwendung
E 200	Konservierungsstoff
E 210	Konservierungsstoff
E 236	Konservierungsstoff (seit 1998 verboten), Desinfektionsmittel
E 280	Konservierung von industriell hergestellten Backwaren
E 300	Antioxidationsmittel, Stabilisator, Vitamin C

c)

E-Nummer	Bedenklichkeit
E 200	unbedenklich, in seltenen Fällen allergieauslösend
E 210	Verzehr von sehr großen Mengen über einen längeren Zeitraum kann Verdauungsbeschwerden, Krämpfe und Nervensystembeeinträchtigungen hervorrufen. Kann bei empfindlichen Personen zu Pseudoallergien, Atemwegsbeschwerden oder verschwommenem Sehvermögen führen.
E 236	unbedenklich in geringen Mengen
E 280	seit 1988 in Deutschland verboten, da bei Ratten krebsähnliche Veränderungen des Vormagens beobachtet wurden; seit 1996 durch Änderung der Gesetzgebung der EU als Konservierungsstoff wieder erlaubt.
E 300	unbedenklich, da wasserlöslich und über den Harn ausgeschieden wird; dauerhafte Überdosierung kann jedoch zu Nieren- oder Blasensteinen führen

d) E-Nummern für Zusatzstoffe in Lebensmitteln sind bei der Mehrheit der Verbraucher verpönt. Führt man stattdessen die Namen, wie Essigsäure oder Citronensäure auf Verpackungen auf, vermittelt man bei dem Verbraucher den Eindruck, dass es sich um natürliche und damit nicht gesundheitsschädliche Produkte handelt.

A153.3

Name	Vorkommen
Ameisensäure	Ameisen, Bienen, zahlreiche Wespenarten
Äpfelsäure	Äpfel, Weintrauben
Ascorbinsäure	zahlreiche Früchte
Benzoesäure	Heidelbeeren, Preiselbeeren, Honig, Joghurt, Käse
Buttersäure	Darm, Schweiß, saure Milch
Citronensäure	Zitronen, Kiwi, Orangen, Ananas, Grapefruit, Äpfel
Essigsäure	wird ursprünglich aus vergorenem Wein gewonnen
Milchsäure	saure Milch, Joghurt, Quark, Käse, Stoffwechselprodukt der Milchsäurebakterien oder bei der anaeroben Glycolyse (Sprint)
Oxalsäure	Rhabarber, Sauerklee, Spinat, Stachelbeere
Propionsäure	Stoffwechselprodukt von Bakterien
Salzsäure	im Magensaft zur Eiweißverdauung
Schwefelsäure	Saurer Regen
Sorbinsäure	Vogelbeeren
Weinsäure	Wein, Trauben

A153.4

a) Abgase von Fabriken enthalten Kohlenstoffdioxid, Stickstoffmonoxid und Schwefeldioxid. Durch Oxidation und Reaktion mit Wasser entstehen Kohlensäure, Salpetersäure, salpetrige Säure, schweflige Säure und Schwefelsäure:
$SO_2(g) + H_2O(l) \longrightarrow H_2SO_3(aq)$
$2\ SO_2(g) + O_2(g) \longrightarrow 2\ SO_3(g)$
$SO_3(g) + H_2O(l) \longrightarrow H_2SO_4(aq)$
$2\ NO(g) + O_2(g) \longrightarrow 2\ NO_2(aq)$
$2\ NO(g) + H_2O(l) + O_2(g) \longrightarrow HNO_2(aq) + HNO_3(aq)$
$CO_2(g) + H_2O(l) \longrightarrow H_2CO_3(aq)$
Die Säuren bilden zusammen mit dem Regenwasser den Sauren Regen.

b) *Auf Pflanzen:* Saurer Regen führt zu einer Übersäuerung des Bodens. Dies hat wiederum zur Folge, dass schädliche Metall-Ionen freigesetzt werden, die die Wurzeln von Bäumen und anderen Pflanzen angreifen. Es entstehen Störungen des Wasser- und Nährstoffhaushalts des Baums. Seine Widerstandsfähigkeit nimmt dadurch ab und er ist anfälliger für Krankheiten, Bodenfrost oder natürlichen Schädlingsbefall. Besonders in niederschlagsreichen Regionen ist daher ein Waldsterben zu beobachten.

Auf Gewässer: Durch direkten sauren Niederschlag oder durch den Bodenabfluss nimmt der Säuregehalt in Gewässern zu. Auch hier hat der niedrige pH-Wert zur Folge, dass sich Metall-Ionen im Wasser lösen, die giftig für Zellen sind. Die Artenvielfalt der Gewässer nimmt dadurch ab. Weniger betroffen sind Gewässer, die in Einzugsgebieten mit großen Kalksteinvorkommen angesiedelt sind (Pufferwirkung). Die Versauerung der Meere könnte, falls keine Gegenmaßnahmen getroffen werden, ebenfalls zu einem großen Artensterben führen. Kalkschalen von Muscheln, Schnecken und Korallen würden sich ab einem gewissen pH-Wert auflösen.

Auf Gebäude: Besonders Gebäude, die aus Sand- und Kalkstein, aber auch Beton und Marmor bestehen, werden vom sauren Regen angegriffen. Zahlreiche Gebäude und Kulturdenkmäler wie die Akropolis in Athen verwittern aufgrund des sauren Regens schneller oder sind sogar schon zerstört. Die Wiederherstellung der Gebäude ist sehr teuer. Für die Westminster Abbey in London beispielsweise wurden 1990 10 Mio. Pfund für die Behebung der durch den sauren Regen verursachten Schädigungen investiert.

c) In vielen Gegenden Europas neutralisiert man den sauren Regen mit Kalk, der mit Hubschraubern verstreut wird. Außerdem versucht man durch verschiedene Verfahren die Abgase zu verringern. Kraftstoffe werden entschwefelt, sodass bei deren Verbrennung erst gar kein Schwefeldioxid entstehen kann. Autokatalysatoren entfernen Stickstoffoxide zum Teil aus den Abgasen. Zudem wird stetig an alternativen Energiequellen geforscht.

d) In den 1980er Jahren war der Freilandregen zu fast 90 % sauer. Seitdem wurden Maßnahmen zur Bekämpfung des sauren Regens getroffen, die offensichtlich auch Wirkung zeigten. Der Anteil der Wälder, bei denen der Freilandregen sauer war, nahm fast kontinuierlich ab:

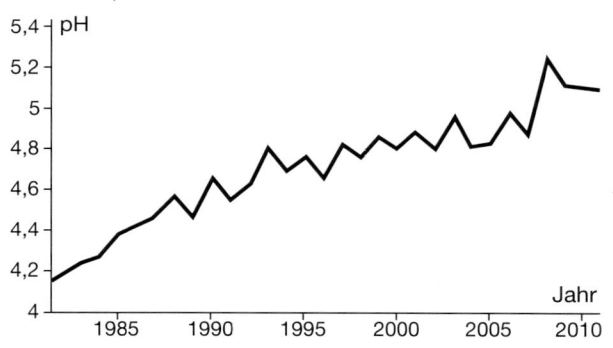

A153.5

a) reine Schwefelsäure, Oxalsäure oder Citronensäure als Feststoffe

b) Der Begriff Salzsäure wird für eine Lösung von Chlorwasserstoff in Wasser verwendet. Es liegt also ein Gemisch vor. Der eigentliche Reinstoff ist Chlorwasserstoff, der in der Literatur manchmal auch als Salzsäuregas bezeichnet wird.

A153.6

a) Kraftreiniger gegen Kalk und Schmutz enthalten Säuren wie Oxalsäure, Ameisensäure, Phosphorsäure, Citronensäure.

b) Marmor, Kupfer, Aluminium reagieren mit den Oxonium-Ionen der sauren Lösungen. Die dabei entstehenden Produkte zerfallen oder gehen ebenfalls in Lösung:
$CaCO_3(s) + 2 H_3O^+(aq) \longrightarrow 3 H_2O(l) + CO_2(g) + Ca^{2+}(aq)$
$Cu(s) + 2 H_3O^+(aq) \longrightarrow Cu^{2+}(aq) + H_2(g) + 2 H_2O(l)$
$2 Al(s) + 6 H_3O^+(aq) \longrightarrow 2 Al^{3+}(aq) + 3 H_2(g) + 6 H_2O(l)$

A155.1

HCl/Cl^-; H_3O^+/H_2O; H_2O/OH^-; HCO_3^-/CO_3^{2-}; NH_4^+/NH_3

A155.2

Brönsted-Säure: NH_4^+, HNO_3, H_2SO_4
Brönsted-Base: OH^-, SO_4^{2-}, Cl^-
Ampholyt: H_2O, HSO_4^-, HCO_3^-

A155.3

a)

Salz	Ionen in Lösung	Für Reaktion verantwortliches Teilchen	Zugehörige Säure bzw. Base
$KHSO_4$	K^+, HSO_4^-	HSO_4^- reagiert als Säure	SO_4^{2-}
NaH_2PO_4	Na^+, $H_2PO_4^-$	$H_2PO_4^-$ reagiert als Säure	HPO_4^{2-}
Na_2SO_3	Na^+, SO_3^{2-}	SO_3^{2-} reagiert als Base	HSO_3^-
Na_3PO_4	Na^+, PO_4^{3-}	PO_4^{3-} reagiert als Base	HPO_4^{2-}
$NaHCO_3$	Na^+, HCO_3^-	HCO_3^- reagiert als Base	$H_2O + CO_2$

b)

[Strukturformeln: HSO_4^- und $H_2PO_4^-$]

Brönsted-Säuren haben mindestens ein acides Wasserstoff-Atom, das als Proton abgespalten werden kann.

[Strukturformeln: SO_3^{2-}, PO_4^{3-}, HCO_3^-]

Brönsted-Basen verfügen über mindestens ein freies Elektronenpaar, an das ein Proton über eine Elektronenpaarbindung gebunden werden kann.

c) Weder Kalium- noch Bromid-Ionen verfügen über ein acides Wasserstoff-Atom. Beide Teilchen können daher nicht als Säure reagieren. Das Kalium-Ion besitzt keine freien Elektronenpaare, somit reagiert dieses auch nicht als Base. Bromid-Ionen besitzen zwar vier freie Elektronenpaare, allerdings ist die zugehörige Säure HBr viel stärker und würde sofort wieder protolysieren.

A155.4

a) Bullrich-Salz® enthält Natriumhydrogencarbonat ($NaHCO_3$).

b) Die Hydrogencarbonat-Ionen reagieren als Brönsted-Base und nehmen jeweils ein Proton der Oxonium-Ionen auf, die als Protonendonatoren reagieren.

c) $Na^+(aq) + HCO_3^-(aq) + H_3O^+(aq) + Cl^-(aq) \rightleftharpoons$
$Na^+(aq) + 2 H_2O(l) + CO_2(g) + Cl^-(aq)$
Säure-Base-Paar 1: $H_2O + CO_2/HCO_3^-$
Säure-Base-Paar 2: H_3O^+/H_2O

A155.5

a) $HCl(g) + NH_3(g) \rightleftharpoons NH_4Cl(s)$

b) Säure-Base-Paar 1: HCl/Cl^-
Säure-Base-Paar 2: NH_4^+/NH_3

c) Das Chlorwasserstoff-Molekül fungiert als Protonendonator (Brönsted-Säure). Das Proton wird auf ein Ammoniak-Molekül übertragen, welches als Protonenakzeptor (Brönsted-Base) reagiert. Nach der Definition von Arrhenius sind Basen hingegen Teilchen, die Hydroxid-Ionen abspalten. Dies ist beim Ammoniak-Molekül nicht der Fall.

A155.6

a) $2 CH_3COOH(aq) + CaCO_3 \rightleftharpoons$
$Ca(CH_3COO)_2(aq) + CO_2(g) + H_2O(l)$

b) Das Essigsäure-Molekül reagiert als Brönsted-Säure und gibt ein Proton an ein Carbonat-Ion ab, welches als Brönsted-Base reagiert.

A155.7

Natriumhydroxid ist nach der Definition von Arrhenius eine Base, da es in wässriger Lösung zu Hydroxid-Ionen und Natrium-Ionen dissoziiert:
$NaOH(s) \longrightarrow Na^+(aq) + OH^-(aq)$

Natriumhydroxid ist hingegen nach Brönsted keine Base. Nach Brönsted sind die Hydroxid-Ionen der Lösung die Teilchen, die für die basische Reaktion verantwortlich sind, da diese als Protonenakzeptoren reagieren.

A157.1

siehe Schülerband Seite 156

A157.2

a) $2 NH_3 \rightleftharpoons NH_4^+ + NH_2^-$

[Strukturformel-Gleichung der Autoprotolyse von Ammoniak]

$CH_3COOH + HOOCCH_3 \rightleftharpoons CH_3COO^- + (OH)_2C^+CH_3$

[Strukturformel-Gleichung der Autoprotolyse von Essigsäure]

b) Teilchen müssen Ampholyte sein, das heißt sie können sowohl als Brönsted-Säure als auch als Brönsted-Base reagieren. Als Voraussetzung dafür müssen sie über ein acides Wasserstoff-Atom sowie mindestens ein freies Elektronenpaar verfügen.

A157.3

Beispiele sind Schwimmbad, Kosmetika, Boden (Pflanzenwachstum), Säureschutzmantel der Haut, Blut(puffer).

A157.4

individuelle Lösung

A157.5

a) pH = 5,5 $\Rightarrow c(H_3O^+) = 10^{-5,5} \approx 3,16 \cdot 10^{-6}$ mol · l^{-1}
pH = 8,5 $\Rightarrow c(H_3O^+) = 10^{-8,5} \approx 3,16 \cdot 10^{-9}$ mol · l^{-1}

b) Ist der pH-Wert zu niedrig, kann man diesen durch Zugabe einer Base anheben (pH-Heber). Einem zu hohen pH-Wert kann man durch Zugabe einer Säure (pH-Senker) entgegenwirken.

c) Bei 25 °C gilt aufgrund des Ionenprodukts des Wassers:
$K_W = c(H_3O^+) \cdot c(OH^-) = 10^{-7}$ mol · l^{-1} · 10^{-7} mol · l^{-1}
Durch Anwenden des negativen Zehnerlogarithmus erhält man: pH + pOH = 7 + 7 = 14

d) pH = 5,5 $\Rightarrow$ pOH = 14 − 5,5 = 8,5
$c(OH^-) = 10^{-8,5} \approx 3,16 \cdot 10^{-9}$ mol · l^{-1}
pH = 8,5 $\Rightarrow$ pOH = 14 − 8,5 = 5,5
$c(OH^-) = 10^{-5,5} \approx 3,16 \cdot 10^{-6}$ mol · l^{-1}

A157.6

$n(NaOH) = \dfrac{m(NaOH)}{M(NaOH)} = \dfrac{2,5 \text{ g}}{40 \text{ g} \cdot \text{mol}^{-1}} = 0,0625$ mol

$c(NaOH) = \dfrac{n(NaOH)}{V(NaOH)} = \dfrac{0,0625 \text{ mol}}{0,1 \text{ l}} = 0,625$ mol · l^{-1}

$c(OH^-) = 0,625$ mol · l^{-1} $\Rightarrow$ pOH = −lg 0,625 ≈ 0,2
$\Rightarrow$ pH = 14 − 0,2 = 13,8

Verdünnung auf 1 Liter:
$c(OH^-) = 0,0625$ mol · l^{-1} $\Rightarrow$ pOH = −lg 0,0625 ≈ 1,2
$\Rightarrow$ pH = 14 − 1,2 = 12,8

Bei Verdünnung der Natronlauge auf ein Zehntel der ursprünglichen Konzentration erniedrigt sich der pH-Wert um 1.

A159.1

a) Salpetersäure ist eine starke Säure und liegt vollständig protolysiert vor.

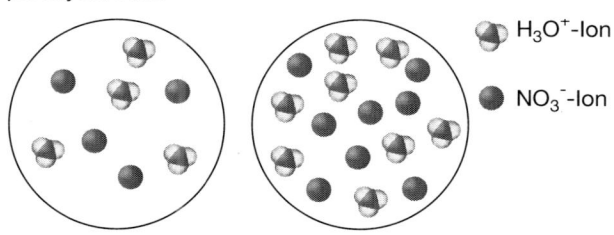

b) Ameisensäure ist eine schwächere Säure und protolysiert in geringerem Maße.

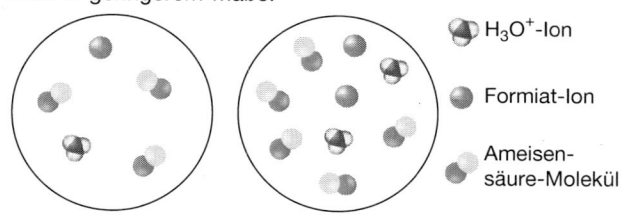

c)

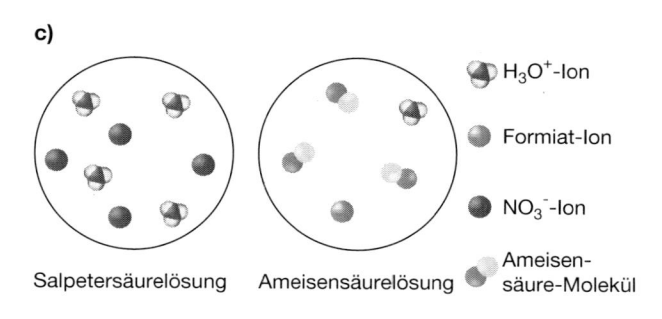

A159.2

a) CO_3^{2-}(aq) + H_2O(l) $\rightleftharpoons$ HCO_3^-(aq) + OH^-(aq)

b) $K_B = \dfrac{c(HCO_3^-) \cdot c(OH^-)}{c(CO_3^{2-})}$

$= \dfrac{0,00316 \text{ mol} \cdot \text{l}^{-1} \cdot 0,00316 \text{ mol} \cdot \text{l}^{-1}}{0,99684 \text{ mol} \cdot \text{l}^{-1}}$

$K_B \approx 1,0 \cdot 10^{-5}$ mol · l^{-1} $\Rightarrow$ pK_B = −lg 1,0 · 10^{-5} = 5

c) Das Säure-Base-Paar HCO_3^-/ CO_3^{2-} ist zwischen dem Säure-Base-Paar $H_2PO_4^-$/HPO_4^{2-} und NH_4^+/NH_3 einzuordnen.

A159.3

Natriumhydrogencarbonat: In wässriger Lösung liegen HCO_3^--Ionen vor. p$K_S(HCO_3^-)$ = 10; p$K_B(HCO_3^-)$ = 7,8: Hydrogencarbonat-Ionen reagieren als Base (pK_B < pK_S).
Dinatriumhydrogenphosphat: In wässriger Lösung liegen HPO_4^{2-}-Ionen vor. p$K_S(HPO_4^{2-})$ = 11,7; p$K_B(HPO_4^{2-})$ = 7,1: Hydrogenphosphat-Ionen reagieren als Base (pK_B < pK_S).

A159.4

Eine Natriumsulfidlösung reagiert alkalisch. In wässriger Lösung liegen Natrium-Ionen und Sulfid-Ionen vor. Die Natrium-Ionen können weder als Säure noch als Base reagieren. Die Sulfid-Ionen reagieren als Base (p$K_B(S^{2-})$ = 0,2). Die Lösung reagiert daher alkalisch:
S^{2-}(aq) + H_2O(l) $\rightleftharpoons$ HS^-(aq) + OH^-(aq)

A159.5

In einer wässrigen Lösung von Natriumdiydrogenphosphat liegen Dihydrogenphosphat-Ionen vor (p$K_S(H_2PO_4^-)$ = 6,9). In einer wässrigen Lösung von Dinatriumhydrogenphosphat liegen Hydrogenphosphat-Ionen vor (p$K_S(HPO_4^{2-})$ = 11,7). Da p$K_S(H_2PO_4^-)$ < p$K_S(HPO_4^{2-})$ sind die Dihydrogenphosphat-Ionen eine stärkere Säure als die Hydrogenphosphat-Ionen. Eine wässrige Lösung von Natriumdihydrogenphosphat reagiert demnach stärker sauer.

A159.6

Prinzipiell eignen sich beide Säuren zur Auflösung von Kalk unter Bildung von löslichen Produkten:
2 CH$_3$COOH(aq) + CaCO$_3$(aq) ⟶
　　　　　Ca(CH$_3$COO)$_2$(aq) + CO$_2$(g) + H$_2$O(l)
2 HCl(aq) + CaCO$_3$(aq) ⟶ CaCl$_2$(aq) + CO$_2$(g) + H$_2$O(l)

Salzsäure ist eine stärkere Säure als Essigsäure und entfernt den Kalk schneller. Allerdings könnte sie gegebenenfalls auch die Kacheln angreifen und hat je nach Konzentration ein höheres Gefahrenpotenzial für die Reinigungskraft.

A161.1

Ameisensäure: schwache Säure, teilweise protolysiert
$c_0 = 0{,}01$ mol · l^{-1}; $K_S = 2{,}23 \cdot 10^{-4}$
⇒ pH = ½(−lgK_S − lgc_0(HCOOH)) = ½(3,65 + 2) = 2,8

Bromwasserstoffsäure: starke Säure, vollständig protolysiert
c_0(HBr) = c(H$_3$O$^+$) = 0,02 mol · l^{-1}
⇒ pH = −lg 0,02 = 1,7

Natriumacetat: c_0 = 0,1 mol · l^{-1}
Na$^+$: keine Protolyse
pK_B(CH$_3$COO$^-$) = 9,35; schwache Base
⇒ pH = 14 − ½(lgK_B − lgc_0(CH$_3$COO$^-$))
　　= 14 − ½(9,35 + 1) = 8,8

Kaliumfluorid: c_0 = 0,25 mol · l^{-1}
K$^+$: keine Protolyse
pK_B(F$^-$) = 11,8; schwache Base
⇒ pH = 14 − ½(lgK_B − lgc_0(F$^-$))
　　= 14 − ½(11,8 + 0,6) = 7,8

Natriumhydrogensulfat: c_0 = 0,5 mol · l^{-1}
Na$^+$: keine Protolyse
pK_S(HSO$_4^-$) = 1,6; starke Säure
c(H$_3$O$^+$) = c_0(NaHSO$_4$) = 0,5 mol · l^{-1}
⇒ pH = −lg 0,5 = 0,3

A161.2

a) Es gilt: $n = \dfrac{n}{M}$ und $c = \dfrac{n}{V}$

Berechnung der Stoffmenge an NaOH:
$$n(\text{NaOH}) = \frac{m(\text{NaOH})}{M(\text{NaOH})} = \frac{15\text{ g}}{39{,}997\text{ g}\cdot\text{mol}^{-1}} = 0{,}38\text{ mol}$$

Berechnung der Konzentration der Natronlauge:
$$c(\text{NaOH}) = \frac{0{,}38\text{ mol}}{2\text{ l}} = 0{,}19\text{ mol}\cdot\text{l}^{-1}$$

Berechnung des pH-Wertes:
pH = 14 − lg 0,19 = 13,28 > 8

Das Abwasser hat einen pH-Wert deutlich über 8 und dürfte so nicht in die Kläranlage eingeleitet werden, sondern müsste neutralisiert oder verdünnt werden.

b) Um den pH-Wert um eine Einheit zu senken, muss die Natronlauge auf ein Zehntel der ursprünglichen Konzentration verdünnt werden. Demnach liegt bei einer Erniedrigung um 3 pH-Werteinheiten eine Verdünnung von 1 : 1000 vor. Pro Liter Natronlauge benötigt man zur Verdünnung 999 l Wasser. Für 2 Liter Natronlauge mit einem pH-Wert von 11 benötigt man also 1998 l Wasser, um den pH-Wert auf 8 zu senken.

c) Individuelle Lösung.
Hinweis: Folgende Aspekte sollte das Poster jedoch beinhalten:
1. Reinigungsstufe (mechanische Abwasseraufbereitung): Auf mechanischem Wege (Gitter, Siebe, Rechen, Sandfang) werden etwa 30% der Schmutzstoffe entfernt.
2. Reinigungsstufe (biologische Reinigung): Organische Stoffe werden in verschiedenen Becken durch Destruenten (Bakterien und Algen) abgebaut. Dabei entsteht Schlamm. Das Abwasser ist dann von etwa 90% der Schmutzstoffe gereinigt. Aus dem Schlamm wird im Faulbehälter Biogas gewonnen.
3. Reinigungsstufe (chemische Reinigung): Durch Zugabe chemischer Stoffe, die mit Schmutzstoffen reagieren, werden im Rührkessel zahlreiche Schadstoffe gebunden. Im Nachklärbecken setzen sich die unlöslichen Reaktionsprodukte als Schlamm ab und werden gegebenenfalls auf der Sonderdeponie gelagert. Verunreinigungen durch Säuren oder Basen werden neutralisiert.

A161.3

a) NH$_4$CH$_3$COO(s) $\xrightarrow{\text{Wasser}}$ NH$_4^+$(aq) + CH$_3$COO$^-$(aq)

Ammonium-Ionen sind schwache Säuren (pK_S = 9,3) und Acetat-Ionen sind schwache Basen (pK_B = 9,36). Da die Säurestärke und die Basenstärke annähernd gleich sind, bildet sich eine neutrale Lösung.

b) (NH$_4$)$_2$CO$_3$(s) $\xrightarrow{\text{Wasser}}$ 2 NH$_4^+$(aq) + CO$_3^{2-}$(aq)

Ammonium-Ionen sind schwache Säuren (pK_S = 9,3), Carbonat-Ionen sind relativ starke Basen (pK_B = 3,7). Da die Basenstärke überwiegt, entsteht bei der Reaktion mit Wasser-Molekülen ein Überschuss an OH$^-$-Ionen und somit eine alkalische Lösung.

A161.4

Die pH-Wertberechnung mithilfe der Formel pH = −lgc_0(HCl) liefert für verdünnte Lösungen mit den Messwerten übereinstimmende Ergebnisse. Bei sehr hohen oder sehr niedrigen Konzentrationen ergeben sich jedoch deutliche Abweichungen. Bei einer Konzentration von 10 mol · l^{-1} sind die Wasser-Moleküle weitgehend in den Hydrathüllen der Ionen gebunden sind (pH > −1).
Auch bei einer Konzentration von c_0(HCl) = 10^{-8} mol · l^{-1} erhält man ein falsches Ergebnis: Die Autoprotolyse des Wassers liefert mit 10^{-7} mol · l^{-1} bereits eine höhere Konzentration an Oxonium-Ionen als die Protolyse des Chlorwasserstoffs.
Hinweis: Für die Konzentration ergibt sich:
c(H$_3$O$^+$) = 10^{-7} mol · l^{-1} + 10^{-8} mol · l^{-1}
　　　　= 1,1 · 10^{-7} mol · l^{-1} ⇒ pH = 6,96

A161.5

Magensaft enthält Salzsäure, eine starke Säure.
c(HCl) = c(H$_3$O$^+$) = 10$^{-\text{pH}}$ mol · l^{-1} = 10$^{-1,5}$ mol · l^{-1}
　　　　= 0,03 mol · l^{-1}

A161.6

Ameisensäure hat einen pK_S-Wert von 3,77 und ist damit eine schwache Säure:
pH = ½(pK_S − lgc_0(HCOOH))
1,3 = ½(3,77 − lgc_0(HCOOH))
2,6 = 3,77 − lgc_0(HCOOH)
1,17 = lgc_0(HCOOH)
$\Rightarrow c_0$(HCOOH) = $10^{1,17}$ mol · l^{-1} = 14,79 mol · l^{-1}

A161.7

a) gegeben: V = 350 ml = 0,35 l
pK_S = 3,9
$m(C_2H_5OCOOH)$ = 5 g
$M(C_2H_5OCOOH)$ = 90 g · mol^{-1}
Mit einem pK_S von 3,9 handelt es sich bei Milchsäure um eine schwache Säure. Es gilt die Näherungsformel:
pH = 1/2 (pK_S − lgc_0(HA))
Es gilt: $c = \frac{n}{V}$ und $M = \frac{m}{n}$
$\Rightarrow c_0 = \frac{m}{M \cdot V} = \frac{5 \text{ g}}{90 \text{ g} \cdot \text{mol}^{-1} \cdot 0,35 \text{ l}} = 0,159$ mol · l^{-1}
$\Rightarrow$ pH = 1/2 (3,9 − lg 0,159) = 2,35

b) Die Reinigungslotion ist nach Zugabe der Milchsäure für empfindliche Haut nicht geeignet, da der pH-Wert deutlich unter dem pH-Wert der Haut (pH ≈ 5,5) liegt.

A161.8

Allgemeines Protolyseschema:
B(aq) + H$_2$O(l) ⇌ HB$^+$(aq) + OH$^-$(aq)
Da das Ausmaß der Protolyse bei schwachen Basen generell gering ist, kann man vereinfacht davon ausgehen, dass bei Einstellung des Gleichgewichts die Base noch annähernd in ihrer Ausgangskonzentration vorliegt:
$c(B) \approx c_0(B)$
Zudem kann man dem Protolyseschema entnehmen, dass pro Base-Molekül genauso viele HB$^+$-Ionen wie OH$^-$-Ionen gebildet werden, also $c(OH^-) = c(HB^+)$. Der Term der Basenkonstante lässt sich somit folgendermaßen umformulieren:
$$K_B = \frac{c(HB^+) \cdot c(OH^-)}{c(B)} = \frac{c^2(OH^-)}{c(B)}$$

Durch Auflösen der Gleichung nach der Hydroxid-Ionen-Konzentration und Anwenden der Definition des pOH-Wertes kommt man schließlich zu einer Formel, mit der sich der pOH-Wert berechnen lässt:
$c(OH^-) = \sqrt{K_B \cdot c_0(B)}$
pOH = ½(pK_B − lg $\frac{c_0(B)}{\text{mol} \cdot \text{l}^{-1}}$)

Da außerdem gilt: pH + pOH = 14 $\Rightarrow$ pH = 14 − pOH, erhält man durch Einsetzen der obigen Gleichung in diese Gleichung die angegebene Näherungsformel zur pH-Wert-Berechnung einer schwachen Base.

A162.1

HIn(aq) + H$_2$O(l) ⇌ H$_3$O$^+$(aq) + In$^-$(aq)
Indikatorsäure   Indikatorbase

Durch Zugabe von Oxonium-Ionen wird das Gleichgewicht auf die Seite der Indikatorsäure verschoben, die Farbe ändert sich also in Richtung der Farbe der Indikatorsäure. Durch Zugabe von Hydroxid-Ionen verschiebt sich das Gleichgewicht entsprechend auf die Seite der Indikatorbase.

A162.2

Indikator	Umschlagsbereich
Thymolblau	1,2 bis 1,8 und 8,2 bis 9,5
Methylrot	4,4 bis 4,8
Bromthymolblau	5,8 bis 7,6
Phenolphthalein	7,5 bis 8,5
Thymolphthalein	8,4 bis 9,0

A162.3

Bromthymolblau: blau
Thymolblau: blau

A162.4

Versetzt man einen Teil der Lösung mit Thymolblau, wird sich die Lösung gelb färben. Somit hat man einen pH-Wert zwischen 2,8 und 8,0. Verwendet man für einen anderen Teil der Lösung Methylrot, färbt diese sich rot, was auf einen pH-Wert kleiner als 4,4 hinweist. Somit liegt der pH-Wert der Lösung auf jeden Fall zwischen 2,8 und 4,4.

A162.5

Ein Universalindikator ist eine Mischung aus verschiedenen Indikatoren, sodass möglichst viele pH-Werte bestimmt werden können. Ein möglicher Universalindikator könnte beispielsweise aus einer Mischung aus Thymolblau, Bromthymolblau und Phenolphthalein bestehen. Farbskala:

0	orange
1	orange
2	gelb
3	gelb
4	gelb
5	gelb-hellgrün
6	gelb-grün
7	grün
8	grün-blau-pink
9	violett (blau-pink)
10	dunkelviolett
11	dunkelviolett
12	dunkelviolett
13	dunkelviolett
14	dunkelviolett

A162.6

Thymolblau:

rot	gelb	blau
pH < 1,6	1,8 < pH < 8,2	pH > 9,2

Methylrot:

rot	gelb
pH < 4,8	pH > 4,8

Bromthymolblau:

gelb	blau
2 < pH < 5,8	pH > 7,6

Phenolphthalein:

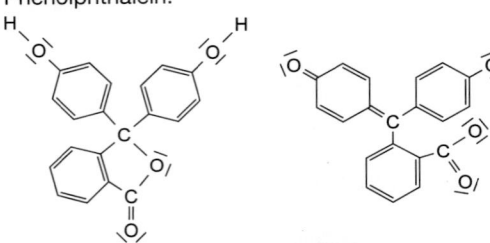

farblos	rotviolett
pH < 7,5	pH > 8,5

Thymolphthalein:

farblos	rotviolett
pH < 7,5	pH > 8,5

Verantwortlich für die Farbigkeit der Indikatoren ist das delokalisierte Elektronensystem ihrer Moleküle. Ändert sich die Ausdehnung des delokalisierten Elektronensystems, ändert sich auch die Farbe des Indikators.

V163.1

a) pH-Werte:

c_0 in mol·l^{-1}	HCl	NaOH	CH$_3$COOH	NH$_3$
0,1	1	13	2,8	11,2
0,01	2	12	3,3	10,7

b) Chlorwasserstoff protolysiert in verdünnter Lösung vollständig:
$$HCl(aq) + H_2O(l) \longrightarrow H_3O^+(aq) + Cl^-(aq)$$
Daher lässt sich der pH-Wert direkt aus der Ausgangskonzentration c_0 berechnen:
$$pH = -\lg c_0(HCl) = -\lg 0{,}1 = 1$$

Essigsäure ist eine schwache Säure ($pK_S = 4{,}65$):
$$CH_3COOH(aq) + H_2O(l) \rightleftharpoons H_3O^+(aq) + CH_3COO^-(aq)$$
Der pH-Wert lässt sich mithilfe der Näherungsformel berechnen:
$$pH = \tfrac{1}{2}(pK_S - \lg c_0(HA)) = \tfrac{1}{2}(4{,}65 - \lg 0{,}1) = 2{,}8$$

Natriumhydroxid bildet Hydroxid-Ionen, diese sind sehr starke Basen:
$$NaOH(aq) \xrightarrow{Wasser} Na^+(aq) + OH^-(aq)$$
Der pH-Wert lässt sich über den pOH-Wert berechnen:
$$pH = 14 - pOH = 14 + \lg c(NaOH) = 14 + \lg 0{,}1 = 13$$

Ammoniak ist eine schwache Base ($pK_B = 4{,}7$):
$$NH_3(aq) + H_2O(l) \rightleftharpoons NH_4^+(aq) + OH^-(aq)$$
Der pH-Wert lässt sich mithilfe der Näherungsformel berechnen:
$$pH = 14 - \tfrac{1}{2}(pK_B - \lg c(B)) = 14 - \tfrac{1}{2}(4{,}7 - \lg 0{,}1) = 11{,}2$$

c) Im Falle der Salzsäure und der Natronlauge finden beim Verdünnen keine Reaktionen statt. Die pH-Werte ändern sich daher beim Verdünnen um den Faktor 10 jeweils um 1. Bei der Essigsäure und beim Ammoniak verschieben sich die Protolysegleichgewichte beim Verdünnen auf die Seite der Produkte. Deshalb sind die Änderungen der pH-Werte geringer.

V163.2

pH-Wert	Methylorange	Methylrot	Lackmus
4,6	gelborange	rot	rot
5	gelborange	orange	violett
6	gelborange	orange	violett
7	gelborange	gelb	violett
8	gelborange	gelb	blau
9	gelborange	gelb	blau
10	gelborange	gelb	blau
10,6	gelborange	gelb	blau

pH-Wert	Bromthymolblau	Thymolphthalein	Universalindikator
4,6	gelb	farblos	gelb
5	gelb	farblos	gelb
6	grün	farblos	gelbgrün
7	grün	farblos	grün
8	blau	farblos	blaugrün
9	blau	farblos	blaugrün
10	blau	hellblau	blau
10,6	blau	blau	blau

V163.3

a)

Salz	NH_4Cl	$NaCH_3COO$	$NaHCO_3$
pH-Wert	5,2	8,8	9,6

Hinweis: Die hier als Beispiele angegebenen Werte entsprechen den über die Näherungsformel erhaltenen Ergebnissen. In der Praxis können je nach Produktqualität erhebliche Abweichungen auftreten. Aufschlussreich sind in dieser Hinsicht Angaben von Herstellern:

Verbindung	pH-Wert
NH_4Cl (reinst)	4,6 bis 6,0
NH_4Cl (p. A.)	4,5 bis 5,5
$NaCH_3COO \cdot 3\, H_2O$ (reinst)	7,5 bis 9,0
$NaCH_3COO \cdot 3\, H_2O$ (p. A.)	7,5 bis 9,0
$NaHCO_3$ (reinst)	≤ 8,6
$NaHCO_3$ (p. A.)	max. 8,6

Die bemerkenswert große Diskrepanz zwischen dem berechneten Wert und den tatsächlichen Werten im Falle von Natriumhydrogencarbonat hat vor allem folgende Ursache: Die Anwendung der Näherungsformel auf Ampholyte ergibt generell weniger genaue Ergebnisse, da die gegenläufige Reaktion nicht berücksichtigt wird. Als zuverlässiger wird vielfach eine von der Konzentration unabhängige Formel mit den beiden aufeinanderfolgenden pK_S-Werten angegeben:

$pH = \frac{1}{2}(pK_S(CO_2 + H_2O) + pK_S(HCO_3^-))$
$= \frac{1}{2}(6,2 + 10,0) = 8,1$

b) Ammonium-Ionen reagieren als schwache Säuren:
$NH_4^+(aq) + H_2O(l) \rightleftharpoons NH_3(g) + H_3O^+(aq)$
Acetat-Ionen reagieren als schwache Basen:
$CH_3COO^-(aq) + H_2O(l) \rightleftharpoons OH^-(aq) + CH_3COOH(aq)$
Hydrogencarbonat-Ionen sind Ampholyte. Die Basenstärke ist größer als die Säurestärke, deshalb reagiert die Lösung alkalisch:
$HCO_3^-(aq) + H_2O(l) \rightleftharpoons OH^-(aq) + CO_2(g) + H_2O(l)$

c) Ammonium-Ionen:
$K_S = \dfrac{c^2(H_3O^+)}{c_0(NH_4^+)} = \dfrac{10^{-5,2 \cdot 2}}{10^{-1}} = 10^{-9,4} \Rightarrow pK_S = 9,4$

Acetat-Ionen: $pH = 8,8 \Rightarrow pOH = 5,2$
$K_B = \dfrac{c^2(OH^-)}{c_0(Ac^-)} = \dfrac{10^{-5,2 \cdot 2}}{10^{-1}} = 10^{-9,4} \Rightarrow pK_B = 9,4 \Rightarrow pK_S = 3,6$

Hydrogencarbonat-Ionen: $pOH = 4,4$
$K_B = \dfrac{c^2(OH^-)}{c_0(HCO_3^-)} = \dfrac{10^{-4,4 \cdot 2}}{10^{-1}} = 10^{-7,8} \Rightarrow pK_B = 7,8$
$\Rightarrow pK_S = 6,2$

V87.4

a)

Säure	HCl	HSO_4^-	CH_3COOH
c_0 in mol · l^{-1}	0,1	0,1	0,1
pH-Wert	1,0	1,1	2,9
Reaktionszeit Bildung von 2 ml H_2 in s	80	115	192

b)

	HCl	HSO_4^-	CH_3COOH
pH-Wert	1,0	1,1	2,9
$c(H_3O^+)$ in mol · l^{-1}	0,1	0,08	0,00126

c) Je kleiner der pH-Wert ist, das heißt je größer die Konzentration der Oxonium-Ionen, desto schneller bildet sich das bestimmte Volumen an Wasserstoff. Dieser Zusammenhang lässt sich wie folgt erklären: Zur Entstehung von einem Wasserstoff-Molekül muss ein Magnesium-Atom mit zwei Oxonium-Ionen reagieren:
$Mg + 2\, H_3O^+ \longrightarrow Mg^{2+} + 2\, H_2O + H_2$

Je größer die Konzentration der Oxonium-Ionen, desto größer ist auch die Wahrscheinlichkeit eines Zusammenstoßens zwischen Oxonium-Ionen und Magnesium-Atomen. Ein solcher Zusammenstoß ist Voraussetzung für die Reaktion der Teilchen miteinander. Das bedeutet je größer die Wahrscheinlichkeit eines Zusammenstoßes ist, desto kürzer ist die Reaktionszeit.

d) Essigsäure ist mit einem pK_S-Wert von 4,65 eine schwache Säure. Hydrogensulfat-Ionen haben einen pK_S-Wert von 1,6 und damit eine deutlich größere Säurestärke als Essigsäure. Sie protolysieren zu etwa 40 %. Salzsäure ist eine starke Säure, die vollständig protolysiert.

A165.1

Allgemeine Neutralisationsgleichung:
$H_3O^+(aq) + OH^-(aq) \rightleftharpoons H_2O(l) + H_2O(l)$
Säure 1   Base 2   Base 1   Säure 2
Säure-Base-Paar 1: $H_3O^+(aq)/H_2O(l)$
   Oxonium-Ion/Wasser-Molekül
Säure-Base-Paar 2: $H_2O(l)/OH^-(aq)$
   Wasser-Molekül/Hydroxid-Ion

A165.2

Abflussreiniger enthält Natriumhydroxid, das mit Wasser Hydroxid-Ionen bildet. WC-Reiniger enthalten oft Säuren wie beispielsweise Citronensäure oder Salzsäure. Bei der gleichzeitigen Verwendung von Abflussreiniger und WC-Reiniger wird eine Neutralisationsreaktion stattfinden. Die beiden Putzmittel wären somit wirkungslos. Damit ist von einer zeitgleichen Anwendung abzusehen.

A165.3

a) Saure und alkalische Lösungen werden in Behälter 1 entsorgt.

b) Saure und alkalische Lösungen neutralisieren sich beim Zusammengeben gegenseitig.

c) In der Regel liegt entweder die Säure oder die Base im Überschuss vor. Dass Säure und Base in äquimolaren Mengen vorliegen und die Lösung neutral reagiert, wäre ein großer Zufall.

d) Falls die Lösung im Behälter sauer reagiert, kann durch Zugabe einer alkalischen Lösung beispielsweise Natronlauge der pH-Wert angehoben werden. Reagiert die Lösung im Behälter alkalisch, kann der pH-Wert durch Zugabe einer sauren Lösung wie Salzsäure gesenkt werden. Die Zugabe der Säure beziehungsweise Base erfolgt, bis der pH-Wert annähernd bei 7 liegt. Eine Kontrolle kann mittels Indikator oder pH-Meter erfolgen.

A165.4

Da sich jede Neutralisationsreaktion auf die Reaktion von Oxonium-Ionen mit Hydroxid-Ionen zu Wasser reduzieren lässt, entsteht auch immer die gleiche Wärmemenge von $57 \text{ kJ} \cdot \text{mol}^{-1}$.

A165.5

a) Sodbrennen kann verschiedene Ursachen haben, zum Beispiel Refluxkrankheit, Speiseröhrenentzündung, Zwerchfellbruch, Speiseröhrenkrebs, Magenleiden oder Medikamente. Überschüssige Magensäure dringt dabei vom Magen in die Speiseröhre. Magensäure enthält Salzsäure in recht hoher Konzentration (pH = 1–2). Daher verursacht sie aufgrund der Verätzung der Speiseröhre ein brennendes Gefühl. Behandelt wird Sodbrennen mittels Antazida.

b) Antazida enthalten Stoffe, die mit Wasser alkalische Lösungen bilden. Bei Einnahme neutralisieren diese dann die in der Speiseröhre vorhandene Magensäure.
Beispiel: Das Antazidum Maaloxan® enthält als Wirkungsstoffe Aluminiumoxid und Magnesiumhydroxid. Diese bilden mit Wasser alkalische Lösungen:
$Al_2O_3(s) + 3 H_2O(l) \longrightarrow 2 Al^{3+}(aq) + 6 OH^-(aq)$
$Mg(OH)_2(s) \xrightarrow{Wasser} Mg^{2+}(aq) + 2 OH^-(aq)$

Die gebildeten Hydroxid-Ionen reagieren mit den Oxonium-Ionen der Magensäure in einer Neutralisationsreaktion:
$Al^{3+}(aq) + 3 OH^-(aq) + 3 H_3O^+(aq) + 3 Cl^-(aq) \longrightarrow$
$\qquad Al^{3+}(aq) + 3 Cl^-(aq) + 6 H_2O(l)$
$Mg^{2+}(aq) + 2 OH^-(aq) + 2 H_3O^+(aq) + 2 Cl^-(aq) \longrightarrow$
$\qquad Mg^{2+}(aq) + 2 Cl^-(aq) + 4 H_2O(l)$

c) Die Nebenzellen in der Magenschleimhaut produzieren einen Schleim, der unter anderem Hydrogencarbonat-Ionen enthält. Diese neutralisieren die Magensäure an der Magenschleimhaut:
$HCO_3^-(aq) + H_3O^+(aq) \longrightarrow H_2O(l) + CO_2(g)$

Die Magenschleimhaut wird so vor Verätzungen schützt.

A165.6

a) *Stoffliche Belastung:* Bei jeder Neutralisation entsteht neben Wasser auch ein Salz, das entsorgt werden muss.
Energetische Belastung: Bei jeder Neutralisation entsteht Neutralisationswärme. Bei der Neutralisation der Abgase aus der PVC-Verbrennung entsteht somit eine große Wärmemenge, die abgeführt werden muss.

b) Die Neutralisationswärme kann als Prozess- oder Abfallwärme eingesetzt werden. Im Falle der PVC-Verbrennung wird beispielsweise die bei der Neutralisation der Abgase entstehende Neutralisationswärme wieder zurückgeführt und als Energiequelle für die PVC-Verbrennung genutzt.

A165.7

Bestimmung der Ausgangskonzentration der Essigsäure ($pK_S = 4{,}65$) anhand der Näherungsformel:
$pH = \frac{1}{2}(pK_S - \lg c_0(CH_3COOH))$
$4{,}5 = \frac{1}{2}(4{,}65 - \lg c_0(CH_3COOH))$
$\Leftrightarrow 9 = 4{,}65 - \lg c_0(CH_3COOH)$
$4{,}35 = -\lg c_0(CH_3COOH)$
$c_0(CH_3COOH) = 10^{-4{,}35} \text{ mol} \cdot \text{l}^{-1} = 0{,}000045 \text{ mol} \cdot \text{l}^{-1}$

Neutralisationsgleichung:
$NaOH(aq) + CH_3COOH(aq) \rightleftharpoons NaCH_3COO(aq) + H_2O(l)$

$\Rightarrow n(CH_3COO) : n(NaOH) = 1 : 1$

Da $n = c \cdot V$ gilt, erhält man durch Einsetzen für n:
$c(CH_3COOH) \cdot V(CH_3COOH) = c(NaOH) \cdot V(NaOH)$

$\Leftrightarrow V(NaOH) = \dfrac{c(CH_3COOH) \cdot V(CH_3COOH)}{c(NaOH)}$

Setzt man die gegebenen Werte ein, erhält man das zur Neutralisation benötigte Volumen an Natronlauge:

$V(NaOH) = \dfrac{0{,}000045 \text{ mol} \cdot \text{l}^{-1} \cdot 20 \text{ ml}}{0{,}5 \text{ mol} \cdot \text{l}^{-1}} = 0{,}0018 \text{ ml}$

Man benötigt zur Neutralisation der Essigsäurelösung demnach 0,0018 ml Natronlauge.

A165.8

Berechnung der Stoffmenge von Calciumoxid:

$n(CaO) = \dfrac{m(CaO)}{M(CaO)} = \dfrac{0{,}08 \text{ g}}{56 \text{ g} \cdot \text{mol}^{-1}} = 0{,}0014 \text{ mol}$

$\Rightarrow c(CaO) = 0{,}0014 \text{ mol} \cdot \text{l}^{-1}$

Neutralisationsgleichung:
$CaO(aq) + 2 HCl(aq) \rightleftharpoons CaCl_2(aq) + H_2O(l)$

$\Rightarrow n(HCl) = 2 \, n(CaO)$
Da $n = c \cdot V$ gilt, erhält man durch Einsetzen für n:
$c(HCl) \cdot V(HCl) = 2 \, c(CaO) \cdot V(CaO)$

$\Leftrightarrow V(HCl) = \dfrac{2 \, c(CaO) \cdot V(CaO)}{c(HCl)}$

Setzt man die gegebenen Werte ein, erhält man das zur Neutralisation benötigte Volumen an Salzsäure:

$V(HCl) = \dfrac{2 \cdot 0{,}0014 \text{ mol} \cdot \text{l}^{-1} \cdot 1000 \text{ ml}}{0{,}1 \text{ mol} \cdot \text{l}^{-1}} = 28 \text{ ml}$

Man benötigt zur Neutralisation der Calciumoxidlösung demnach 28 ml Salzsäure.

A167.1

Die Verwendung einer starken Säure beziehungsweise Base ermöglicht einen vollständigen Stoffumsatz. Somit kann der Äquivalenzpunkt genauer bestimmt werden.

A167.2

Der Umschlagsbereich des verwendeten Indikators sollte immer möglichst nah am Äquivalenzpunkt liegen, damit man ein genaues Titrationsergebnis erhält. Der Umschlagsbereich von Thymolphthalein liegt zwischen pH = 9,3 und pH = 10,5. Damit liegt er nahe dem Äquivalenzpunkt der Titration von Essigsäure mit Natronlauge (pH ≈ 9).
Der Äquivalenzpunkt der Titration von Salzsäure mit Natronlauge stimmt mit dem Neutralpunkt überein. Daher kann dieser mithilfe des Indikators Bromthymolblau erfasst werden, dessen Umschlagsbereich zwischen pH = 6,0 und pH = 7,7 liegt.

A167.3

Individuelle Lösung, zum Beispiel: Man entnimmt eine 50 ml Probe des flüssigen Abflussreinigers und versetzt diese mit einigen Tropfen Bromthymolblaulösung. Anschließend titriert man mit Salzsäure bekannter Konzentration (zum Beispiel $c = 0{,}1 \text{ mol} \cdot \text{l}^{-1}$) bis zum Farbumschlag von gelb nach blau. Das verbrauchte Volumen der Maßlösung am Äquivalenzpunkt wird notiert und dient zur weiteren Auswertung.

A167.4

Der zweite Laborant erhält ungenauere Werte, da Säure-Base-Indikatoren ebenfalls schwache Säuren beziehungsweise Basen sind. Diese können ebenfalls mit den zutitrierten Oxonium-Ionen oder Hydroxid-Ionen in einer Neutralisationsreaktion reagieren. Der Verbrauch an Maßlösung bis zum Äquivalenzpunkt wird dadurch größer. Das Ergebnis wird dahingehend verfälscht, dass der ermittelte Säure- beziehungsweise Basengehalt höher ist.

A167.5

Aufstellen der Neutralisationsgleichung:
$H_2SO_4(aq) + 2\,NaOH(aq) \longrightarrow Na_2SO_4(aq) + 2\,H_2O(l)$

Hinweis: Sowohl Schwefelsäure als auch Hydrogensulfat-Ionen sind starke Säuren. Somit findet eine vollständige Protolyse bei beiden Stufen statt.
Ermittlung des Stoffmengenverhältnisses:
$n(H_2SO_4) : n(NaOH) = 1 : 2$
$\Rightarrow 2\,n(H_2SO_4) = n(NaOH)$
Da $n = c \cdot V$ gilt, erhält man durch Einsetzen für n:
$2\,c(H_2SO_4) \cdot V(H_2SO_4) = c(NaOH) \cdot V(NaOH)$
$\Leftrightarrow c(H_2SO_4) = \dfrac{c(NaOH) \cdot V(NaOH)}{2\,V(H_2SO_4)}$

Setzt man die gegebenen Werte ein, erhält man die Konzentration der Schwefelsäure:
$c(H_2SO_4) = \dfrac{0{,}1 \text{ mol} \cdot \text{l}^{-1} \cdot 18{,}5 \text{ ml}}{2 \cdot 25 \text{ ml}} = 0{,}037 \text{ mol} \cdot \text{l}^{-1}$

Die Konzentration der Schwefelsäure beträgt $0{,}037 \text{ mol} \cdot \text{l}^{-1}$.

A167.6

gegeben: $V(NaOH) = 37$ ml
$c(NaOH) = 0{,}1 \text{ mol} \cdot \text{l}^{-1}$
$V(\text{Aceto Balsamico}) = 50$ ml
Aufstellen der Neutralisationsgleichung:
$NaOH(aq) + CH_3COOH(aq) \rightleftharpoons NaCH_3COO(aq) + H_2O(l)$
$\Rightarrow n(CH_3COOH) : n(NaOH) = 1 : 1$
Da $n = c \cdot V$ gilt, erhält man durch Einsetzen für n:
$c(CH_3COOH) \cdot V(CH_3COOH) = c(NaOH) \cdot V(NaOH)$
$\Leftrightarrow c(CH_3COOH) = \dfrac{c(NaOH) \cdot V(NaOH)}{V(CH_3COOH)}$

Setzt man die gegebenen Werte ein, erhält man die Konzentration der Essigsäure in Aceto Balsamico:
$c(CH_3COOH) = \dfrac{0{,}1 \text{ mol} \cdot \text{l}^{-1} \cdot 37 \text{ ml}}{50 \text{ ml}} = 0{,}074 \text{ mol} \cdot \text{l}^{-1}$

Die Konzentration der Essigsäure im Aceto Balsamico beträgt $0{,}074 \text{ mol} \cdot \text{l}^{-1}$.

$m(CH_3COOH) = M(CH_3COOH) \cdot n(CH_3COOH)$
$= M(CH_3COOH) \cdot c(CH_3COOH) \cdot V(CH_3COOH)$
$= 60 \text{ g} \cdot \text{mol}^{-1} \cdot 0{,}074 \text{ mol} \cdot \text{l}^{-1} \cdot 50 \text{ ml}$
$= 0{,}222 \text{ g}$

$m(\text{Aceto Balsamico}) = \varrho(\text{Aceto Balsamico}) \cdot V$
$= 1{,}0 \text{ g} \cdot \text{ml}^{-1} \cdot 50 \text{ ml} = 50 \text{ g}$

Der Massenanteil ist definiert als:
$w = \dfrac{m(CH_3COOH)}{m(\text{Aceto Balsamico})} \cdot 100\,\% = \dfrac{0{,}222 \text{ g}}{50 \text{ g}} \cdot 100\,\%$
$= 0{,}444\,\%$

A167.7

a) Die Abbildung ist insofern vereinfacht dargestellt, dass die Leitfähigkeit nicht wirklich bis zum Äquivalenzpunkt linear abnimmt und ab da linear ansteigt, sodass sich zwei in einem Punkt schneidende Geraden entstehen. Der Tiefpunkt der Kurve wird eigentlich keine Zacke sein, sondern in einer Rundung liegen. Zudem wurde der Volumenzuwachs bei der Titration vernachlässigt.

b) Im Gegensatz zur Essigsäure liegt die Salzsäure zu Beginn schon vollständig protolysiert vor. Die Anzahl der Ionen ist daher bei gleichen Bedingungen höher, wodurch sich eine höhere Anfangsleitfähigkeit ergibt als bei einer Essigsäurelösung. Bei Zugabe der Maßlösung (Natronlauge) werden die freien Oxonium-Ionen nach und nach neutralisiert. Die Anzahl der Ionen bleibt bis zum Äquivalenzpunkt dennoch gleich, da nach und nach ebenfalls Natrium-Ionen zutitriert werden. Natrium-Ionen leiten jedoch viel schlechter als Oxonium-Ionen. Daher sinkt die Leitfähigkeit im Laufe der Titration. Am Äquivalenzpunkt haben alle Oxonium-Ionen reagiert. Die Leitfähigkeit hat hier daher ihren niedrigsten Wert. Durch weitere Zugabe an Maßlösung wird die Anzahl der Ionen in der Probelösung erhöht; die Zahl der Natrium-Ionen und Hydroxid-Ionen nimmt zu. Aufgrund der immer steigenden Ionenanzahl steigt die Leitfähigkeit der Lösung wieder an.

c) gegeben: $c(NaOH) = 0{,}5 \text{ mol} \cdot \text{l}^{-1}$
$V(NaOH) = 4{,}8$ ml
$V(HCl) = 10$ ml
gesucht: $c(HCl)$

Aufstellen der Neutralisationsgleichung:
NaOH(aq) + HCl(aq) ⟶ NaCl(aq) + H$_2$O(l)
⇒ n(HCl) = n(NaOH)

Da $n = c \cdot V$ gilt, erhält man durch Einsetzen für n:
c(HCl) · V(HCl) = c(NaOH) · V(NaOH)

$\Leftrightarrow c(\text{HCl}) = \dfrac{c(\text{NaOH}) \cdot V(\text{NaOH})}{V(\text{HCl})}$

Setzt man die gegebenen Werte ein, erhält man die Konzentration der Salzsäurelösung:

$c(\text{HCl}) = \dfrac{0{,}5 \text{ mol} \cdot \text{l}^{-1} \cdot 4{,}5 \text{ ml}}{10 \text{ ml}} = 0{,}225 \text{ mol} \cdot \text{l}^{-1}$

A167.8

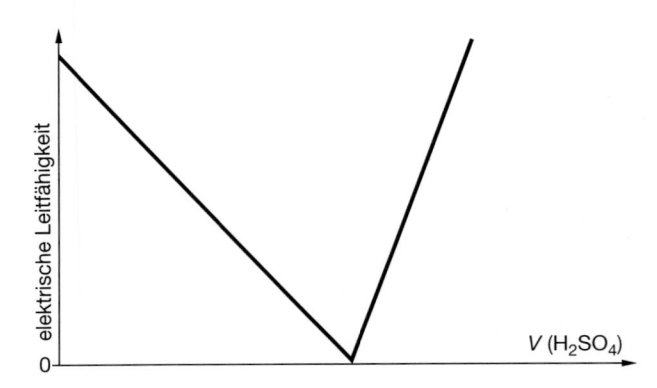

Die Leitfähigkeit nimmt bei der Titration von Bariumhydroxidlösung mit Schwefelsäure bis zum Äquivalenzpunkt ab. Da Bariumsulfat schwerlöslich ist, liegen kaum Ionen in der Lösung vor. Die Leitfähigkeit ist daher (fast) Null. Durch weitere Zugabe an Schwefelsäure steigt aufgrund der Zunahme an Oxonium-Ionen die Leitfähigkeit nach dem Äquivalenzpunkt wieder an. Der Anstieg ist steiler als im ersten Teil, da Oxonium-Ionen eine höhere Leitfähigkeit als Hydroxid-Ionen haben.

A169.1

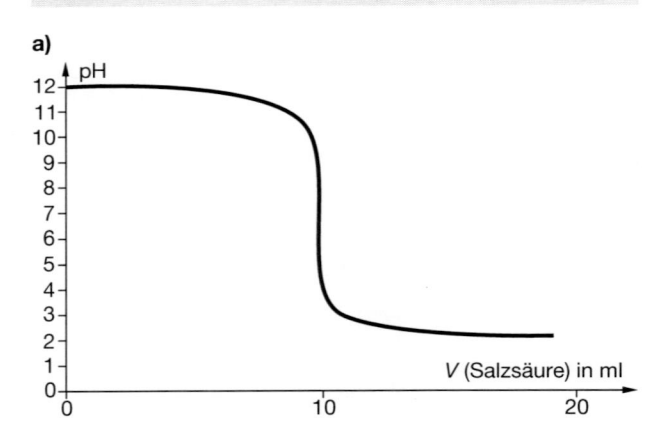

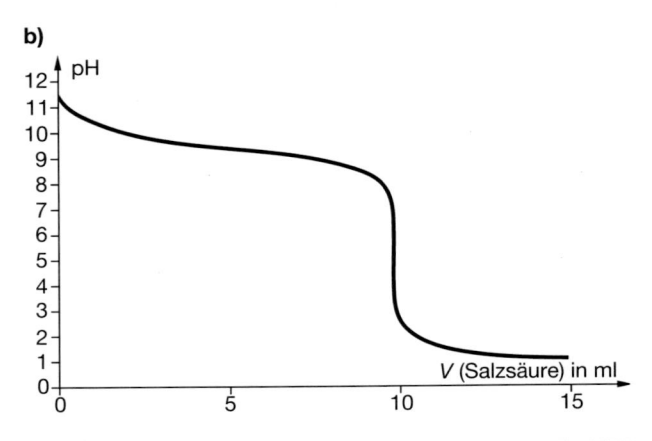

a)

A169.2

a)
I: $CO_2 + H_2O/HCO_3^- + H_3O^+$
II: $CO_2 + H_2O/HCO_3^- + H_3O^+/Na^+$
III: $NaHCO_3$-Lösung
IV: $HCO_3^-/CO_3^{2-}/Na^+ + OH^-$
V: Na_2CO_3-Lösung
VI: $CO_3^{2-}/Na^+ + OH^-$

b) *Beschreibung des Kurvenverlaufs:* Dargestellt ist der pH-Wert einer 50 ml-Probe Mineralwasser in Abhängigkeit von der Natronlaugenzugabe (Maßlösung) mit einer Konzentration von 1,0 mol · l^{-1}.
Der Graph zeigt den typischen Verlauf einer Titrationskurve einer zweiprotonigen, schwachen Säure mit einer starken Base: Der pH-Wert der Lösung beträgt zu Beginn (V(NaOH) = 0 ml) etwa 3,9, steigt bei einer Natronlaugen-Zugabe von 2 ml leicht an und bleibt dann bis zu einer Volumenzugabe von 9 ml relativ konstant bei etwa 6. Bei einer Natronlauge-Zugabe von 5,5 ml und einem pH-Wert von 6,2 gibt es einen ersten Wendepunkt (Halbäquivalenzpunkt).
Bei einer Natronlaugenzugabe von etwa 11 ml erfolgt ein pH-Sprung um etwa 2,5 Einheiten von pH 7 auf pH 9,5. Anschließend steigt der pH-Wert trotz weiterer NaOH-Zugabe wieder nur geringfügig. Bei 11 ml Zugabe und einem pH-Wert von 8,2 liegt ein zweiter Wendepunkt (Äquivalenzpunkt).
Bei einer Natronlaugenzugabe von 15 ml und einem pH-Wert von 10,3 gibt es einen zweiten Halbäquivalenzpunkt. Bei einer Natronlaugenzugabe von etwa 20 ml erfolgt ein zweiter pH-Sprung um etwa 2 Einheiten von pH 10,5 auf pH 12,5. Anschließend steigt der pH-Wert trotz weiterer NaOH-Zugabe wieder nur geringfügig. Bei einer Natronlaugenzugabe von 22 ml und einem pH-Wert von 11,9 liegt der zweite Äquivalenzpunkt.
Interpretation des Kurvenverlaufs:
Zu Beginn (V(NaOH) = 0 ml): Mineralwasser enthält Kohlensäure. Dies ist eine schwache Säure, die in wässriger Lösung nur zu geringem Maße protolysiert vorliegt. Somit liegen nur wenige Oxonium-Ionen im Mineralwasser vor. Der pH-Wert ist daher zu Beginn schon recht hoch.
(*Hinweis:* Ist die Konzentration der Säure bekannt, lässt sich der pH-Wert einer schwachen Säure (vereinfacht) folgendermaßen mithilfe der Näherungsformel berechnen: pH = ½ (pK_S – lgc_0(HA))).
Abschnitt von V(NaOH) = 2 ml bis V(NaOH) = 9 ml: Im Gegensatz zum Kurvenverlauf einer Salzsäure-Titration verläuft hier die Titrationskurve nicht linear, sondern bleibt trotz NaOH-Zugabe relativ konstant bei etwa 6.

68 Säuren und Basen – analytische Verfahren

Ursache hierfür ist die Dissoziation der Kohlensäure: Da Kohlensäure eine schwache Säure ist und somit nicht vollständig protolysiert vorliegt, reagieren die zugegebenen OH^--Ionen zunächst mit den noch nicht protolysierten Kohlensäure-Molekülen. Die H_3O^+-Ionenkonzentration und damit auch der pH-Wert ändern sich daher kaum. In diesem Abschnitt der Titrationskurve liegt somit eine Puffer-Lösung vor.

Erster Wendepunkt bei $V(NaOH) = 5{,}5$ *ml:* Da an diesem Punkt genau die Hälfte der Kohlensäure-Moleküle neutralisiert ist, also $n(CO_2 + H_2O) : n(NaOH) = 2 : 1$, nennt man diesen Punkt auch Halbäquivalenzpunkt. (*Hinweis:* Um die Hälfte der Kohlensäure-Moleküle zu neutralisieren, braucht man auch nur die Hälfte des Volumens an Natronlauge. Sind also bis zum Äquivalenzpunkt 11 ml NaOH notwendig, braucht man zum Erreichen des Halbäquivalenzpunkts nur 5,5 ml.). Am Halbäquivalenzpunkt gilt somit auch:
$c(CO_2 + H_2O) = c(HCO_3^-)$ beziehungsweise
$$\frac{n(CO_2 + H_2O)}{n(HCO_3^-)} = 1$$

Mithilfe der Henderson-Hasselbalch-Gleichung lässt sich nun erklären, warum der pH-Wert der Probelösung am Halbäquivalenzpunkt dem pK_S-Wert der Kohlensäure ($pK_S = 6{,}2$) entspricht:
$$pH = pK_S + \lg\frac{c(A^-)}{c(HA)} = 6{,}2 + \lg 1 = 6{,}2 + 0 = 6{,}2$$

pH-Sprung: Ab einem pH-Wert von etwa 7 ist die Pufferkapazität der Lösung erschöpft. Die OH^--Ionen der zutitrierten Natronlauge reagieren von nun an mit den Oxonium-Ionen. Damit verringert sich die Konzentration an H_3O^+-Ionen und der pH-Wert steigt an. Da es sich beim pH-Wert um eine Logarithmusfunktion handelt, erscheint die Änderung des pH-Wertes (wie bei HCl) hier sprunghaft. Um eine pH-Wertänderung von 7 auf 8 zu erreichen, müssen bei einer 100 ml-Probe nur $9 \cdot 10^{-9}$ mol H_3O^+-Ionen neutralisiert werden, hierfür reicht ein ganz geringes Volumen an Natronlauge aus.

Lage des ersten Äquivalenzpunkts: Der Äquivalenzpunkt fällt nicht mit dem Neutralpunkt zusammen, sondern liegt im alkalischen Bereich. Am Äquivalenzpunkt gilt: $n(CO_2 + H_2O) = n(NaOH)$, damit entspricht die Probe einer $NaHCO_3$-Lösung (Natriumhydrogencarbonatlösung). Das Kation (Na^+) kann weder als Brönsted-Säure noch als Brönsted-Base reagieren, das Anion (HCO_3^-) ist eine schwache Brönsted-Base ($pK_B = 7{,}8$). Einige Hydrogencarbonat-Ionen nehmen damit jeweils ein Proton von einem Wasser-Molekül auf, die Lösung ist aufgrund der dadurch gebildeten Hydroxid-Ionen alkalisch:
$HCO_3^-(aq) + Na^+(aq) + H_2O(l) \rightleftharpoons$
$\quad\quad CO_2(g) + H_2O(l) + OH^-(aq) + Na^+(aq)$

Abschnitt von $V(NaOH) = 13$ *ml bis* $V(NaOH) = 19$ *ml:* Auch hier ist die Ursache für den gering steigenden Kurvenverlauf in der Pufferwirkung der Hydrogencarbonat-Ionen zu sehen: Da Hydrogencarbonat-Ionen eine schwache Säure sind und somit nicht vollständig protolysiert vorliegen, reagieren die zugegebenen OH^--Ionen zunächst mit den noch nicht protolysierten Hydrogencarbonat-Ionen. Die H_3O^+-Ionenkonzentration und damit auch der pH-Wert ändern sich daher kaum.

Zweiter Halbäquivalenzpunkt bei $V(NaOH) = 16{,}5$ *ml:* An diesem Punkt ist genau die Hälfte der Hydrogencarbonat-Ionen neutralisiert, also $n(HCO_3^-) : n(NaOH) = 2 : 1$ beziehungsweise $n(HCO_3^-)/n(CO_3^{2-}) = 1$. Der pH-Wert am zweiten Halbäquivalenzpunkt entspricht mit 10,3 dem pK_S-Wert von Hydrogencarbonat (Herleitung anhand der Henderson-Hasselbalch-Gleichung-Gleichung analog zu oben).

pH-Sprung: Ab einem pH-Wert von etwa 11 ist die Pufferkapazität der Lösung abermals erschöpft. Die OH^--Ionen der zutitrierten Natronlauge reagieren von nun an mit den Oxonium-Ionen. Damit verringert sich die H_3O^+-Ionenkonzentration und der pH-Wert steigt an. Da es sich beim pH-Wert um eine Logarithmusfunktion handelt, erscheint die Änderung des pH-Werts hier sprunghaft.

Lage des zweiten Äquivalenzpunkts: Auch der zweite Äquivalenzpunkt ist in den alkalischen Bereich verschoben. Am zweiten Äquivalenzpunkt gilt: $n(HCO_3^-) = n(NaOH)$), damit entspricht die Probe einer Na_2CO_3-Lösung (Natriumcarbonatlösung). Das Kation (Na^+) kann weder als Brönsted-Säure noch als Brönsted-Base reagieren, das Anion (CO_3^{2-}; $pK_B = 3{,}7$) ist eine stärkere Brönsted-Base als Hydrogencarbonat. Einige Carbonat-Ionen (mehr als Hydrogencarbonat-Ionen) nehmen damit jeweils ein Proton von einem Wasser-Molekül auf; die Lösung ist aufgrund der dadurch gebildeten OH^--Ionen alkalisch:
$CO_3^{2-}(aq) + Na^+(aq) + H_2O(l) \rightleftharpoons$
$\quad\quad HCO_3^-(aq) + OH^-(aq) + Na^+(aq)$

Ende der Titrationskuve: Die Titrationskurve endet bei einem pH-Wert, der sich aus der Konzentration der überschüssigen Natronlauge ergibt. (Die durch die Protolyse gebildeten Hydroxid-Ionen werden hier vernachlässigt.)

c) Zur Bestimmung des Kohlensäuregehalts kann entweder das Volumen der verbrauchten Maßlösung am ersten oder am zweiten Äquivalenzpunkt herangezogen werden.

1. Äquivalenzpunkt:
Neutralisationsgleichung:
$CO_2(g) + H_2O(l) + NaOH(aq) \longrightarrow NaHCO_3(aq) + H_2O(l)$
Stoffmengenverhältnis:
$n(CO_2 + H_2O) : n(NaOH) = 1 : 1$
$\Rightarrow n(CO_2 + H_2O) = n(NaOH)$
Da $n = c \cdot V$ gilt, erhält man:
$c(CO_2 + H_2O) \cdot V(CO_2 + H_2O) = c(NaOH) \cdot V(NaOH)$
$$c(CO_2 + H_2O) = \frac{c(NaOH) \cdot V(NaOH)}{V(CO_2 + H_2O)}$$

Einsetzen der abgelesenen Werte:
$$c(CO_2 + H_2O) = \frac{1{,}0 \text{ mol} \cdot l^{-1} \cdot 11 \text{ ml}}{50 \text{ ml}} = 0{,}22 \text{ mol} \cdot l^{-1}$$

2. Äquivalenzpunkt:
Neutralisationsgleichung:
$CO_2(g) + H_2O(l) + 2\,NaOH(aq) \longrightarrow Na_2CO_3(aq) + 2\,H_2O(l)$
Stoffmengenverhältnis:
$n(CO_2 + H_2O) : n(NaOH) = 1 : 2$
$\Rightarrow 2\,n(CO_2 + H_2O) = n(NaOH)$
Da $n = c \cdot V$ gilt, erhält man:
$2 \cdot c(CO_2 + H_2O) \cdot V(CO_2 + H_2O) = c(NaOH) \cdot V(NaOH)$
$$c(CO_2 + H_2O) = \frac{c(NaOH) \cdot V(NaOH)}{2\,V(CO_2 + H_2O)}$$

Einsetzen der abgelesenen Werte:
$$c(CO_2 + H_2O) = \frac{1{,}0 \text{ mol} \cdot l^{-1} \cdot 11 \text{ ml}}{2 \cdot 50 \text{ ml}} = 0{,}22 \text{ mol} \cdot l^{-1}$$

Die Konzentration der Kohlensäure im Mineralwasser beträgt also nach beiden Methoden 0,22 mol $\cdot l^{-1}$.

Die Berechnung der Massenkonzentration erfolgt anhand der molaren Masse M und den Beziehungen $m = n \cdot M$ und $n = c \cdot V$:

$M(CO_2+H_2O) = 62\ g \cdot mol^{-1}$
$m(CO_2+70\ H_2O) = c(CO_2+H_2O) \cdot V \cdot M(CO_2+H_2O)$
$= 0{,}22\ mol \cdot l^{-1} \cdot 1\ l \cdot 62\ g \cdot mol^{-1}$
$= 13{,}64\ g$
$\beta(CO_2+H_2O) = \dfrac{m(CO_2+H_2O)}{V} = \dfrac{13{,}64\ g}{1\ l}$

Die Massenkonzentration der Kohlensäure beträgt damit $13{,}64\ g \cdot l^{-1}$.

A169.3

Sowohl Schwefelsäure als auch Hydrogensulfat ($pK_S = 1{,}6$) sind starke Säuren und liegen vollständig protolysiert vor:
$H_2SO_4(aq) + 2\ H_2O(l) \longrightarrow SO_4^{2-}(aq) + 2\ H_3O^+(aq)$

Daher gleichen sich die Titationskurven der Schwefelsäure und einer einprotonigen Säure.

V170.1

b) L-Weinsäure:

[Strukturformel L-Weinsäure]

Essigsäure:

$CH_3-C(=O)-O-H$

Citronensäure:

[Strukturformel Citronensäure]

L-Milchsäure:

[Strukturformel L-Milchsäure]

a), c) Der Säuregehalt der Lebensmittel kann sehr unterschiedlich sein. Hier einige Richtwerte:

	V in ml	V(NaOH) in ml	c(HA) in mmol·l^{-1}	pH-Wert
Weißwein	50	48	48	3,4
Essig	2	17	850	2,4
Zitronensaft	5	45	300	1,7
Frischmilch	50	8	16	6,4
saure Milch	50	42	84	2,5
Mineralwasser	100	30	30	5,7

Hinweise: Wein wird als zweiprotonige Weinsäure und Zitronensaft als dreiprotonige Citronensäure berechnet. Der pH-Wert kann entsprechend dem Gehalt von Begleitstoffen und deren Pufferwirkung wesentlich höher liegen. Bei Mineralwasser hängt der pH-Wert stark vom Hydrogencarbonatgehalt ab. Für stilles Mineralwasser liegt pH 5,7 im mittleren Bereich.

d) $CO_2(aq) + OH^-(aq) \longrightarrow HCO_3^-(aq)$

Beispiel:
V(Mineralwasser) = 100 ml; V(NaOH) = 30 ml
c(NaOH) = 0,1 mol · l^{-1}
n(NaOH) = c(NaOH) · V(NaOH) = 0,0030 mol
$n(CO_2) = n$(NaOH) = 0,0030 mol
$c(CO_2) = \dfrac{n(CO_2)}{V(\text{Mineralwasser})} = \dfrac{0{,}0030\ mol}{0{,}1\ l}$
$= 0{,}030\ mol \cdot l^{-1}$

e) individuelle Lösung

V170.2

a) Salzsäure/Essigsäure gegen NaOH:

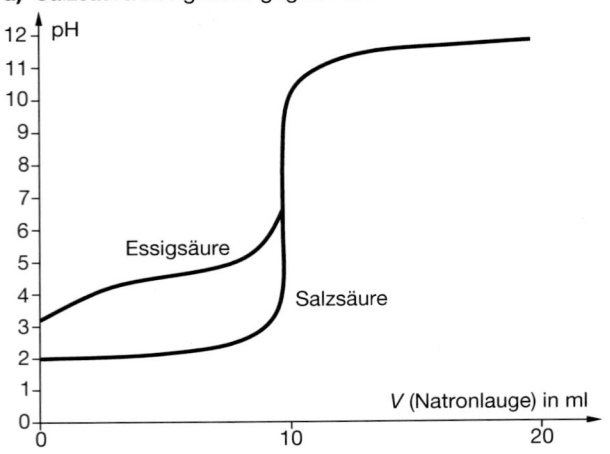

[Titrationskurve: pH gegen V(Natronlauge) in ml, Kurven für Essigsäure und Salzsäure]

NaOH gegen Salzsäure/Essigsäure:

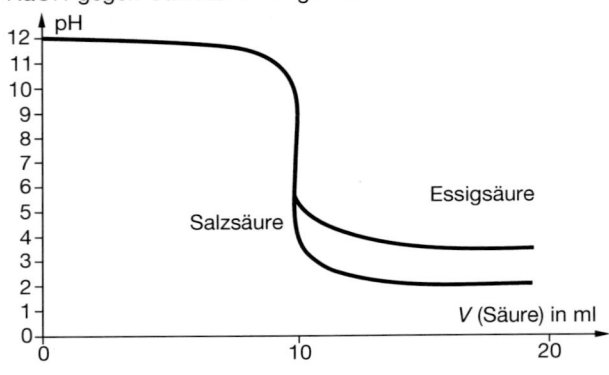

[Titrationskurve: pH gegen V(Säure) in ml, Kurven für Salzsäure und Essigsäure]

b)

Titration	Äquivalenzpunkt	Halbäquivalenzpunkt
HCl gegen NaOH	pH = 7; V(NaOH) = 10 ml	–
CH$_3$COOH gegen NaOH	pH = 8,3; V(NaOH = 10 ml	pH = 4,75; V(NaOH) = 5 ml
NaOH gegen HCl	pH = 7; V(HCl) = 10 ml	–
NaOH gegen CH$_3$COOH	pH = 8,3; V(CH$_3$COOH) = 10 ml	–

c) Die Titrationskurve von Salzsäure gegen Natronlauge beginnt bei einem pH-Wert von 2. Im Gegensatz dazu beginnt die Titrationskurve von Essigsäure gegen Natronlauge bei einem pH-Wert von 3,4.

Der pH-Wert der Salzsäuretitration steigt bis zum Erreichen des Äquivalenzpunkts nur ganz flach linear an. Der erste Wendepunkt der Kurve liegt bei einem pH-Wert von 7. Dies ist der Äquivalenzpunkt. Es erfolgt ein pH-Sprung um etwa 5 pH-Einheiten. Im Gegensatz dazu befindet sich in der Titrationskurve von Essigsäure mit Natronlauge bei pH 4,75 (nach Zugabe von 5 ml Natronlauge) ein erster Wendepunkt (Halbäquivalenzpunkt). Um diesen herum ist der pH-Wert in etwa konstant. Der zweite Wendepunkt liegt bei einem pH-Wert von 8,4. Dies ist der Äquivalenzpunkt, dort erfolgt ein pH-Sprung um etwa 3 pH-Einheiten.

Ab einem pH-Wert von etwa 11 verlaufen beide Titrationskurven gleich. Der pH-Wert zum Ende beider Titrationen liegt etwa bei 12. Somit ist die Titrationskurve der Salzsäuretitration punktsymmetrisch um den Äquivalenzpunkt, was bei der Essigsäuretitration nicht der Fall ist.

d) Die Titrationskurven der Säuren gegen Natronlauge beginnen im sauren Bereich bei unterschiedlichen pH-Werten. Die Titrationskurven von Natronlauge gegen Salzsäure beziehungsweise gegen Essigsäure beginnen beide bei pH 12. Der Äquivalenzpunkt für die Titration von Salzsäure gegen Natronlauge ist der gleiche wie für die Titration von Natronlauge gegen Salzsäure (pH = 7). Die Äquivalenzpunkte für die Titrationen von Essigsäure gegen Natronlauge und von Natronlauge gegen Essigsäure sind ebenfalls gleich, sie liegen im alkalischen Bereich (pH = 8,3). Die Titrationskurven der Säuren verlaufen *ab* und die Titrationskurven der Natronlauge verlaufen *bis* pH 11 gleich.

Die Titrationskurven der Säuren verlaufen *vor* Erreichen der Äquivalenzpunkte unterschiedlich, die der Natronlauge verlaufen *nach* dem Äquivalenzpunkt unterschiedlich.

e) Die Titrationskurve von Salzsäure gegen Natronlauge beginnt bei einem pH-Wert von 2, weil eine Salzsäurelösung mit einer Konzentration von etwa 0,01 mol · l^{-1} vorliegt. Salzsäure ist eine starke Säure, die vollständig protolysiert (pH = $-\lg c_0(\text{HCl})$). Essigsäure ist hingegen eine schwache Säure mit einem pK_S-Wert von 4,75. Daher beträgt der pH-Wert laut Näherungsformel
pH = ½($pK_S - \lg c_0(\text{HA})$) = ½(4,75 − lg 0,01) = 3,4.

Der sehr flache lineare Anstieg der Titrationskurve der Salzsäuretitration ist wie folgt zu erklären: Nach Zugabe von 9 ml Natronlauge sind 90 % der Oxonium-Ionen zu Wasser-Molekülen umgesetzt. Der pH-Wert liegt bei 3. Selbst bei einem Umsatz von 99 % wird erst pH = 4 erreicht. In der Nähe des Äquivalenzpunkts führt schließlich ein einziger Tropfen Natronlauge zu einem pH-Sprung um 5 pH-Einheiten.

Im Kurvenverlauf der Essigsäuretitration befindet sich bereits vor dem Äquivalenzpunkt ein Wendepunkt. Dies liegt daran, dass ein Puffersystem aus undissoziierten Essigsäure-Molekülen und Acetat-Ionen (Ac$^-$) vorliegt:
HAc + H$_2$O $\rightleftharpoons$ Ac$^-$ + H$_3$O$^+$

Bei Zugabe von Natronlauge reagieren die Hydroxid-Ionen mit den vorhandenen Oxonium-Ionen zu Wasser-Molekülen. Der pH-Wert steigt jedoch nicht stark an, da durch Entfernen der Oxonium-Ionen das Gleichgewicht auf die Produktseite verschoben wird, sodass gleich viele Oxonium-Ionen nachgebildet werden.

Nach Erreichen der Äquivalenzpunkte verlaufen die Titrationskurven der Säuretitrationen gleich, da der pH-Wert durch die Konzentration an Natronlauge bestimmt wird.

Aus demselben Grund beginnen beide Titrationskurven der Natronlaugetitrationen bei pH 12 und verlaufen bis zu den Äquivalenzpunkten gleich: die Natronlauge bestimmt den pH-Wert.

Die Lage der Äquivalenzpunkte hängt nicht davon ab, ob Säure gegen Lauge oder Lauge gegen Säure titriert wird. Denn in beiden Fällen liegen am Äquivalenzpunkt jeweils die gleichen Lösungen vor: Bei den Titrationen von Salzsäure gegen Natronlauge beziehungsweise Natronlauge gegen Salzsäure liegt am Äquivalenzpunkt eine Natriumchloridlösung vor, der pH-Wert beträgt 7. Bei den Titrationen von Essigsäure gegen Natronlauge beziehungsweise Natronlauge gegen Essigsäure liegt am Äquivalenzpunkt eine Natriumacetatlösung vor. Acetat-Ionen reagieren als schwache Basen (pK_B = 9,25). Der pH-Wert beträgt laut Näherungsformel:
pH = 14 − ½($pK_B - \lg(c_0(\text{B}))$) = 14 − ½(9,25 − lg 0,01) = 8,4

V171.3

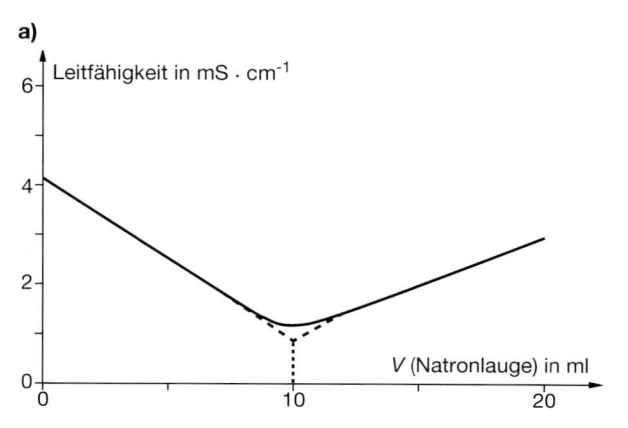

a)

Die Leitfähigkeit nimmt von Beginn der Titration bis zum Äquivalenzpunkt ab, weil Oxonium-Ionen, die einen sehr hohen Beitrag zur Leitfähigkeit der Lösung leisten, durch Natrium-Ionen ersetzt werden. Nach dem Äquivalenzpunkt steigt die Leitfähigkeit wieder, weil Natrium-Ionen und Hydroxid-Ionen dazukommen. Da Oxonium-Ionen mehr zur Leitfähigkeit einer Lösung beitragen als Natrium-Ionen und Hydroxid-Ionen zusammen, steigt die Kurve weniger stark an, als sie bis zum Äquivalenzpunkt abfällt.

b) Der Äquivalenzpunkt liegt bei 10 ml Natronlauge.

V171.4

a) Nicht abgekochte Cola enthält Kohlensäure. Dies würde zu einem verfälschten Ergebnis bei der Titration führen; der ermittelte Säuregehalt wäre höher. Durch das Abkochen verschiebt sich das Kohlensäure-Gleichgewicht auf Seite des Kohlenstoffdioxids, welches entweicht.

b) individuelle Lösung

Hinweis: Als experimentelle Durchführung eignet sich die pH-metrische Titration besser als die konduktometrische Titration. Für pH-metrische Titrationen erhält man als Beispiel die folgende Kurven.

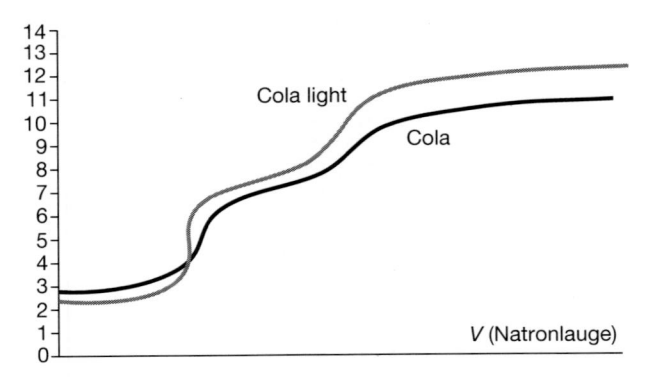

Bei der konduktumetrischen Titration gibt es aufgrund der Beimengungen anderer Ionen sehr unterschiedliche Verläufe.

c) *pH-metrische Titration:* Benannt und erklärt werden sollten: die Anzahl sowie Lage der Äquivalenzpunkte, Halbäquivalenzpunkte, pH-Sprünge, pH-Wert zu Beginn und Pufferwirkungen.

Auffälligkeiten bei der Titrationskurve einer pH-metrischen Titration: Es gibt nur 2 pH-Sprünge und damit auch nur zwei Äquivalenzpunkte, obwohl die in Cola enthaltene Phosphorsäure eine dreiprotonige Säure ist. Am ersten Äquivalenzpunkt liegt im Prinzip eine Natriumdihydrogenphosphatlösung vor. Natrium-Ionen können in dieser Lösung weder als Brönsted-Säure noch als Brönsted-Base reagieren, der pH-Wert am ersten Äquivalenzpunkt wird daher nur durch die Dihydrogenphosphat-Ionen bestimmt. Dihydrogenphosphat-Ionen sind Ampholyte. Sie reagieren aufgrund ihres pK_S-Wertes von 7,2 und des pK_B-Werte von 11,88 als schwache Säure. Der Äquivalenzpunkt ist daher im sauren Bereich. Am zweiten Äquivalenzpunkt liegt eine Dinatriumhydrogenphosphatlösung vor. Auch hier können die Natrium-Ionen in der Lösung weder als Brönsted-Säure noch als Brönsted-Base reagieren. Der pH-Wert am zweiten Äquivalenzpunkt wird daher nur durch die Hydrogenphosphat-Ionen bestimmt. Auch Hydrogenphosphat-Ionen sind Ampholyte. Aufgrund ihres pK_S-Wertes von 12,36 und des pK_B-Wertes von 6,8 reagieren sie jedoch mit Wasser bevorzugt als schwache Base. Der zweite Äquivalenzpunkt ist daher im alkalischen Bereich. Der dritte Äquivalenzpunkt müsste theoretisch bei einem pH-Wert von etwa 13 (höher als der pK_{S3}) liegen. Durch Titration mit 0,1 molarer Natronlauge wird dieser pH-Wert jedoch nicht erreicht, sodass der dritte Äquivalenzpunkt grafisch nicht erfasst wird.

Konduktometrische Titration: Benannt und erklärt werden sollten: die relativ geringe Leitfähigkeit zu Beginn der Titration (aufgrund des niedrigen Protolysegrades der Phosphorsäure), leichter Abfall der Leitfähigkeit (bedingt durch den Austausch besser leitender Oxonium-Ionen durch schlechter leitende Natrium-Ionen und Dihydrogenphosphat-Ionen), sowie die Zunahme der Leitfähigkeit nach dem Äquivalenzpunkt (durch Anstieg der Ionenanzahl durch weiter zutitrierte Natrium- und Hydroxid-Ionen).

d) individuelle Lösung
Hinweis: Die Phosphorsäurekonzentration kann anhand des Volumens der Natronlauge am Äquivalenzpunkt bestimmt werden. Dabei ist bei der pH-metrischen Titration egal, ob man den 1. oder 2. Äquivalenzpunkt wählt. Ähnliches gilt bei der konduktometrischen Titration, wenn man mehrere Knicke im Kurvenverlauf feststellt.

V171.5

individuelle Lösung

A174.B1

a) *Brönsted-Säure:* Protonendonator
Brönsted-Base: Protonenakzeptor

Protolyse: Protonenübertragungsreaktion: Ein Proton wird von einer Brönsted-Säure auf eine Brönsted-Base übertragen.

Autoprotolyse: Protonenübertragungsreaktion zwischen zwei Teilchen der gleichen Sorte. Voraussetzung: Das Teilchen ist ein Ampholyt.
Ionenprodukt: Bei 25 °C gilt für Wasser:
$K_W = c(H_3O^+) \cdot c(OH^-) = 10^{-7} \text{ mol} \cdot l^{-1} \cdot 10^{-7} \text{ mol} \cdot l^{-1}$
$= 10^{-14} \text{ mol}^2 \cdot l^{-2}$
Wird abgeleitet vom Massenwirkungsgesetz für die Autoprotolyse des Wassers:
$pK_W = -\lg K_W$

pH-Wert: Gibt an, wie stark sauer oder alkalisch eine Lösung ist. Er ist definiert als der negative Zehnerlogarithmus des Zahlenwertes der Oxonium-Ionenkonzentration einer Lösung: $pH = -\lg c(H_3O^+)$
pOH-Wert: Wird analog zum pH-Wert definiert als $pOH = -\lg c(OH^-)$. Außerdem gilt aufgrund des Ionenprodukts des Wassers bei 25 °C: $pH + pOH = 14$

Säurestärke: Gibt an, wie groß die Tendenz einer Säure zur Protonenabgabe ist. Ein Maß für die Säurestärke sind der K_S-Wert und der pK_S-Wert (abgeleitet vom Massenwirkungsgesetz).
K_S-Wert: Maß für die Säurestärke. Je größer der K_S-Wert, desto stärker ist die Säure.
pK_S-Wert: Ebenfalls Maß für die Säurestärke. Erhält man durch Anwendung des Logarithmus: $pK_S = -\lg K_S$
Je kleiner der pK_S-Wert, desto stärker die Säure.
Basenstärke: Gibt an, wie groß die Tendenz einer Base zur Protonenaufnahme ist. Ein Maß für die Basenstärke sind der K_B-Wert und der pK_B-Wert (abgeleitet vom Massenwirkungsgesetz).
K_B-Wert: Maß für die Basenstärke. Je größer der K_B-Wert, desto stärker ist die Base.
pK_B-Wert: Ebenfalls Maß für die Basenstärke. Erhält man durch Anwendung des Logarithmus: $pK_B = -\lg K_B$
Je kleiner der pK_B-Wert, desto stärker die Base.

Indikator: Besteht aus einem organischen Säure-Base-Paar, bei denen die Säure eine andere Farbe besitzt als ihre zugehörige Base. Dient zur Einteilung von sauren, neutralen und alkalischen Lösungen oder als Hilfsmittel für die einfache Titration mit Endpunktbestimmung.

Neutralisation: Exotherme Reaktion von Oxonium-Ionen und Hydroxid-Ionen zu Wasser-Molekülen.

Leitfähigkeit: Die Leitfähigkeit einer Lösung wird bestimmt durch Ionenkonzentration, Ionenart (und Temperatur).

Titration: Maßanalytisches Verfahren zur Konzentrationsbestimmung (einer Säure oder Base). Man unterscheidet bei der Bestimmung des Säure- beziehungsweise Basengehalts: einfache Titration mittels Indikator, pH-metrische Titration und Leitfähigkeitstitration.

b) siehe Seite 131

Säuren und Basen – analytische Verfahren

c) individuelle Lösung

A174.B2

In einer wässrigen Lösung von Natriumhydrogensulfat liegen Natrium-Ionen und Hydrogensulfat-Ionen vor. Da Natrium-Ionen weder als Säure noch als Base reagieren können, wird der pH-Wert maßgeblich durch die Hydrogensulfat-Ionen bestimmt. Hydrogensulfat-Ionen sind Ampholyte. Der pK_S-Wert ist jedoch mit 1,6 deutlich niedriger als der pK_B-Wert. Somit reagieren die Hydrogensulfat-Ionen als Säure und geben ein Proton ab:
$HSO_4^-(aq) + H_2O(l) \longrightarrow SO_4^{2-}(aq) + H_3O^+(aq)$

Es entstehen Oxonium-Ionen. Der pH-Wert ist daher niedrig, die Lösung ist sauer.

A174.B3

a) Essigsäure ist schwache Säure, der Äquivalenzpunkt liegt im alkalischen Bereich bei pH ≈ 9. Methylorange schlägt aber im sauren Bereich um.

b) Methylorange ist oberhalb von pH = 4,4 gelb. Aus der Titrationskurve kann man entnehmen, dass bei pH = 4,4 etwa 40 % der Essigsäure neutralisiert wurden. *Hinweis:* Neutralisierter Anteil der Essigsäure bei pH = 4,4 berechnet:

$$pH = pK_S + \lg \frac{c(CH_3COO^-)}{c_0(CH_3COOH) - c(CH_3COO^-)}$$

$$\Leftrightarrow \lg \frac{c(CH_3COO^-)}{c_0(CH_3COOH) - c(CH_3COO^-)} = pH - pK_S$$

$$= 4{,}4 - 4{,}65 = -0{,}25$$

$$\Leftrightarrow \frac{c(CH_3COO^-)}{c_0(CH_3COOH) - c(CH_3COO^-)} = 10^{-0{,}25}$$

$$\Rightarrow c(CH_3COO^-) = 0{,}36 \cdot c_0(CH_3COOH)$$

Bei pH = 4,4 sind erst 36 % der Essigsäure neutralisiert.

c) Methylorange zeigt ab pH = 4,4 durchgängig eine gelbe Farbe, also auch am Äquivalenzpunkt liegt bei pH ≈ 9.

A174.B4

a) Prinzipiell eignen sich die pH-metrische und die Leitfähigkeitstitration. Die Titration mittels Indikator ist eher ungeeignet, da Spinat schon Farbstoffe enthält. Der Farbumschlag des Indikators am Äquivalenzbereich beziehungsweise die Farbe des Indikators generell wäre nicht gut sichtbar.

b) individuelle Lösung
Beispiel: Eine genau abgewogene Menge Spinat wird klein geschnitten und in einem Becherglas mit destilliertem Wasser versetzt. Die Mischung wird aufgekocht, um die Oxalsäure aus den Zellen zu lösen. Nach dem Abkühlen wird die Mischung filtriert und der Filterrückstand mit destilliertem Wasser gewaschen.
Das Filtrat kann nun entweder konduktometrisch gegen eine Calciumchloridlösung oder pH-metrisch gegen Natronlauge bekannter Konzentration ($c = 0{,}1$ mol · l^{-1}) titriert werden.

c) Oxalat-Ionen bilden mit Calcium-Ionen schwerlösliches Calciumoxalat:
$^-OOC-COO^-(aq) + Ca^{2+}(aq) \longrightarrow CaC_2O_4(s)$

Auf diese Weise werden dem Körper für den Knochenaufbau wichtige Calcium-Ionen entzogen. Bei einer Osteoporose besteht bereits ein Mangel an Calcium-Ionen.

A175.C1

a) Folgende Begriffe sollten definiert und an einem Beispiel erklärt werden:

Begriff	Erklärung
Brönsted-Säure	Protonendonator; Teilchen, das mindestens ein acides Wasserstoff-Atom besitzt.
Brönsted-Base	Protonenakzeptor; Teilchen, das mindestens ein freies Elektronenpaar besitzt, an das ein Proton über eine Elektronenpaarbindung binden kann.
Säure-Base-Paar	Teilchen, die sich in einem Proton unterscheiden.
Ampholyt	Teilchen, das sowohl als Brönsted-Säure als auch als Brönsted-Base reagieren kann (je nach Reaktionspartner).
Protolyse	Protonenübertragungsreaktion von einer Brönsted-Säure auf eine Brönsted Base.

b) Zitronensaft enthält Citronensäure, die für die Wirkungsweise verantwortlich ist. Es findet eine Säure-Base-Reaktion statt: Das Citronensäure-Molekül besitzt drei leicht abspaltbare Wasserstoff-Atome (drei Carboxy-Gruppen). Es reagiert dabei also als Brönsted-Säure und gibt (mindestens) ein Proton ab. Die Struktur des Amin-Moleküls weist ein freies Elektronenpaar auf. Außerdem sind die pK_S-Werte der Amine sehr hoch (größer als 9). Amin-Moleküle reagieren daher als Brönsted-Basen und nehmen Protonen auf:
$CitH_3(aq) + RNH_2(g) \rightleftharpoons CitH_2^-(aq) + RNH_3^+(aq)$

Bei der Protolysereaktion entstehen ionische Ammoniumverbindungen, die im Gegensatz zu freien Aminen nicht flüchtig sind und somit nicht stinken.

c) Prinzipiell eignet sich jede Säure, die einen niedrigeren pK_S-Wert als Methylamin hat (10,64), also auch Essigsäure und Salzsäure. Essigsäure ist eine schwache Säure mit einem pK_S-Wert von 4,65, also kleiner als der von Methylamin. Aus gesundheitlicher Sicht ist der Einsatz von verdünnter Essigsäure (Speiseessig) unbedenklich. Allerdings ist Essigsäure nicht geruchsneutral. Somit würde der Fisch nicht mehr nach Fisch riechen, dafür aber nach Essig.

d) Im Vakuum verdunsten die Amine schneller und können so auch schneller vom Trockenmittel gebunden werden.

e) Das Trockenmittel sollte hier eine relativ starke Säure sein, die nicht flüchtig ist.

f) Natriumhydrogensulfat oder konzentrierte Phosphorsäure wären hier Trockenmittel der Wahl.

A175.C2

a) Natron ist der Trivialname von Natriumhydrogencarbonat. Da Natrium-Ionen weder als Säure noch als Base reagieren können, ist die Wirkungsweise auf die Hydrogencarbonat-Ionen zurückzuführen. Diese reagieren in Gegenwart der starken Magensäure (Salzsäure) aufgrund ihrer ampholytischen Eigenschaft als Brönsted-Base:

$HCO_3^-(aq) + HCl(aq) \rightleftharpoons H_2CO_3(aq) + Cl^-(aq)$

Überschüssige Magensäure wird somit durch die Hydrogencarbonat-Ionen neutralisiert. Das Sodbrennen (Verätzungen der Speiseröhre durch die aufsteigende Magensäure) wird so bekämpft.

b) Bei Magensäure handelt es sich um eine starke Säure, sodass der pH-Wert direkt aus Konzentration der Säure berechnet werden kann:

$c(H_3O^+) = c_0(\text{Säure}) = c(\text{HCl im Magensaft})$
$pH = -\lg c(\text{HCl im Magensaft})$
$1{,}5 = -\lg c(\text{HCl im Magensaft})$
$\Rightarrow c(\text{HCl im Magensaft}) = 10^{-1{,}5} = 0{,}032 \text{ mol} \cdot l^{-1}$

Aus der Reaktionsgleichung in a) ergibt sich folgendes Stoffmengenverhältnis:

$n(NaHCO_3) = n(HCl)$
$= c(HCl) \cdot V(HCl)$
$= 0{,}032 \text{ mol} \cdot l^{-1} \cdot 0{,}010 \text{ l} = 0{,}00032 \text{ mol}$

Mithilfe von $m = n \cdot M$ ergibt sich:
$m(NaHCO_3) = 0{,}00032 \text{ mol} \cdot 84 \text{ g} \cdot \text{mol}^{-1} = 0{,}02688 \text{ g}$
$= 26{,}88 \text{ mg}$

Man müsste 26,88 mg Natron aufnehmen, um 10 ml Magensäure zu neutralisieren.

c) Die pH-metrische Titration ergibt die folgende Titrationskurve:

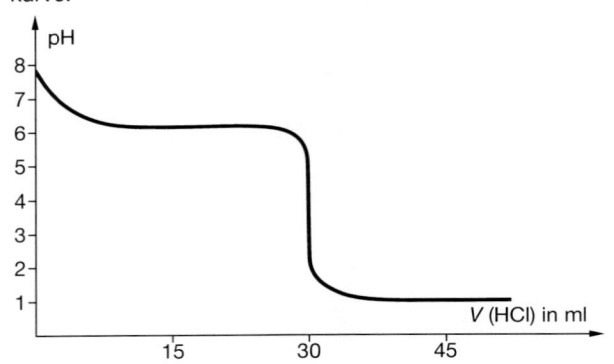

Da Hydrogencarbonat-Ionen mit Wasser-Molekülen als Brönsted-Base reagieren, liegt der pH-Wert zu Beginn im alkalischen Bereich. Bei 15 ml und pH = 6,2 (= $pK_S(CO_2 + H_2O)$) liegt der Halbäquivalenzpunkt. Um diesen Punkt liegt ein Hydrogencarbonat-Puffer vor: Zutitrierte Oxonium-Ionen werden durch die Hydrogencarbonat-Ionen „abgefangen", der pH-Wert ändert sich daher kaum. Der Äquivalenzpunkt bei einem zutitrierten Volumen von 30 ml liegt im sauren Bereich, da hier eine Kohlensäurelösung vorliegt:

$NaHCO_3(aq) + HCl(aq) \longrightarrow NaCl(aq) + H_2O(l) + CO_2(aq)$
$2 H_2O(l) + CO_2(aq) \rightleftharpoons HCO_3^-(aq) + H_3O^+(aq)$

Danach wird der pH-Wert der Lösung von der überschüssigen Salzsäure bestimmt.

d) $NaHCO_3(aq) + HCl(aq) \longrightarrow$
$\qquad NaCl(aq) + H_2O(l) + CO_2(aq)$

Daraus ergibt sich das Stoffmengenverhältnis 1 : 1
$n(NaHCO_3) = n(HCl)$
$\Leftrightarrow c(NaHCO_3) \cdot V(NaHCO_3) = c(HCl) \cdot V(HCl)$
$\Leftrightarrow c(NaHCO_3) = \dfrac{c(HCl) \cdot V(HCl)}{V(NaHCO_3)} = \dfrac{0{,}1 \text{ mol} \cdot l^{-1} \cdot 30 \text{ ml}}{250 \text{ ml}}$
$= 0{,}012 \text{ mol} \cdot l^{-1}$

In einem Liter sind damit 0,012 mol Natriumhydrogencarbonat enthalten, in 10 ml folglich 0,00012 mol Natriumhydrogencarbonat. Mit $m = n \cdot M$ ergibt sich:
$m(NaHCO_3) = 0{,}00012 \text{ mol} \cdot 84 \text{ g} \cdot \text{mol}^{-1} = 0{,}01008 \text{ g}$
$= 10{,}08 \text{ mg}$

Da der Wert kleiner als der in b) ermittelte Wert von 26,88 mg ist, reicht die Lösung nicht gegen das Sodbrennen aus.

e) Nebenwirkungen wie Aufstoßen, Blähungen, Bauchschmerzen und Vollegefühl sind auf die CO_2-Bildung bei der Neutralisation zurückzuführen. Der pH-Wert des Urins kann bei Einnahme von größeren Mengen an Hydogencarbonat steigen, da überschüssiges Hydrogencarbonat noch als Base weiterreagieren kann.

f) individuelle Lösung
Beispiel: Natron eignet sich gegen Sodbrennen. Es ist ein preisgünstiges Mittel, das man im Supermarkt kaufen kann oder im Haushalt sogar vorrätig hat. Allerdings hat Natron als Medikament Nebenwirkungen, die nicht angenehm sind. Wer einen empfindlichen Magen hat oder zu Nierensteinen neigt, sollte daher besser zu anderen Mitteln greifen.

7 Reaktionswege in der organischen Chemie

A179.1

Name: Ethen
Molekülformel: C_2H_4
Molare Masse: 28,05 g · mol^{-1}
Dichte: 1,178 g · l^{-1}
Schmelztemperatur: −169,18 °C
Siedetemperatur: −103,72 °C
Farbe: farblos
Eigenschaften: leicht süßlicher Geruch, brennbar, gut löslich in organischen Lösemitteln, wenig löslich in Wasser
Herstellung: Steamcracken von Naptha, Dehydratisierung von Ethanol
Verwendung: Herstellung verschiedener Kunststoffe, Waschmittel und Lösemittel, Begasung von Früchten (Reifung)

A179.2

a)

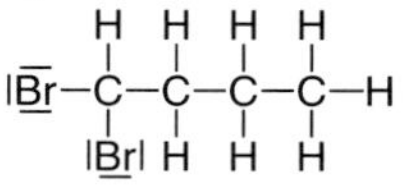

1,1-Dibrombutan
1,2-Dibrombutan 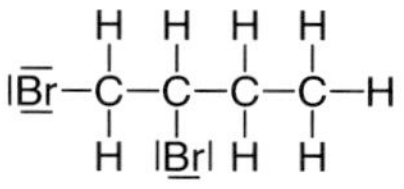
1,3-Dibrombutan 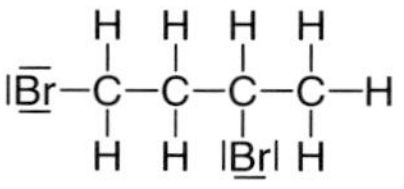
1,4-Dibrombutan 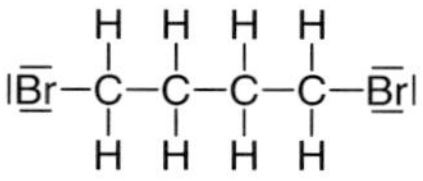
2,2-Dibrombutan 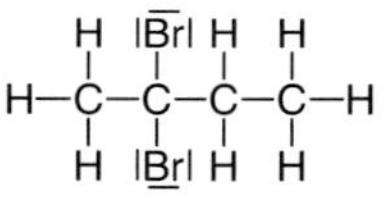
2,3-Dibrombutan 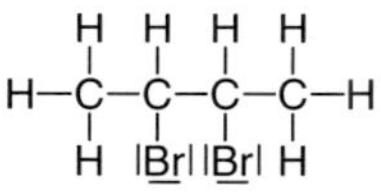

b) Bei der Addition von Brom an But-1-en entsteht 1,2-Dibrombutan, also ein nur Produkt.

A179.3

a) Ethanol, 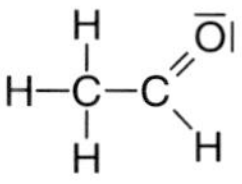 Ethanal, 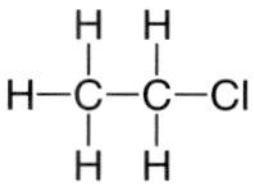 Chlorethan, 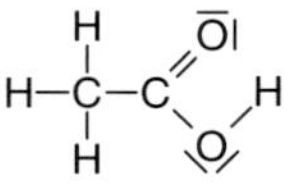 Ethansäure

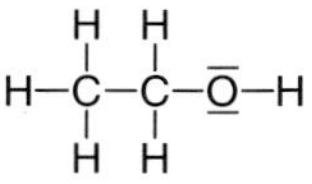

b)
$CH_3-CH_2-OH + \underset{HO}{\overset{O}{\|}}C-CH_3 \rightleftharpoons CH_3-CH_2-O\overset{O}{\|}C-CH_3 + H_2O$

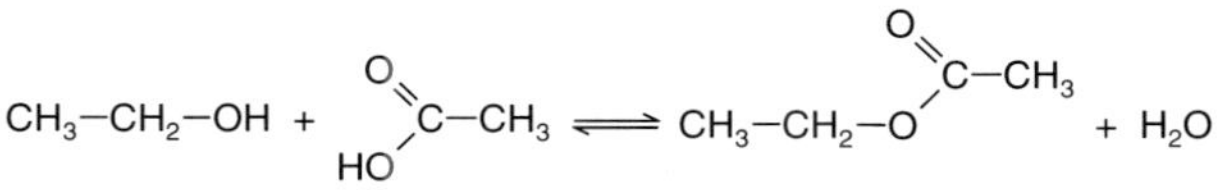

c) Die Reaktion von Ethanal zu Ethansäure ist eine Oxidation.

A179.4

a) cis-Dichlorethen, 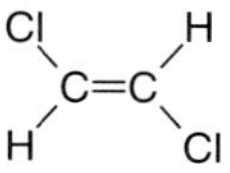 trans-Dichlorethen, 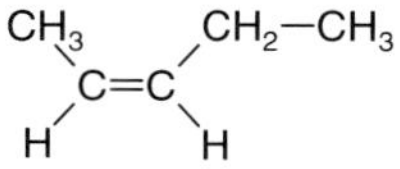 cis-Pent-2-en, 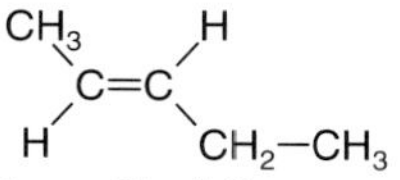 trans-Pent-2-en

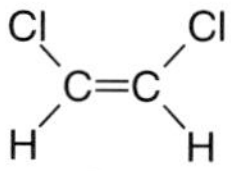

b) Sind die Bindungspartner auf derselben Seite einer C−C-Zweifachbindung angeordnet, spricht man von einer *cis*-Verbindung, sind die Bindungspartner auf unterschiedlichen Seiten angeordnet, spricht man von einer *trans*-Verbindung.

A179.5

Bei der fraktionierenden Destillation von Erdöl wird das Rohöl erhitzt. Die enstehenden Dämpfe werden in einen Destillationsturm geleitet, der verschiedene Glockenböden enthält. Die Dämpfe steigen nach oben und kühlen sich dabei ab. Die einzelnen Fraktionen kondensieren entsprechend ihrer Siedetemperaturen und reichern sich in verschiedenen Höhen des Destillationsturms an. Die Rückstände werden in einer weiteren Destillation unter vermindertem Druck weiter aufgetrennt.

A179.6

In einer Pipeline können große Mengen Ethen über weite Strecken kontinuierlich transportiert werden. Nachteilig ist der große Aufwand für das Errichten einer Pipeline. Ferner können beim Leckschlagen Gefahren auftreten.

A179.7

Hex-1-en: $CH_2=CH-CH_2-CH_2-CH_2-CH_3$
Hex-2-en: $CH_3-CH=CH-CH_2-CH_2-CH_3$
Hex-3-en: $CH_3-CH_2-CH=CH-CH_2-CH_3$

A181.1

a)–c)

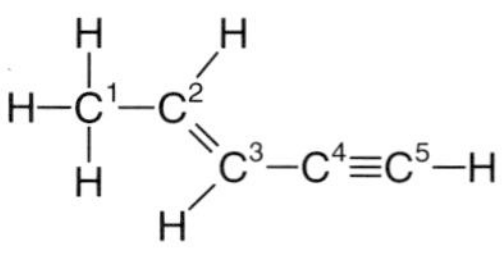

1: sp^3, 109°
2: sp^2, 120°
3: sp^2, 120°
4: sp, 180°
5: sp, 180°

A181.2

Die C−C-Gruppe mit Dreifachbindung ist aufgrund der benachbarten Einfachbindungen als Ganzes frei drehbar. Eine eventuelle Verdrehung der C-Atome gegeneinander ist nicht feststellbar, da die Gruppe drehsymmetrisch ist.

A181.3

Die Grafik des Orbitalmodells zeigt nur 90 % der Elektronenladungen. Zwischen den Orbitalen müsste man die restliche Ladung der jeweils benachbarten Orbitale addieren. So käme man zwar wieder zur Kugelform, die Orbitale wären aber nicht mehr erkennbar.

A181.4

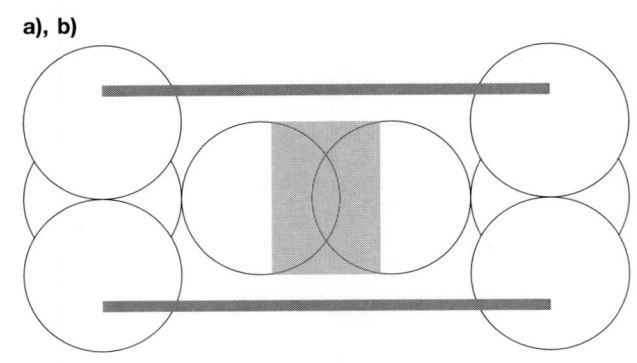

a), b)

Zu den zwei extrem geringen Überlappungen gibt es noch eine weitere Überlappung zwischen den weitgehend verborgenen Orbitalen.

c) Die Bindung in der Molekülmitte ist eine σ-Bindung, da sie drehsymmmetrisch ist. Jeder der drei weiteren Bindungen kann weder σ-Bindung noch π-Bindung zugeordnet werden, da die jeweilige Symmetrie fehlt.

d) Die drei weiteren Bindungen wären äußerst schwach, weil die Überlappung so gering ist. Schon eine Zweifachbindung wäre stärker.

A183.1

a) $CH_2=CH-CH_2-CH_2-CH_2-CH_3 + H_2 \longrightarrow CH_3-CH_2-CH_2-CH_2-CH_2-CH_3$

b) $CH_2=CH-CH_3 + Cl_2 \longrightarrow Cl-CH_2-CHCl-CH_3$

c) $CH_2=CH_2 + H_2O \longrightarrow HO-CH_2-CH_3$

A183.2

$CH_3-CH_2-CHBr-CH_3$

Es entsteht 2-Brombutan. Das 2-Brombutan-Molekül enthält nur Einfachbindungen. Aufgrund der freien Drehbarkeit um die Einfachbindungen gibt es keine Isomere.

A183.3

Bei der elektrophilen Addition von Halogenwasserstoff-Molekülen lagert sich das Wasserstoff-Atom an das Kohlenstoff-Atom an, an dem bereits die meisten Wasserstoff-Atome gebunden sind. Der Grund für diese Reaktionsorientierung liegt in der Stabilität des im ersten Reaktionsschritt entstehenden Carbenium-Ions. Sekundäre und tertiäre Carbenium-Ionen sind durch den +I-Effekt der Alkyl-Gruppen stabilisiert.

A183.4

a) In der ersten Waschflasche bildet sich eine wasserlösliche Substanz. Es handelt sich dabei im 2-Bromethanol. Im zweiten Versuch wird überwiegend wasserunlösliches 1,2-Dibromethan gebildet.

b) 1. Waschflasche:
$H_2C=CH_2(g) + Br_2(aq) + H_2O(l) \longrightarrow BrH_2C-CH_2OH(aq) + HBr(aq)$

2. Waschflasche:
$H_2C=CH_2(g) + Br_2(aq) \longrightarrow BrH_2C-CH_2Br(l)$

Nach dem elektrophilen Angriff durch das Brom-Molekül bildet sich das Bromonium-Kation als Zwischenstufe:

Reaktion der Zwischenstufe in der 1. Waschflasche:

Reaktion der Zwischenstufe in der 2. Waschflasche:

In beiden Reaktionsgefäßen konkurrieren Wasser-Moleküle und Bromid-Ionen um das Bromonium-Ion. In der 2. Waschflasche ist die Konzentration an Bromid-Ionen größer als in der 1. Damit ist in der 2. Waschflasche die Wahrscheinlichkeit für die Bildung von 1,2-Dibromethan größer. Dies weist auf einen zweistufigen Mechanismus mit einer kationischen Zwischenstufe hin.

A183.5

a) Die Polarisierbarkeit ist ein Maß für die Verformbarkeit der Elektronenhülle durch elektrische Ladungen. Die Elektronenhülle größerer Atome lässt sich leichter verformen als die von kleineren Atomen. Die Polarisierbarkeit nimmt daher in der Reihe von Fluor nach Iod zu.

b) Die Reaktivität nimmt daher in der Reihe von Fluor nach Iod zu, wenn man die Temperatur konstant hält. Die Reaktion mit Fluor ist auch bei anfänglich niedrigerer Reaktionsgeschwindigkeit viel stärker exotherm. Die führt zu einer explosionsartigen Reaktion.

A184.1

a) $CH_3-CH=CH-CH_2-CH_3 + Br_2 \longrightarrow CH_3-CHBr-CHBr-CH_2-CH_3$

b) Die Bromierung von Pent-2-en verläuft schneller als die von Ethen, da durch den +I-Effekt der Alkylreste die Elektronendichte im Bereich der Zweifachbindung erhöht wird. Der Angriff des Elektrophils wird dadurch erleichtert.

A184.2

Bei der Chlorierung von 1,2-Dichlorbuta-1,3-dien entsteht bevorzugt 1,2,3,4-Tetrachlorbut-1-en. Die beiden Chlor-Atome verringern aufgrund des –I-Effekts die Elektronendichte im Bereich der Zweifachbindung zwischen den C-Atomen 1 und 2. Der Angriff des Elektrophils wird dadurch erschwert.

A184.3

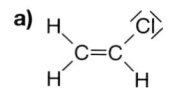

a)

$$\underset{H}{H}C=C\underset{H}{Cl}$$

Chlorethen

b) Gemäß der Regel von Markownikow lagert sich das Wasserstoff-Atom an das Kohlenstoff-Atom an, an dem die meisten Wasserstoff-Atome gebunden sind. Es sollte daher 1,1-Dichlorethan entstehen.

V185.1

a) Das gelbliche Bromwasser wird entfärbt.

b) Das Brom reagiert mit dem Alken (Oct-1-en) zu einem Dibromalkan. Bei Alkenen findet eine elektrophile Addition des Broms an die C=C-Zweifachbindung statt.

c) $C_8H_{16} + Br_2 \longrightarrow C_8H_{16}Br_2$

V185.2

a) Zuerst liegen zwei Phasen vor, die sich allmählich vermischen.

b) Es erfolgt eine säurekatalysierte Addition von Wasser. Das gebildete Cyclohexanol ist in geringem Maße wasserlöslich.

c) Cyclohexen $+ H_2O \xrightarrow{H^+}$ Cyclohexanol (OH)

Expertenaufgabe

a) Eine ionische Reaktion lässt sich beweisen, indem man die Bromierung eines Alkens in unterschiedlich polaren Lösemitteln durchführt, beispielsweise Hexan, Diethylether und Ethanol. Polare Lösemittel stabilisieren die ionische Zwischenstufe und lassen die Reaktion daher schneller ablaufen.

b) Wenn bei der Chlorwasserstoffaddition an ein Alken das Chlorid-Ion am entscheidenden Schritt beteiligt ist, sollte die Reaktion bei Chloridzugabe schneller ablaufen.

V185.3

Hinweise: Da sich Fette und Öle stark in der Anzahl der C=C-Zweifachbindungen in ihren Molekülen unterscheiden, sollte man bei dem Versuch 4 g festes Fett oder 0,5 g Öl einsetzen.
Mittlere molare Massen von Fetten und Ölen:
$M(\text{Kokosfett}) = 660 \text{ g} \cdot \text{mol}^{-1}$
$M(\text{Olivenöl}) = 870 \text{ g} \cdot \text{mol}^{-1}$

a) Zunächst beobachtet man eine Aufhellung der Bromlösung. Bei Zugabe von Kaliumiodid erfolgt eine Violettfärbung, die bei Titration mit Thiosulfat verschwindet.

b)

$$\underset{H}{\overset{R^1}{>}}C=C\underset{H}{\overset{R^2}{<}} + Br_2 \longrightarrow R^1-\underset{Br}{\overset{H}{C}}-\underset{H}{\overset{Br}{C}}-R^2$$

Brom-Moleküle, die nicht an die C=C-Zweifachbindungen addiert wurden, reagieren mit Iodid-Ionen zu Iod-Molekülen:

$Br_2 + 2\ I^- \longrightarrow 2\ Br^- + I_2$

c) Die Stoffmenge des titrierten Iods ergibt sich aus der Reaktionsgleichung mit Thiosulfat. Sie entspricht der Stoffmenge des nicht umgesetzten Broms:

$I_2 + 2\ S_2O_3^{2-} \longrightarrow 2\ I^- + S_4O_6^{2-}$

$n(I_2) = \frac{1}{2} n(Na_2S_2O_3)$

$n(I_2) = n_0(Br_2) - n(Br_2)$

d) Die Stoffmenge des umgesetzten Broms $n(Br_2)$ erhält man aus der Differenz der gesamten eingesetzten Stoffmenge an Brom (3 mmol) und der durch die Titration bestimmten Stoffmenge:

$n(Br_2) = n_0(Br_2) - n(I_2)$

e) $m(I_2) = n(Br_2) \cdot M(I_2)$

f) Die Iod-Zahl berechnet man aus dem Quotienten aus der Masse an verbrauchtem Iod und der Masse an eingesetztem Fett, bezogen auf 100 g Fett.

$IZ = \frac{m(I_2)}{m(Fett)} \cdot 100$

g)

Fett oder Öl	Iod-Zahl (IZ)
Palmkernöl	12–14
Olivenöl	78–91
Sonnenblumenöl	109–120
Leinöl	170–188

A187.1

H_2O (Wasser), $|\underline{\overline{F}}|^-$, $H-H$, $[H-\underset{H}{\overset{H}{N}}-H]^+$, $H-\underset{H}{\overset{H}{C}}-\overline{\underline{O}}|^-$

Nucleophile: Wasser-Molekül, Fluorid-Ion, Methanolat-Ion
keine Nucleophile: Wasserstoff-Molekül, Ammonium-Ion

A187.2

a) $CH_3-CH_2-CH_2-Br\,(l) + K^+(aq) + OH^-(aq) \longrightarrow$
$CH_3-CH_2-CH_2-OH\,(aq) + K^+(aq) + Br^-(aq)$
Propan-1-ol

b) $CH_3I\,(l) + NH_3(aq) \longrightarrow CH_3NH_3^+(aq) + I^-(aq)$
Methylammoniumiodid

c) $CH_3-CH_2-Br\,(l) + Na^+(aq) + SH^-(aq) \longrightarrow$
$\quad CH_3-CH_2-SH\,(aq) + Na^+(aq) + Br^-(aq)$
Ethanthiol

d) $CH_3-CH_2-CH_2-Br\,(l) + Na^+(aq) + CN^-(aq) \longrightarrow$
$\quad CH_3-CH_2-CH_2-CN\,(aq) + Na^+(aq) + Br^-(aq)$
Butannitril

e)
$$\underset{CH_3}{\underset{|}{CH_3-\overset{CH_3}{\overset{|}{C}}-Cl}} + {}^-O-CH_3 + Na^+ \longrightarrow \underset{CH_3}{\underset{|}{CH_3-\overset{CH_3}{\overset{|}{C}}-O-CH_3}} + Na^+ + Cl^-$$

2-Methylpropylmethylether

A187.3

a) Sowohl bei der Reaktion als Brönsted-Base als auch bei der Reaktion als Nucleophil stellt das Wasser-Molekül ein freies Elektronenpaar des Sauerstoff-Atoms für die neue Bindung zur Verfügung. Es ist also in beiden Fällen ein Elektronenpaardonator.

b) Die Nucleophilie verhält sich oft analog zur Basenstärke. Die stärkere Base Hydroxid-Ion ist auch ein besseres Nucleophil als die schwächere Base Chlorid-Ion.

A187.4

a) Beim Erhitzen reagiert Bromethan mit den Hydroxid-Ionen der Kalilauge zu Ethanol und Bromid-Ionen. Ethanol ist wasserlöslich. Die entstandenen Bromid-Ionen reagieren mit den Silber-Ionen zum schwerlöslichen Silberbromid.

b) $CH_3-CH_2-Br + OH^- \longrightarrow CH_3-CH_2-OH + Br^-$

A187.5

Die Reaktion der Halogenbutane zu Butanol verläuft bei der Iodverbindung am schnellsten. Die Polarität der Bindung zwischen Halogen- und Kohlenstoff-Atom ist vergleichsweise schwach. Die Reaktion sollte danach langsamer verlaufen. Die schwächere C–I-Bindung kann die höhere Reaktionsgeschwindigkeit miterklären. Tatsächlich wird die höhere Reaktionsgeschwindigkeit der Iodverbindung durch die wesentlich bessere Polarisierbarkeit des Iod-Atoms hervorgerufen.

A187.6

a) Iodmethan reagiert schneller mit Kaliumhydroxid als Chlormethan, weil das das Iod-Atom besser polarisierbar als das Chlor-Atom ist. Zudem stellt das Iodid-Ion aufgrund der geringeren C–I-Bindungsenergie eine bessere Abgangsgruppe dar.

b) Die Substitution am 1-Brompentan-Molekül ist sterisch weniger behindert und läuft somit schneller ab als am 2-Brompentan-Molekül.

A187.7

A: Die Aussage ist nicht ausreichend. Für Nucleophile reicht auch eine negative Teilladung. Dazu verfügen Nucleophile immer über mindestens ein freies Elektronenpaar.

B: Die Aussage ist korrekt.
C: Die Aussage ist falsch. Zur Herstellung von Bromalkanen aus Alkoholen arbeitet man im sauren Bereich.
D: Die Aussage ist korrekt.

A187.8

Die Nucleophilie nimmt in der Reihe $NH_2^- > NH_3, > NH_4^+$ ab. Das Anion besitzt die größte Elektronendichte und ist somit ein stärkeres Nucleophil als das neutrale Ammoniak-Molekül. Das Ammonium-Kation ist kein Nucleophil, da es kein freies Elektronenpaar mehr hat.

A188.1

Ethylamin, Diethylamin, Triethylamin und Tetraethylammoniumchlorid

A188.2

A: Hydroxid-Ionen und 1-Brom-3-methylbutan
$$HO^- + Br-CH_2-CH_2-\underset{CH_3}{\underset{|}{CH}}-CH_3 \longrightarrow Br^- + HO-CH_2-CH_2-\underset{CH_3}{\underset{|}{CH}}-CH_3$$

B: 3-Chlorpentan und Cyanid-Ionen
$$CH_3-CH_2-\underset{Cl}{\underset{|}{CH}}-CH_2-CH_3 + CN^- \longrightarrow CH_3-CH_2-\underset{CN}{\underset{|}{CH}}-CH_2-CH_3 + Cl^-$$

C: Ethanolat-Ionen und 1-Brom-2-methylpropan
$$CH_3-CH_2-O^- + Br-CH_2-\underset{CH_3}{\underset{|}{CH}}-CH_3 \longrightarrow CH_3-CH_2-O-CH_2-\underset{CH_3}{\underset{|}{CH}}-CH_3 + Br^-$$

D: Ammoniak und Chlormethan
$$NH_3 + 2\,Cl-CH_3 \longrightarrow \underset{CH_3}{\underset{|}{NH-CH_3}} + 2\,HCl$$

A188.3

1 C, 2 A, 3 D, 4 B

V189.1

a) Beim 2-Brom-2-methylpropan fällt sofort ein weißer Niederschlag aus, etwas später dann im Reagenzglas mit 2-Brombutan und zuletzt in dem Reagenzglas mit 1-Brombutan.

b)

$CH_3-CH_2-CH_2-CH_2-Br + HO-CH_2-CH_3 \rightleftharpoons$
$\quad CH_3-CH_2-CH_2-CH_2-O-CH_2-CH_3 + H^+ + Br^-$

$CH_3-CH_2-\underset{Br}{\underset{|}{CH}}-CH_3 + HO-CH_2-CH_3 \rightleftharpoons$
$\quad CH_3-CH_2-\underset{O-CH_2-CH_3}{\underset{|}{CH}}-CH_3 + H^+ + Br^-$

$$CH_3-\underset{Br}{\underset{|}{\overset{CH_3}{\overset{|}{C}}}}-CH_3 + HO-CH_2-CH_3 \rightleftharpoons CH_3-\underset{O-CH_2-CH_3}{\underset{|}{\overset{CH_3}{\overset{|}{C}}}}-CH_3 + H^+ + Br^-$$

$$Br^- (aq) + Ag^+ (aq) \longrightarrow AgBr (s)$$

c) Reaktivität:
2-Brom-2-methylpropan > 2-Brombutan > 1-Brombutan

Die Reaktivität ist beim 2-Brom-2-methylpropan am größten, da die drei Methyl-Reste am tertiären C-Atom einen +I-Effekt bewirken, der die Abspaltung des Bromid-Ions erleichtert. Beim 1-Brombutan mit nur einer Alkyl-Gruppe ist dieser Effekt am geringsten.

d) Ethanol ist das angreifende Nucleophil. Das Silbernitrat beschleunigt den Reaktionsablauf insgesamt dadurch, dass das austretende Bromid dem Gleichgewicht entzogen wird. Gleichzeitig ist es der Indikator für den Vergleich der Reaktionsgeschwindigkeiten.

Hinweis: Die Reaktionen können auch mit dem Wasser-Molekül als Nucleophil formuliert werden. Die Reaktionen liefern dabei Alkanole. Ethanol dient dann nur als Lösungsvermittler.

V189.2

a) In allen vier Reagenzgläsern verschwindet die Phasentrennung; in dem Reagenzglas mit Silbernitrat fällt sofort ein gelblicher Niederschlag aus. Im ersten Reagenzglas ändert sich die Farbe des Universalindikators langsam von grün nach gelborange, im zweiten schneller von blau nach gelbgrün, im dritten sofort von grün nach gelborange. Im vierten Reagenzglas bleibt die Farbe unverändert rot.

b) $CH_3-CH_2-I\,(l) + H_2O\,(l) \longrightarrow CH_3-CH_2-OH\,(aq) + HI\,(aq)$
$CH_3-CH_2-I\,(l) + NaOH\,(aq) \longrightarrow$
$\qquad\qquad\qquad CH_3-CH_2-OH\,(aq) + NaI\,(aq)$
$CH_3-CH_2-I\,(l) + AgNO_3\,(aq) + H_2O\,(l) \longrightarrow$
$\qquad\qquad\qquad CH_3-CH_2-OH\,(aq) + AgI\,(s) + HNO_3\,(aq)$
$CH_3-CH_2-I\,(l) + HCl\,(aq) \longrightarrow CH_3-CH_2-Cl\,(aq) + HI\,(aq)$

c) Anordnung nach zunehmender Reaktivität:
$H_2O < HCl < NaOH < AgNO_3$

d) Wasser ist das schwächste Nucleophil, daher verläuft die Substitution hier am langsamsten. Das Hydroxid-Ion ist eine stärkere Base und somit ein besseres Nucleophil als das Chlorid-Ion. Im Falle des Silbernitrats wird die Abspaltung des Iodid-Ions erleichtert. Das Silberiodid fällt aus.

V189.3

a) Beim Butan-1-ol findet auch nach längerer Zeit keine Reaktion statt, die Lösung bleibt klar. Beim Butan-2-ol bildet sich nach einigen Minuten eine zweite, klare Phase, während sich die untere trübt. Diese Reaktion erfolgt beim 2-Methylpropan-2-ol sofort.

b)
$CH_3-CH_2-CH_2-CH_2-OH + H^+ + Cl^- \longrightarrow$
$\qquad\qquad\qquad CH_3-CH_2-CH_2-CH_2-Cl + H_2O$

$CH_3-CH_2-\underset{OH}{\underset{|}{CH}}-CH_3 + H^+ + Cl^- \longrightarrow$
$\qquad\qquad\qquad CH_3-CH_2-\underset{Cl}{\underset{|}{CH}}-CH_3 + H_2O$

$$CH_3-\underset{OH}{\underset{|}{\overset{CH_3}{\overset{|}{C}}}}-CH_3 + H^+ + Cl^- \longrightarrow CH_3-\underset{Cl}{\underset{|}{\overset{CH_3}{\overset{|}{C}}}}-CH_3 + H_2O$$

c) Die Reaktionen laufen nach dem gleichen Mechanismus ab: Die Hydroxy-Gruppe wird protoniert, darauf folgt die Abspaltung eines Wasser-Moleküls unter Bildung eines Carbenium-Ions. Das Carbenium-Ion wird im letzten Schritt durch ein Chlorid-Ion nucleophil angegriffen.
Der tertiäre Alkohol reagiert am schnellsten, da das entstehende Carbenium-Ion hier am besten durch Methyl-Gruppen stabilisiert wird. Primäre Alkohole reagieren nicht, weil das entstehende Kation nicht stabil genug ist.

d) Die Salzsäure-Zinkchloridlösung (Lukas-Reagenz) fördert die heterolytische Spaltung der C–OH-Bindung und somit die Entstehung des Carbenium-Ions.

V189.4

a) Es bilden sich zwei Phasen.

b)
$$CH_3-\underset{OH}{\underset{|}{\overset{CH_3}{\overset{|}{C}}}}-CH_3 + Cl^- \underset{}{\overset{H^+}{\rightleftharpoons}} CH_3-\underset{Cl}{\underset{|}{\overset{CH_3}{\overset{|}{C}}}}-CH_3 + H_2O$$

c) Die Hydroxy-Gruppe wird protoniert, darauf folgt die Abspaltung eines Wasser-Moleküls unter Bildung eines Carbenium-Ions. Das Carbenium-Ion wird im letzten Schritt durch ein Chlorid-Ion nucleophil angegriffen. Es bildet sich 2-Chlor-2-methylpropan.

d) Die konzentrierte Salzsäure protoniert die Hydroxy-Gruppe, um eine bessere Abgangsgruppe zu bilden. Damit wird die Reaktion erleichtert.

A190.1

$CH_3-CH_2-CH_2-OH$
$CH_3-\underset{OH}{\underset{|}{CH}}-CH_3$ $\searrow \atop \nearrow$ $CH_3-CH=CH_2 + H_2O$

A190.2

$CH_3-CH=\underset{CH_3}{\underset{|}{C}}-CH_2-CH_2-CH_3 \qquad CH_3-CH_2-\underset{CH_3}{\underset{|}{C}}=CH-CH_2-CH_3$
3-Methylhex-2-en $\qquad\qquad\qquad\qquad$ 3-Methylhex-3-en

$CH_3-CH_2-\underset{CH_2}{\underset{\|}{C}}-CH_2-CH_2-CH_3$
2-Ethylpent-1-en

A190.3

Bei der Eliminierung mit 1-Chlorbutan kann nur But-1-en entstehen. Bei 2-Chlorbutan könnten But-1-en und But-2-en entstehen. Das Letztere wäre aufgrund des stabileren Carbenium-Ions bevorzugt. Ursache ist der +I-Effekt der weiteren Alkyl-Gruppe.

A190.4

Cyclohexanol $\xrightarrow{H^+}$ Cyclohexen + H_2O

Chlorcyclohexan $\xrightarrow{OH^-}$ Cyclohexen + HCl

Cyclohexan $\xrightarrow{Kat}$ Cyclohexen + H_2

A190.5

Die Reaktion zu Octen ist eine Dehydrierung, Pent-1-en entsteht durch Cracken.

V191.1

a) Aus dem Reaktionsgemisch entweicht ein Gas, das Bromwasser entfärbt.

b)
$$CH_3-\underset{\underset{CH_3}{|}}{\overset{\overset{OH}{|}}{C}}-CH_3 \xrightarrow{H_2SO_4} CH_3-\underset{\underset{CH_3}{|}}{C}=CH_2 + H_2O$$

c) Durch die Schwefelsäure wird die OH-Gruppe des Alkanol-Moleküls protoniert. Ein Wasser-Molekül kann leichter abgespalten werden als ein Hydroxid-Ion.

d) Die Entfärbung das Bromwassers dient als Nachweisreaktion für ungesättigte Verbindungen.

V191.2

a) Das entweichende Gas entfärbt die Baeyer-Reagenzlösung.

b)
$$CH_3-\underset{\underset{CH_3}{|}}{\overset{\overset{Br}{|}}{C}}-CH_3 \xrightarrow{KOH} CH_3-\underset{\underset{CH_3}{|}}{C}=CH_2 + HBr$$

c) ϑ(2-Brom-2-methylpropan) = 73 °C
ϑ(2-Methylpropen) = –7 °C
Das Produkt besitzt eine niedrigere Siedetemperatur und kann daher durch Destillation leicht abgetrennt werden.

d) Die Entfärbung von Baeyer-Reagenz dient als Nachweis von ungesättigten Verbindungen.

V191.3

a) Im Rohr sammelt sich eine farblose Flüssigkeit. Das Bromwasser wird durch ein eingeleitetes Gas entfärbt.

b) Beim Cracken entstehen verzweigt und unverzweigte Alkane und Alkene. Beispiel:
$CH_3-CH_2-CH_2-CH_2-CH_2-CH_2-CH_2-CH_3 \longrightarrow$
$CH_3-CH_2-CH_2-CH_2-CH_3 + CH_2=CH-CH_3$

c) Der Perlkatalysator verringert die für die Spaltung von Bindungen notwendige Aktivierungsenergie. Das Kühlwasser wird für die Kondensation leicht flüchtiger Reaktionsprodukte benötigt.

d) Die Reaktionsprodukte lassen sich leichter entzünden als das Paraffinöl. Bei den Reaktionsprodukten handelt es sich um Kohlenwasserstoffe mit deutlich kleineren Molekülen.

A193.1

Fette und Öle sind Ester des dreiwertigen Alkohols Glycerin.
Arzneimittelwirkstoffe wie Acetylsalicylsäure zählen zur Stoffklasse der Ester.
Klebstoffe enthalten häufig Lösemittel wie Methylethanoat oder Ethylethanoat.
Plastikflaschen werden häufig aus dem Kunststoff Polyethenterephthalat, einem Polyester, gefertigt.
Viele Früchte enthalten Aromastoffe, die zur Stoffklasse der Ester zählen.
Bienenwachs besteht aus den Estern langkettiger Alkohole und Carbonsäuren.

A193.2

$CH_3-CH_2-C(=O)OH + HO-CH_3 \rightleftharpoons CH_3-CH_2-C(=O)O-CH_3 + H_2O$

(Mechanismus der säurekatalysierten Veresterung in mehreren Schritten mit Protonierung der Carbonylgruppe, nucleophilem Angriff des Methanols, Protonenumlagerung, Abspaltung von Wasser und Deprotonierung.)

A193.3

1. Im ersten Schritt wird das Ester-Molekül an der Carbonyl-Gruppe protoniert.
2. Danach greift das Wasser-Molekül nucleophil am Kohlenstoff-Atom der Ester-Gruppe an.
3. Anschließend kommt es zu einer Umlagerung eines Protons.
4. Das Ethanol-Molekül wird abgespalten. Zurückbleibt ein Carbenium-Ion.
5. Im letzten Schritt erfolgt eine Deprotonierung.

A193.4

a)
$$K = \frac{c(CH_3COOCH_2CH_3) \cdot c(H_2O)}{c(CH_3COOH) \cdot c(CH_3CH_2OH)}$$

b) Die Ausbeute an Ester lässt sich erhöhen, wenn man eines der Edukte im Überschuss zusetzt. Alternativ lässt sich auch ein Edukt aus dem Gemisch entfernen, um die Ausbeute zu steigern.

A193.5

Der letzte Schritt einer alkalischen Hydrolyse ist die Reaktion einer Carbonsäure mit einem Alkoholat. Da das Alkoholat-Ion eine deutlich stärkere Base ist als das Carboyxlat-Ion, liegt das Gleichgewicht vollständig auf der rechten Seite.

A193.6

Metall	Eigenschaften Verwendung
Natrium	weißer Feststoff Kernseifen, Emulgator/Verdickungsmittel für Cremes und Shampoos
Kalium	weißer Feststoff Schmierseife, Flüssigseife, Rasiercreme
Calcium	weißer Feststoff Hilfsmittel bei der Tablettenherstellung
Magnesium	weißer Feststoff Schmierstoff in der Papier und Metall verarbeitenden Industrie, Trennmittel

A193.7

$$CH_3-COOH + CH_3-COOH \longrightarrow CH_3-CO-O-CO-CH_3 + H_2O$$

A193.8

Verläuft die Esterspaltung nach dem dargestellten Mechanismus, sollten die Atome des radioaktiven Sauerstoffisotops in den Carbonsäure-Molekülen, nicht aber in den Alkohol-Molekülen nachweisbar sein.

V194.1

a) *Synthese von Acetylsalicylsäure:* Man erhält das Reaktionsprodukt in Form eines weißen Niederschlags, der abfiltriert werden kann.

b)
$$\text{Essigsäureanhydrid} + H_2O \longrightarrow 2\ H_3C-COOH$$

c) *1. Schritt:* Protonierung des Essigsäureanhydrid-Moleküls

2. Schritt: Angriff der Hydroxy-Gruppe des Salicylsäure-Moleküls und Stabilisierung durch Abspaltung eines Protons

R = 2-Hydroxyphenyl (COOH-substituiert)

3. Schritt: Eliminierung des Essigsäure-Moleküls

R = 2-Hydroxyphenyl (COOH-substituiert)

d), e) *Hinweise:* Je nach Aktivität der DC-Folie muss das Laufmittel angepasst werden. Wenn die Substanzen noch zu nahe am Startfleck erscheinen, muss der Anteil von Cyclohexan verringert werden.

Reaktionswege in der organischen Chemie

Das Chromatogramm der Tabletten und des eigenen Produkts sollten einen Fleck mit der gleichen Retention aufweisen. Daneben, mit stärkerer Retention, sollten im eigenen Produkt auch Reste der Salcylsäure nachweisbar sein.

f) FeCl$_3$-Lösung reagiert mit Salicylsäure zu einer violetten Verbindung. So kann man Salicylsäure von Acetylsalicylsäure unterscheiden.

V194.2

a) Es bildet sich ein Feststoff.

b) HOOC–COOH + 2 HO–CH$_3$ ⇌ CH$_3$–O–OC–CO–O–CH$_3$ + 2 H$_2$O

c) individuelle Lösung
Aus der Einwaage an Oxalsäure und der Masse des Produkts werden die jeweiligen Stoffmengen berechnet. Der Quotient von n(Produkt) und n(Oxalsäure) ist die Ausbeute.

d) Für die Bestimmung der Ausbeute ist eine genaue Bestimmung der Einwaage an Oxalsäure notwendig. Dies gelingt am leichtesten mit der wasserfreien Form der Säure. Durch das Waschen mit Natriumcarbonatlösung wird überschüssige Säure neutralisiert.

e) Oxalsäurediester finden Verwendung als Lösemittel und bei der Synthese von Arzneimitteln und Kosmetika.

V195.3

a) Die Natriumseifen fallen als Feststoffe an. Die Kaliumseifen sind hingegen breiartig.

b)
C$_{11}$H$_{23}$–COO–CH$_2$
C$_{13}$H$_{27}$–COO–CH   + 3 NaOH ⟶ C$_{11}$H$_{23}$–COONa + C$_{13}$H$_{27}$–COONa + C$_{15}$H$_{31}$–COONa + HO–CH$_2$, HO–CH, HO–CH$_2$
C$_{15}$H$_{31}$–COO–CH$_2$

C$_{11}$H$_{23}$–COO–CH$_2$
C$_{13}$H$_{27}$–COO–CH   + 3 KOH ⟶ C$_{11}$H$_{23}$–COOK + C$_{13}$H$_{27}$–COOK + C$_{15}$H$_{31}$–COOK + HO–CH$_2$, HO–CH, HO–CH$_2$
C$_{15}$H$_{31}$–COO–CH$_2$

C$_{17}$H$_{37}$–COOH + NaOH ⟶ C$_{17}$H$_{37}$–COONa + H$_2$O

c) Leitungswasser enthält Calcium- und Magnesium-Ionen, die mit den Seifenanionen schwerlösliche Kalkseifen bilden.

d) Durch Zugabe von Kochsalzlösung wird die Löslichkeit in der wässrigen Phase verringert. Die Trennung der beiden Phasen wird so verbessert.

e) Mit Natronlauge bildet sich eine feste Kernseife. Bei der Reaktion mit Kalilauge entsteht dagegen eine weiche Schmierseife. Die Seife aus Stearinsäure und Natronlauge ist ausgesprochen spröde, da sie nicht mit Glycerin und Fettresten verunreinigt ist.

V195.4

a) Nach der Reaktion liegt noch ein Feststoff vor. Beim Abkühlen kristallisiert ein weiterer Stoff.

b) 2-Aminobenzoesäure + HO–CH$_3$ ⇌ 2-Aminobenzoesäuremethylester + H$_2$O

c)

Stoff	Schmelztemperatur in °C	Siedetemperatur in °C
Anthranilsäure	146–148	Zersetzung
Anthranilsäuremethylester	24	260
Methanol	–98	56
Schwefelsäure	10	330

Beim Abkühlen wird zunächst nicht umgesetzte Anthranilsäure fest, die abfiltriert wird. Beim weiteren Abkühlen wird das gewünschte Produkt fest.

d) individuelle Lösung

e) Die Veresterung ist eine Gleichgewichtsreaktion. Zur Erhöhung der Ausbeute wird das preiswertere Edukt im Überschuss zugesetzt, in diesem Fall Methanol.

f) Anthranilsäuremethylester wird als Duftstoff für Salben, Seifen und Parfums verwendet.

Expertenaufgabe

Die genannten Säuren sind stärker als normale Alkansäuren. So können sie auch als Katalysator für die Veresterung dienen.

A197.1

a) Bromethan kann durch Addition von Bromwasserstoff in einem Schritt aus Ethen hergestellt werden.

b) Diethylether kann nur in einer mehrschrittigen Synthese aus Ethan erhalten werden.

c) Die Synthese von Propanon aus Propen erfordert mehrere Schritte.

d) 2-Chlorbutan kann durch eine Substitution aus Butan-2-ol synthetisiert werden.

A197.2

Im ersten Schritt wird Butan zu But-1-en umgesetzt. Durch Addition von Wasser entsteht daraus Butan-2-ol, das in einer Oxidation zu Butanal weiterreagiert.

A197.3

a)
CH$_3$–CH$_2$–C(=O)–OR + $^-$O–CH$_2$–CH$_3$ ⟶ CH$_3$–CH$_2$–C(=O)–O–CH$_2$–CH$_3$ + $^-$OR

b)

$$CH_3-CH_2-\underset{Cl}{\overset{O}{\underset{\|}{C}}} + HO-CH_2-CH_3 \longrightarrow$$

$$CH_3-CH_2-\underset{O-CH_2-CH_3}{\overset{O}{\underset{\|}{C}}} + HCl$$

A199.1

1: nucleophile Substitution
2: $CH_3-\underset{\underset{}{OH}}{CH}-CH_3$
3: Propanon (Aceton)
4: Eliminierung
5: Veresterung (Kondensation)

A199.2

1: Addition
2: CH_3-CH_2Br
3: NaOH
4: Ethanol
5: Oxidation
6: Ethansäure
7: CH_3-CH_2OH / H_2SO_4
8: Veresterung

A199.3

	Synthone	Edukte
A	$CH_3-CH_2-\underset{CH_3}{\overset{CH_3}{\underset{|}{\overset{|}{C^\oplus}}}} \quad {}^\ominus OH$	$CH_3-CH_2-\underset{CH_3}{\overset{CH_3}{\underset{|}{\overset{|}{C}}}}-Cl + OH^-$
B	$CH_3-CH_2^\oplus$ ${}^\ominus O-CH_2-CH_3$	CH_3-CH_2-OH ${}^-O-CH_2-CH_3$
C	$CH_3-O^\ominus \quad {}^\oplus\overset{O}{\underset{\|}{C}}-CH_2-CH_3$	$CH_3-OH +$ $HO-\overset{O}{\underset{\|}{C}}-CH_2-CH_3$
D	$CH_3-\underset{\oplus}{\overset{O}{\underset{\|}{C}}} \quad {}^\ominus\underset{CH_3}{\overset{}{\underset{|}{N}}}-CH_3$	$CH_3-\overset{O}{\underset{\|}{C}}-Cl + H-\underset{CH_3}{\overset{}{\underset{|}{N}}}-CH_3$
E	$\text{Ph}-CH_2^\oplus \quad {}^\ominus NH_2$	$\text{Ph}-CH_2-Cl + H-NH_2$
F	$\underset{\underset{Br}{\ominus}}{H-\overset{H}{\underset{H}{\overset{|}{\underset{|}{C}}}}-\overset{\oplus}{C}-H}$	$\overset{H}{\underset{H}{C}}=\overset{H}{\underset{H}{C}} + Br_2$

A199.4

$$CH_3-\overset{O}{\underset{\|}{C}}-CH_3 \xrightarrow{\text{Reduktion}} CH_3-\underset{\underset{}{OH}}{CH}-CH_3$$

$$\downarrow \text{Eliminierung}$$

$$CH_3-\underset{\underset{}{Cl}}{CH}-CH_3 \xleftarrow{\text{Addition}} CH_3-CH=CH_2$$

$$\downarrow \text{nucleophile Substitution}$$

$$CH_3-\underset{\underset{}{NH_2}}{CH}-CH_3$$

A199.5

Retrosynthese-Schema: Diacetylethylendiamin ⟹ H_2N-CH₂CH₂-NH_2 + 4 HO-C(O)CH₃

HO-C(O)CH₃ ⟹ HO-CH₂CH₃ ⟹ CH₂=CH₂

H_2N-CH₂CH₂-NH_2 ⟹ Cl-CH₂CH₂-Cl ⟹ CH₂=CH₂

A199.6

a) *Elektrophile Addition von Chlor an But-1-en*

$$CH_2=CH-CH_2-CH_3 + Cl_2 \longrightarrow Cl-CH_2-\underset{\underset{Cl}{|}}{CH}-CH_2-CH_3$$

M(But-1-en) = 56,11 g · mol^{-1}
M(Chlor) = 70,9 g · mol^{-1}
M(1,2-Dichlorbutan) = 127,01 g · mol^{-1}

$$\text{Atomökonomie} = \frac{M(1,2\text{-Dichlorbutan})}{M(\text{But-1-en}) + M(\text{Chlor})}$$
$$= \frac{127,01 \text{ g · mol}^{-1}}{56,11 \text{ g · mol}^{-1} + 70,9 \text{ g · mol}^{-1}} = 1$$

Dehydratisierung von Ethanol
$$CH_3-CH_2-OH \rightarrow CH_2=CH_2 + H_2O$$

M(Ethanol) = 46,07 g · mol^{-1}
M(Ethen) = 28,05 g · mol^{-1}
M(Wasser) = 18,02 g · mol^{-1}

$$\text{Atomökonomie} = \frac{M(\text{Ethen})}{M(\text{Ethanol})}$$
$$= \frac{28,05 \text{ g · mol}^{-1}}{46,07 \text{ g · mol}^{-1}} = 0,61$$

Reaktion von Brommethan zu Methanol
$$Br-CH_3 + NaOH \rightarrow CH_3-OH + NaBr$$

M(Brommethan) = 94,94 g · mol^{-1}
M(Natriumhydroxid) = 39,99 g · mol^{-1}
M(Methanol) = 32,04 g · mol^{-1}
M(Natriumbromid) = 102,89 g · mol^{-1}

$$\text{Atomökonomie} = \frac{M(\text{Methanol})}{M(\text{Brommethan}) + M(\text{Natriumhydroxid})}$$
$$= \frac{32,04 \text{ g · mol}^{-1}}{94,94 \text{ g · mol}^{-1} + 39,99 \text{ g · mol}^{-1}} = 0,24$$

b) *Reaktion A*

$$CH_3-\underset{\underset{CH_3}{|}}{\overset{\overset{OH}{|}}{C}}-CH_3 + HCl \longrightarrow CH_3-\underset{\underset{CH_3}{|}}{\overset{\overset{Cl}{|}}{C}}-CH_3 + H_2O$$

M(2-Methylpropan-2-ol) = 74,12 g · mol^{-1}

$M(\text{HCl}) = 36{,}46 \text{ g} \cdot \text{mol}^{-1}$
$M(\text{2-Chlor-2-methylpropan}) = 92{,}57 \text{ g} \cdot \text{mol}^{-1}$
$M(\text{Wasser}) = 18{,}02 \text{ g} \cdot \text{mol}^{-1}$

$$\text{Atomökonomie} = \frac{M(\text{2-Chlor-2-methylpropan})}{M(\text{2-Methylpropan-2-ol}) + M(\text{HCl})}$$
$$= \frac{92{,}57 \text{ g} \cdot \text{mol}^{-1}}{74{,}12 \text{ g} \cdot \text{mol}^{-1} + 36{,}46 \text{ g} \cdot \text{mol}^{-1}} = 0{,}84$$

Reaktion B

Cyclohexen + $Br_2 \longrightarrow$ 1,2-Dibromcyclohexan

$M(\text{Cyclohexen}) = 82{,}14 \text{ g} \cdot \text{mol}^{-1}$
$M(\text{Brom}) = 159{,}81 \text{ g} \cdot \text{mol}^{-1}$
$M(\text{1,2-Dibromcyclohexan}) = 241{,}95 \text{ g} \cdot \text{mol}^{-1}$

$$\text{Atomökonomie} = \frac{M(\text{1,2-Dibromcyclohexan})}{M(\text{Cyclohexen}) + M(\text{Brom})}$$
$$= \frac{241{,}95 \text{ g} \cdot \text{mol}^{-1}}{82{,}14 \text{ g} \cdot \text{mol}^{-1} + 159{,}81 \text{ g} \cdot \text{mol}^{-1}} = 1$$

Reaktion C

$CH_3\text{–CH(OH)–}CH_3 \longrightarrow CH_2\text{=CH–}CH_3 + H_2O$

$M(\text{Propan-2-ol}) = 60{,}10 \text{ g} \cdot \text{mol}^{-1}$
$M(\text{Propen}) = 2{,}08 \text{ g} \cdot \text{mol}^{-1}$
$M(\text{Wasser}) = 18{,}02 \text{ g} \cdot \text{mol}^{-1}$

$$\text{Atomökonomie} = \frac{M(\text{Propen})}{M(\text{Propan-2-ol})}$$
$$= \frac{42{,}08 \text{ g} \cdot \text{mol}^{-1}}{60{,}10 \text{ g} \cdot \text{mol}^{-1}} = 0{,}7$$

Atomökonomie: Reaktion B > Reaktion A > Reaktion C

A201.1

Bei der Veresterung von Ethanol mit Ethansäure zu Ethylethanoat reagiert jeweils ein Ethanol-Molekül mit einem Ethansäure-Molekül. Erhöht man die eingesetzte Stoffmenge nur einer Komponente, ändert sich die Stoffmenge an Produkt, die man maximal erhalten kann, nicht, da beide Komponenten stets im selben Stoffmengenverhältnis miteinander reagieren. Haben alle Teilchen beispielsweise alle Ethansäure-Moleküle reagiert, kann keine weitere Reaktion erfolgen, auch wenn noch Ethanol-Moleküle vorhanden sind.

A201.2

a) $CH_3OH + CH_3COOH \rightleftharpoons CH_3OOCCH_3 + H_2O$

b) $K = \dfrac{c(CH_3OOCCH_3) \cdot c(H_2O)}{c(CH_3OH) \cdot c(CH_3COOH)}$

c) $K = \dfrac{0{,}85 \cdot 0{,}85}{0{,}15 \cdot 0{,}15} = 32{,}1$

d) Konzentration des Esters im Gleichgewichtszustand: x

$K = \dfrac{x^2}{(10 - x) \cdot (1-x)} = 32{,}1 \Leftrightarrow x^2 - 11{,}35x + 10{,}32 = 0$
$\Rightarrow x = 0{,}99$

Die Ausbeute an Ester beträgt 99 %.

A201.3

a) Durch das Abdestillieren des Wassers wird das Gleichgewicht zur Produktseite hin verschoben.

b) Ethanol würde in Konkurrenz zu *iso*-Pentanol treten. Die Bildung von unerwünschten Nebenprodukten wäre die Folge.

c) Die Begrenzung der Temperatur auf 120 °C soll ein Entweichen des eingesetzten Alkohols aus dem Reaktionsgemisch verhindern.

A201.4

Sowohl Carbonsäurechloride als Alkoholate sind in der Regel sehr reaktive Verbindungen. Die Reaktion von Natrium-*iso*-pentanolat mit Salicylsäurechlorid verläuft daher quantitativ.

A201.5

a)

Vorteile	Nachteile
Batch-Prozess kostengünstig bei kleinen Produktmengen, geeignet für langsame Reaktionen, Anlagen für verschiedene Produkte nutzbar, Vielfalt an Produkten	Ausfallzeiten durch Be- und Entladen, höherer Arbeitsaufwand, Abfuhr von Rektionswärme kann problematisch sein
kontinuierlicher Prozess günstig bei Massenproduktion, großer Durchsatz, (fast) keine Ausfallzeiten, leicht zu automatisieren	Anlagen meist nur für ein Produkt geeignet, geringe Produktvielfalt, höhere Kapitalkosten zu Beginn

b) Ob Seifenherstellung in einem Batch- oder einem kontinuierlichen Prozess abläuft, hängt im Wesentlichen von der gewünschten Produktmenge ab. Für Seifensiedereien, die nur kleinere Mengen produzieren, ist das Batch-Verfahren günstiger. Ein kontinuierlicher Prozess ist dagegen für eine großtechnische Produktion attraktiver.

A201.6

a) Voraussetzung für den Angriff eines Protons ist ein freies Elektronenpaar. Die ist beispielsweise beim Sauerstoff-Atom der Hydroxy-Gruppe des Alkohol-Moleküls der Fall.

b) Nach Protonierung der Hydroxy-Gruppe kann ein Wasser-Molekül abgespalten werden. Das entstehende Carbenium-Ion könnte in unterschiedlicher Weise weiterreagieren: Die Reaktion mit einem Hydrogensulfat-Ion führt zum entsprechenden (3-Methyl)pentylsulfonsäureester-Molekül. Reagiert das Carbenium-Ion mit einem Alkohol-Molekül entsteht ein symmetrisches Ether-Molekül. Ferner wäre auch die Abspaltung eines weiteren Protons unter Ausbildung eines 3-Methylpent-1-en-Moleküls denkbar. Welche der Reaktionen abläuft, hängt von den Reaktionsbedingungen ab.

A204.B1

a) *Alkane:* Gesättigte kettenförmige Kohlenwasserstoffe im Molekül. Allgemeine Formel: C_nH_{2n+2}
Alkene: Ungesättigte Kohlenwasserstoffe mit (mindestens) einer C=C-Zweifachbindung im Molekül. Allgemeine Formel bei einer Zweifachbindung: C_nH_{2n}

Orbital: Nach dem quantenchemischen Atommodell Bereich für eine stehende Elektronenwelle.
Hybridisierung: Kombination von unterschiedlichen Orbitalen zu gleichartigen (Hybrid-)Orbitalen.
Bindungen entstehen durch Überlappung von Atomorbitalen zu Molekülorbitalen:
σ-Bindung: drehsymmetrisch zur Bindungsachse
π-Bindung: spiegelsymmetrisch zur Bindungsachse

Reaktionsmechanismus: Modellhafte Darstellung einer Reaktion in verschiedenen Teilschritten.

Elektrophile Addition: Anlagerung von elektrophilen Teilchen (z. B. Kationen oder positiv polarisierte Atome funktioneller Gruppen) an ein ungesättigtes Molekül.

induktiver Effekt: Veränderung der Elektronendichte in einem Molekül durch funktionelle Gruppen. Elektronenziehende Gruppen besitzen einen –I-Effekt, elektronenschiebende Gruppen einen +I-Effekt.

sterischer Effekt: Zwischen Substituenten in räumlicher Nähe besteht eine Abstoßung, die mit der Größe der Substituenten zunimmt. Wird diese Abstoßung bei der Reaktion vergrößert, findet die Reaktion schlechter statt.

Eliminierung: Abspaltung von Atomen oder Atomgruppen aus einem Molekül unter Bildung einer C–C-Mehrfachbindung.

nucleophile Substitution: Reaktion, bei der an einem Molekül ein Atom oder eine Atomgruppe durch ein nucleophiles Teilchen ersetzt wird. Nucleophile Teilchen verfügen immer über mindestens ein freies Elektronenpaar.

Veresterung: Reaktion von Säuren mit Alkoholen. Es bildet sich eine Esterbindung aus.
Esterspaltung: Hydrolyse von Ester-Molekülen, die durch Alkalien oder Säuren eingeleitet wird.

b) siehe Seite 132

c) individuelle Lösung

A204.B2

a) $H_2N-CH_2-CH_2-CH_2-CH_2-CH_2-CH_2-NH_2$
1,6-Diaminohexan

HOOC–CH$_2$–CH$_2$–CH$_2$–CH$_2$–COOH
Adipinsäure

cis-1,4-Dichlorbut-2-en

trans-1,4-Dichlorbut-2-en

b), c)

(ClCH$_2$–CH=CH–CH$_2$Cl) →[nucleophile Substitution] (NCCH$_2$–CH=CH–CH$_2$CN) →[Addition] NC–CH$_2$–CH$_2$–CH$_2$–CH$_2$–CN

→[Hydrolyse] HOOC–CH$_2$–CH$_2$–CH$_2$–CH$_2$–COOH

→[Reduktion] $H_2N-CH_2-CH_2-CH_2-CH_2-CH_2-CH_2-NH_2$

d) Die Hydrierung der *cis/trans*-Isomere führt in beiden Fällen zum selben Produkt, da aus der Zweifachbindung eine Einfachbindung wird.

A204.B3

Hydrolyse:
$C_{11}H_{23}-COO-CH_2$
$C_{11}H_{23}-COO-CH$ $+ 3\ H_2O \longrightarrow 3\ C_{11}H_{23}-COOH\ +$ HO–CH$_2$ / HO–CH / HO–CH$_2$
$C_{11}H_{23}-COO-CH_2$

Reduktion:
$C_{11}H_{23}-COOH \rightarrow C_{11}H_{23}-CH_2-OH$

Veresterung mit Schwefelsäure:
$C_{11}H_{23}-CH_2-OH + HO-SO_3H \rightarrow$
$C_{11}H_{23}-CH_2-O-SO_3H + H_2O$

Neutralisation:
$C_{11}H_{23}-CH_2-O-SO_3H + NaOH \rightarrow$
$C_{11}H_{23}-CH_2-O-SO_3Na + H_2O$

A205.C1

a) $CH_2=CH_2$ →[H$_2$O/H$^+$, Addition] CH_3-CH_2-OH

CH_3-CH_2-OH →[KMnO$_4$, Oxidation] CH_3-COOH

$CH_3-COOH + CH\equiv CH$ →[Addition] $CH_3-C(=O)-O-CH=CH_2$

b) [Mechanismus-Darstellung]

Bei der Addition von Wasser an Propen entsteht bevorzugt Propan-2-ol. Das Wasserstoff-Atom lagert sich an das Kohlenstoff-Atom an, an dem bereits die meisten Wasserstoff-Atome gebunden sind (Regel von Markownikow).

c) Polyvinylacetat-Moleküle enthalten Esterbindungen, die unter alkalischen Bedingungen gespalten werden können. Die Esterspaltung verläuft im alkalischen Bereich irreversibel.

Reaktionswege in der organischen Chemie

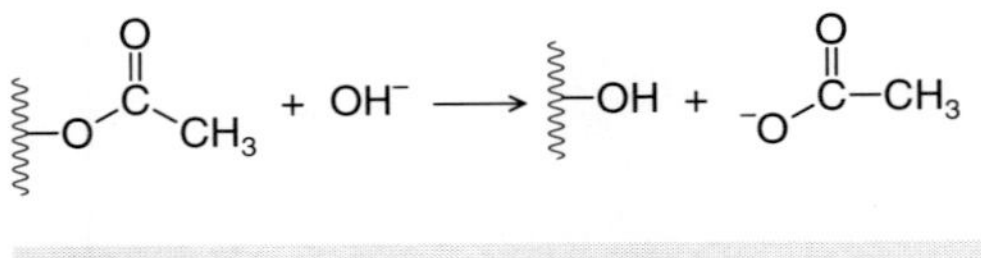

$\xi-O-\overset{O}{\underset{}{C}}-CH_3 + OH^- \longrightarrow \xi-OH + {}^-O-\overset{O}{\underset{}{C}}-CH_3$

A205.C2

a) $CH_3-CH_2-OH + CH_2=C\overset{CH_3}{\underset{CH_3}{\diagup}} \longrightarrow CH_3-CH_2-O-\overset{CH_3}{\underset{CH_3}{C}}-CH_3$

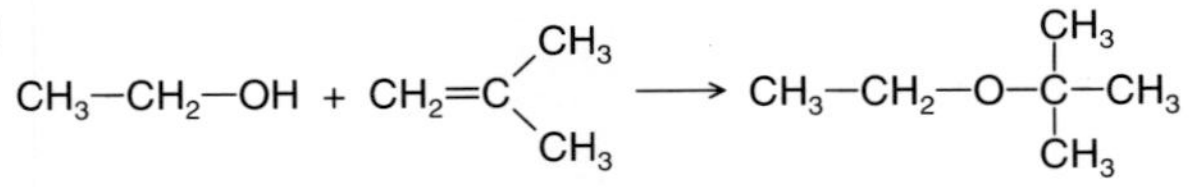

b) Ungesättigte Verbindungen lassen sich durch Reaktion mit Brom oder mit dem Baeyer-Reagenz nachweisen.

c) $M(\text{ETBE}) = 102{,}18 \text{ g} \cdot \text{mol}^{-1}$
$M(\text{Ethanolat}) = 45{,}07 \text{ g} \cdot \text{mol}^{-1}$
$m = \dfrac{M(\text{Ethanolat})}{M(\text{ETBE})} = \dfrac{45{,}07 \text{ g} \cdot \text{mol}^{-1}}{102{,}18 \text{ g} \cdot \text{mol}^{-1}} = 0{,}44$

d) Ether lassen sich prinzipiell auch durch Substitutionsreaktionen herstellen. Eine Möglichkeit der ETBE-Synthese ist die Reaktion von 2-Chlor-2-methylpropan mit Natriumethanolat:

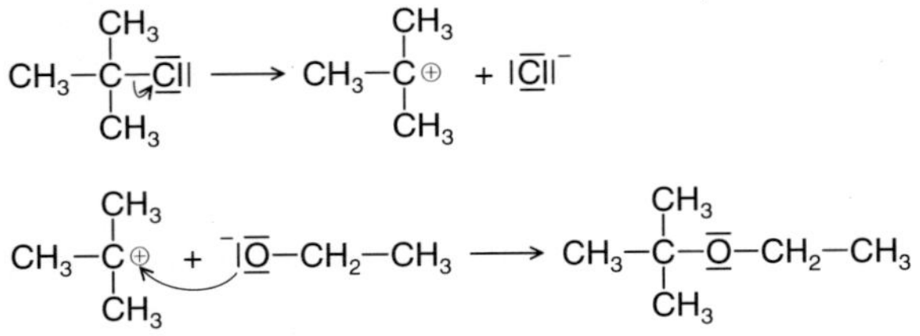

$CH_3-\overset{CH_3}{\underset{CH_3}{C}}-\overline{\underline{Cl}}| \longrightarrow CH_3-\overset{CH_3}{\underset{CH_3}{C}}\oplus + |\overline{\underline{Cl}}|^-$

$CH_3-\overset{CH_3}{\underset{CH_3}{C}}\oplus + {}^-|\overline{\underline{O}}-CH_2-CH_3 \longrightarrow CH_3-\overset{CH_3}{\underset{CH_3}{C}}-\overline{\underline{O}}-CH_2-CH_3$

e) Gerade katalytische Reaktionen sind gut für kontinuierliche Reaktionsführungen geeignet. Unverbrauchte Edukte können in diesem Beispiel gut abgetrennt werden. Sie werden dann wieder den Eduten zugemischt. Das Verfahren ist kostengünsig und besonders für große Umsätze geeignet.

8 Aromatische Verbindungen

A209.1

Die kettenförmigen Moleküle einer Verbindung mit der Molekülformel C_6H_6 müssen vier Zweifach- oder zwei Zweifach- und eine Dreifachbindung oder zwei Dreifachbindungen enthalten:
$CH_2=C=CH-CH=C=CH_2$,
$CH_2=C=C=C=CH-CH_3$,
$CH_2=C=CH-C\equiv C-CH_3$,
$CH\equiv C-C\equiv C-CH_2-CH_3$,
$CH\equiv C-CH_2-CH_2-C\equiv CH$

A209.2

Jahr	Forscher	Forschungsbeitrag
1825	Michael Faraday	Isolation von Benzol aus den flüssigen Rückständen von Leuchtgas
1834	Eilhard Mitscherlich	Synthese von Benzol aus Benzoesäure (Benzin), Ermittlung der Molekülformel
1834	Justus von Liebig	Umbenennung in Benzol
ab 1850	verschiedene Forscher	Vorschläge für Strukturformeln
1865	August Kekulé	Ringstruktur mit alternierenden Zweifachbindungen
1925	Robert Robinson	Strukturformel mit Kreis im Hexagon

A209.3

a) Das Ladenburg-Benzol-Molekül ist ein Prisma. Alle C–C-Bindungen sind Einfachbindungen. Die Bindungswinkel weichen stark sowohl vom Tetraederwinkel, als auch vom Bindungswinkel in der Kekulé-Formel ab. Eine Hydrierung ist nicht möglich.
Auch das Dewar-Benzol-Molekül ist nicht eben, so wie es das Kekulé-Benzol-Molekül ist. Zwar sind zwei der Bindungen Zweifachbindungen, aber auch hier weichen alle Bindungswinkel von denen der Kekulé-Formel ab. Zur vollständigen Hydrierung pro Mol Dewar-Benzol werden statt 3 Mol H_2 (pro Mol Kekulé-Benzol) nur 2 Mol H_2 benötigt. Beim Ladenburg-Benzol ist ein Methylderivat zu erwarten wie beim Kekulé-Benzol, beim Dewar-Benzol dagegen zwei Methylbenzol-Isomere.

b)

experimenteller Befund	Ladenburg-Benzol	Dewar-Benzol
neigt nicht zu spontanen Additionsreaktionen	+	−
Hydrierung möglich	−	+
nur ein 1,2-Dimethylbenzol-isomer	+	−
identische C–C-Bindungslängen	−	−

c) Für die Dimethylverbindung sind beim Ladenburg-Benzol sind 3 und beim Dewar-Benzol sind 5 Stellungsisomere zu erwarten.

A209.4

Benzol reagiert erst bei Zugabe eines Katalysators mit Brom, während Cyclohexen auch ohne Katalysator reagiert. Bromwasser wird daher von Benzol nicht, von Cyclohexen jedoch schnell entfärbt. (Bei der Reaktion von Benzol entstehen Monobrombenzol und Bromwasserstoff, während bei der Reaktion von Cyclohexen ausschließlich Dibromhexan entsteht. Benzol zeigt eine elektrophile Substitution, Cyclohexen eine elektrophile Addition.)

A209.5

$C_6H_{14} \rightarrow C_6H_6 + 4\,H_2$

A209.6

Hexan wird zuerst unter Ringschluss zu Cyclohexan, dann zu Benzol dehydriert.
$C_6H_{14} \rightarrow C_6H_{12} + H_2$
$C_6H_{12} \rightarrow C_6H_6 + 3\,H_2$

A209.7

a) Aufgrund seiner unpolaren Bindungen ist Benzol lipophil und für andere unpolare Stoffe, also auch für Fette und Wachse, ein gutes Lösemittel.

b) Benzol ist giftig und kanzerogen. Auch in Fetten, die mithilfe von Benzol extrahiert werden, finden sich noch Benzolreste, die auf Dauer gesundheitsschädigend wirken. Daher wurde Benzol durch andere Lösemittel ersetzt.

A211.1

Das Benzol-Molekül ist ringförmig und eben. Konjugierte Zweifachbindungen erstrecken sich über den gesamten Ring. Alle C–C-Bindungen sind identisch und daher gleichwertig. Die sechs π-Elektronen sind über alle C-Atome delokalisiert. Die Anzahl der π-Elektronen entspricht der Hückel-Regel.

A211.2

1825: Wohlgeruch
1865: hoher Kohlenstoff-Gehalt
1870: Benzol und seine Derivate
1880: Substitutionsreaktionen
1925: Elektronensextett
1931: Hückel-Regel
1970: ringförmiges delokalisiertes π-Elektronensystem mit großer Mesomerieenergie

A211.3

Beobachtung	Deutung
verbrennt mit rußender Flamme	hoher Kohlenstoffgehalt
ebenes Sechseck-Molekül	Ringsystem mit 6 C-Atomen
nur ein Monochlorbenzol-isomer	alle C-Atome im Ring sind gleichwertig
keine Additionsreaktionen, sondern Substitutionsreaktionen, Bindungslängen identisch, zwischen Einfach- und Zweifachbindungen	keine „normalen" Einfach- und Zweifachbindungen
geringere Hydrierungsenergie als bei drei isolierten Zweifachbindungen	Mesomerie, delokalisierte Elektronen

A211.4

a) Das Kekulé-Modell geht von alternierenden Zweifachbindungen aus, während die vereinfachte Darstellung in den Vordergrund stellt, dass die Bindungen im Ring weder Einfach- noch Zweifachbindungen sind.

b) Es gäbe nur dann Isomere des 1,2-Dibrombenzols, wenn sich die Bindungen zwischen dem ersten und zweiten C-Atom des Benzols unterscheiden würden, also entweder als Einfach- oder als Zweifachbindung vorlägen. Da aber alle Bindungen gleichwertig und nicht unterscheidbar sind, kann es auch keine Isomere geben.

A211.5

Strukturformelvorschlag von Claus: Für den aromatischen Zustand spricht, dass alle Bindungen im Ringsystem gleichartig sind. Da jedoch nur Einfachbindungen vorliegen, kann kein ebenes Ringsystem vorliegen. Die Elektronen der Bindungen innerhalb des Rings sind nicht delokalisiert, mesomere Strukturen können nicht formuliert werden.

Strukturformelvorschlag von Baeyer: Zwar sind alle Bindungen im Ring gleichartig, was für einen aromatischen Zustand spricht. Am jedem C-Atom befindet sich jedoch ein freies Elektron. Da die Elektronen im Ring nicht delokalisiert sind und keine Grenzformeln formuliert werden können, kann mit der vorgeschlagenen Struktur der aromatische Zustand nicht beschrieben werden.

A211.6

Mesomerieenergie bezeichnet die Differenz im Energieinhalt eines tatsächlichen Moleküls und eines durch eine Grenzformel beschriebenen hypothetischen Moleküls. Das tatsächliche Molekül ist aufgrund des mesomeren Elektronensystems stabiler als ein hypothetisches Molekül, bei dem isolierte Zweifachbindungen vorliegen. Diese Stabilität zeigt sich darin, dass bei der Hydrierung weniger Energie frei wird.

A211.7

a) Biphenyl: $2 \cdot 6$ π-Elektronen
Naphthalin: 10 π-Elektronen

b) Im Biphenyl-Molekül ist die Hückel-Regel für jedes der beiden Ringsysteme erfüllt (n = 1). Für das Naphthalin-Molekül ist die Hückel-Regel ebenfalls erfüllt (n = 2).

c)

d) Im Biphenyl-Molekül sind zwei Phenyl-Reste über eine Einfachbindung miteinander verknüpft.

A211.8

A213.1

A213.2

Nachgewiesen werden kann das Carbenium-Ion, indem man es durch tiefe Temperatur und in Anwesenheit von $AlCl_3$ stabilisiert. Die Lösung leitet den elektrischen Strom, wie alle Lösungen, die Ionen enthalten. Die Spektroskopie bietet eine weitere Nachweismöglichkeit.

A213.3

Die Aktivierungsenergie wird benötigt, um den aromatischen Zustand zu zerstören. Das als Zwischenstufe gebildete Carbenium-Ion ist mesomeriestabilisiert, sodass es wiederum eine, allerdings geringe Aktivierungsenergie benötigt, um weiterreagieren zu können.

A213.4

Eine Bromierung von Benzol erfolgt nicht so leicht wie die elektrophile Addition an eine Zweifachbindung, weil Brom nur schwach elektrophil ist. Mit einem Katalysator wie $FeBr_3$ gelingt jedoch eine elektrophile Substitution. Die Iodierung ist energetisch ungünstig. Daher kann eine Iodierung nur erfolgen, wenn der entstehende Iodwasserstoff aus dem Reaktionsgemisch entfernt wird oder, wenn zuvor gute Elektrophile wie ICl oder I^+ erzeugt werden.

A213.5

a)

$$C_6H_6 + HNO_3 \xrightarrow{H_2SO_4} C_6H_5\text{-}NO_2 + H_2O$$

$$HNO_3 + H_2SO_4 \longrightarrow NO_2^\oplus + HSO_4^\ominus + H_2O$$
Bildung des NO_2^+-Ions.

[Mechanismus der Nitrierung mit NO_2^+ → σ-Komplex → Nitrobenzol + H^+]

$$C_6H_6 + CH_3\text{-}Cl \xrightarrow{AlCl_3} C_6H_5\text{-}CH_3 + HCl$$

$$CH_3\text{-}Cl + AlCl_3 \longrightarrow {}^\oplus CH_3 + AlCl_4^\ominus$$

[Mechanismus der Methylierung: Benzol + $^\oplus CH_3$ → σ-Komplex → Toluol + $H^\oplus$]

$$C_6H_6 + CH_2=CH_2 \xrightarrow{H_2SO_4} C_6H_5\text{-}CH_2\text{-}CH_3$$

$$CH_2=CH_2 + H_2SO_4 \longrightarrow {}^\oplus CH_2\text{-}CH_3 + HSO_4^\ominus$$

[Mechanismus der Ethylierung: Benzol + $^\oplus CH_2\text{-}CH_3$ → σ-Komplex → Ethylbenzol + $H^\oplus$]

b) In Salpetersäure liegen Oxonium-Ionen und Nitrat-Ionen vor. Die Nitrat-Ionen sind aufgrund ihrer negativen Ladung keine elektrophile Teilchen. Um ein Elektrophil zu erhalten, muss eine sehr starke Säure eingesetzt werden, die in der Lage ist, das Salpetersäure-Molekül zu protonieren. Aus dem protonierten Salpetersäure-Molekül kann dann durch Abspaltung eines Wasser-Moleküls das elektrophile NO_2^+-Ion gebildet werden. Schwefelsäure ist geeignet, da sie eine sehr starke Säure ist und zugleich das entstehende Wasser als Oxonium-Ionen bindet.

A213.6

Benzolsulfonsäure ist eine starke Säure ($pK_S = 0{,}7$), da das Säure-Anion mesomeriestabilisiert ist. Zur Stabilisierung trägt neben der Sulfonsäure-Gruppe auch der Phenyl-Rest bei.

A213.7

Reaktionstyp	elektrophile Substitution	elektrophile Addition
Edukt	Aromat	Alken
Produkt	einfachsubstituierter Aromat	zweifachsubstituiertes Alkan
angreifendes Teilchen	Elektrophil	Elektrophil
Katalysator	meist notwendig	nicht notwendig
Zwischenprodukt	mesomeriestabilisiertes Carbenium-Ion	nichtmesomeriestabilisiertes Carbenium-Ion

A213.8

Isopropylbenzol kann mittels einer Friedel-Crafts-Alkylierung aus Benzol und einem weiteren Edukt hergestellt werden. Einerseits eignen sich 2-Chlorpropan und Aluminiumchlorid als Katalysator, andererseits kann Propen eingesetzt werden, dann mit Schwefelsäure als Katalysator.

A213.9

a), b)

[Benzol + $Cl\text{-}CO\text{-}CH_2\text{-}CH_2\text{-}CH_3$ $\xrightarrow{AlCl_3}$ $C_6H_5\text{-}CO\text{-}CH_2\text{-}CH_2\text{-}CH_3$ + HCl]

c)

$$C_3H_7\text{-}C(=\overline{\underline{O}}|)\text{-}Cl + AlCl_3 \longrightarrow C_3H_7\text{-}C{\equiv}\overline{O}|^\oplus$$

[Mechanismus: Benzol + Acylium-Kation → σ-Komplex → Phenyl-CO-C_3H_7 + $H^\oplus$]

Aromatische Verbindungen

A215.1

Phenol	Cyclohexanol
bei Raumtemperatur farbloser, kristalliner Feststoff	bei Raumtemperatur farblos schmelzend
löslich in Wasser und Ethanol	wenig löslich in Wasser, löslich in Ethanol
giftig, ätzend	leichtentzündlich, reizend, wassergefährdend
pK_S = 10,0	pK_S = 17,0
zeigt mit Fe^{3+}-Ionen charakteristische Violettfärbung	keine Färbung mit Fe^{3+}-Ionen

A215.2

Karbolsäure (Phenol) ist ein vergleichsweise aggressives Desinfektionsmittel. Sie ist toxisch, wirkt ätzend, schädigt das menschliche Gewebe sowie für die Nieren und führt zur Bildung von Ekzemen.

A215.3

2 C_6H_5–OH + 2 Na → 2 C_6H_5–ONa + H_2

2 C_2H_5–OH + 2 Na → 2 C_2H_5–ONa + H_2

Im Vergleich zu Phenol ist Ethanol eine deutlich schwächere Säure. Das Phenol-Molekül gibt das Proton der Hydroxy-Gruppe leichter ab. Dementsprechend sollte die Reaktion mit Natrium heftiger verlaufen.

A215.4

a) [Strukturformeln: Phenolat + H_2O ⇌ Phenol + OH^-; Cyclohexanolat + H_2O → Cyclohexanol + OH^-]

b) Cyclohexanol ist als Alkohol eine äußerst schwache Säure. Entsprechend ist Cyclohexanolat als korrespondierende Base eine sehr starke Base (stärker als das Hydroxid-Ion). Natriumcyclohexanolat reagiert deshalb mit Wasser vollständig zu Cyclohexanol und Natriumhydroxid.
Phenol reagiert zwar wesentlich stärker sauer als Cyclohexanol, ist aber dennoch nur eine sehr schwache Säure. Das Phenolat-Ion ist eine mittelstarke Base. Bei der Reaktion von Natriumphenolat mit Wasser stellt sich ein Gleichgewicht ein; das Gleichgewicht liegt auf der Seite der Produkte.

A215.5

Phenol ist eine schwache Säure. Bei Zugabe von Natronlauge geht Phenol als Phenolat in Lösung. Das Phenol-Molekül gibt ein Proton ab und wird zum Phenolat-Ion:

C_6H_5–OH(s) (s) + Na^+(aq) + OH^-(aq) →
C_6H_5–O^-(aq) + Na^+(aq) + H_2O(l)

Bei Zugabe von Salzsäure wird das Phenolat-Ion protoniert. Es fällt Phenol aus der Lösung aus:
C_6H_5–O^-(aq) + Na^+(aq) + H^+(aq) + Cl^-(aq) →
C_6H_5–OH(s) (s) + Na^+(aq) + Cl^-(aq)

A215.6

Phenol kann ausgehend von Benzol und Propen hergestellt werden. Dabei wird im ersten Schritt in einer Friedel-Crafts-Alkylierung Cumol gebildet, das mit Luftsauerstoff zu Cumolhydroperoxid oxidiert wird. In einer Umlagerungsreaktion bilden sich dann Phenol und Propanon.

[Reaktionsschema: Benzol + CH_3–CH=CH_2 → Cumol → Cumolhydroperoxid → Phenol + CH_3–CO–CH_3]

A215.7

Die Methyl-Gruppe im *meta*-Methylphenol-Molekül besitzt einen +I-Effekt. Die Elektronendichte des aromatischen Systems wird erhöht. Die O–H-Bindung der Hydroxy-Gruppe ist weniger stark polarisiert als im Phenol-Molekül, die Tendenz zur Abgabe eines Protons geringer. Das Fluor-Atom besitzt dagegen –I-Effekt, der zu einer verringerten Elektronendichte im aromatischen System führt. Die O–H-Bindung ist stärker polarisiert. Das Proton kann leichter abgegeben werden.

A215.8

[Strukturformeln: drei Dihydroxybenzol-Isomere bzw. Trihydroxybenzole]

A217.1

a) [Reaktionsschema: Ethylbenzol + Br → ortho- und para-Bromethylbenzol, Kat.]

Der Ethylsubstituent besitzt einen –I-Effekt und dirigiert bei der Zweitsubstitution in ortho- und para-Stellung.

b) [Reaktionsschema: Phenol + NO_2^+ → ortho- und para-Nitrophenol]

Die Hydroxy-Gruppe des Phenol-Moleküls besitzt einen +M-Effekt. Die Zweitsubstitution erfolgt in *ortho*- oder *para*-Stellung.

c)

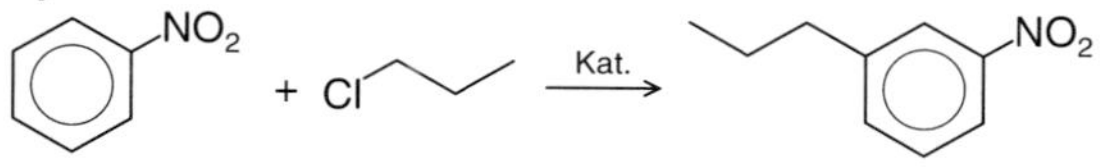

[Struktur: Nitrobenzol + Cl-CH$_2$-CH$_2$-CH$_3$ →(Kat.) 1-Propyl-3-nitrobenzol]

Aufgrund des –M-Effekt der Nitro-Gruppe wird bevorzugt das *meta*-Produkt gebildet.

A217.2

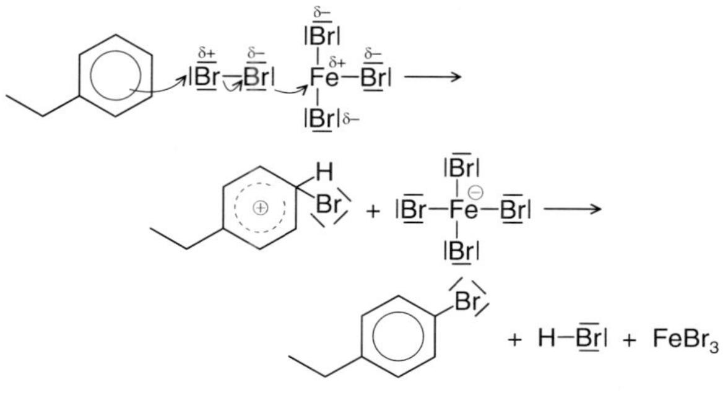

[Reaktionsmechanismus: Ethylbenzol + Br-Br···FeBr$_3$ → σ-Komplex → para-Bromethylbenzol + H–Br + FeBr$_3$]

A217.3

Sowohl beim Phenol-Molekül wie beim Phenolat-Ion wirken +M-Effekte, die in *ortho*-Stellung dirigieren. Der +M-Effekt ist beim Phenolat-Ion wegen der negativen Ladung stärker. Die Hydroxy-Gruppe des Phenol-Moleküls besitzt einen –I-Effekt, der den +M-Effekt abschwächt. Beide Einflüsse sorgen dafür, dass beim Phenolat-Ion die *ortho*-Substitution noch günstiger ist.

A217.4

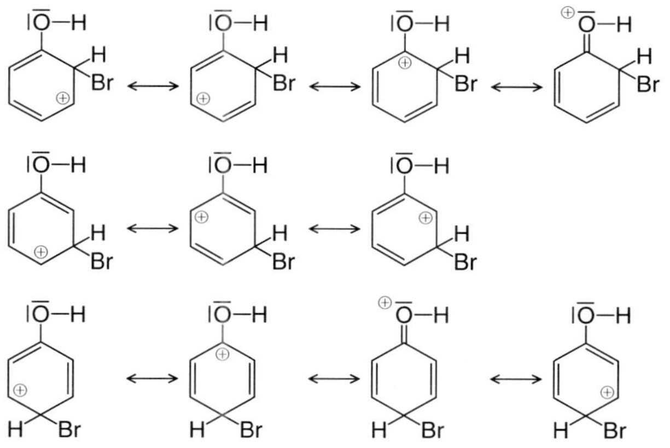

[Grenzstrukturen für ortho-, meta- und para-Angriff von Br am Phenol]

Sowohl für den Angriff in *ortho*- als auch in *para*-Stellung lassen sich Grenzformeln angeben, bei denen sich das Sauerstoff-Atom mit einem freien Elektronenpaar an dem delokalisierten Elektronensystem beteiligt. Für einen Angriff in *meta*-Stellung sind solche energetisch günstigen Grenzformeln nicht möglich.

A217.5

a) Bei Substitutionen in *ortho*- und *para*-Stellung ergeben sich für Erstsubstituenten ungünstige Grenzstrukturen.

b) Die Hydroxy-Gruppe zeigt sowohl einen –I-Effekt als auch einen +M-Effekt. Der –I-Effekt bewirkt eine geringere Reaktivität und begünstigt die Substitution in der *meta*-Stellung. Der +M-Effekt führt zu einer Ausweitung des delokalisierten Systems und somit zu einer höheren Reaktivität. Bei der Zweitsubstitution werden die *ortho*- und die *para*-Stellung begünstigt. Beide Effekte wirken entgegengesetzt. Da der +M-Effekt überwiegt, wirkt eine Hydroxy-Gruppe insgesamt aktivierend und dirigiert in *ortho*- und *para*-Stellung.

A217.6

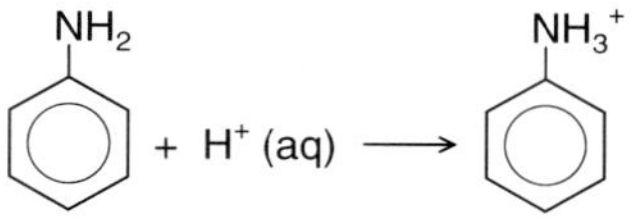

[Anilin + H$^+$ (aq) → Anilinium-Ion]

A217.7

Die Sulfonsäure-Gruppe (–SO$_3$H) besitzt einen –M-Effekt. Die Substitution erfogt daher in *meta*-Stellung.

A217.8

a)

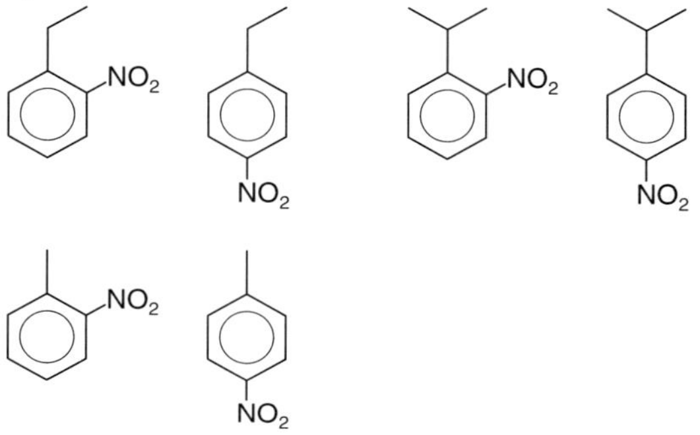

[Strukturen: ortho- und para-Nitroethylbenzol, ortho- und para-Nitrocumol, ortho- und para-Nitrotoluol]

b)

Edukt	Produktverhältnis ortho : para
Methylbenzol	56 : 40
Ethylbenzol	44 : 51
Isopropylbenzol	28 : 65

Mit zunehmenden Raumanspruch des Erstsubstituenten wird ein Angriff in *ortho*-Stellung schwieriger (sterischer Effekt).

Aromatische Verbindungen

A217.9

Struktur	Erläuterung
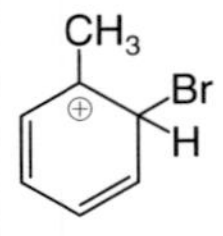 CH₃, Br, H (Ring mit ⊕)	Dem Kohlenstoff-Atom, das die positive Ladung trägt, ist eine Methyl-Gruppe benachbart. Diese wirkt aufgrund des +I-Effekts stabilisierend.
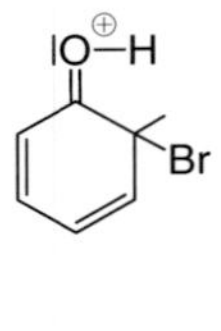 ⊕O–H, Br (Ring)	Ein freies Elektronenpaar des Sauerstoff-Atoms beteiligt sich an dem delokalisierten Elektronensystem. Die Elektronendichte wird dadurch erhöht. Zudem gibt es eine höhere Anzahl von Grenzstrukturen, was die Mesomerie verstärkt.
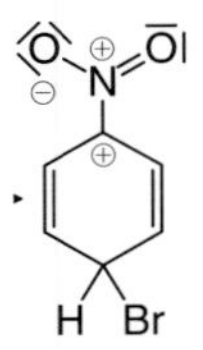 NO₂-Gruppe mit ⊕ am Ring, H, Br	In der gezeigten Grenzstruktur befinden sich die positiven Ladungen an zwei benachbarten Atomen. Diese Anordnung ist aufgrund der elektrostatischen Abstoßung energetisch ungünstig.

A217.10

Für die Synthese von 3-Amino-4-bromtoluol sind verschiedene Wege denkbar. Ein Ansatz geht von der Nitrierung von Benzol aus:

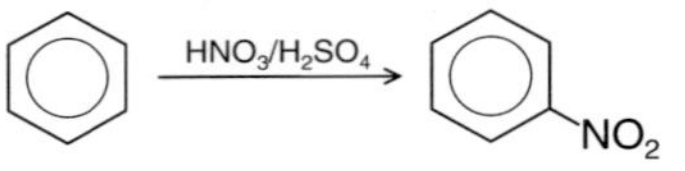

Benzol + HNO₃/H₂SO₄ → Nitrobenzol (–NO₂)

Das Nitrobenzol wird im nächsten Schritt in einer Friedel-Crafts-Alkylierung zu 3-Nitrotoluol umgesetzt. Der Erstsubstituent dirigiert aufgrund des –M-Effekts dabei in *meta*-Stellung:

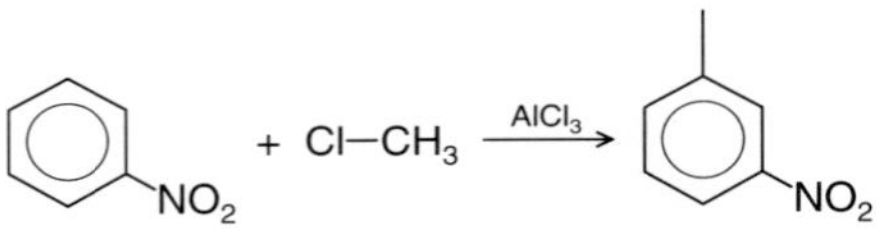

Nitrobenzol + Cl–CH₃ —AlCl₃→ 3-Nitrotoluol

Im dritten Schritt erfolgt nun eine Reduktion der Nitro-Gruppe zur Amino-Gruppe:

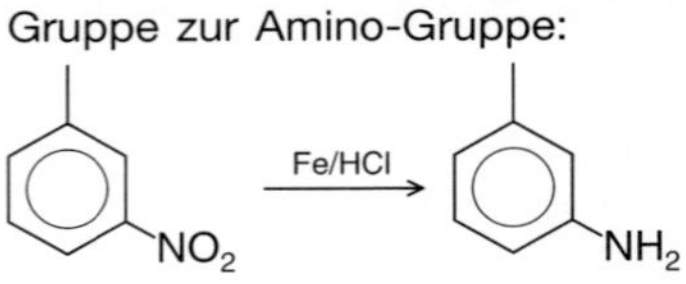

3-Nitrotoluol —Fe/HCl→ 3-Aminotoluol (–NH₂)

Im letzten Schritt wird 3-Aminotoluol bromiert. Ein Angriff an die Position 4 ist dabei begünstigt, da sowohl die Methyl-Gruppe als auch die Amino-Gruppe in *ortho*- und *para*-Stellung dirigieren.

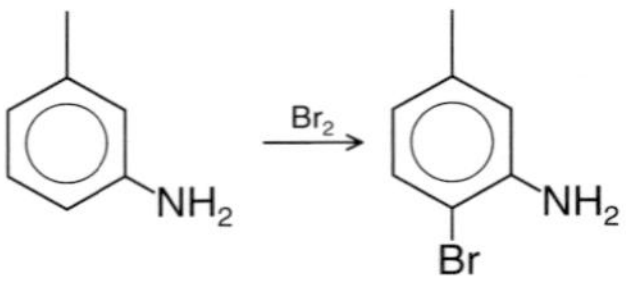

3-Aminotoluol —Br₂→ 3-Amino-4-bromtoluol

Stellt man zuerst Brommethylbenzol her, erfogt die Nitrierung in *meta*-Stellung zum Brom-Atom, was nicht gewünscht ist.

A219.1

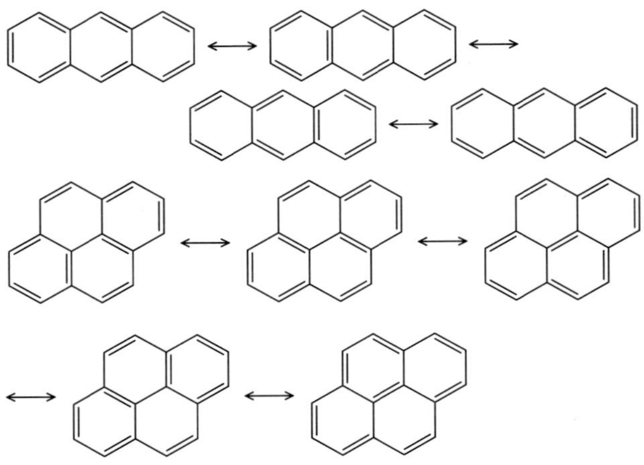

(Grenzstrukturen von Anthracen und Pyren)

A219.2

Purin: 10 π-Elektronen
Pyrimidin: 6 π-Elektronen
Furan: 6 π-Elektronen
Cyclopentadienon: 6 π-Elektronen

Die Hückel-Regel ist in allen Fällen erfüllt.

A219.3

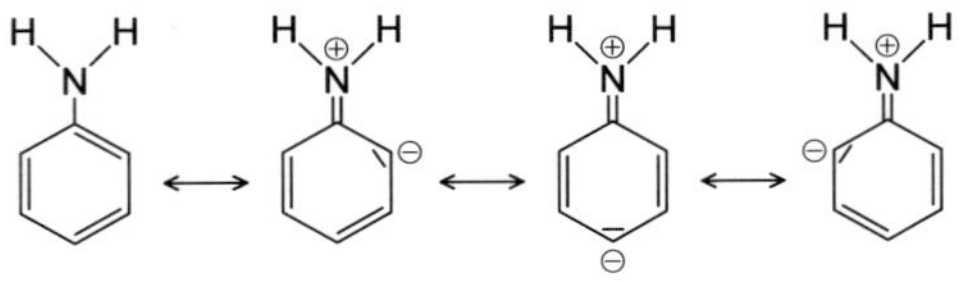

(Grenzstrukturen von Anilin mit Beteiligung des freien Elektronenpaars am Stickstoff)

A219.4

Hinweis: Ab dem Druck A² des Schülerbands wird die Aufgabenstellung verändert und lautet: Das Naphthalin-Molekül ist bei elektrophilen Substitutionen in der *ortho*-Stellung deutlich reaktiver als das Benzol-Molekül.

a) Zeichnen Sie die Grenzstrukturen für den σ-Komplex und kennzeichnen Sie besonders wichtige Strukturen.

b) Fertigen Sie im Vergleich Skizzen der Enthalpiediagramme für die Substitution am Benzol-Molekül und am Naphthalin-Molekül an. Erläutern Sie das Diagramm und begründen Sie die unterschiedliche Reaktivität.

a)

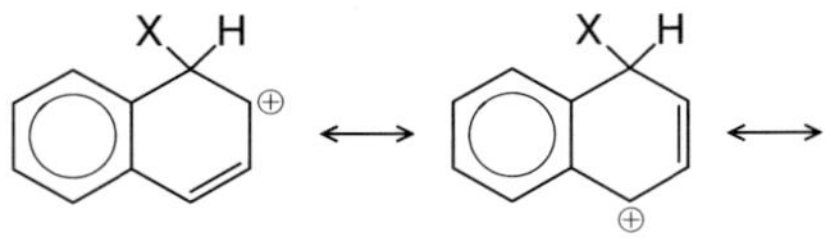

(Grenzstrukturen des σ-Komplexes von Naphthalin, zwei obere Strukturen)

energetisch günstige Strukturen,
da Aromatizität im linken Ring erhalten bleibt

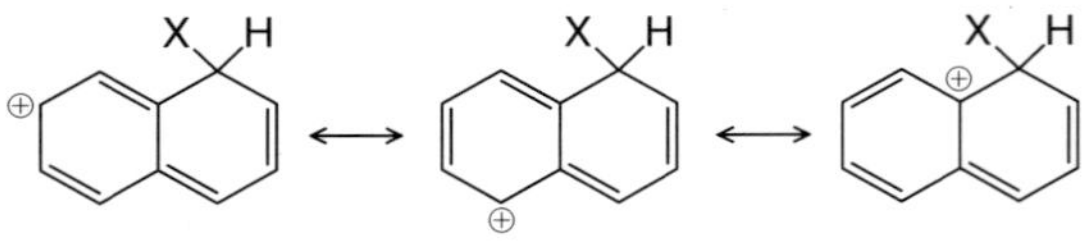

(drei weitere Grenzstrukturen)

b) Beim Naphthalin-Molekül gibt es energetisch günstige Grenzstrukturen, bei denen in einem Ring ein aromatisches System erhalten bleibt. Dadurch werden die Zwischenstufe und die benachbarten Übergangszustände energetisch günstiger. Die Aktivierungsenergie sinkt und die Reaktion läuft schneller ab.

A219.5

Hinweis: Ab dem Druck A² des Schülerbands wird die Aufgabenstellung verändert und lautet: Biphenyl ist reaktiver als Benzol. Zeichnen Sie die Grenzstrukturen für den σ-Komplex bei *ortho*-Substitution im Vergleich zu Benzol und erläutern Sie damit die Reaktivität.

Beim Biphenyl-Molekül gibt es für den σ-Komplex mehr mesomere Grundstrukturen. Dadurch werden die Zwischenstufe und die benachbarten Übergangszustände energetisch günstiger. Die Aktivierungsenergie sinkt und die Reaktion läuft schneller ab.

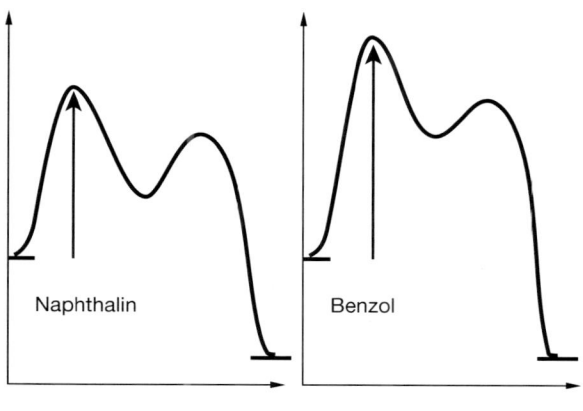

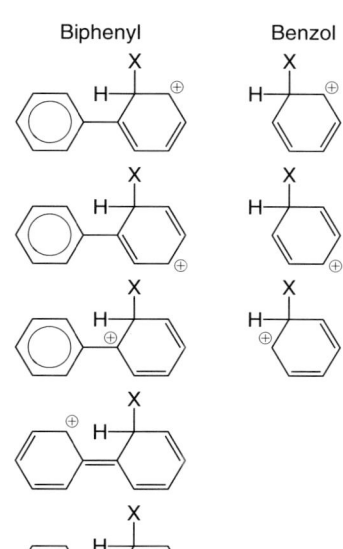

A219.6

Biphenyl ist vergleichsweise reaktionsträge, aber dennoch reaktiver als Benzol. Das entsprechende Carbenium-Ion wird durch den +M-Effekt des Phenyl-Rests stabilisiert. Naphthalin ist deutlich reaktiver als Benzol. Für den σ-Komplex lassen sich mehr Grenzformeln angeben, da die positive Ladung über das gesamte Molekül verteilt werden kann.

A219.7

Fluoren

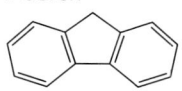

Molekülformel: $C_{13}H_{10}$
Molmasse: 166,22 g · mol⁻¹
Schmelztemperatur: 113–115 °C
Siedetemperatur: 295 °C
Eigenschaften und Verwendung: leuchtet bei Bestrahlung mit UV-Licht, wird als Luminophor in Leuchtdioden und zur Herstellung von Pestiziden verwendet.

Tetracen (Naphthacen)

Molekülformel: $C_{18}H_{12}$
Molmasse: 228,22 g · mol⁻¹
Schmelztemperatur: 357 °C
Siedetemperatur: –
Eigenschaften und Verwendung: organischer Halbleiter, Ausgangsstoff für Farbstoffsynthesen

Perylen

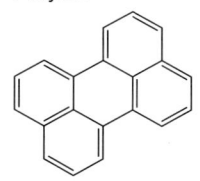

Molekülformel: $C_{20}H_{12}$
Molmasse: 252,32 g · mol⁻¹
Schmelztemperatur: 273–278 °C
Siedetemperatur: 350–400 °C (sublimiert)
Eigenschaften und Verwendung: fluoresziert bei Bestrahlung mit UV-Licht, wird in Leuchtdioden und als organischer Halbleiter verwendet.

Chrysen

Molekülformel: $C_{18}H_{12}$
Molmasse: 228,29 g · mol⁻¹
Schmelztemperatur: 256 °C
Siedetemperatur: 448 °C
Eigenschaften und Verwendung: Herstellung von UV-Filtern und Farbstoffen

A219.8

a)

b) Das Stickstoff-Atom verringert aufgrund der höheren Elektronegativität die Elektronendichte im delokalisierten Elektronensystem.

c) Die Substitution erfolgt in der *meta*-Stellung, da hier der stabilste σ-Komplex auftritt. Im Gegensatz zu einer Substitution in *para*-Stellung tritt hier keine Grenzformel auf, bei der das Stickstoff-Atom die positive Ladung trägt.

V220.1

a) Dimethylbenzol ist in Wasser unlöslich, in Ethanol und *n*-Heptan löslich.

b) Dimethylbenzol-Moleküle können keine Wasserstoffbrückenbindungen ausbilden und daher auch nicht mit Wasser-Molekülen wechselwirken. Zwischen den Molekülen von Dimethylbenzol, Ethanol und Heptan liegen Van-der-Waals-Bindungen vor.

V220.2

a) In beiden Fällen entfärbt sich das Reaktionsgemisch. Das entweichende Gas bildet an feuchter Luft Nebel und färbt Universalindikatorpapier rot.

b)

c) Das Glas wird mit Aluminiumfolie umwickelt, um das Reaktionsgemisch vor Licht zu schützen.

d) Der zugesetze Aluminiumgries reagiert mit einem Teil des Broms, wirkt dann als Katalysator.

e) Die Bromierung von 1,3-Dimethylbenzol verläuft schneller als die von Methylbenzol. Das 1,3-Dimethylbenzol-Molekül verfügt über zwei Methyl-Gruppen, die einen +I-Effekt besitzen und somit die Elektronendichte erhöhen.

V220.3

a) *Schritt 1:* Bei Zugabe weniger Tropfen Wasser wird das Gemisch flüssig.
Schritt 4: Bei Zugabe von Wasser bilden sich im ersten Reagenzglas zwei Phasen. Bei sehr hoher Verdünnung entsteht wieder eine einphasige Lösung.
Beim Abkühlen lassen sich im zweiten Reagenzglas zwei flüssige Phasen beobachten.
Hinweis: Phenol-Wasser-Gemische weisen bei Raumtemperatur große Mischungslücken auf. Die Löslichkeit von Phenol in Wasser ist stark temperaturabhängig. Bei der angegebenen Temperatur sind Phenol und Wasser in jedem Verhältnis mischbar. Bei Erhitzen verdampft ein wenig Wasser, sodass beim Abkühlen zwei flüssige Phasen entstehen.

b) Bei Raumtemperatur löst sich nur wenig Phenol in Wasser. Das Gleichgewicht liegt auf der linken Seite:
$C_6H_5OH(s) \rightleftharpoons C_6H_5OH(aq)$

Die Löslichkeit von Phenol nimmt mit steigender Temperatur deutlich zu.
Bei Zugabe von Natronlauge bildet sich wasserlösliches Natriumphenolat:
$C_6H_5OH(aq) + NaOH(aq) \rightleftharpoons C_6H_5ONa(aq) + H_2O$

Bei Zugabe von Salzsäure wird wieder Phenol gebildet:
$C_6H_5ONa(aq) + HCl(aq) \rightleftharpoons C_6H_5OH(aq) + NaCl(aq)$

V221.4

a) individuelle Lösung

b) individuelle Lösung mit $c(Br_2) = 0{,}063$ mol · l^{-1}

c)

Die Stoffmenge an Brom ist bis zu dreimal so hoch wie die Stoffmenge an Phenol. Es findet eine mehrfache Substitution des Phenols statt.

d) Man erhitzt Bromphenol mit etwas Zinkpulver. Das gebildete Zinkbromid wird in Wasser gelöst und mit verdünnter Salpetersäure angesäuert. Bei Zugabe von verdünnter Silbernitratlösung fällt ein schwach gelber Niederschlag aus.

e) Halogenierte organische Abfälle müssen getrennt gesammelt werden.

V221.5

a) Bei Zugabe der Salpetersäure bildet sich ein gelblicher Feststoff mit phenolartigem Geruch.

b)

2-Nitrophenol   4-Nitrophenol

c) Das eigentliche Elektrophil bei der Nitrierung ist das Nitronium-Ion, das in alkalischer Lösung nicht stabil ist. Eine Nitrierung ist im alkalischen Bereich nicht möglich.

V221.6

a)

	Löslich-keit in Wasser	pH-Wert	Fe^{3+}(aq)	NO_2^-(aq)
Phenol	mäßig	4	rotviolett	–
Cyclo-hexanol	gering	7	–	–
1,2-Dihy-droxybenzol	sehr gut	5	grün	rot
1,3-Dihy-droxybenzol	gut	5	blauviolett	gelblich
1,4-Dihy-droxybenzol	gut	5	gelb	gelblich

Schritt 3: Das polar gebundene H-Atom der OH-Gruppe kann als Proton abgegeben werden. So wirken die Lösungen der Phenole schwach sauer.

Schritt 4: In wässriger Lösung bilden Phenole mit Eisen(III)-Ionen farbige Komplexe. Hydrochinon wird durch Eisen(III)-Ionen zu gelbem Chinon oxidiert.
Farbreaktionen unter der Bildung von Indophenol-Farbstoffen dienen zum Nachweis von Phenolen und von Nitrit-Ionen.

b) Durch Zugabe von Schwefelsäure bildet sich das Nitronium-Ion, dem eigentlichen Elektrophil bei der Nitrierung.

c) Ausschlaggebend für eine Farbreaktion mit Fe^{3+}(aq)-Ionen ist die Anwesenheit einer Enol-Gruppe im Molekül:

A224.B1

Aromat: Verbindungen mit ebenen, ringförmigen Molekülteilen. Über den betrachteten Ring erstreckt sich ein System von konjugierten C–C-Zweifachbindungen. Die π-Elektronen sind über alle Atome des Ringsystems delokalisiert. Im delokalisierten Elektronensystem sind 4n + 2 π-Elektronen enthalten.

Grenzformel: fiktive Strukturformeln, die zur Beschreibung der Mesomerie einer Verbindung herangezogen werden. Das tatsächliche Molekül wird durch die Summe der Grenzformeln beschrieben.

Mesomerie: Verbindungen mit Mehrfachbindungen können unter Normalbedingungen in einem energiearmen Zustand vorliegen.

Mesomerie-Stabilisierung: Energiedifferenz zwischen dem tatsächlichen Molekül und dem durch die klassische Strukturformel beschriebenen hypothetischen Molekül.

Hückel-Regel: Gemäß der Hückel-Regel enthalten die Moleküle aromatischer Verbindungen 4n + 2 π-Elektronen.

elektrophile Substitution: Charakteristische Reaktion aromatischer Verbindungen, bei der ein Elektrophil an einem elektronenreichen Teilchen angreift. Nach der Reaktion liegt das delokalisierte Elektronensystem wieder vor.

π-Komplex: Wechselwirkung des delokalisierten Elektronensystems mit einem Elektrophil.

σ-Komplex: Auftretendes Carbenium-Ion, bei dem das Elektrophil über eine σ-Bindung mit einem Kohlenstoff-Atom des Carbenium-Ions verbunden ist.

I-Effekt: Veränderung der Elektronendichte in einem Molekül durch funktionelle Gruppen. Elektronenziehende Gruppen besitzen einen –I-Effekt, elektronenschiebende Gruppen einen +I-Effekt.

M-Effekt: Erweiterung des mesomeren Elektronensystems durch Substituenten. So kann sich beispielsweise ein freies Elektronenpaar an dem O-Atom einer OH-Gruppe am mesomeren System beteiligen.

sterischer Effekt: Beeinflussung des Reaktionsverlaufs und der Reaktionsgeschwindigkeit durch raumerfüllende Substituenten.

ortho-, meta-, para-digierend: Der Erstsubstituent in einem aromatischen Molekül kann die Positionen für weitere Substituenten beeinflussen. Erfolgt die Substitution an den Positionen 2 und 6, entsteht ein *ortho*-Produkt, an den Positionen 3 und 5 ein *meta*-Produkt, an Position 4 ein *para*-Produkt.

Benzol: einfachste aromatische Kohlenwasserstoffverbindung mit der Molekülformel C_6H_6.

Phenol: einfachste aromatische Hydroxyverbindung mit der Molekülformel C_6H_5OH.

anellierte Aromaten: Verbindungen, deren Moleküle verbundenen Ringsysteme enthalten, bei denen sich zwei Ringe jeweils zwei C-Atome teilen.

b) siehe Seite 133

c) individuelle Lösung

A224.B2

a)

b) Bei der Hydrierung von Cyclohexa-1,3-dien werden je Molekül zwei Moleküle Wasserstoff angelagert. Die freie werdende Hydrierungsenthalpie ist daher annähernd doppelt so groß wie bei der Hydrierung von Cyclohexen, wo nur ein Wasserstoff-Molekül je Cyclohexen-Molekül addiert wird. Für Benzol würde man eine drei Mal so große Hydrierungsenthalpie erwarten. Aufgrund der Mesomeriestabilisierung ist die freiwerdende Energie jedoch deutlich geringer.

Aromatische Verbindungen

A224.B3

a)

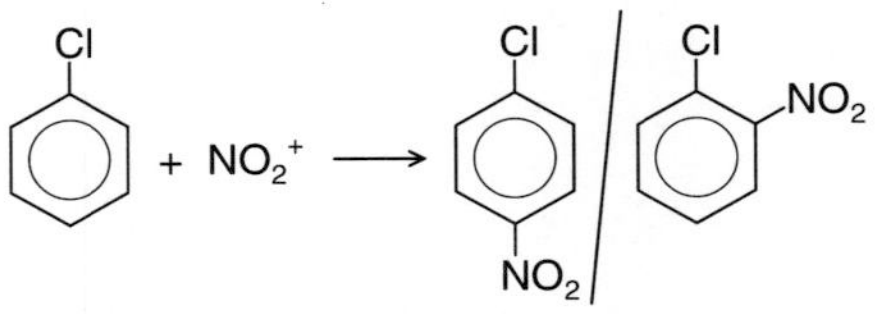

[Reaktionsschema: Chlorbenzol + NO$_2^+$ → 4-Chlor-nitrobenzol / 2-Chlor-nitrobenzol]

Bildung des Elektrophils

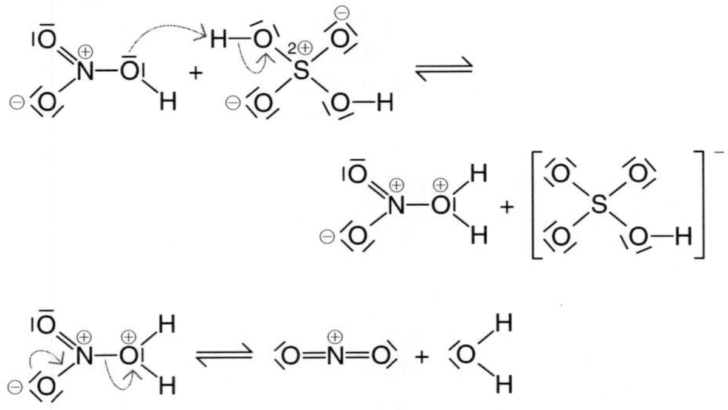

[Mechanismus: HNO$_3$ + H$_2$SO$_4$ ⇌ H$_2$NO$_3^+$ + HSO$_4^-$ ⇌ NO$_2^+$ + H$_2$O]

Elektrophile Substitution

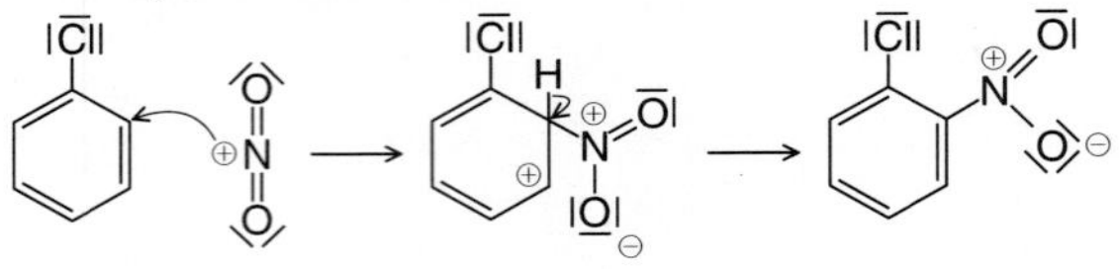

[Mechanismus der elektrophilen aromatischen Substitution am Chlorbenzol mit NO$_2^+$]

b) Das Chlor-Atom dirigiert bei der Zweitsubstitution in *ortho*- und *para*-Stellung. Dementsprechend entsteht das *meta*-Produkt nur in einem sehr geringen Verhältnis. Aufgrund sterischer Effekte wird das *para*-Produkt bevorzugt gebildet.
Produktverhältnis
para : *ortho* : *meta* = 69 : 30 : 1

A224.B4

a) In Grenzformeln kann die negative Ladung in 2-Position oder in 4-Position lokalisiert sein. Daher findet eine elektrophile aromatische Substitution fast ausschließlich an diesen Positionen statt.

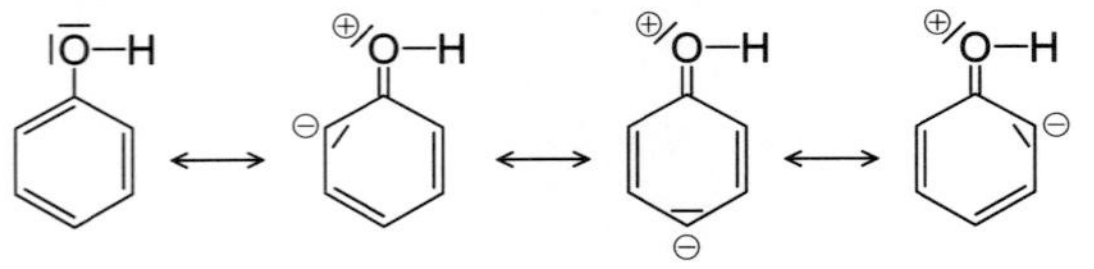

[Mesomere Grenzstrukturen des Phenolat-artigen Systems]

b)

[Mechanismus der Bromierung von Phenol in para-Stellung]

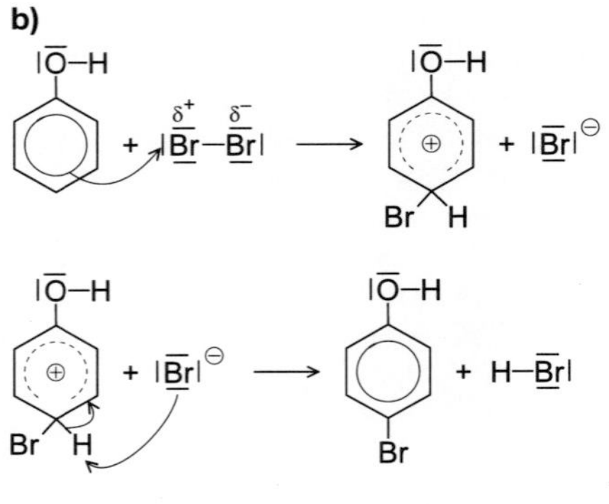

A224.B5

a) Die Nitro-Gruppen üben einen elektronenziehenden Effekt auf das delokalisierte Elektronensystem aus. Die Elektronendichte wird verringert. Dies führt zu einer stärkeren Polarisierung der O–H-Bindung. Das Proton kann leichter abgespalten werden. Beim Pikrat-Ion kann die negative Ladung über das gesamte Molekülion verteilt werden wie beispielhaft an den drei folgenden Strukturformeln gezeigt ist:

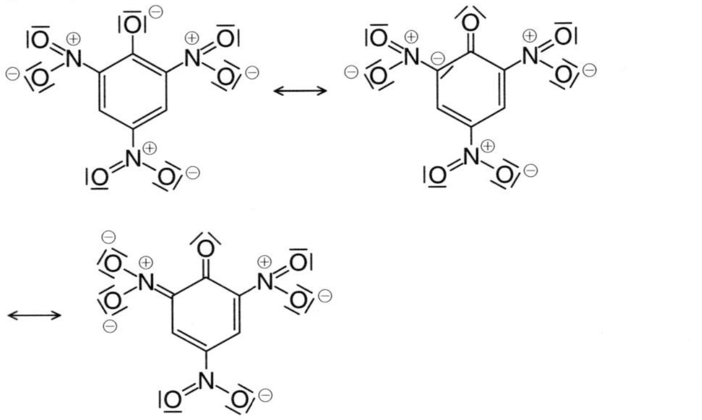

[Drei mesomere Grenzstrukturen des Pikrat-Ions]

b) Bei Detonation zerfällt Pikrinsäure ohne Zufuhr von Sauerstoff in Kohlenstoffmonoxid, Kohlenstoffdioxid, Stickstoff, Stickstoffoxide und Wasser. Durch Wasser wird die Konzentration an Pikrinsäure und somit die Geschwindigkeit der Zerfallsreaktion herabgesetzt. Zugleich kühlt Wasser das Gemisch, wenn dennoch einige Moleküle zerfallen.

A225.C1

a)

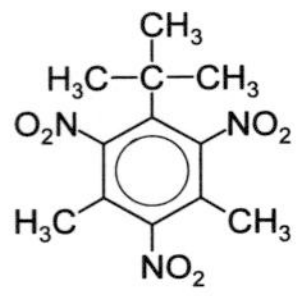

[Strukturformel: 1-tert-Butyl-3,5-dimethyl-2,4,6-trinitrobenzol]

b), c)

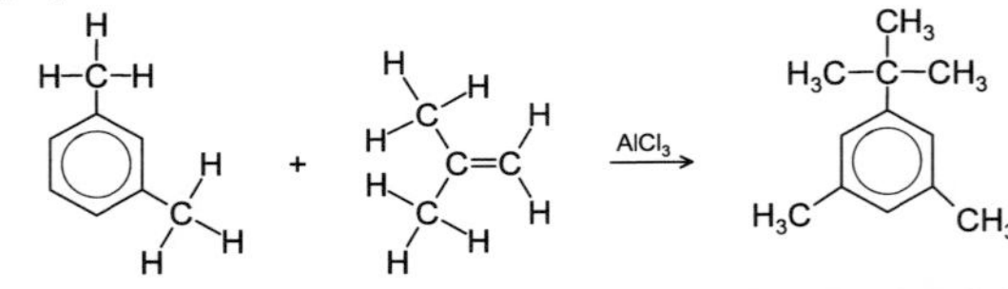

[Reaktionsschema: 1,3-Xylol + 2-Methylpropen →(AlCl$_3$) 1-tert-Butyl-3,5-dimethylbenzol]

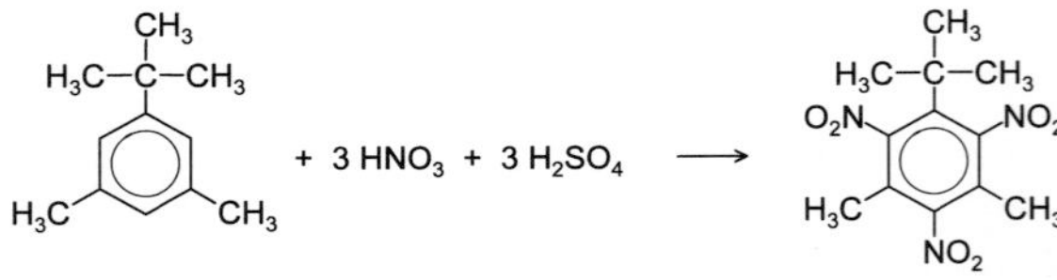

[Reaktionsschema: 1-tert-Butyl-3,5-dimethylbenzol + 3 HNO$_3$ + 3 H$_2$SO$_4$ → 1-tert-Butyl-3,5-dimethyl-2,4,6-trinitrobenzol]

d) Die *tert*-Butyl-Gruppe hat einen großen Raumanspruch. Daher sollte sie im ersten Schritt der Synthese eingeführt werden. Würde man im ersten Schritt eine Nitrierung durchführen, erhielte man Verbindungen, die aufgrund des deaktivierenden Charakters der Nitro-Gruppen sehr reaktionsträge sind. Darüber hinaus wäre die Anlagerung der *tert*-Butyl-Gruppe auch aus sterischen Gründen deutlich erschwert.

e) Aufgrund der guten Fettlöslichkeit besteht die Gefahr der Einlagerung und Anreicherung im Fettgewebe von Menschen und Tieren.

A225.C2

a) *Hinweis:* Ab dem Druck A^2 des Schülerbands wird die Aufgabenstellung verändert und lautet: Formulieren Sie die Reaktionsgleichung für die Synthese von *p*-Hydroxybenzoesäure.

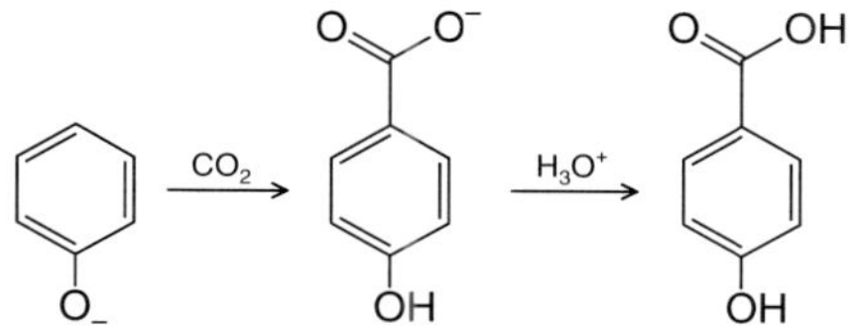

b) Sauerstoff besitzt eine höhere Elektronegativität als Kohlenstoff. Die Bindungen im Kohlenstoffdioxid-Molekül sind polar und das Kohlenstoff-Atom trägt eine positive Teilladung.

c) *Hinweis:* Ab dem Druck A^2 des Schülerbands wird die Aufgabenstellung verändert und lautet: Stellen Sie den Reaktionsmechanismus dar. Geben Sie die Grenzstrukturen für den σ-Komplex an. Nennen Sie auch zu erwartende Nebenprodukte.

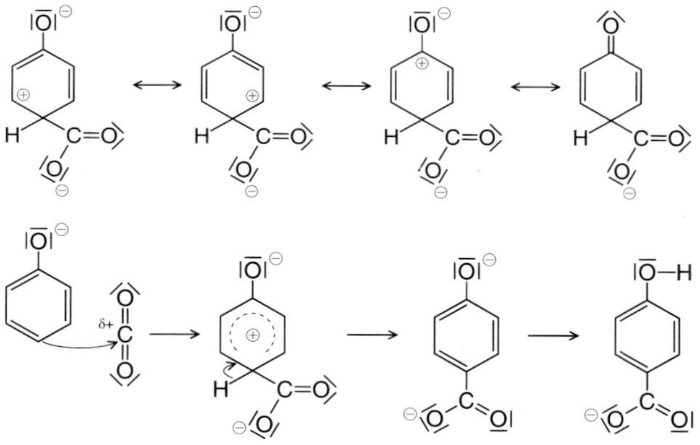

Neben der Substitution in der *para*-Stellung ist auch eine Substitution in der *ortho*-Stellung denkbar. Dabei entsteht *o*-Hydroxybenzoesäure.

d) Nach der Substitution liegt *p*-Hydroxybenzoat vor, das durch Zugabe von Säure in *p*-Hydroxybenzoesäure überführt wird.

e) individuelle Lösung

Aromatische Verbindungen

9 Kunststoffe – organische Werkstoffe

V228.1

a) Es bildet sich elementares Kupfer durch Reduktion aus Kupferoxid. Als Reduktionsmittel dienen die Elemente Kohlenstoff und Wasserstoff aus der Kunststoffprobe.

b) Das Kalkwasser trübt sich durch das entstehende Kohlenstoffdioxid. Der Wasserstoff der Kunststoffprobe reagiert mit dem Sauerstoff des Kupferoxids zu Wasser. Das Wasser kondensiert im Eiswasserbad und färbt das weiße Kupfersulfatpapier blau.

V228.2

individuelle Lösung

V228.3

a) Kunststoffe sind meist Stoffgemische unterschiedlich großer und unterschiedlich verzweigter Makromoleküle. Daraus ergibt sich ein Schmelzbereich anstelle einer konkreten Schmelztemperatur.

b) Die durchschnittliche Kettenlänge und der durchschnittliche Verzweigungsgrad unterschiedlicher Kunststoffe variieren. Zudem beeinflussen weitere enthaltene Atome wie Sauerstoff, Chlor oder Stickstoff die Polarität der Makromoleküle und verändern damit die Stärke zwischenmolekularer Bindungen.

c) Ein Wasserbad eignet sich nur für Temperaturen bis 100 °C. Ölbader lassen sich stärker erhitzen.

d) individuelle Lösung

V229.4

a) Duroplaste sind nicht oder kaum biegsam. Die enge dreidimensionale Vernetzung der Makromoleküle ist die Ursache der geringen Biegsamkeit. Thermoplaste und Elastomere sind dagegen nicht oder nur sehr weitmaschig vernetzt. Entsprechend biegsam sind die meisten dieser Materialproben.

b) individuelle Lösung

V229.5

a) Sind im Kunststoff Halogene gebunden, trübt sich die Silbernitratlösung. Die Halogene werden beim Schwelen als Halogenwasserstoffe freigesetzt und reagieren mit dem Silbernitrat zu Silberhalogeniden.

b) individuelle Lösung

V229.6

a) Ein Aufweichen der Probenoberfläche, der Verlust an Elastizität oder ein völliger Strukturverlust der Probe durch Lösemittelkontakt zeigt die fehlende Lösemittelbeständigkeit des Kunststoffs an. Wird die Probe spröde, wurden durch das Lösemittel enthaltene Weichmacher aus der Probe herausgelöst. Durch Einlagerung des Lösemittels können aber auch die Bindungen zwischen den Makromolekülen geschwächt werden. Die Probe verliert dann ihre Form.

b) individuelle Lösung

A231.1

Prozentualer Anteil	Sparte	Beispielprodukt
29,5	Verpackungen	Tüten
24,5	Bau	Fenster
16,0	Sonstiges	Sportgeräte
9,0	Fahrzeugindustrie	Polster
7,5	Elektronik	Computergehäuse
7,0	Möbel	Gartenstuhl
4,5	Haushaltswaren	Gefrierdosen
2,0	Landwirtschaft	Flüssigkeitstanks

A231.2

Steinspitzen brechen schnell ab und müssen ersetzt werden. Da die Fertigung eines Pfeilschaftes sehr arbeitsintensiv ist, lohnt sich der Austausch der Pfeilspitze. Die besondere Eignung des Birkenpechs ergibt sich aus seinen temperaturabhängigen Materialeigenschaften. Bei Raumtemperatur ist er sehr hart und fixiert die Pfeilspitze, wird durch Erwärmen aber zähflüssig und die Spitze kann getauscht werden. Der Prozess ist beliebig oft wiederholbar.

A231.3

Elastomer unter Druck- und Zugbedingungen. Die Verknüpfungspunkte bleiben jeweils erhalten.

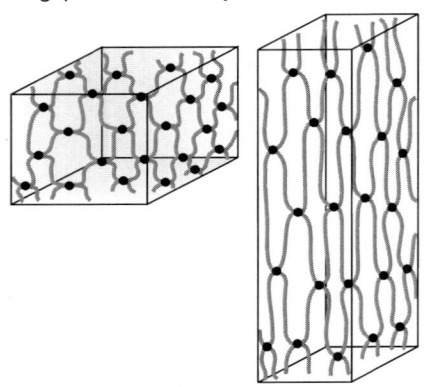

A231.4

a) *Blasforming:* Getränkeflaschen (Hohlkörper)
Spritzguss: Außenspiegel des Autos

b) Duroplastische Kunststoffe lassen sich nicht unzersetzt schmelzen. Sie müssen bereits in der endgültigen Form hergestellt oder mechanisch weiterbearbeitet werden. Thermoplasten können nach dem Erwärmen verformt und durch Abkühlen in der Form gehalten werden.

A231.5

a) *Duroplaste:* In Kombination mit Kevlar-, Cabonfaser- oder Glasfasergewebe im Verbundwerkstoff der Bootshüllen von sehr leichten und möglichst stabilen Wettkampfbooten, Paddel, Helme und der Funktionsbekleidung.
Thermoplaste: Sitzschale, Schnallen, Gurte, Paddel und Helme, Bootshüllen der im Vergleich zu Wettkampfbooten preiswerteren Wander- und Wildwasserkajaks.
Elastomere: Neoprenbekleidung, Latexbündchen von Trockenhosen und -jacken, Spritzdecken, Auftriebskörper der Schwimmwesten und Polster der Helme.

b) Duroplaste sind in Kombination mit Geweben besonders stabil und werden für teure, beanspruchte Boots- und Ausstattungsteile verwendet oder als Designelement. Thermoplaste werden für günstigere Materialien verwendet, da der Herstellungsprozess wesentlich einfacher ist. Die Elastomeren dienen vor allem dem Prallschutz.

A231.6

a) Bekannt sind schwarze Telefone aus Bakelit. Aus dem Kunststoff wurden aber auch sehr viele Alltagsgegenstände gefertigt. Heute wird er nur noch für bestimmte temperaturbelastete Produkte eingesetzt, beispielsweise Schleifpapier oder feuerfeste Materialien.

b)

Person(en)	Jahr	Entwicklung
Baekeland	1909	Bakelit
Klatte	1912	Polyvinylchlorid
Staudinger	1922	Begriff des Makromoleküls
Röhm	1928	Vorläufer des Plexiglases
Fawcett, Gibson, Perrin	1933	Polyethen aus Ethen
Carothers	1935	spinnbare Polyamidfäden
Schlack	1938	Perlon®
Castan	1943	Epoxidharze
Whinfield, Dickson	1946	Polyester aus Dicarbonsäuren
Stastny, Gäth	1949	Styropor®
Ziegler Natta	1953 1957	Katalysatoren für Polymerisation von Olefinen (Ethen und Propen)
Schnell	1953	Polycarbonat
	ab 1970	moderne Verbundwerkstoffe
	ab 1975	Versuchsreihen zum Kunststoffrecycling

A232.1

Polystyrol (Styropor®), Polytetrafluorethen (Teflon®) und Polymethacrylsäuremethylester (Acrylglas, Plexiglas®)

A232.2

Startreaktion:

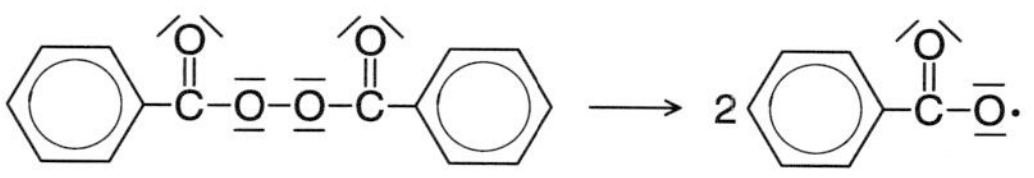

Kettenreaktion:

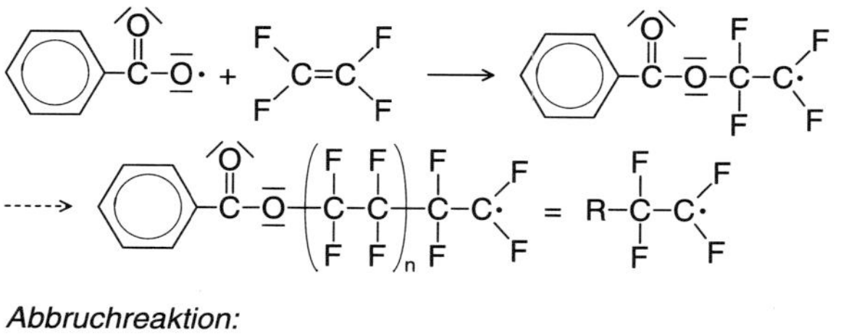

Abbruchreaktion:

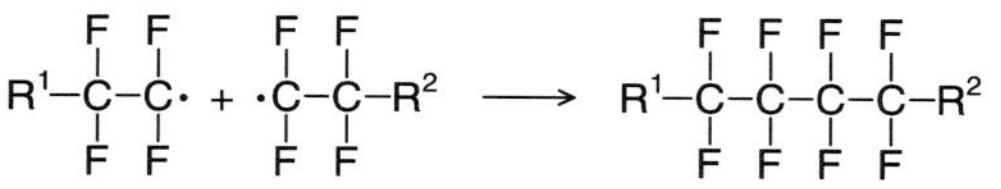

A232.3

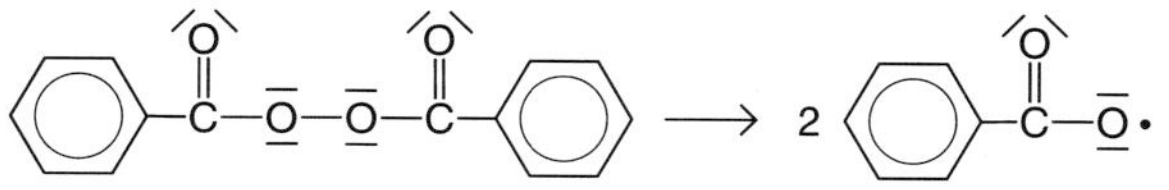

Jedem Sauerstoff-Atom der Peroxid-Bindung wird nach der Bindungsspaltung ein Elektron zugeordnet. Die Spaltung der Elektronenpaarbindung erfolgt somit homolytisch.
Hinweis: Nach Bindungspaltung kann es zur Abspaltung eines Kohlenstoffdioxid-Moleküls kommen. Das entstehende Benzyl-Radikal kann ebenfalls als Radikalstarter fungieren.

A235.1

Kleidungsstücke haben langen Hautkontakt. Beim Sport erleichtern die Schweißbildung und die Erwärmung der Sportbekleidung den Löseprozess der Weichmacher und vereinfachen die Aufnahme in den Körper über die Haut.

A235.2

a) Bei Polymeren aus Propen und Vinylchlorid ist Taktizität möglich.

b) Vergleiche Abbildung 2 im Schülerband auf Seite 234. Im ataktischen Polymer ist die Ausbildung von zwischenmolekularen Bindungen durch größere Kettenabstände der Makromomoleküle benachteiligt. Es zeigt beispielsweise niedrigere Schmelzbereiche und geringere Kristallinität als die syndiotaktischen oder isotaktischen Polymervarianten.

A235.3

Polyethen und Polypropen erweichen durch unpolare Lösemittel. Zwischen den Makromolekülen liegen Van-der-Waals-Bindungen vor. Nach dem Prinzip: "Gleiches löst sich in Gleichem" werden die Bindungen zwischen Makromolekülen teilweise durch Bindungen zu Lösemittel-Molekülen ersetzt.

A235.4

Küchenschwämme werden aus offenzelligen Schäumen hergestellt, um Wasser aufnehmen zu können.

A235.5

a) PE ist leicht brennbar. Wichtige Seilsicherungen sollten deshalb aus feuerbeständigeren Materialien hergestellt werden, etwa Kranseile aus Stahl.

b) Seile aus PE-UHMW sind belastbarer und gleichzeitig leichter als Stahlseile. Die Verwendung spart somit Treibstoff und ist verschleißärmer. Zudem ist PE-UHMW schwimmfähig und korrodiert nicht. Die Seile können aus diesen Gründen leichter aus dem Wasser geborgen werden und benötigen weniger Materialinstandsetzung als die korrodierenden Stahlseile.

c) Durch den Verstreckungsprozess ergibt sich ein extrem hoher kristalliner Materialanteil. Zwischen den PE-Molekülen können sich stärkere Van-der-Waals-Bindungen ausbilden.

A236.1

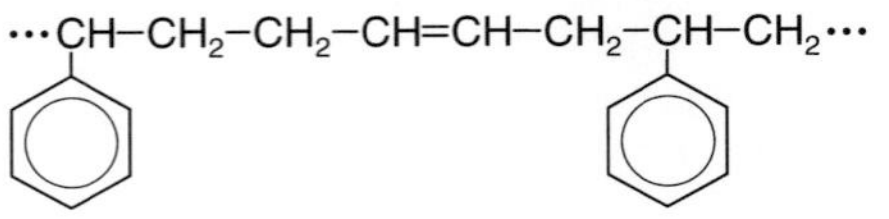

···CH–CH₂–CH₂–CH=CH–CH₂–CH–CH₂···
(mit Phenylresten an den CH-Gruppen)

SBR-Copolymer

A236.2

Styrol-Butadien-Copolymerisat wird als Synthesekautschuk zur Herstellung von Reifen, Transportbändern und Dichtungen verwendet. Aufgrund der hohe Styrolanteile bildet sich ein weitmaschiges Molekülnetz, das die elastischen Eigenschaften des Materials begründet. Durch Vulkanisation wird eine zusätzliche Vernetzung der Makromoleküle erreicht und die Materialeigenschaften den Anforderungen entsprechend eingestellt.

A236.3

individuelle Lösung

V237.1

Polystyrol wird beim Abkühlen fest. Es handelt sich dabei um einen Thermoplasten.

V237.2

Styropor® löst sich im Ethylethanoat. Bei dem Löseprozess entweicht das eingeschlossene Gas und das Volumen des Styropors® nimmt stark ab.
Bei Zugabe des Feststoffklumpens zum heißen Wasser verdampft das im Polystyrol eingeschlossene Pentan und schäumt es dadurch auf.

V237.3

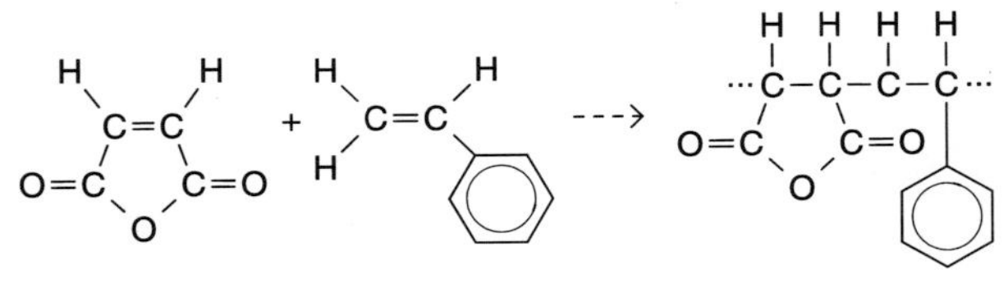

(Reaktionsschema: Maleinsäureanhydrid + Styrol → Copolymer)

V237.4

a)
Startreaktion:

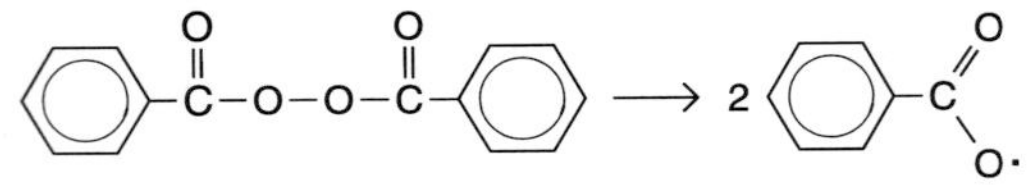

(Dibenzoylperoxid → 2 Benzoyloxy-Radikale)

Kettenreaktion:

$$\text{PhC(O)O}\cdot + \text{CH}_2=\text{C(CH}_3\text{)COOCH}_3 \rightarrow \text{R–CH}_2\text{–C(CH}_3\text{)(COOCH}_3\text{)}\cdot$$

$$\left(R = \text{PhC(O)O–} \right)$$

$$\text{R–CH}_2\text{–C(CH}_3\text{)(COOCH}_3\text{)}\cdot + \text{CH}_2=\text{C(CH}_3\text{)COOCH}_3 \rightarrow$$

$$\text{R–CH}_2\text{–C(CH}_3\text{)(COOCH}_3\text{)–CH}_2\text{–C(CH}_3\text{)(COOCH}_3\text{)}\cdot$$

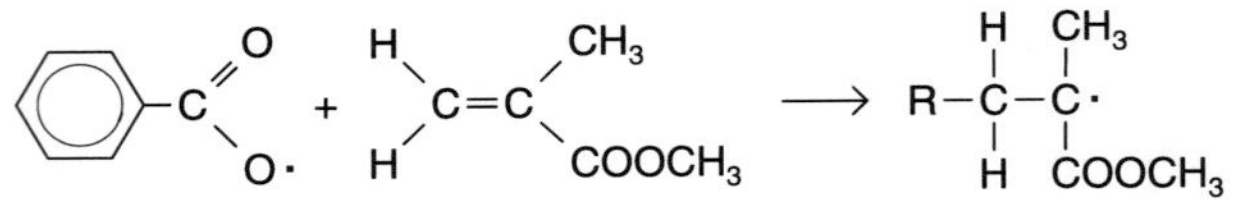

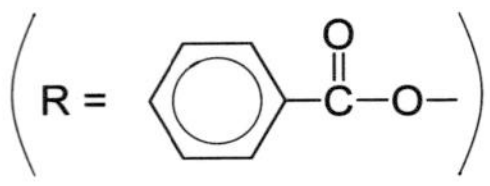

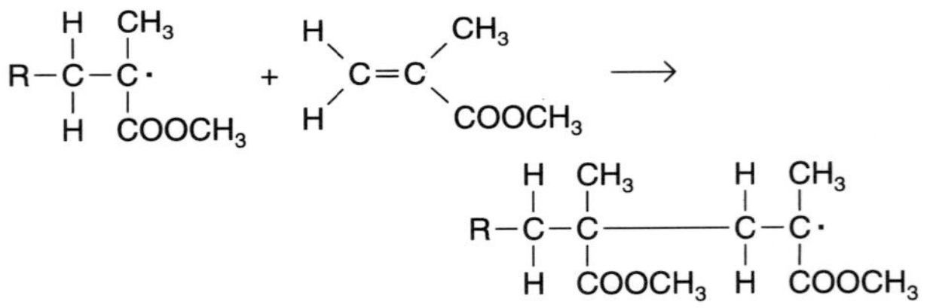

Abbruchreaktion:

$$2\, \text{R–CH}_2\text{–C(CH}_3\text{)(COOCH}_3\text{)}\cdot \rightarrow \text{R–CH}_2\text{–C(CH}_3\text{)(COOCH}_3\text{)–C(CH}_3\text{)(COOCH}_3\text{)–CH}_2\text{–R}$$

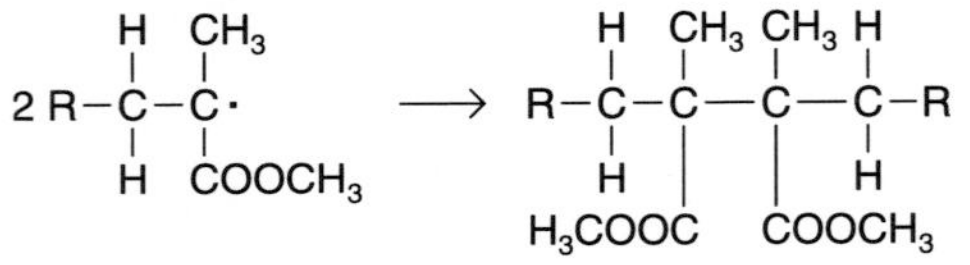

b)

Produkte	Begründung
Scheiben und Abdeckungen in der Luftfahrt, für Autos Schiffe oder U-Boote Brillengläser Lichtelemente	farblos aber auch gut einfärbbar, lichtdurchlässig, sehr bruchfest, leichter als Glas, günstig in der Herstellung, einfach zu verarbeiten, Herstellung gebogener Formteile gut möglich
Textilfaser	gute Fasereigenschaften wie Abriebfestigkeit, leichtes Gewicht, gut einzufärben und wasserabweisend

A239.1

a) Die Löwenzahnpolymere benötigen eine bestimmte Kettenlänge um ausreichend Vernetzungsmöglichkeiten über Schwefelbrücken ermöglichen zu können. Reifenhersteller nutzen für weichere Reifenmischungen Polymere geringerer Kettenlänge und mit weniger Vernetzung durch Schwefelbrücken. So wird der Grip auf der Straße erhöht.

b) Nicht allergene Gummiprodukte sind immer dann besonders wichtig, wenn stärkerer Hautkontakt vorhersehbar ist, zum Beispiel Handschuhe, Kondome oder Kleidung.

A239.2

a)

Polychloropren

Polybutadien

b) Polybutadien ist hydrophob. Die Substitution von Wasserstoff-Atomen durch Chlor-Atome lässt in den Polychloropren-Molekülen Partialladungen auftreten. Die Partialladungen führen zu stärkeren Wechselwirkungen zwischen den Polymerketten und damit einer höheren Abriebfestigkeit des Polychloroprens. Unpolare Öle benetzen das hydrophobe Polybutadien besser.

A239.3

Name	Jahr	Entdeckung
Goodyear	1838	Vulkanisation
Dunlop	1888	Luftreifen mit Schlauchventil
Hofmann	1911	erster Synthesekautschuk für Reifen
I.G. Farben	1934	Polybutadien der Buna-Werke macht die deutsche Rüstungsindustrie unabhängig von Kautschuklieferungen aus dem Ausland.
Manufacture de Caoutchouc Michelin	1946	Gürtelreifen

A239.4

In speziellen Bakterien finden die Stoffwechselprozesse zur Polymersynthese statt. Die Bakterienenzyme katalysieren die Reaktion. Entsprechend sind Bioreaktoren temperierbar und enthalten ein Medium mit allen Ausgangsstoffen der Polymersynthese, einer Nährlösung für die Bakterien und Puffer zur Optimierung der Enzymaktivität. Das Einblasen von Luft und die Durchmischung des Tankmediums garantieren gleich bleibend gute Stoffwechselprozesse der Bakterien. Über den Abfluss kann das mit Polymeren angereicherte Medium entnommen und die gewünschten Polymere im Anschluss abgetrennt werden.

A241.1

a) Stoffproben aus Kunstfasern trocknen deutlich schneller als solche aus Baumwolle oder Mischgewebe, da Kunstfasern das Wasser nicht aufnehmen. Die verringerte Wasseraufnahme reduziert für den Sportler die Infektionsgefahr durch Unterkühlung.

b) Kunstfasern neigen zu verstärkter Geruchsbildung durch Schweiß und sind weniger angenehm auf der Haut. Mischgewebe verbinden die Reißfestigkeit und die verringerte Wasseraufnahme der Kunstfaser mit dem erhöhten Tragekomfort von Baumwolle in ausreichendem Maße für alltägliche körperliche Belastung.

A241.2

Perlon® wurde nach seiner Entdeckung 1939 zunächst von der Kriegsindustrie zur Herstellung von Flugzeugreifen, Fallschirmen, Nahtmaterial für Wunden oder Schiffstaue verwendet. Erst nach dem Krieg fand es Verwendung für die begehrten Damenstrümpfe und andere Kleidung.
Die hohe Reißfestigkeit und das geringe Gewicht machten Perlon® wichtig für alle mechanisch stark beanspruchten Produkte.

A241.3

a) Eduktbeispiele für die Synthese von Polyamiden sind:
– Butandisäure und Diaminoethan bei zwei Monomeren
– Aminoethansäure für Polyamide aus einem Monomer.

b)

$$n \; HO-\underset{O}{\overset{O}{C}}-CH_2-CH_2-\underset{O}{\overset{O}{C}}-OH + n \; H_2N-CH_2-CH_2-NH_2$$

Butandisäure   1,2-Diaminoethan

$$\longrightarrow \left[-N(H)-CH_2-CH_2-N(H)-\overset{O}{C}-CH_2-CH_2-\overset{O}{C}- \right]_{n-1}$$

Polyamid

$$n \; H_2N-CH_2-\overset{O}{\underset{}{C}}-OH \longrightarrow \left(-N(H)-CH_2-\overset{O}{C}- \right)_{n-2}$$

Aminoethansäure   Polyamid

A241.4

a)

HO–CH$_2$–CH(OH)–CH$_2$–OH + Phthalsäure (Benzol-1,2-dicarbonsäure) $\xrightarrow{-H_2O}$

[Vernetzte Polyester-Struktur mit Benzolringen, Estergruppen und Glycerin-Einheiten]

b) Der entstehende Polyester ist ein Duroplast mit hohem Vernetzungsgrad. Er erweicht beim Erwärmen nicht. Ab einer bestimmten Temperatur zersetzt sich der Duroplast und verkohlt.

V242.1

a)

$$H_2N-(CH_2)_6-NH_2 + HO-\overset{O}{C}-(CH_2)_4-\overset{O}{C}-OH \xrightarrow{-H_2O}$$

$$\xrightarrow{-H_2O} \cdots N(H)-(CH_2)_6-N(H)-\overset{O}{C}-(CH_2)_4-\overset{O}{C}\cdots$$

Nylon

b) Durch das Ziehen mit dem Glasstab werden die Makromoleküle verstreckt. Es bilden sich verstärkt Bereiche aus, in denen die Molekülketten parallel zueinander angeordnet sind. Durch die Anordnung können sich Bindungen zwischen Molekülen, wie beispielsweise Wasserstoffbrückenbindungen, besonders gut ausbilden.

V242.2

a) Die Grenzflächenkondensation läuft nur an der Phasengrenze zweier Flüssigkeiten ab. Sie ermöglicht durch den fortlaufenden Reaktionsverlauf einen theoretisch endlosen Nylonfaden.

$$Cl-\overset{O}{C}-(CH_2)_4-\overset{O}{C}-Cl + H_2N-(CH_2)_6-NH_2 \xrightarrow{-HCl}$$

$$Cl-\overset{O}{C}-(CH_2)_4-\overset{O}{C}-N(H)-(CH_2)_6-N(H)H \longrightarrow$$

$$\longrightarrow \cdots \overset{O}{C}-(CH_2)_4-\overset{O}{C}-N(H)-(CH_2)_6-N(H)\cdots$$

b) Durch das Waschen wird die alkalische Lösung entfernt. Bleibt sie mit dem Faden in Kontakt läuft eine Hydrolyse des Nylons als Umkehrreaktion ab und zersetzt den Faden.

V242.3

Hinweis: Ab dem Druck A^2 wurden bei diesem Versuch zwei Teilaufgaben ergänzt. Die Aufgabenstellung lautet:
a) Notieren Sie Ihre Beobachtungen.
b) Vergleichen Sie die Synthesen von Perlon® und Nylon. Erklären Sie dabei, warum die Reaktion zu Perlon® keine Polykondensation ist, aber das Produkt trotzdem als Polykondensat bezeichnet wird.

a) Das Gemisch schmilzt, färbt sich gelb und wird dabei zähflüssig. Beim Erkalten erstarrt das Gemisch.

b) Bei einer Polykondensationsreaktion sollten kleinere Moleküle abgespalten werden. Das geschieht bei der in diesem Versuch beschriebenen Bildung von Perlon® nicht. Die Bildung erfolgt stattdessen durch die ringöffnende Polymerisation von Caprolactam. Perlon®, das auf diese Weise hergestellt wird, wäre demnach ein Polymerisat und kein Polykondensat. Das identische Produkt könnte auch aus 6-Aminohexansäure erhalten werden. Dies wäre eine Kondensation. Der einfachheithalber verwendet man für die beiden identischen Produkte die gleiche Bezeichnung.

V242.4

a) Bei der Verwendung von Ethan-1,2-diol entstehen lineare Polymere mit thermoplastischen Eigenschaften. Propan-1,2,3-triol führt zu verzweigten und duroplastischen Polymeren. Es härtet daher bereits im Reagenzglas während des Erhitzens aus und nicht erst beim Abkühlen.

b)

HO—CH₂—CH₂—OH + [Phthalsäureanhydrid] ⟶

···O—CH₂—CH₂—O—C(=O)—[C₆H₄]—C(=O)—O—CH₂—CH₂···

HO—CH₂—CH(OH)—CH₂—OH + [Phthalsäureanhydrid] ⟶

[vernetzte Struktur mit Glycerin und Phthalsäure-Einheiten]

V243.1

Ein Verbundwerkstoff besteht aus mindestens zwei verschiedenen Werkstoffen. In diesem Fall verfestigt der Biokunststoff die Gewebelage, beziehungsweise die Gewebelagen. Das Gewebe selbst ist das strukturgebende Element des Verbundwerkstoffes.

V243.2

a)

HO—CH(CH₃)—C(=O)—OH ⟶ ···O—CH(CH₃)—C(=O)···

b) Zinn(II)-chlorid dient als Katalysator der Reaktion.

V243.3

a)

[Strukturformel Celluloseacetat: drei Glucose-Einheiten mit Acetat-Gruppen (O-C(=O)-CH₃) an CH₂- und OH-Positionen]

b) Da in den Celluloseacetat-Molekülen weniger Hydroxy-Gruppen vorliegen, sollten die zwischenmolekularen Bindungen schwächer sein. Der Stoff sollte weicher sein und weniger Feuchtigkeit aufnehmen können.

A245.1

a) *Abbildung 1:* Kunststoffe sind energiereiche Materialien. Die Synthese der Polymere benötigt zusätzlichen Energieaufwand. Das Recycling als energie- und rohstoffschonende Methode bietet sich daher an, beispielsweise über werkstoffliches Recycling. Zwingende Voraussetzung für ein gelungenes werkstoffliches Recycling ist ein sortenreines Anfallen von Plastikmüll. Die Wertstofftonne ist eine erste Trennungsstufe des Kunststoff- und Metallmülls von Bioabfällen und damit ein wichtiger Schritt der Abfallaufbereitung.

Abbildung 2: Die Wertstofftonne als Mittel der Müllsammlung verhindert ein Einbringen von Müll in die Umwelt. Kunststoff und Kunststoffinhaltsstoffe gelangen somit in geringerem Maße in die Nahrungskette von Tieren und Menschen. Außerdem wird das ästhetische Problem „wilder Müllhalden" und verdreckter Landschaften minimiert. Noch besser ist Müllvermeidung beispielsweise durch Verzicht auf Verpackung in Plastiktüten.

b) Trotz voranschreitender Recyclingtechnik bleibt die Müllvermeidung die größte Umweltschutzmaßnahme und damit die wichtigste Möglichkeit wertvolle Ressourcen zu schonen.

A245.2

a)

···O—C(H)(CH₃)—C(=O)···

b) Nahtmaterial aus Polymilchsäure wird im Gewebe vollständig abgebaut. Ein nachträglicher Eingriff zum Entfernen von Operationsfäden wird unnötig. Die saure Hydrolyse des Polymers erfolgt durch das leicht saure Milieu der Gewebezellen. Die freiwerdende Milchsäure kann verstoffwechselt werden.

A245.3

Abbau zu Glucose:
$C_{18}H_{32}O_{16} + 2\, H_2O \longrightarrow 3\, C_6H_{12}O_6$

vollständiger Abbau:
$C_6H_{12}O_6 + 6\, O_2 \longrightarrow 6\, H_2O + 6\, CO_2$

A245.4

individuelle Lösung
Die Poster können folgende Aspekte enthalten:
Vorteile: Biokunststoffe sind zumindest theoretisch vollständig abbaubar und nachhaltig produzierbar.
Nachteile: Der Anbau der Rohstoffe auf Agrarflächen der Nahrungsmittelproduktion schafft Konkurrenz zur Nahrungsmittelversorgung. Der Abbau der Biokunststoffe gelingt häufig nicht im erhofften Ausmaß.

A245.5

individuelle Lösung

A248.B1

a) *Makromolekül:* Molekül, das aus sehr vielen kleinen Bausteinen aufgebaut ist.

Thermoplast: Kunststoff, der aus nicht oder wenig verzweigten linearen Makromolekülen aufgebaut ist. Er ist schmelzbar und kann deshalb in der Hitze verarbeitet werden.
Duroplast: Kunststoff aus netzartig aufgebauten Makromolekülen.
Elastomer: Kautschukähnlicher Kunststoff aus wenig vernetzten Makromolekülen.
Monomer: Edukt für die Synthese von Makromolekülen. Monomer-Moleküle besitzen reaktive Gruppen, die eine Reaktion zu Polymeren ermöglichen.
Polymer: Makromoleküle, die aus sehr vielen kleinen Bausteinen, den Monomeren, aufgebaut sind.
Radikalische Polymerisation: Synthese von Makromolekülen durch Verknüpfung niedermolekularer ungesättigter Monomere. Dabei treten Radikale auf.
Polymerisat: Produkt einer Polymerisationsreaktion.
Radikal: Atom oder Molekül mit einem ungepaarten Elektron. Dieses sehr reaktionsfähige Teilchen dient beispielsweise als Starter für radikalische Polymerisationen.
Taktizität: Wiederkehrende Anordnung von Seitenketten in einem Polymer-Molekül. Man unterscheidet ataktische, isotaktische und syndiotaktische Anordnung.
Weichmacher: Additive in Kunststoffen. Sie machen ursprünglich spröde Kunststoffe elastisch.
Copolymere: Makromoleküle, die aus zwei oder mehreren verschiedenen Monomeren synthetisiert werden.
Polymerblends: Mischungen von zwei oder mehreren hochpolymeren Stoffen, die unter Einsatz von Druck und Hitze „compoundiert" werden.
Latex: Milchsaft des Kautschukbaums.
Kautschuk: natürliche oder künstlich hergestellte Polymere auf der Basis von Isopren.
Vulkanisation: Verfahren, um Kautschuk gegen chemische und mechanische Einflüsse beständig zu machen. Dabei werden die Moleküle im Kautschuk über Schwefelbrücken vernetzt.
Gummi: vulkanisierter Kautschuk.
Polykondensation: Synthese von Makromolekülen durch Reaktion zwischen funktionellen Gruppen der Monomer-Moleküle unter Abspaltung kleiner Moleküle.
Polykondensat: Produkt einer Polykondensation.
Polyester: Polymere mit Esterbindungen (–COO–) in der Polymerkette.
Polycabonate: Polymere mit Carbonatbindungen (–OCOO–) in der Polymerkette. Polyester der Kohlensäure.
Polyamide: Polymere mit Amidbindungen (–CONH–) in der Polymerkette.
Kunststoffrecycling: Wiederverwendung gebrauchter Kunststoffe; trotz hoher Kosten heute angewandt, um natürliche Ressourcen zu schonen. Man unterscheidet werkstoffliches und rohstoffliches Recycling.
Biokunststoffe: Sammelbegriff für Kunststoffe, die entweder biologisch abbaubar oder auf der Basis nachwachsender Rohstoffe hergestellt sind.

b) siehe Seite 134

c) individuelle Lösung

A248.B2

a) I) Polykondensat; II) keine Polyreaktion möglich; III) Polymerisat; IV) Polykondensat

b)

$$HO-\underset{O}{\underset{\|}{C}}-\underset{O}{\underset{\|}{C}}-OH + HO-CH_2-CH_2-CH_2-CH_2-OH \longrightarrow$$

$$\cdots \underset{O}{\underset{\|}{C}}-\underset{O}{\underset{\|}{C}}-O-CH_2-CH_2-CH_2-CH_2-O\cdots$$

$$\underset{\underset{CH_3}{|}}{\underset{CH_2}{|}}{CH=CH_2} \longrightarrow \underset{\underset{CH_3}{|}}{\underset{CH_2}{|}}{\cdots CH-CH_2\cdots}$$

A248.B3

a) In den Weltmeeren und vielen anderen Gewässern lassen sich bis in große Tiefen riesige Mengen Kunststoffmüll nachweisen. Sie enthalten Weichmacher und Schwermetalle, deren Auswirkungen auf das Ökosystem derzeit nicht abzusehen sind. Der Kunststoffmüll führt zur Verstümmelung und zum Tod unzähliger Meeresbewohner. Die Auswirkungen lassen sich bereits für den Menschen spüren. Neben einem Vermüllen ganzer Landstriche und dem Absterben von Tieren und Pflanzen reichern sich giftige Substanzen über die Nahrungskette im menschlichen Organismus an und können zu Folgeerkrankungen führen.

b), c)

Prozess	Vorteil	Nachteil
thermische Verwertung	spart Brennstoffe ein	wertvolle Rohstoffe werden verbrannt, giftige Verbrennungsprodukte
Hydrolyse	Rückgewinnung der Monomere	hohe Kosten
Pyrolyse	zerlegt Kunststoffe in neue Ausgangsstoffe	giftige Spaltprodukte
werkstoffliches Recycling	spart die Neuproduktion von Kunststoffen ein	benötigt sortenreine Kunststoffabfälle
Biokunststoffe	(theoretisch) kompostierbar, Produktion aus nachwachsenden Rohstoffen möglich	verbraucht Flächen der Nahrungsproduktion für die Gewinnung der Rohstoffe

A249.C1

a) Die Synthese von Polyvinylchlorid verläuft nach dem Mechanismus einer radikalischen Polymerisation. Zu Beginn wird ein Initiator-Molekül homolytisch in zwei Radikale gespalten.

Im nächsten Schritt greift nun ein Radikal an ein Chlorethen-Molekül an. Dabei wird ein Alkylradikal gebildet.

Das Alkylradikal greift nun seinerseits an ein weiteres Chlorethen-Molekül an. Dieser Wachstumsschritt kann beliebig oft wiederholt werden.

Reagieren zwei Radikale miteinander, kommt es zu einer Kettenabbruchreaktion.

b) Zwischen den Polymer-Molekülen liegen Van-der-Waals-Bindungen und Dipol-Dipol-Bindungen (zwischen den partiell negativ geladenen Chlor-Atomen und den partiell positiv geladenen Kohlenstoff-Atomen der C–Cl-Bindung) vor.

c) Durch das Erhitzen der Schweißdrähte werden durch die zunehmenden Molekülbewegungen des PVC die zwischenmolekularen Bindungen zunehmend überwunden. Der Kunststoff schmilzt in die Fuge hinein. Mit dem nachfolgenden Abkühlen verfestigt sich der Thermoplast PVC wieder und verbindet sich auch mit den PVC-Platten.

d) Die Moleküle des Weichmachers bilden Bindungen zu den Polymer-Molekülen aus. Die Bindungen zwischen den Polymer-Molekülen werden schwächer und die Beweglichkeit der Moleküle erhöht. Das Material wird weicher und elastischer. Phthalat-Moleküle können mit dem aromatischen Ring und den Alkylketten Van-der-Waals-Bindungen mit den Polymer-Molekülen ausbilden. Darüber hinaus treten Dipol-Dipol-Bindungen zwischen den partiell positiv geladenen Kohlenstoff-Atomen der Ester-Gruppen in Weichmacher-Molekülen und den partiell negativ geladenen Chlor-Atomen auf.

e) Anders als in vielen Kunststoffen ist das Bisphenol A in Polycarbonaten nicht als Weichmacher zugesetzt. Als Edukt reagiert es mit Phosgen und ist im Polymer über Elektronenpaarbindungen verknüpft. Ein Freisetzen des Bisphenol A, wie bei ungebundenen Weichmachern, ist daher unmöglich.

f) Weichmacher sind notwendig, um bestimmte Kunststoffe weicher und elastischer zu machen. Ohne sie wäre die Verwendung für bestimmte Produkte nicht möglich. Durch den Einsatz von Weichmachern können daher auch günstige und eigentlich spröde Kunststoffe für Produkte eingesetzt werden, die ein weiches und elastisches Ausgangsmaterial benötigen. Ein Problem der Weichmacher ist die Gesundheitsgefährdung, die durch die große Verbreitung und damit hohe Expositionszeit bei Kunststoffprodukten verstärkt wird. Weichmacher können sich im Organismus ansammeln und zu Folgekrankheiten führen. Insbesondere Kinder sind billigen und belasteten Kunststoffartikeln häufig ausgesetzt. Alternativen sind teurere Kunststoffe oder weitere Forschung und Entwicklung im Bereich ungefährlicherer Weichmacher. Beides führt zu einer Verteuerung bei den Produkten und ist deswegen von vielen Firmen und auch Verbrauchern unerwünscht.

A249.C2

a), b) Der Abbau von Polymilchsäure geschieht langsamer als der Abbau des übrigen Biomülls. Polymilchsäure bietet aber den Vorteil, dass es aus nachwachsenden Rohstoffen hergestellt wird.

c) Wegen der Schwierigkeiten beim Abbau der Polymilchsäure bleibt nur die Entsorgung über den Restmüll. Bei der Müllverbrennung wird die Polymilchsäure zumindest noch thermisch verwertet.

10 Farbstoffe – Farben für Jedermann

A253.1

Die Farben des Regenbogens entstehen durch Brechung des auftreffenden Sonnenlichts in den Wassertropfen. Diese wirken wie ein Prisma und lenken die Lichtstrahlen wellenlängenabhängig unterschiedlich stark ab. Der rote Bereich des Spektrums wird am wenigsten, der blaue Bereich am stärksten gebrochen.

Bei idealen Lichtverhältnissen ist oberhalb des Hauptbogens ein Nebenregenbogen wahrnehmbar. Er entsteht aus einem kleineren Lichtanteil, der beim Verlassen der Regentropfen nochmals gebrochen wird. Er ist schwächer als der Hauptregenbogen und hat aufgrund der doppelten Lichtbrechung eine umgekehrte Farbreihenfolge.

A253.2

Strahlung, in unserem Fall sichtbares Licht, bewegt sich in eine Richtung bis sie auf ein Hindernis trifft und reflektiert wird. Die Hindernisse in der näheren Umgebung der Erde sind so klein, dass ihre Reflektion aus dem Weltraum heraus nicht erkannt werden kann.

A253.3

Farbigkeit durch Lichtemission liegt bei Selbstleuchtern vor. Sie emittieren Licht aller Wellenlängen mit unterschiedlichen Anteilen und erscheinen dadurch farbig.

Farbigkeit durch Lichtabsorption tritt bei Körperfarben auf. Sie absorbieren Anteile des auftreffenden weißen Lichts und emittieren farbig erscheinendes Restlicht.

A253.4

Additive Farbmischung: Bei selbstleuchtenden Körpern addieren sich unterschiedliche Farben zu einer neuen Farbwirkung. Diese additive Farbmischung mit den Grundfarben Rot, Blau und Grün wird bei Monitoren, Fernsehern, Beamern und Projektoren genutzt. Die Überlagerung der Grundfarben ergibt Weiß.

Subtraktive Farbmischung: Bei der subtraktiven Farbmischung fehlen dem Licht durch Absorption unterschiedliche Anteile, was zu einem neuen Farbeindruck führt. Die Grundfarben bei der subtraktiven Farbmischung sind Cyan, Magenta und Gelb. Die Mischung aller Farben ergibt Schwarz. Dabei wird das gesamte Licht aufgenommen.

A253.5

a) Licht hat je nach spektraler Zusammensetzung eine andere Farbe. Daher werden verschiedene Lichtarten, wie beispielsweise Tageslicht, Glühlampenlicht oder das Licht einer Leuchtstoffröhre unterschieden. Da der Farbeindruck durch die Absorption und Emission bestimmter Wellenlängenanteile des Lichts entsteht, kann durch die Verwendung unterschiedlicher Lichtarten auch der Farbeindruck verändert werden. In Läden werden häufig Lampen mit Leuchtstoffröhren verwendet, während im Wohnbereich meist Glühlampen genutzt werden. Das sich unterscheidende eingestrahlte Licht hat einen veränderten Farbeindruck zur Folge, obwohl die gleichen Wellenlängenbereiche absorbiert werden.

b) Ein wichtiger Teil der Qualitätssicherung in einer Färberei ist die Kontrolle des Farbtons. Ob der von einem Kunden gewünschte Farbton erreicht wurde, kann nur beurteilt werden, wenn zur Überprüfung immer die gleiche Lichtart verwendet wird.

A253.6

Fluoreszenz und Phosphoreszenz sind Leuchterscheinungen, bei denen die zuvor absorbierte Energie durch Aussenden von Strahlung wieder abgegeben wird. Die Emission durch Fluoreszenz tritt sofort nach der Absorption auf und erlischt, wenn die Lichtquelle entfernt wird. Bei der Emission durch Phosphoreszenz verbleibt das Elektron länger im angeregten Zustand, sodass die Strahlungsemission zeitverzögert erfolgt.

Die Rückkehr des Elektrons aus dem angeregten Zustand in den Grundzustand, erfolgt vom untersten Niveau des angeregten Zustands aus. Durch die Emission wird also ein kleinerer Energiebetrag abgegeben als zuvor durch Absorption aufgenommen wird. Die abgegebene Strahlung ist daher langwelliger. Die restliche Energie führt zur Erwärmung.

A253.7

Luminol ist ein gelb-grünlich schimmernder Feststoff, dessen alkalische Lösung mit Oxidationsmitteln wie beispielsweise Wasserstoffperoxid in Anwesenheit von Katalysatoren eine bläuliche Chemolumineszenz aufweist.

Luminol dient in der Forensik zum Nachweis von Blutspuren. Dafür werden die alkalische Luminollösung und eine verdünnte Wasserstoffperoxidlösung kurz vor der Anwendung gemischt und auf die zu untersuchende Fläche gesprüht. Als Katalysator dienen hier die im Blutfarbstoff Häm gebundenen Fe^{2+}-Ionen. Sind Blutspuren vorhanden, tritt die bläuliche Chemolumineszenz auf.

Luminolreaktion:

[Strukturformel: Luminol + H_2O_2 → 3-Aminophthalsäure + N_2 + H_2O]

A253.8

a) GFP ist ein Eiweißstoff, der bei Anregung mit blauem oder ultraviolettem Licht grün fluoresziert. Fluoreszierende Proteine wie das GFP dienen als Marker für Moleküle, Proteine und Zellbereiche. Durch die Fluoreszenzmikroskopie können biologische Vorgänge innerhalb von Zellen sichtbar gemacht und in der medizinischen Diagnostik genutzt werden. Die Fluoreszenzmikroskopie ist eine spezielle Form der Lichtmikroskopie. Im Gegensatz zur normalen Lichtmikroskopie erscheint der Bilduntergrund dunkel, nur die Stellen, an denen fluoreszierende Substanzen vorliegen, leuchten auf. Die vom Fluoreszenzfarbstoff emittierte Fluoreszenzstrahlung wird durch spezielle Filter beobachtet. GFP wird für die Mikroskopie chemisch umgewandelt, damit es sich spezifisch an bestimmte Moleküle binden kann.

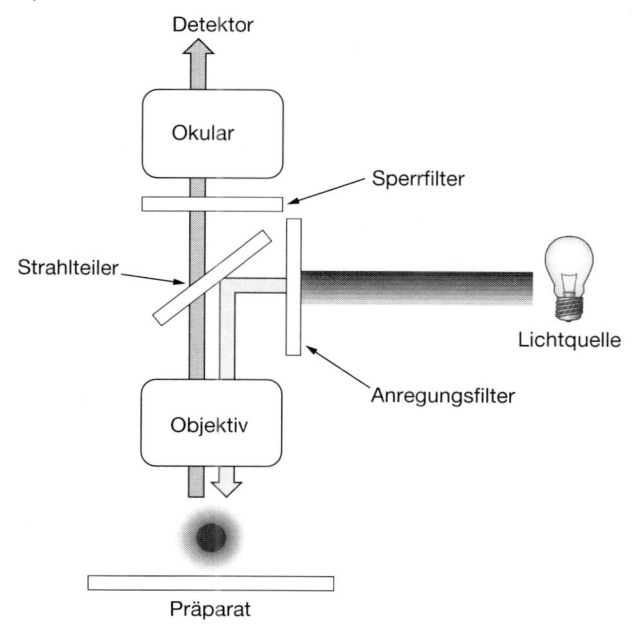

[Schematische Darstellung eines Fluoreszenzmikroskops mit Detektor, Okular, Sperrfilter, Strahlteiler, Anregungsfilter, Lichtquelle, Objektiv und Präparat]

b) individuelle Lösung

A253.9

a) Bei der ausgesendeten Strahlung handelt es sich um Fotolumineszenzstrahlung. Die Anregung der Elektronen erfolgt durch Absorption elektromagnetischer Strahlung aus dem sichtbaren und ultravioletten Bereich des Spektrums. Die Elektronen bleiben nur sehr kurz im angeregten Zustand und kehren dann wieder in den Grundzustand zurück. Bei dieser Rückkehr wird die aufgenommene Energie in Form von Strahlung wieder abgegeben.

b) Fotolumineszenzvorgänge werden in Fluoreszenz- und Phosphoreszenzeffekte unterschieden. Die Emission durch Fluoreszenz tritt sofort nach der Absorption auf und erlischt, wenn die Lichtquelle entfernt wird. Bei der Phosphoreszenzstrahlung verbleibt das Elektron länger im angeregten Zustand, sodass die Strahlungsemission zeitverzögert erfolgt.

c) Fotolumineszenzfarbstoffe werden in der Industrie als funktionelle Farbstoffe eingesetzt. Fluoreszenzfarbstoffe auf Geldscheinen dienen der Fälschungssicherheit. Auf Briefmarken ermöglichen sie die maschinelle Portokontrolle. In Waschmitteln erhöhen sie den Weißgrad von Textilien. Das Nachleuchten der Phosphoreszenzfarbstoffe dient Sicherheitszwecken und wird zur Kennzeichnung von Fluchtwegen oder für Nachtlichter verwendet.

A253.10

Schwarz absorbiert alle Wellenlängen des eingestrahlten Lichts, Weiß reflektiert alle Wellenlängen des eingestrahlten Lichts. Grautöne absorbieren und reflektieren in allen Spektralbereichen ungefähr gleich viel Licht. Mit zunehmender Reflektion erscheint der Grauton heller.

A253.11

a) Knicklichter bestehen aus einem durchsichtigen Kunststoffbehälter, in dem sich in getrennten Kammern zwei unterschiedliche Flüssigkeiten befinden. Die Art der Flüssigkeiten hängt von der gewünschten Leuchtdauer und -farbe ab.

b) Durch Knicken des Kunststoffbehälters werden die Flüssigkeiten vermischt und reagieren miteinander. Die bei der Reaktion freiwerdende Energie wird in Form von Strahlung emittiert.

c) Es handelt sich bei diesem Vorgang um Chemilumineszenz

A255.1

a) Das Lycopin-Molekül ist ein Carotinoid-Molekül mit 11 konjugierten C=C-Zweifachbindungen. Lycopin absorbiert im blaugrünen Bereich des Spektrums und erscheint damit rot. Bei der Reaktion mit Bromwasser wird durch eine elektrophile Addition ein Brom-Molekül an eine C=C-Zweifachbindung angelagert. Das mesomere Elektronensystem wird verkürzt und die Absorption verschiebt sich in Richtung kürzerer Wellenlängen.

Die Addition erfolgt in Stufen über die Bildung eines blaugrünen Farbstoff-Brom-Komplexes mit langer Lebensdauer, in dem das Brom-Molekül polarisiert vorliegt. Im nächsten Reaktionsschritt wird das polarisierte Brom-Molekül heterolytisch gespalten. Das positiv polarisierte Brom-Atom wird an das Farbstoff-Molekül gebunden. Das negativ polarisierte Brom-Atom liegt als Anion vor und bindet von der Rückseite an das Farbstoffmolekül.

Die unterschiedlichen Farben im Standzylinder beruhen auf den verschiedenen Reaktionsstadien. Lycopin, das noch nicht mit dem Bromwasser reagiert hat, ist rot gefärbt. In der grüngefärbten Schicht liegt neben dem blauen Komplex viel gelbbraunes Bromwasser vor. Wird die Konzentration des Bromwassers höher, tritt eine gelbe Färbung auf.

b)

[Strukturformel von Lycopin und Reaktion mit $+ 2 Br_2$ zum Produkt]

A255.2

Moleküle organischer Farbstoffe bestehen aus einem System von konjugierten C=C-Zweifachbindungen. Die Elektronen dieser Bindungen sind im Molekül nicht genau zu lokalisieren, sondern über die einzelnen Atome verteilt, sie sind delokalisiert. Der energetische Abstand zwischen Grundzustand und angeregtem Zustand des Moleküls wird verringert. Elektronen in delokalisierten Elektronensystemen sind leicht anzuregen.

A255.3

Anzahl der konjugierten Bindungen Molekülstruktur	Farbe
5	farblos
10	gelb
11	rot

Die Vergrößerung des delokalisierten Elektronensystems verschiebt die Lichtabsorption und die wahrgenommene Farbe immer weiter in den sichtbaren Bereich des Spektrums. Bei einem Polyen mit fünf konjugierten Zweifachbindungen im Molekül liegen Absorption und Reflektion im ultravioletten Bereich des Spektrums. Liegen zehn konjugierte Zweifachbindungen in einem Molekül vor, erfolgt die Absorption im blauvioletten Bereich des Spektrums, das Polyen erscheint gelb. Bei elf konjugierten Zweifachbindungen verschiebt sich die Absorption weiter in den blaugrünen Bereich des Spektrums. Der wahrgenommene Farbton ist Rot. Eine weitere Farbvertiefung kann nur über eingeführte auxochrome Gruppen erreicht werden.

Hinweis: Bei aromatischen Kohlenwasserstoffverbindungen zeigt sich die Verschiebung der Lichtabsorption durch die Vergrößerung des delokalisierten Elektronensystems ebenfalls.

Anzahl der konjugierten Bindungen Molekülstruktur	Farbe
3	farblos
7	gelblich
9	orange

A255.4

Organische Moleküle enthalten Atomgruppen mit Mehrfachbindungen wie beispielsweise C=C-Zweifachbindungen. Sie sind die Grundlage der Farbigkeit und werden als chromophore Gruppen bezeichnet. Die Elektronen der C=C-Zweifachbindungen sind delokalisiert und leicht anzuregen. Mit zunehmender Ausdehnung des delokalisierten Elektronensystems wird immer weniger Energie für die Anregung der Elektronen benötigt. Die Absorption des Moleküls verschiebt sich weiter in den Bereich des für uns sichtbaren Lichts. Auxochrome und antiauxochrome Gruppen sind funktionelle Gruppen mit freien Elektronenpaaren, die sich am mesomeren Elektronensystem des organischen Moleküls beteiligen. Sie bewirken eine Änderung des Absorptionsmaximums hin zu größeren Wellenlängen und führen zu einer Farbvertiefung. Auxochrome Gruppen wirken als Elektronendonatoren, antiauxochrome Gruppen wirken als Elektronenakzeptoren auf das mesomere Elektronensystem.

A255.5

Unter Bathochromie versteht man die Verschiebung des Absorptionsmaximums eines Farbstoffes zu größeren Wellenlängen in Richtung Rot. *p*-Hydroxyazobenzol ist ein gelber Azofarbstoff. Durch die Substitution mit einer weiteren auxochrom wirkenden Hydroxy-Gruppe wird die Absorption des Moleküls weiter in den sichtbaren Bereich des Spektrums verschoben. Eine Lösung von 2,4-Dihydroxyazobenzol erscheint daher rot.

A255.6

a)

Indigo   Purpur (6,6'-Dibromindigo)

b) Purpur ist ein Brom-Derivat des Indigo. Indigo absorbiert im gelben Bereich des Spektrums und erscheint blau. Die Brom-Substituenten beim Purpur-Molekül bewirken eine Verschiebung der Lichtabsorption in Richtung kürzerer Wellenlängen. Purpur absorbiert im grüngelben Bereich des Spektrums und erscheint violett.

A255.7

Die Molekülstruktur von Buttergelb (4-(Dimethylamino)azobenzol) leitet sich von der des Azobenzols ab. Die orange Farbe des Azobenzols berucht auf einem System aus konjugierten Zweifachbindungen. Das Azobenzol-Molekül besteht aus zwei Phenyl-Gruppen, die durch eine Azo-Gruppe miteinander verbunden sind. Das Buttergelb-Molekül enthält in *para*-Stellung zur Azo-Gruppe noch eine Dimethylamino-Gruppe. Diese verschiebt das Absorptionsmaximum des Moleküls im Vergleich zum Azobenzol in Richtung größerer Wellenlängen.

A255.8

a)

b) Stäbchen sind die Sehzellen des menschlichen Auges, die das Nacht- oder Dämmerungssehen (Schwarz-Weiß-Sehen) ermöglichen. Sie sind sehr lichtempfindlich und arbeiten bereits bei geringer Lichtintensität.
Zäpfchen sind die Sehzellen des menschlichen Auges, die das Farbensehen ermöglichen. Sie arbeiten nur bei ausreichender Beleuchtungsstärke, da sie weniger lichtempfindlich sind als die Stäbchen. Im menschlichen Auge befinden sich drei Zapfentypen, der S-Typ (Blaurezeptor), der M-Typ (Grünrezeptor) und der L-Typ (Rotrezeptor).

c) Der Farbstoff 11-cis-Retinal ist gelb. Durch Bindung an verschiedene Eiweißstoffe werden die Absorptionsmaxima und damit die Farbe der Verbindungen verändert. Dabei wird der gesamte Bereich des sichtbaren Spektrums abgedeckt. Durch die Kombination der Grundfarben kann jeder Farbton erfasst werden.

A257.1

a) [Reaktionsschema: Phenylglycin-o-carbonsäure → (−H_2O) → Indoxylcarbonsäure → (−CO_2) → Indoxyl → (O_2, −$2 H_2O$) → Indigo ⇌ (Reduktion $Na_2S_2O_4$ / Oxidation O_2) Indigoweiß-Anion]

b) Phenylglycin-2-carbonsäure wird durch Schmelzen zu Indoxylcarbonsäure umgewandelt. Anschließend bildet sich durch Abspalten von Kohlenstoffdioxid Indoxyl, die farblose Vorstufe des Indigo. Zwei Indoxyl-Moleküle werden dann zu einem Indigo-Molekül oxidiert.

A257.2

a) Die Färbung der Fäden für die Herstellung einer Jeans erfolgt als Küpenfärbung. Der Indigo wird während des Färbens lediglich an der Faseroberfläche adsorbiert und in Hohlräume der äußeren Fasern eingelagert. Das Innere der Fäden bleibt ungefärbt. Wird das Jeansgewebe durch Reiben beansprucht, reibt sich an diesen Stellen nach und nach der Farbstoff ab. Als Folge wird die Jeans heller.

b) Industriell wird der Used-Look von Jeansstoffen durch nachträgliche chemische oder mechanische Behandlung des Jeansgewebes erreicht. Indigo wird mit Kaliumpermanganat gebleicht oder mithilfe von Enzymen abgebaut. Durch Waschen mit Bimssteinen, Laser- oder Sandstrahlen werden gefärbte Fasern von der Gewebeoberfläche abgetragen.

A257.3

a) Chlorophylle sind natürliche Farbstoffe, die Pflanzen ihre grüne Farbe verleihen. Sie sind gut löslich in organischen Lösemitteln wie beispielsweise Ethanol oder Propan-2-ol und dienen bei der Fotosynthese der Lichtabsorption, der Weiterleitung der Energie sowie als Akzeptor für diese Energie. Chlorophyll-Moleküle sind aus einem Porphyrin-Ring mit einem zentralen Magnesium-Ion aufgebaut. Für die Grünfärbung von Blättern sind insbesondere Chlorophyll a und b verantwortlich. Beide haben zwei ausgeprägte Absorptionsmaxima zwischen 600 und 700 nm, und zwischen 400 und 500 nm. Der Bereich zwischen den Banden, die Grünlücke, verursacht die Blattfärbung.

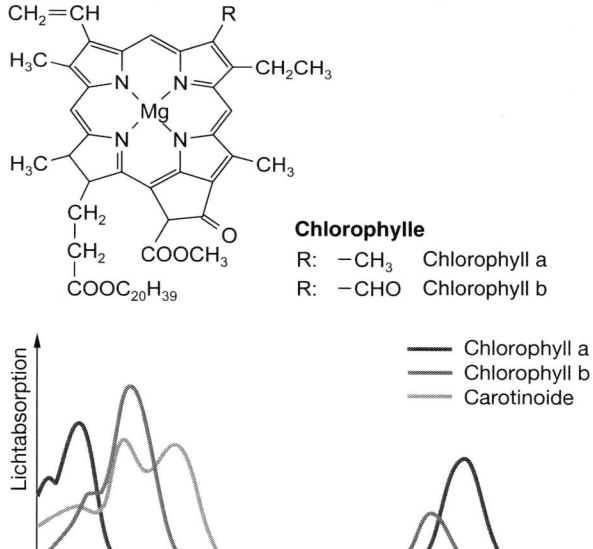

Chlorophylle
R: −CH_3 Chlorophyll a
R: −CHO   Chlorophyll b

Carotinoide verleihen Pflanzen sowie Schalen, Panzern und Federn von Tieren und dem Eigelb eine gelbe bis rötliche Färbung. Ihr Absorptionsmaximum liegt zwischen 450 und 500 nm. Es handelt sich bei den Carotinoiden um Polyene mit elf konjugierten C=C-Zweifachbindungen im Molekül. Carotinoid-Moleküle, die nur aus Kohlenstoff- und Wasserstoff-Atomen aufgebaut sind, werden als Carotine bezeichnet. Sind zusätzlich Sauerstoff-Atome gebunden, handelt es sich um Xanthophylle. Die Bezeichnung Carotinoide leitet sich von dem in Karotten enthaltenen β-Carotin ab. Es wird auch als Provitamin A bezeichnet, da es die wichtigste Vorstufe von Vitamin A in Lebensmitteln ist:

Carotine sind aufgrund ihrer unpolaren Moleküle fettlöslich. Auch im Körper können sie nur mit geringen Mengen Fett verwertet werden, sodass Karottengemüse beispielsweise mit Butter gegessen wird.
Ein Beispiel für Xanthophylle ist das im Eigelb enthaltene Lutein:

Xanthophylle sind trotz ihrer polaren Gruppen in den Molekülen besser fett- als wasserlöslich. Sie sind hitzeempfindlich und werden beim Kochen teilweise zerstört.

Farbstoff	Vorkommen	Farbe
Chlorophylle		
Chlorophyll a	Pflanzen	Blaugrün
Chlorophyll b		Gelbgrün
Carotine		
β-Carotin	Möhren, Spinat	Gelborange
Lycopin	Tomaten	Rot
Xanthophylle		
Astaxanthin	Hummer, Lachse	Rotviolett
Canthaxanthin	Lachse, Flamingofedern	Rot
Capsanthin	Paprika	Rot
Lutein	Spinat, Eigelb	Gelborange
Zeaxanthin	Mais	Orangegelb

b) individuelle Lösung

A257.4

Die Molekülstruktur des Blutfarbstoffes Häm ist analog zu der der Chlorophylle. Jedoch ist das Magnesium-Ion durch ein Eisen-Ion ersetzt. Das Absorptionsmaximum des Farbstoffes liegt im grünlich-gelben Bereich des Spektrums; er erscheint rot.

A257.5

a) Die Gewinnung der Anthocyanfarbstoffe erfolgt durch Extraktion aus den Bestandteilen verschiedener Pflanzen. Am größten ist die Ausbeute zumeist bei Fruchtschalen oder Blüten. Anthocyanfarbstoffe sind licht- und temperaturunempfindlich. Sie absorbieren Licht im sichtbaren Bereich des Spektrums zwischen 450 und 650 nm. Ihre Farbe wird vom pH-Wert der Umgebung beeinflusst; sie erscheinen rot, violett oder blau. Bei einem pH-Wert von 3 sind Anthocyanfarbstoffe am stabilsten und erscheinen rot. Anthocyanfarbstoffe sind wasserlöslich und werden als Zusatzstoffe (E 163) zur Färbung von Lebensmitteln verwendet.

Farbstoff	Vorkommen	Nummer
Pelargonidin	Himbeeren, Erdbeeren	E 163a
Cyanidin	Rotkohl, Blaubeeren, Holunderbeeren	E 163b
Paeonidin	Pfingstrosen, Cranberries	E 163c
Delphinidin	Schwarze Johannisbeeren, Hortensie, Rittersporn	E 163d
Petunidin	Apfelbeeren (Aronia)	E 163e
Malvidin	Rote Trauben, Primeln	E 163f

b) Lebensmittelfarbstoffe verstärken den Farbton eines Produkts oder gleichen Farbunterschiede der Rohwaren aus. Sie werden beispielsweise Fruchtgelees, Marmeladen, Süßwaren, Limonaden, Obstkonserven oder Speiseeis zugesetzt.
Da Anthocyanfarbstoffe in nahezu allen Früchten vorkommen, sind sie besonders gut als Lebensmittelfarbstoffe geeignet. Sie lösen sich gut in Wasser und werden sauren Produkten zugesetzt, da sie in diesen stabil sind.

A257.6

a) Purpur wurde aus verschiedenen Purpurschneckenarten gewonnen. Zur Herstellung von 1 g Purpur waren ungefähr 10 000 Schnecken erforderlich. Daher war Purpur einer der teuersten Farbstoffe der Welt. In der Antike war Purpur der Farbstoff der Herrscher. Nur Kaiser, Könige oder römische Senatoren durften mit Purpur gefärbte Kleidung tragen. Die wichtigsten Produzenten des Farbstoffes waren die Phönizier und die Byzantiner.
Purpurschnecken sondern in einer Drüse einen gelblichen Schleim ab, der sich nach dem Färben in alkalischer mit Urin versetzter Lösung an der Luft und im Sonnenlicht über Grün und Blau Purpur färbt. Durch mehrmaliges Färben werden dunkle, fast schwarze Purpurtöne erzielt.
Die verschiedenen Purpurschneckenarten enthalten neben dem Purpur auch immer Indigo, sodass der Farbton einer Purpurfärbung von Violettrot bis Blauviolett reichen kann.

Hinweis: Roland R. Melzer, Peter Brandhuber, Timo Zimmermann, Ulrich Smola: Farben aus dem Meer. Der Purpur. Biologie in unserer Zeit. 31, 2001. S. 30–39.

b) Purpur ist wasserunlöslich und gehört zu den Küpenfarbstoffen. Im Schneckensekret enthaltene Bakterien reduzieren in alkalischer Lösung den Farbstoff zur gelblichen, wasserlöslichen und faseraffinen Leukoform. Nach dem

Färben wird der Leukofarbstoff auf der Faser durch Luftsauerstoff wieder zum wasserunlöslichen Farbstoff oxidiert.

c) individuelle Lösung

A257.7

a) Karmin besteht aus Calcium- und Aluminiumsalzen der Karminsäure.

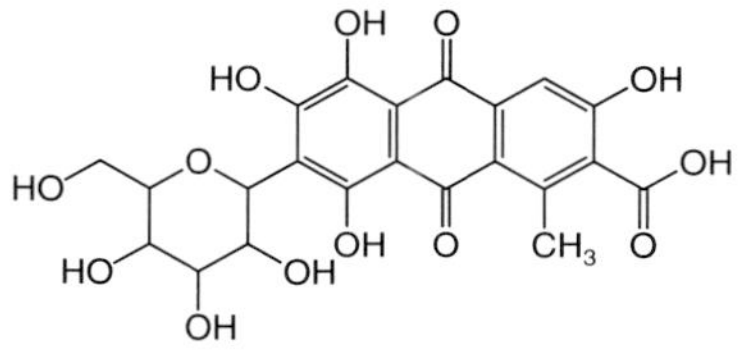

b) Karmin ist sehr beständig gegen Licht, Hitze und Fruchtsäuren. Es wird daher als Lebensmittelfarbstoff verwendet und ist in der Zusatzstoffzulassungsverordnung (ZZulV) als E 120 aufgeführt. Gefärbt werden beispielsweise Marmeladen, Konfitüren und Fruchtzubereitungen, Süßigkeiten, essbare Überzüge für Käse und Wurst, Spirituosen, Obst- und Fruchtweine. In der Kosmetikindustrie ist der Farbstoff beispielsweise für die Herstellung von Lippenstiften zugelassen.
Hinweis: ZZulV online über Bundesministeriums der Justiz und für Verbraucherschutz mit juris GmbH, http://www.gesetze-im-internet.de/index.html
Verordnung (EG) Nr.1223/2009 (Kosmetikverordnung) online über http://eur-lex.europa.eu/

A259.1

a), b) Durch Protonierung entsteht aus einem HNO_2-Molekül ein elektrophiles Nitrosyl-Kation:

$$HNO_2 \xrightarrow[-H_2O]{+H^+} \overset{+}{N}{=}O$$

Diazotierung: Das Nitrosyl-Kation greift elektrophil am Stickstoff-Atom eines 1,3-Diaminobenzol-Moleküls an. Die protonierte Form des N-Nitroso-3-Aminobenzol-Moleküls reagiert zu einem 3-Aminodiazohydroxid-Molekül. Nach Aufnahme eines Protons wird ein Wasser-Molekül abgespalten und es bildet sich das 3-Aminodiazonium-Ion:

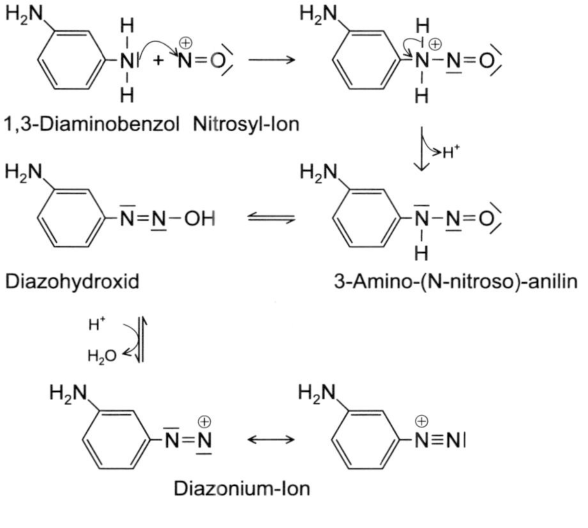

Azokupplung:

Diazonium-Ion   Diaminobenzol

Bismarckbraun G

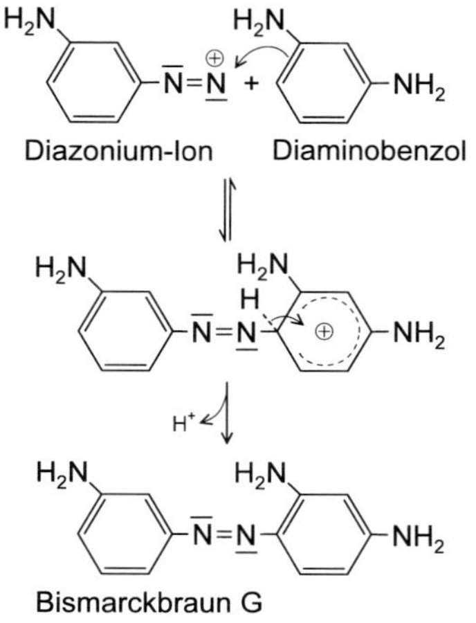

Hinweis: Neben Bismarckbraun G entsteht auch Bismarckbraun Y (Vesuvin). Das Gemisch wird in Form des Hydrochlorids als kationischer Azo-Farbstoff zur Lederfärbung verwendet.

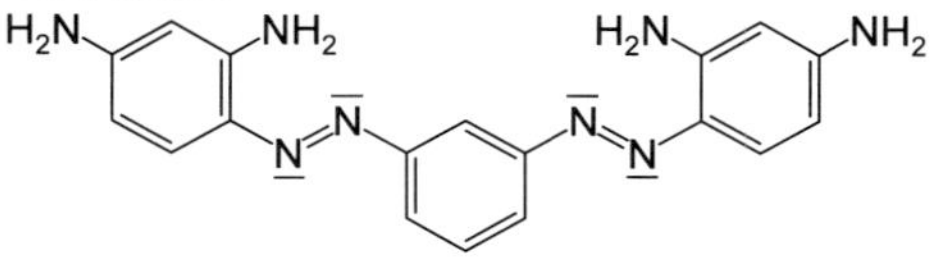

Bismarckbraun Y

A259.2

a), b) **Methylorange:**
Diazokomponente: 4-Aminobenzolsulfonsäure (Sulfanilsäure)
Kupplungskomponente: N,N-Dimethylanilin

Durch Protonierung entsteht aus einem HNO_2-Molekül ein elektrophiles Nitrosyl-Kation:

$$HNO_2 \xrightarrow[-H_2O]{+H^+} \overset{+}{N}{=}O$$

Diazotierung von 4-Aminobenzolsulfonsäure (Sulfanilsäure): Das Nitrosyl-Kation greift elektrophil am Stickstoff-Atom eines Sulfanilsäure-Moleküls an. Die protonierte Form des N-Nitroso-4-benzolsulfonsäure-Moleküls reagiert zu einem 4-Benzolsulfonsäurediazohydroxid-Molekül. Nach Aufnahme eines Protons wird ein Wasser-Molekül abgespalten und es bildet sich das 4-Benzolsulfonsäurediazonium-Ion:

Sulfanilsäure   Nitrosyl-Ion

Diazohydroxid

Diazonium-Ion

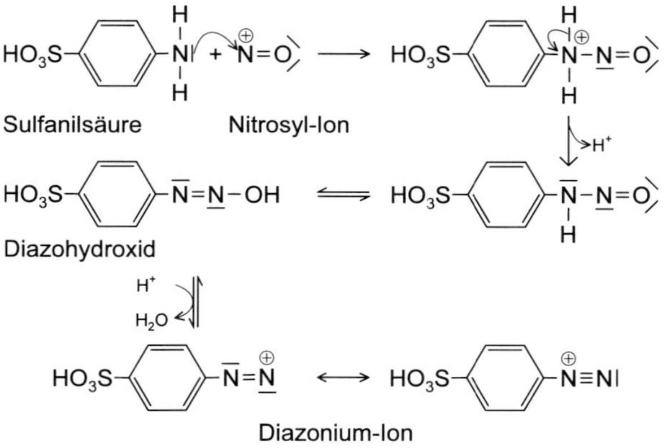

Azokupplung mit N,N-Dimethylanilin: Das 4-Benzolsulfonsäurediazonium-Ion wird mit einem N,N-Dimethylanilin-Molekül als Kupplungskomponente in einer elektrophilen

Substitution zum Azofarbstoff-Molekül gekuppelt und als Farbstoffsalz ausgefällt.

[Reaktionsschema: Diazonium-Ion + N,N-Dimethylanilin → Zwischenstufe → Produkt → Neutralisation mit NaOH/H₂O → Methylorange (NaO₃S–C₆H₄–N=N–C₆H₄–N(CH₃)₂)]

Methylrot:
Diazokomponente: 2-Aminobenzoesäure (Anthranilsäure)
Kupplungskomponente: N,N-Dimethylanilin

Diazotierung von 2-Aminobenzoesäure (Anthranilsäure): Das Nitrosyl-Kation greift elektrophil am Stickstoff-Atom eines 2-Aminobenzoesäure-Moleküls an. Die protonierte Form des N-Nitroso-Benzoesäure-Moleküls reagiert zu einem Benzoesäure-2-diazohydroxid-Molekül. Nach Aufnahme eines Protons wird ein Wasser-Molekül abgespalten und es bildet sich das Benzoesäurediazonium-Ion:

[Reaktionsschema: Anthranilsäure + Nitrosyl-Ion → Zwischenstufe → Diazohydroxid ⇌ Zwischenstufe → Diazonium-Ion (mesomere Grenzstrukturen)]

Azokupplung mit N,N-Dimethylanilin: Das Benzoesäurediazonium-Ion wird mit einem N,N-Dimethylanilin-Molekül als Kupplungskomponente in einer elektrophilen Substitution zum Azofarbstoff-Molekül gekuppelt.

[Reaktionsschema: Diazonium-Ion + N,N-Dimethylanilin → Zwischenstufe → Produkt → Neutralisation mit NaOH/H₂O → Methylrot]

A259.3

a) Azofarbstoffe können über die Haut oder die Mundhöhle in den menschlichen Körper gelangen und dort durch reduktive Spaltung an der Azo-Gruppe wieder in die Ausgangsstoffe überführt werden. Im menschlichen Körper kann diese Spaltung beispielsweise durch Darmbakterien erfolgen. Bei Azofarbstoffen, die krebserregende aromatische Amine freisetzen, wird deshalb von einem krebserzeugenden Potential der Farbstoffe ausgegangen. Zur Zeit sind in der EU 24 aromatische Amine wie beispielsweise Benzidin (4-(4-Aminophenyl)anilin) als Edukte für die Herstellung von Azofarbstoffen verboten. Der Einsatz von Azofarbstoffen, die mehr als 30 ppm (parts per million, Teile von einer Million) dieser aromatischen Amine freisetzen können, ist verboten. Dieses Verbot gilt auch für Textil- und Lederprodukte, die beispielsweise aus Asien importiert werden.

b) REACH (Registration, Evaluation, Authorisation and Restriction of Chemicals) steht für die Registrierung, Bewertung, Zulassung und Beschränkung von Chemikalien in der EU. Die Verordnung dient dem Schutz der menschlichen Gesundheit und der Umwelt vor Risiken, die durch Chemikalien entstehen können. Ausgewählte Stoffe werden von den Behörden bewertet und besonders besorgniserregende Stoffe kommen in das Zulassungsverfahren. Hersteller, Importeure und Anwender müssen ihre Chemikalien registrieren und sind für deren sichere Verwendung verantwortlich. Darüber hinaus sieht die Verordnung Auskunftsrechte für Verbraucher vor.

c) individuelle Lösung
Beispiel: Formaldehyd (Methanal) wird in der Industrie bei bestimmten Kondensationsreaktionen verwendet und auch als Konservierungsmittel genutzt. Die Weltgesundheitsorganisation WHO stufte Formaldehyd im Jahr 2004 als

"krebserregend für den Menschen" ein. Die für die REACH-Verordnung zuständige Europäische Chemikalienagentur (ECHA) hat Formaldehyd bis heute nicht rechtsverbindlich als krebserregend eingestuft.

d) Grenzwerte dienen dem Schutz der Gesundheit und haben eine große Bedeutung für den Umweltschutz. Sie werden fortlaufend überprüft und an den aktuellen Stand der Forschung angepasst. Solange die Werte unterschritten werden, besteht kein erhöhtes Gesundheitsrisiko.

e) individuelle Lösung

A259.4

a) Lebensmittelfarbstoffe verstärken den Farbton eines Produkts, wenn dessen Eigenfarbe nicht den Verbrauchererwartungen entsprechen würde. Sie sorgen bei unterschiedlicher Rohstoffqualität für eine konstante Farbe von Lebensmittelzubereitungen bei allen produzierten Chargen. Außerdem geben sie Produkten, die durch den Produktionsprozess verblassen, ihre Farbe zurück, überdecken Farbänderungen durch Alterung oder färben Produkte, die keine Eigenfarbe haben.

b) Für das Färben von Lebensmitteln sind ungefähr 40 Farbstoffe zugelassen. Festgesetzte Höchstmengen hängen dabei von der Lebensmittelart ab. Ist keine Höchstmenge festgelegt, lautet die Mengenangabe „quantum satis" (qs; lat.: so viel wie nötig). Es darf allerdings nicht beliebig viel des Farbstoffes verwendet werden, sondern lediglich die für das Produkt gerade erforderliche Menge. In der Zusatzstoffzulassungsverordnung sind alle Farbstoffe aufgelistet, die für Lebensmittel zugelassen sind. Einige Farbstoffe sind nur für bestimmte Lebensmittel zugelassen.
Hinweis: Der ADI-Wert (acceptable daily intake) wird von der Europäische Behörde für Lebensmittelsicherheit (EFSA) festgelegt. Er gibt die Menge eines Stoffes an, die mit größter Wahrscheinlichkeit über die gesamte Lebenszeit täglich gegessen werden kann, ohne dass dadurch gesundheitliche Gefahren zu erwarten wären. Der ADI-Wert wird in der Einheit mg · kg Körpergewicht^{-1} · Tag^{-1} angegeben.

Farbstoff	E-Nummer	Konfitüren, Marmeladen in mg · kg^{-1}	Speiseeis in mg · kg^{-1}	Süßwaren in mg · kg^{-1}	ADI-Wert in mg · kg^{-1} · d^{-1}
Curcumin	E 100	qs	–	–	3,0
Tartrazin	E 102	–	150	300	7,5
Chinolingelb	E 104	qs	150	300	0,5
Echtes Karmin	E 120	qs	–	300	5,0
Azorubin	E 122	–	50	50	4,0
Cochenillerot A	E 124	100	50	50	0,7
Allurarot AC	E 129	–	150	300	7,0
Patenblau V	E 131	–	150	300	5,0
Brillantblau FCF	E 133	–	150	300	6,0
Grün S	E 142	–	150	200	5,0
Chlorophyll	E 144	qs	qs	qs	–
Zuckercouleur	E 150a	qs	qs	qs	300
Brillantschwarz FCF	E 151	–	–	300	5,0
Capsanthin	E 160c	qs	qs	qs	–
Lycopin	E 160d	qs	–	–	0,5
Anthocyane	E 163	qs	qs	qs	-

c) Beispiele:
- Haribo® Goldbären enthalten natürliche Farbstoffe aus Fruchtsaftkonzentraten. Dabei handelt es sich vorrangig um Carotinoid- und Anthocyanfarbstoffe.
- Haribo® Jelly Beans enthalten die Farbstoffe Chinolingelb, Cochenillerot A, Allurarot AC und Patenblau V.
- Storck® Campino Joghurt Fruchtbonbons Erdbeere enthalten die Farbstoffe Echtes Karmin und Capsanthin.

Farbstoff E-Nummer	Farbe
Chinolingelb E 104	Gemisch aus verschiedenen synthetischen Gelbfarbstoffen, steht im Verdacht Allergien und hyperaktives Verhalten auszulösen.
Cochenillerot A E 124	Azofarbstoff, wasserlöslich, hitze-, alkali- und säurebeständig, steht im Verdacht Allergien und hyperaktives Verhalten auszulösen.
Allurarot AC E 129	Azofarbstoff, wasserslöslich, steht im Verdacht Allergien und hyperaktives Verhalten auszulösen.
Patenblau V E 131	Triphenylmethanfarbstoff, wasserlöslich.
Anthocyane E 163	Blaue, violette und rote Pflanzenfarbstoffe, Farbton ist pH-Wert-abhängig, wasserlöslich, Anthocyane sollen eine antioxidative Wirkung haben.
Echtes Karmin E 120	Calcium- und Aluminiumsalze der Karminsäure, wird gewonnen aus Schildläusen, für 1 kg Farbstoff werden über 100 000 Schildläuse benötigt, fast unlöslich in Wasser
Capsanthin E 160c	Roter Xanthophyllfarbstoff, wird aus Paprika gewonnen, wasserunlöslich

Hinweis: (ZZulV) online über Bundesministeriums der Justiz und für Verbraucherschutz mit juris GmbH, http://www.gesetze-im-internet.de/index.html
Informationen zu Lebensmittelzusatzstoffen online über Die VERBRAUCHER INITIATIVE e.V. (Bundesverband): www.zusatzstoffe-online.de
Europäische Behörde für Lebensmittelsicherheit (EFSA) online über http://www.efsa.europa.eu/de/

d) individuelle Lösung

A259.5

a) Natürliche Farbstoffe sind pflanzlichen oder tierischen Ursprungs. Naturidentische Farbstoffe sind synthetische Nachbildungen natürlicher Farbstoffe und unterscheiden von den Vorbildern. Synthetische Farbstoffe werden chemisch gewonnen und haben keine Vorbilder in der Natur.

b) Riboflavin (Vitamin B2) wird als natürlicher Farbstoff aus Molke oder Hefe gewonnen. Naturidentisches Riboflavin kann chemisch aus D-(−)-Ribose oder biotechnologisch aus verschiedenen Pilzen gewonnen werden.
Natürliche Carotine werden beispielsweise durch Extraktion aus Möhren gewonnen. Als naturidentische Farbstoffe können sie aus Retinol hergestellt werden.

A261.1

a) In Rezepten aus Norddeutschland wird Rotkohl mit säurehaltigen Zutaten wie Äpfeln, Essig oder Wein zubereitet. In Franken und Bayern bevorzugt man eine eher alkalische Zubereitung mit Natron (Natriumhydrogencarbonat).

b) Der ungekochte Kohl hat aufgrund der enthaltenen Anthocyanfarbstoffe eine violette Farbe. Durch die Verwendung von Äpfeln, Essig oder Wein erfolgt eine pH-Wert-Änderung zum Sauren. Die im gegarten Kohl enthaltenen Farbstoffe ändern ihre Farbe zum Rötlichen. Daraus folgt die Bezeichnung Rotkohl. Durch Zugabe von Natron erfolgt wiederum eine pH-Wert-Änderung, dieses Mal in Richtung alkalisch, und der Farbton wird bläulich. Das Gemüse wird als Blaukraut bezeichnet.

A261.2

Phenolphthalein und Thymolphthalein sind Triphenylmethanfarbstoffe. Thymolphthalein ist ein mit Methyl- und Isopropyl-Gruppen substituiertes Derivat des Phenolphthaleins.

Phenolphthalein   Thymolphthalein

Bei pH < 8 sind Phenolphthaleinlösungen farblos, bei pH > 8 sind sie pinkfarben. Thymolphthaleinlösungen sind ebenfalls bis etwa pH 9,3 farblos, bei höheren pH-Werten färbt sich die Lösung blau. Diese bathochrome Verschiebung der Absorption und Reflektion beruht auf den zusätzlichen Substituenten am Thymolphthalein-Molekül.

A261.3

a)

b) Wässrige Methylrotlösungen sind bei einem pH-Wert unterhalb von 4,4 rot und bei einem pH-Wert oberhalb von 6,2 gelb gefärbt. Im pH-Bereich zwischen 4,4 und 6,2 liegen beide Formen vor. Es entsteht die Mischfarbe Orange.

A261.4

a)

$pK_1 = 1{,}7$

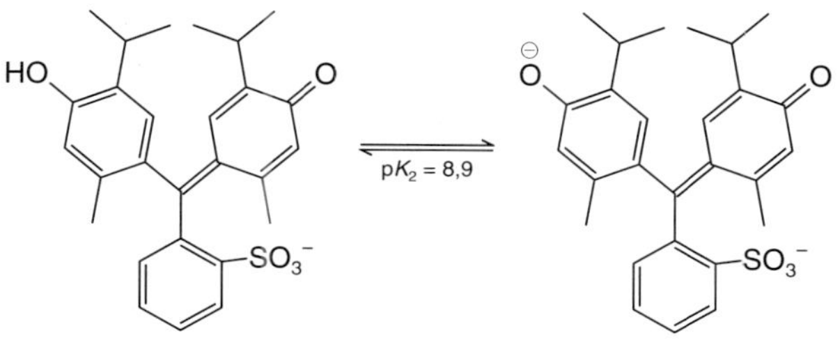

b) Thymolblau ist ein Säure-Base-Indikator mit zwei Farbumschlagsbereichen. Im pH-Bereich von 1,2–2,8 erfolgt eine Farbänderung von violettrot nach bräunlichgelb. Im pH-Bereich von 8,0–9,6 erfolgt die Farbänderung von gelbgrünlich nach blau. Thymolblau wird in Universalindikatoren verwendet. Ein wichtiger Anwendungsbereich von Thymolblau ist die Analytik von Arzneistoffen, beispielsweise die wasserfreie Titration von Coffein.

A261.5

a)

Indikator	Umschlagsbereich	Farbton
Methylrorange	3,1–4,4	rot-orange
Methylrot	4,4–6,2	rot-gelb
Bromkresolgrün	3,8–5,4	gelb-blau
Bromthymolblau	5,8–7,6	gelb-grün-blau
Phenolphthalein	8,7–10,7	farblos-pink
Thymolphthalein	9,3–10,5	farblos-blau
Indigokarmin	11,4–13	blau-gelb

b) Der Umschlagsbereich des gewählten Indikators sollte im Bereich des Äquivalenzpunkts der Titration liegen. Für die Titration einer sehr starken Säure wie beispielsweise Salzsäure mit einer sehr starken Base wie beispielsweise Natronlauge kann Bromthymolblau verwendet werden. Der Äquivalenzpunkt der Titration liegt bei pH 7 und damit im Umschlagsbereich des Indikators.
Bei der Titration einer sehr starken Säure wie beispielsweise Salzsäure mit einer schwachen Base wie beispielsweise Ammoniaklösung liegt der Äquivalenzpunkt der Titration zwischen pH 5 und 6. Für dieses Beispiel ist Methylrot geeignet.

V262.1

a) Hier wurden neben zwei Proben von echtem Safran und eine unbekannte Probe einer Safranfälschung untersucht. Bereits beim Einweichen in Wasser und bei der anschließenden Zugabe von Propanon, zeigt sich ein deutlicher Unterschied in der Farbigkeit der beiden Lösungen. Aus den Proben A und B (echter Safran) geht mehr Farbstoff in das Propanon über. Die Safranproben sind annähernd gleich orangefarben, die unbekannte dritte Probe ist dagegen gelb gefärbt. Hier kann bereits vermutet werden, dass es sich bei der dieser Probe nicht um echten Safran handelt. Gestützt wird diese Vermutung durch das Chromatogramm. Der echte Safran zeigt unter Tageslicht die nach der Literatur typischen gelben Banden. Die unbekannte Probe weist keine gelben Banden auf.

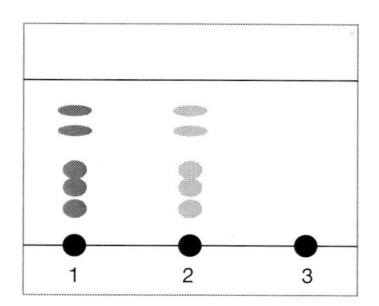

1 = Safranprobe A
2 = Safranprobe B
3 = unbekannte Probe

Unter UV-Licht werden bei den Proben A und B zusätzlich je eine violette Bande sichtbar. Die unbekannte Probe zeigt nur unter UV-Licht eine große Bande mit schwach blauer Fluoreszenz. Es handelt sich also nicht um Safran.

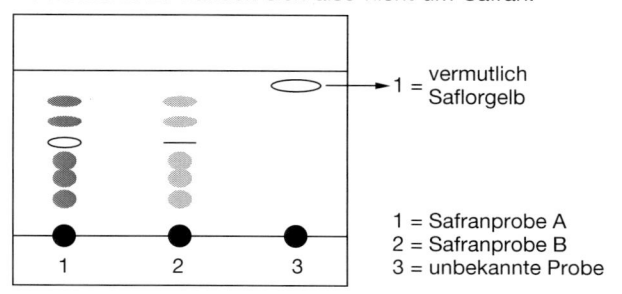

1 = vermutlich Saflorgelb

1 = Safranprobe A
2 = Safranprobe B
3 = unbekannte Probe

Als unbekannte Probe wurden Blütenblätter des Saflors, auch Färberdistel genannt, verwendet. Die Blütenblätter ähneln den Narben des Safran, so dass Saflor bereits im Mittelalter häufig für Safranfälschungen verwendet wurde.
Hinweis: Zahn, Joachim. Weh' dem der Safran schmiert! In: Textilveredlung 27 (1992) 6, S. 220-226

b)

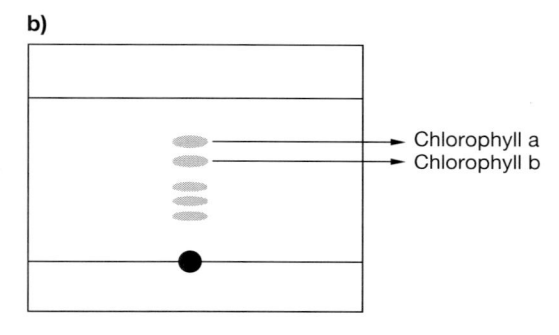

→ Chlorophyll a
→ Chlorophyll b

Das Chromatogramm zeigt fünf Banden. Die unteren drei Banden sind gelblich. Hier handelt es sich um verschiedene Carotinoide. In der vierten und der fünften Bande sind die grüngefärbten Chlorophylle zu finden. Die untere Bande enthält das grüngelb gefärbte Chlorophyll b, die obere Bande das dunkelgrüngefärbte Chlorophyll a.

V262.2

a)

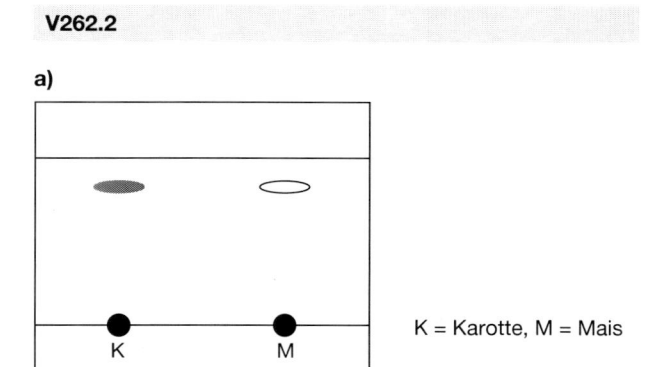

K = Karotte, M = Mais

Die in Karotten und Mais enthaltenen Carotinoidfarbstoffe zeigen ähnliche Banden im Chromatogramm. In Karotten ist β-Carotin enthalten, in Mais das strukturell verwandte Zeaxanthin. Die Bande der Karotte ist intensiver gefärbt, die enthaltene Farbstoffmenge ist größer.

Beim Verreiben mit Sand und Propanon, färbt sich der Brei bei den Karotten zunächst gelborange, bei Mais gelblich. Der Sand vergrößert die Reiboberfläche. Die Zellen werden zerstört und der Farbstoffe können herausgelöst werden. Nach dem Dekantieren ist zu erkennen, dass die Karotten deutlich heller geworden sind.
Nach Zugabe des Waschbenzins und Schütteln der Proben, gehen die zuvor in der Acetonphase angereicherten Farbstoffe teilweise in die Waschbenzinphase über.

b) Durch die Zugabe des Wassers und weiteres Schütteln, nimmt die Gelbfärbung der Waschbenzinphase weiter zu. Die unpolaren Carotinoide sind jetzt überwiegend im unpolaren Lösemittel Waschbenzin enthalten.

V262.3

pH-Wert	Farbe der Lösung
1,0	Pink
1,5	Pink
2,0	Pink
2,5	Pink
3,0	Pink-Orange
3,5	Orange
4,0	Orange-Gelb
4,5	Gelb
5,0	Gelb
5,5	Gelb

Der Umschlagsbereich des Indikatorfarbstoffs Methylorange liegt zwischen pH 3 und 4,5.

Experimentelle Hausaufgabe

Reiniger	Rotkohlsaft	Schwarzer Tee
–	Violett	Rotbraun
Haushaltsessig	Hellrot	Gelb
Essigreiniger	Hellrot	Gelb
Entkalkerlösung	Intensiv Rot	Gelb
Seifenlösung	Grün	Braun

Beim Rotkohlsaft ist deutlich die saure und alkalische Reaktion der Reiniger zu erkennen. Den niedrigsten pH-Wert zeigt die citronensäurehaltige Entkalkerlösung, nicht ganz so sauer reagieren Haushaltsessig und Essigreiniger. Alkalisch reagiert die Seifenlösung. Die Farbänderungen sind mit einer Strukturänderung des Rotkohlfarbstoffes verbunden, die durch die sauren oder alkalisch reagierenden Reiniger verursacht wird.

Im sauren Milieu liegen die im Rotkohlsaft enthaltenen Anthocyane als rot erscheinende Flavylium-Kationen vor und im neutralen Milieu überwiegt die violette Färbung des Flavenols. Die Grünfärbung der Lösung im alkalischen Milieu beruht auf einer Mischung aus blauen Flavenolat-Anionen und gelben Chalkon-Molekülen.
Die sauer reagierenden Reiniger verändern die Farbe des Tees von einem Rotbraun zu Gelb. Durch die Zugabe der Seifenlösung färbt sich der Tee braun. Die im schwarzen Tee enthaltenen Farbstoffe haben also ebenfalls Indikatoreigenschaften.

V263.4

a) Alle hergestellten Lösungen sind farblos. Beim Einrühren der Suspension des Diazoniumsalzes in die Naphthollösung färbt sich die Lösung rot. Bei Zugabe der Kochsalzlösung fällt ein roter Feststoff aus.

b) Zunächst erfolgt die Diazotierung der Diazokomponente Sulfanilsäure. Dazu erzeugt man zuvor aus einem HNO_2-Molekül durch Protonierung ein elektrophiles Nitrosyl-Kation:

$$HNO_2 \xrightarrow[-H_2O]{+H^+} \overset{+}{N}=O$$

Diazotierung: Das Nitrosyl-Kation greift elektrophil am Stickstoff-Atom eines Sulfanilsäure-Moleküls an. Die protonierte Form des N-Nitroso-4-benzolsulfonsäure-Moleküls reagiert zu einem 4-Benzolsulfonsäurediazohydroxid-Molekül. Nach Aufnahme eines Protons wird ein Wasser-Molekül abgespalten und es bildet sich das 4-Benzolsulfonsäurediazonium-Ion:

Sulfanilsäure (4-Aminobenzolsulfonsäure)   Nitrosyl-Ion

Diazohydroxid

Diazonium-Ion

Azokupplung: Das 4-Benzolsulfonsäurediazonium-Ion wird mit einem β-Naphthol-Molekül als Kupplungskomponente in einer elektrophilen Substitution zum Azofarbstoff-Molekül gekuppelt und als Farbsalz ausgefällt.

β-Naphtolorange

V263.5

a) Die Wildlachsprobe zeigt nur die Bande des natürlich enthaltenen Astaxanthin. Die Zuchtlachsprobe enthält neben Astaxanthin auch noch Canthaxanthin. Außerdem ist ein gelber Farbstoff enthalten, bei dem es sich vermutlich um Lutein handelt, das mit den beiden anderen Farbstoffen im Fischfutter verwendet werden darf.

b) Lachse werden heute in großen Mengen in Fischfarmen gezüchtet. Um dem Fleisch der Zuchtlachse die Rosafärbung des Fleisches von Wildlachsen zu geben und um die Fische besser vermarkten zu können, werden dem Fischfutter Farbstoffe zugemischt.

c) Astaxanthin ist ein Carotinoidfarbstoff, der zur Untergruppe der Xanthophylle gehört. Er ist für die Rotfärbung von Krebstieren verantwortlich und wird industriell aus einer Algenart gewonnen. In der Fischernährung hat der Farbstoff eine vitaminartige Wirkung und wirkt sich positiv auf die Fruchtbarkeit und die Gesundheit der Fische aus. Die Fleischfarbe von Wildlachsen geht auf den natürlichen Astaxanthingehalt der verzehrten Kleinkrebse zurück. Astaxanthin ist als Futtermittelzusatzstoff bei der Erzeugung von Speisefischen zugelassen. Nach bisher nicht klinisch bestätigten Untersuchungen soll Astaxanthin antioxidative Wirkung haben und wird daher als Nahrungsergänzungsmittel verwendet.

Canthaxanthin ist ebenfalls ist ein roter Farbstoff aus der Gruppe der Xanthophylle. Der Farbstoff kommt natürlich in Krabben, Flamingofedern oder Pfifferlingen vor, wird heute aber vorrangig synthetisch gewonnen. Als Lebensmittelfarbstoff (E 161g) ist er nur für eine französische Wurstsorte zugelassen. Der Farbstoff wird als Futtermittelzusatzstoff für Forellen, Lachse und Geflügel verwendet.

Hinweis: Verordnung (EG) Nr. 775/2008 online über http://eur-lex.europa.eu/de/

A265.1

a) Historisch werden Naturfarbstoffe in Direkt-, Beizen- und Küpenfarbstoffe unterteilt. Ein „direkt ziehender" Farbstoff benötigt keine Hilfsmittel für die Färbung. Es bilden sich schwache Bindungen zwischen Molekülen von Farbstoff und Faser aus. Für die Färbung mit einem Beizenfarbstoff wird die textile Fläche mit Metallsalzlösungen oder Gerbstoffen vorbehandelt und anschließend gefärbt. Der Farbstoff bildet mit den Metall-Kationen und funktionellen Gruppen der Faser-Moleküle Bindungen aus. Dieses bewirkt neben einer Änderung des Farbtons zusätzlich einer Verbesserung der Waschechtheit.
Küpenfarbstoffe sind wasserunlösliche Farbstoffe ohne Affinität zu den Textilfasern, die durch eine chemische Reaktion in die wasserlösliche Farbstoffform überführt werden. Nach dem Färben wird diese Farbstoffleukoform auf der Faser wieder in den wasserunlöslichen Farbstoff überführt. Für die Herstellung der Färbelösung wurden die in Blättern, Beeren, Wurzeln oder auch Schildläusen enthaltenen Naturfarbstoffe in einer wässrigen Lösung extrahiert. In diese Lösung wurde anschließend das zu färbende Material gegeben. Durch gelegentliches Umrühren sollte die Gleichmäßigkeit des Farbtons gefördert werden.

b) individuelle Lösung

c) In der modernen Färberei wird zunächst die Masse des zu färbenden Materials bestimmt. Auf diese Basisgröße beziehen sich alle weiteren Angaben in den Färbeanleitungen, beispielsweise die verwendete Farbstoffmenge oder das Volumen der Färbelösung. So wird sichergestellt, dass ein Farbton immer wieder reproduziert werden kann. Den gleichmäßigen Kontakt zwischen zu färbendem Material und der Färbelösung sichern heute die verwendeten Maschinen und gezielt eingesetzte Hilfsmittel.

d) Die Farbstoffkonzentration in natürlichen Farbmitteln ist gegenüber synthetischen Farbstoffen vergleichsweise gering. Beispielsweise kann aus indigoliefernden Pflanzen 1,5–2 % Farbstoff gewonnen werden und aus Krappwurzeln 1,9 % Farbstoff. Die Konzentration des Farbstoffes in modernen Farbstoffformulierungen bleibt konstant, während der Farbstoffgehalt in den natürlichen Farbmitteln in Abhängigkeit von Anbau- und Erntebedingungen schwanken kann sowie zusätzlich durch Aufbereitungs- und Lagerbedingungen beeinflusst wird. Da keine gleichbleibende Konzentration vorliegt, wird das Färben reproduzierbarer Ergebnisse erschwert. Außerdem haben viele Naturfarbstoffe schlechte Echtheiten. Der Bedarf an Anbauflächen, um synthetische Farbstoffe durch Naturfarbstoffe zu ersetzen, wäre sehr groß. Flächen, die für den Anbau von Naturfarbstoffen genutzt würden, könnten nicht mehr für den Nahrungsmittelanbau verwendet werden. Zudem decken die Naturfarbstoffe nicht das gewünschte Farbspektrum ab.

A265.2

Das Angebot an Textilfasern ist sehr vielfältig. Heute werden beispielsweise Cellulosefasern wie Baumwolle, Proteinfasern wie Wolle, synthetische Fasern wie Polyester und Fasern auf Basis regenerierter Naturstoffe wie Viskose für Bekleidungs- und Heimtextilien verwendet. Die Fasern haben unterschiedlichen molekularen Aufbau, was den Einsatz von Farbstoffen mit auf die Faser abgestimmten Eigenschaften erfordert.

Im Vordergrund bei der Färberei steht immer die Materialqualität. Fasern müssen möglichst schonend unter geeigneten Bedingungen gefärbt werden. So findet die Färbung von Proteinfasern beispielsweise im sauren pH-Bereich statt. Es werden Farbstoffe verwendet, die unter diesen pH-Bedingungen besonders große Affinität zu Proteinfasern haben.

A265.3

Zu den Färbeparametern gehören die Temperatur, die Dauer der Färbung und die Konzentration der Färbelösung. Soll ein bestimmter Farbton erreicht werden, müssen die dafür erforderlichen Färbeparameter eingehalten werden. Für die Gleichmäßigkeit der Färbung sind ein einheitliches Fasermaterial und eine gute Flottendurchdringung wichtig. Die Vergrößerung der Farbstoffkonzentration in der Färbelösung führt zu einer größeren Farbtiefe. Die Erhöhung der Färbetemperatur führt ebenfalls zu einer tieferen Anfärbung und verkürzt die Färbedauer.

Hinweis: In der modernen Färberei sorgt die Verwendung von Hilfsmitteln für eine optimierte Ausnutzung des Farbstoffes und für gleichmäßige Färbungen bei unterschiedlicher Faserqualität. Hilfsmittel sind beispielsweise Netzmittel, Salze zur Förderung der Farbstoffadsorption oder Nachbehandlungsmittel zur Verbesserung der Echtheiten.

A265.4

a) Für das Färben nach dem Ausziehverfahren müssen die Farbstoff-Moleküle Affinität zu den funktionellen Gruppen der Faser-Moleküle haben, um mit diesen Bindungen bilden zu können.

b) Temperaturerhöhung und Verlängerung der Färbezeit führen zu einer Verschiebung des Gleichgewichts zu Gunsten des Farbstoffes auf der Faser. Die Zugabe von Natriumsulfat führt meist zu einer Erhöhung des an der Faser absorbierten Farbstoffanteils. Bei Säurefarbstoffen führt weitere Säurezugabe zu einer Farbvertiefung.

Um bei hochfaseraffinen Farbstoffen gleichmäßige Färbungen zu erreichen, werden adsorptionsfördernde Hilfsmittel der Färbelösung in der Regel in Portionen über die gesamte Färbedauer zudosiert. Dadurch zieht der Farbstoff langsam und gleichmäßig aus die Faser auf.

A265.5

Die Waschechtheit einer Färbung hängt von der Art der Farbstoff-Faser-Bindung ab. Über Van-der-Waals-Bindungen an die Faser gebundene Farbstoffe (Direktfarbstoffe auf Cellulosefasern) haben geringe Waschechtheiten. Durch ionische Wechselwirkungen an die Faser gebundene Farbstoffe (Säure-, Metallkomplex- und kationische Farbstoffe auf Proteinfasern, Polyamidfasern, Polyacrylnitrilfasern) haben gute Waschechtheiten. Besonders waschecht sind Farbstoffe, deren Moleküle Elektronenpaarbindungen mit funktionellen Gruppen der Faser-Moleküle (Reaktivfarbstoffe auf Cellulosefasern, Proteinfasern) eingehen. Sehr waschecht sind auch in die Faser eingelagerte wasserunlösliche Küpenfarbstoffe.

A265.6

a) Cellulosefasern können mit Direkt-, Reaktiv-, Küpen- oder Entwicklungsfarbstoffen gefärbt werden.

b) Direktfarbstoffe werden aus neutraler oder schwach alkalischer Lösung mit Natriumsulfat oder -chlorid gefärbt. Die Fixierung erfolgt über Van-der-Waals-Bindungen.

Reaktivfarbstoffe werden zunächst mit Natriumsulfat oder -chlorid an der Faser adsorbiert und binden anschließend unter alkalischen Bedingungen an die Faser. Ihre Moleküle gehen Elektronenpaarbindungen mit funktionellen Gruppen der Faser-Moleküle ein und haften deshalb besonders gut. Küpenfarbstoffe sind wasserunlöslich. Sie werden durch Reduktion in die wasserlösliche Leukoform überführt, aufgefärbt und anschließend auf der Faser wieder zum wasserunlöslichen Farbstoff rückoxidiert.

Entwicklungsfarbstoffe sind wasserunlösliche Farbstoffe. Sie werden aus löslichen Vorstufen durch Kupplung auf der Faser hergestellt.

A265.7

Reaktivfarbstoffe werden auf Baumwollfasern unter alkalischen Bedingungen fixiert. Die Cellulosefaser Baumwolle ist gegen Alkalien relativ gut beständig.

Wolle ist eine Proteinfaser. Die Aminosäure-Bausteine in Proteinen sind durch Peptidbindungen miteinander verbunden, die durch alkalische Substanzen gespalten werden. Die Färbung von Wolle mit Reaktivfarbstoffen muss daher im schwach sauren pH-Bereich erfolgen.

A265.8

a), b) Polyacrylnitrilfasern enthalten als funktionelle Gruppen Nitril-Gruppen. Die funktionellen Gruppen liegen nicht ionisch vor, weisen aber aufgrund der unterschiedlichen Elektronegativität der Kohlenstoff- und Stickstoff-Atome Ladungsschwerpunkte auf. Die Stickstoff-Atome haben eine negative Teilladung. Mit ihnen bilden kationische Farbstoff-Moleküle Ionen-Dipol-Bindungen. Anlagerung eines kationischen Farbstoffes an Polyacrylnitril:

$\overset{\cdots}{\underset{\delta+}{C}}\equiv\overset{\cdots}{\underset{\delta-}{N}}|$

$R^1-\overset{\oplus}{\underset{\underset{R^2}{\|}}{N}}-R^3$

Wolle ist eine Proteinfaser. Die funktionellen Gruppen der Faser liegen als anionische Carboxylat-Gruppen ($-COO^-$) und kationische Ammonium-Gruppen ($-NH_3^+$) vor. Mit diesen Gruppen können ionische Farbstoffe Ionenbindungen bilden. Für Skizzen siehe Abbildung 3 im Schülerband auf Seite 265.

A265.9

Küpenfarbstoffe sind wasserunlösliche Farbstoffe ohne Affinität zu Fasern. Zum Färben aus wässriger Lösung, wird der Farbstoff mithilfe eines Reduktionsmittels in alkalischer Lösung in die wasserlösliche Farbstoffleukoform überführt. Diese hat Affinität zur Faser und zieht auf diese auf. Anschließend wird die Leukoform mithilfe eines Oxidationsmittels, beispielsweise Luftsauerstoff, wieder zum wasserunlöslichen Farbstoff oxidiert. Die Färbung mit einem Küpenfarbstoff ist mit einer Farbänderung der Färbelösung verbunden. Bei der Reduktion des Indigo ändert sich die Farbe der Färbelösung von Blau zu Gelb. Durch die abschließende Oxidation entsteht wieder der blaue Farbstoff.

A265.10

a) Die Reaktivfarbstoffmoleküle werden zunächst aus der wässrigen Lösung oder Natriumchlorid an die Faser adsorbiert. Dabei werden die Farbstoffmoleküle über Van-der-Waals-Bindungen festgehalten. Bei Zugabe von Natriumcarbonat und/oder Natronlauge bindet der Reaktivanker der Farbstoffmoleküle über eine Elektronenpaarbindung an die Hydroxy-Gruppen der Cellulosefaser.

b) In einer Nebenreaktion kann sich der Farbstoff über die Hydroxy-Gruppen an Wasser-Moleküle binden. Diese Reaktion ist irreversibel und das entstehende Farbstoffhydrat ist für die Färbung unbrauchbar. Als Folge muss für eine Färbung mit Reaktivfarbstoffen auf Baumwolle immer zusätzlicher Farbstoff eingesetzt werden, um den Verlust durch die Bildung des Farbstoffhydrat auszugleichen.
Das entstandene Farbstoffhydrat bindet sich über Wasserstoffbrückenbindungen an die Faser und bewirkt dadurch schlechte Waschechtheiten. Es muss zum Abschluss der Färbung in aufwendigen Spül- und Waschprozessen entfernt werden.

V266.1

Das Krapppulver enthält als Hauptfarbstoff das rötlich-braune Alizarin. Durch die Zugabe von Metall-Ionen bilden sich Komplexe mit unterschiedlichen Farbtönen.
Das Wollgewebestück aus dem ersten Becherglas ist rötlich-braun gefärbt. Bei Zugabe von Aluminium-Ionen resultiert eine leuchtend rote, bei Zugabe von Eisen-Ionen eine dunkelbraune Färbung.

V266.2

Direktfärbung auf Baumwolle: Direktfarbstoffe benötigen für eine ausreichende Adsorption an der Faser und für tiefe Farbtöne Natriumsulfat. Das Baumwollgewebestück aus dem ersten Becherglas weist einen tieferen Blauton auf als das aus dem zweiten Becherglas, dem kein Natriumsulfat zugegeben wurde.
Küpenfärbung auf Baumwolle: Nach der ersten Färbung ist das Baumwollgewebestück hellblau gefärbt. Mit jeder weiteren Färbung nimmt die Farbtiefe des Gewebes zu.
Reaktivfärbung auf Baumwolle: Reaktivfarbstoffe benötigen zunächst für die Adsorption an die Faser Natriumsulfat, anschließend für die Ausbildung der Bindung an die Faser einen alkalischen pH-Wert. Das Baumwollgewebestück aus dem ersten Becherglas weist den tiefsten Rotton auf, alle für die Färbung erforderlichen Chemikalien wurden zugegeben. Die Baumwollgewebestücke aus dem zweiten und dritten Becherglas zeigen weniger tiefe Rottöne. Im zweiten Becherglas wird der Farbstoff zwar an die Faser adsorbiert, kann aber durch den falschen pH-Wert nicht in ausreichender Konzentration an die Faser binden, sodass viel Farbstoff beim Spülen entfernt wird. Im dritten Becherglas fehlt das Natriumsulfat und es wird nur wenig Farbstoff an die Faser adsorbiert. Dieser wird an die Faser gebunden und es wird nur wenig Farbstoff beim Spülen entfernt.
Säurefärbung auf Wolle: Säurefarbstoffe werden bei niedrigem pH-Wert gefärbt. Das Wollgewebestück aus dem ersten Becherglas weist einen tieferen Rotton auf als das aus dem zweiten Becherglas, dem keine Säure zugegeben wurde.

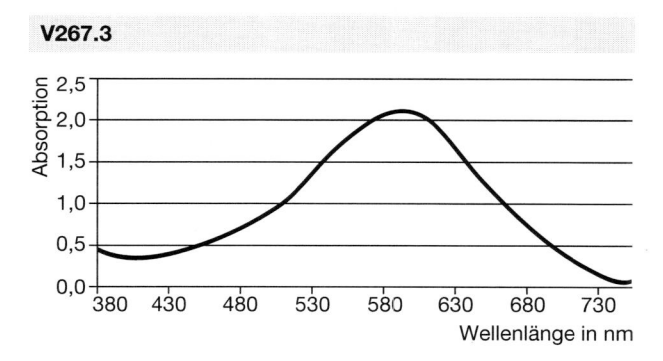

V267.3

$\lambda_{max} = 590$ nm

a), b)

Lösung	Massenkonzentration β in mg · cm^{-3}	Extinktion E
1	0	0,005
2	5	0,430
3	10	0,843
4	15	1,350
5	20	1,808
6	25	2,366
Beispiel	6,3	0,578

c)

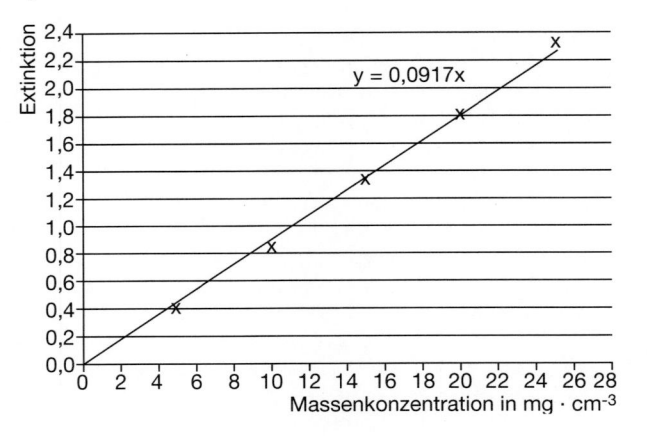

[Diagramm: Extinktion gegen Massenkonzentration in mg·cm⁻³, Gerade mit Gleichung y = 0,0917x]

Die Erstellung des Massenkonzentration-Extinktion-Diagramms und die Berechnung der Geradengleichung y = mx + b kann auch mithilfe eines Tabellenkalkulationsprogramms erfolgen. y entspricht der Extinktion E, x der Massenkonzentration β. Da die Gerade die Y-Achse bei 0 schneidet, ist b = 0, sodass sich die Gleichung y = mx ergibt. Die Steigung m entspricht dem Produkt aus dem Extinktionskoeffizienten ε_λ (mg^{-1} · cm^2) und der Schichtdicke d (cm). Mit der gemessenen Extinktion der unbekannten Probe kann die Massenkonzentration des Farbstoffes in der Probe berechnet werden.

d) Für das Ablesen der gesuchten Massenkonzentration aus dem Diagramm wird ein Lineal bei der vorgegebenen Extinktion angelegt und eine Gerade parallel zur Massenkonzentration-Achse gezogen. Am Schnittpunkt mit der Geraden wird eine weitere Linie parallel zur Extinktion-Achse gezogen. Auf der Massenkonzentration-Achse kann der entsprechende Wert abgelesen werden.

Hinweis: Bei dem gezeigten Beispiel handelt es sich um sehr konzentrierte Farbstofflösungen. Die Massenkonzentrationsbestimmung durch Ablesen aus dem Diagramm ist nicht exakt möglich. Hier kann mit den Schülerinnen und Schülern besprochen werden, wie die Genauigkeit des abgelesenen Wertes verbessert werden kann. Entweder wird ein neues Diagramm mit einem vergrößerten Ausschnitt im entsprechenden Ablesebereich gezeichnet oder der Wert wird mithilfe der Geradengleichung berechnet.

$$c = \frac{E}{\varepsilon} = \frac{0{,}578 \text{ mg}}{0{,}0917 \text{ cm}^{-3}} = 2{,}77 \text{ mg} \cdot \text{cm}^{-3}$$

Die Konzentration der Farbstofflösung beträgt 6,3 g · l^{-1}.

V267.4

[Diagramm: Absorption gegen Wellenlänge in nm, Maximum bei ca. 525 nm]

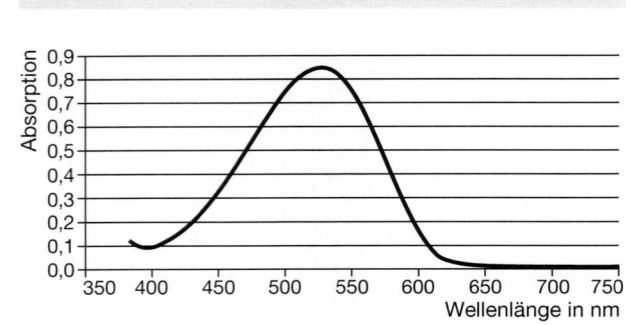

λ_{max} = 525 nm

a)

Lösung	Massenkonzentration β in mg · cm^{-3}	Extinktion E
1	0	0,020
2	5	0,243
3	10	0,502
4	15	0,807
5	20	1,160
6	25	1,413
Beispiel	3,2	0,184

Die Erstellung des Konzentration-Extinktion-Diagramms und die Berechnung der Geradengleichung y = mx + b kann auch mithilfe eines Tabellenkalkulationsprogramms erfolgen. y entspricht der Extinktion E, x ist die Massenkonzentration β. Da die Gerade die Y-Achse bei 0 schneidet, ist b = 0, sodass sich die Gleichung y = mx ergibt. Die Steigung m entspricht dem Produkt aus dem Extinktionskoeffizienten ε_λ (mg^{-1} · cm^2) und der Schichtdicke (cm). Mit der gemessenen Extinktion der unbekannten Probe kann die Massenkonzentration des Farbstoffes in der Probe berechnet werden. Einfacher ist es, die Massenkonzentration direkt aus dem Diagramm zu entnehmen.

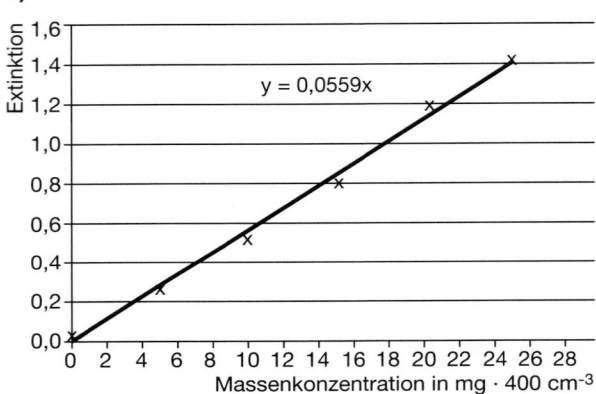

b)

[Diagramm: Extinktion gegen Massenkonzentration in mg · 400 cm⁻³, Gerade mit Gleichung y = 0,0559x]

c) Für das Ablesen der gesuchten Massenkonzentration aus dem Diagramm, wird ein Lineal bei der vorgegebenen Extinktion angelegt und eine Gerade parallel zur Massenkonzentration-Achse gezogen. Am Schnittpunkt mit der Geraden wird eine weitere Linie parallel zur Extinktion-Achse gezogen. Auf der Massenkonzentration-Achse kann der entsprechende Wert abgelesen werden.
Beispiel: ungefähr 3 mg

$$c = \frac{E}{\varepsilon} = \frac{0{,}148 \text{ mg}}{0{,}0559 \text{ cm}^{-3}} = 3{,}2 \text{ mg} \cdot \text{cm}^{-3}$$

Das Diagramm sollte im entsprechenden Ablesebereich mit einem vergrößerten Ausschnitt gezeichnet werden oder der Wert wird mithilfe der Geradengleichung berechnet.

d) Für die Säurefärbung mit Telon Rot A2R werden 150 mg Farbstoff in 400 ml Wasser gelöst. In der Restflotte sind noch 3,2 mg Farbstoff enthalten. Es müssen 146,8 mg Farbstoff zugegeben werden.

Farbstoffe – Farben für jedermann

V267.5

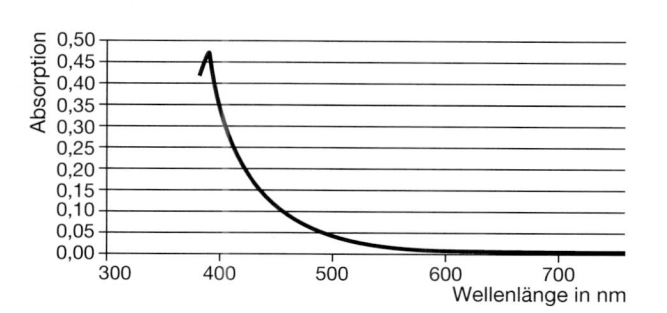

$\lambda_{max} = 390$ nm

a)

Lösung	Massenkonzentration β in mg · cm^{-3}	Extinktion E
1	0	0,020
2	0,64	0,102
3	1,28	0,195
4	1,92	0,280
5	2,56	0,359
6	3,20	0,466
Beispiel	2,77	0,401

Die Erstellung des Konzentration-Extinktion-Diagramms und die Berechnung der Geradengleichung y = mx + b kann auch mithilfe eines Tabellenkalkulationsprogramms erfolgen. y entspricht der Extinktion E, x ist die Massenkonzentration β. Da die Gerade die Y-Achse bei 0 schneidet, ist b = 0, sodass sich die Gleichung y = mx ergibt. Die Steigung m entspricht dem Produkt aus dem Extinktionskoeffizienten ε_λ (mg^{-1} · cm^2) und der Schichtdicke d (cm). Mit der gemessenen Extinktion der unbekannten Probe kann die Massenkonzentration des Farbstoffes in der Probe berechnet werden. Einfacher ist es, die Massenkonzentration direkt aus dem Diagramm zu entnehmen.

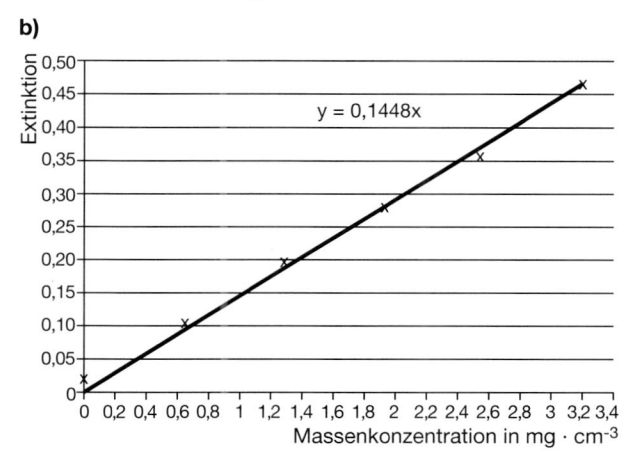

b)

y = 0,1448x

c) Für das Ablesen der gesuchten Massenkonzentration aus dem Diagramm, wird ein Lineal bei der vorgegebenen Extinktion angelegt und eine Gerade parallel zur Massenkonzentration-Achse gezogen. Am Schnittpunkt mit der Geraden wird eine weitere Linie parallel zur Extinktion-Achse gezogen. Auf der Massenkonzentration-Achse kann der entsprechende Wert abgelesen werden.
Das Diagramm sollte im entsprechenden Ablesebereich mit einem vergrößerten Ausschnitt gezeichnet werden oder der Wert wird mithilfe der Geradengleichung berechnet.

$$c = \frac{E}{\varepsilon} = \frac{0{,}401 \text{ mg}}{0{,}1448 \text{ cm}^{-3}} = 2{,}77 \text{ mg} \cdot \text{cm}^{-3}$$

d) Der abgelesene Wert für die Massenkonzentration muss mit dem Faktor 100 multipliziert werden, da der Saft für die Analyse im Verhältnis 1 : 100 mit Wasser verdünnt wurde. Im Zitronensaft sind 280 mg · cm^{-3} Citronensäure enthalten.

A269.1

a) siehe Schülerband Seite 268

b) Im Fotometer sendet eine Lichtquelle weißes Licht aus, das mittels eines Monochromators oder Filters in monochromatisches Licht umgewandelt wird. Dieses Licht tritt durch die Küvette mit der zu analysierenden Probe, wo ein Teil des Lichtes absorbiert wird. Der Rest wird vom Detektor registriert und kann am Display als Extinktion abgelesen werden.

A269.2

a) Zunächst wird mit einer wässrigen Stammlösung oder einer bestmmten Verdünnung des Stoffes ein Spektrum aufgenommen, aus dem das Absorptionsmaximum der Lösung abgelesen wird. Anschließend wird die Stammlösung mehrfach mit Wasser verdünnt und mit dem Fotometer die Extinktion der Lösungen bestimmt. Als Vergleichswert dient das Lösemittel mit eventuellen Zugaben nach Chromatografievorschrift. Die verwendeten Küvetten werden vor der Messung gereinigt. Die Extinktionswerte werden in Abhängigkeit von der berechneten Konzentration des Stoffes in einem Diagramm aufgetragen. Nun wird die Extinktion der Lösung mit unbekannter Konzentration des Stoffes aus dem Diagramm abgelesen oder mit der Geradengleichung berechnet.

b) Die Bestimmung des Absorptionsmaximums und die Verwendung von monochromatischem Licht erhöht die Empfindlichkeit der Messmethode. Aus der Stammlösung mit bekannter Konzentration können die Konzentrationen der Kalibrierlösungen berechnet werden. Kratzer und Schmutz auf den Küvetten beeinflussen das Messergebnis und müssen deshalb vor der Messung entfernt werden. Aus dem Konzentration-Extinktion-Diagramm kann über den Extinktionswert die Konzentration des Stoffes in der unbekannten Lösung direkt abgelesen werden.

A269.3

Um die Empfindlichkeit der Messmethode zu vergrößern, wird mit monochromatischem Licht (Licht einer Wellenlänge) gearbeitet. Meist wird die Wellenlänge λ_{max}, bei der das Absorptionsmaximum der betreffenden Substanz liegt, verwendet. Bei den meisten Farbstoffen ist dies bei der entsprechenden Komplementärfarbe der Fall. Je höher die Extinktion ist, desto geringer ist die Fehleranfälligkeit des Verfahrens.

A269.4

a) Aus den vorgegebenen Messwerten wird mithilfe eines Tabellenkalkulationsprogramms ein Konzentrations-Extinktions-Diagramm erstellt und die Geradengleichung y entspricht der Extinktion E, x ist die Massenkonzentration β. Da die Gerade die Y-Achse bei 0 schneidet, ist b = 0, sodass sich die Gleichung y = mx ergibt. Die Steigung m entspricht dem Produkt aus dem Extinktionskoeffizienten ε_λ ($mg^{-1} \cdot cm^2$) und der Schichtdicke d (cm). Mit der gemessenen Extinktion der unbekannten Probe kann die Massenkonzentration des Farbstoffes in der Probe berechnet werden.

$$c = \frac{E}{\varepsilon} = \frac{0{,}498 \text{ mg}}{0{,}0020 \text{ cm}^{-3}} = 249 \text{ mg} \cdot cm^{-3}$$

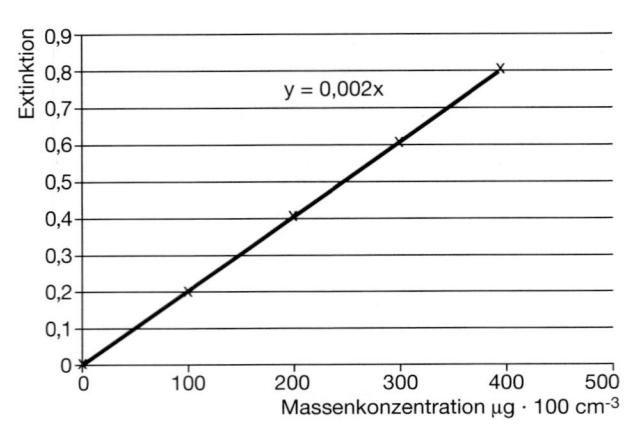

[Diagramm: Extinktion gegen Massenkonzentration $\mu g \cdot 100 \text{ cm}^{-3}$, Gerade y = 0,002x]

b) 2 kg Spinat ergeben 100 ml Spinatsaft und enthalten 249 µg Eisen. Zur Deckung des Eisenbedarfs empfiehlt die DGE für Jugendliche die Aufnahme von 10–15 mg Eisen pro Tag.

$$c = \frac{E}{\varepsilon} = \frac{15 \text{ mg}}{0{,}249 \text{ cm}^{-3}} = 2{,}77 \text{ mg} \cdot cm^{-3}$$

c) Soll mit Spinat der Eisenbedarf eines Jugendlichen gedeckt werden, müsste dieser jeden Tag 120 kg Spinat essen. Spinat ist zur Deckung des Eisenbedarfs nicht geeignet.

A272.B1

a) *Licht, Farbe, Komplementärfarbe:* Sichtbares Licht umfasst einen relativ kleinen Bereich der elektromagnetischen Strahlung im Wellenlängenbereich von 400 bis 750 nm. Farbigkeit tritt auf, wenn ein mit Licht bestrahlter Gegenstand bestimmte Wellenlängenbereiche absorbiert und den restlichen Lichtanteil zurückstrahlt. Die beobachtete Farbe ist die Komplementärfarbe zur absorbierten Farbe.

additive Farbmischung, subtraktive Farbmischung: Bei selbstleuchtenden Körpern addieren alle Farben des Spektrums zur neuen Farbe Weiß. Bei Körperfarben werden weißem Licht durch Absorption unterschiedliche Anteile entzogen, die zu einem neuen Farbeindruck führen. Durch Mischen aller Farben erhält man Schwarz.

Lumineszenz: Bei Lumineszenzerscheinungen geben angeregte Elektronen die zuvor absorbierte Energie bei der Rückkehr in den Grundzustand durch Strahlung ab. Bei der Fotolumineszenz erfolgt die Elektronenanregung durch Absorption elektromagnetischer Strahlung aus dem sichtbaren und ultravioletten Bereich des Spektrums. Bei der Chemolumineszenz erfolgt die Elektronenanregung durch die bei einer Reaktion frei werdende Energie.

mesomeres Elektronensystem, chromophore Gruppe, auxochrome Gruppe, antiauxochrome Gruppe: In einem mesomeren Elektronensystem liegen die Elektronen aus C=C-Zweifachbindungen delokalisiert vor. Der energetische Abstand zwischen Grundzustand und angeregtem Zustand des Moleküls wird verringert. Das mesomere System besteht aus chromophoren Gruppen, die Grundvoraussetzung für Farbigkeit bei organischen Verbindungen sind. Auxochrome und antiauxochrome Gruppen sind Substituenten an Farbstoff-Molekülen, die sich an der Mesomerie des Elektronensystems beteiligen. Auxochrome Gruppen wirken über einen +M-Effekt als Elektronendonatoren, antiauxochrome Gruppen über einen –M-Effekt als Elektronenakzeptoren. Beide Gruppen verschieben die Lichtabsorption zu größeren Wellenlängen, also von blau nach rot.

Naturfarbstoff, synthetischer Farbstoff: Naturfarbstoffe oder farblose Vorstufen sind pflanzlichen und tierischen Ursprungs. Synthetische Farbstoffe werden industriell hergestellt.

Verküpung, Leukoform: Unter Verküpung versteht man die reduktive Überführung eines wasserunlöslichen Küpenfarbstoffes in die wasserlösliche Farbstoffleukoform. Die Leukoform weist eine andere Farbe als der Farbstoff auf.

Säure-Base-Indikator: Ein Säure-Base-Indikator ist ein Farbstoff, dessen Farbe durch den pH-Wert beeinflusst wird. Er zeigt durch Farbumschlag das Erreichen des Äquivalenz- oder des Endpunkts der Titration an.

anwendungstechnische Einteilung der Farbstoffe:

Farbstoffart	Anwendungstechnik
Direktfarbstoffe	Benötigt Salz für die Adsorption
Entwicklungsfarbstoffe	Wird auf der Faser aus löslichen Vorstufen hergestellt (entwickelt)
Reaktivfarbstoffe	gehen Elektronenpaarbindungen mit funktionellen Gruppen der Fasern ein
Dispersionsfarbstoffe	Farbstoffe, die feinverteilt in die Faser eingelagert werden
Küpenfarbstoffe	wasserunlösliche Farbstoffe, die für die Färbung zur wasserlöslichen Leukoform reduziert werden müssen

Farbechtheit: Unter Farbechtheit versteht man die Widerstandsfähigkeit einer Färbung gegenüber äußeren Einflüssen im Gebrauch.

Farbstoff-Faser-Bindung: Beschreibt die Art der Wechselwirkungen zwischen Farbstoff- und Faser-Molekülen.

Fotometrie: Bezeichnet die Konzentrationsbestimmung einer farbigen Substanz in einer Lösung. Dabei wird gemessen, wie sich die Intensität elektromagnetischer Strahlung schwächt.

b) siehe Seite 135

c) individuelle Lösung

A272.B2

a)

[Strukturformel Indigo]

Reduktion (Na$_2$S$_2$O$_4$) ⇅ Oxidation (O$_2$)

[Strukturformel Indigoweiß-Anion]

b) Küpenfarbstoffe sind wasserlösliche Farbstoffe ohne Affinität zu Fasern. Zum Färben aus wässriger Lösung, wird der Farbstoff mithilfe eines Reduktionsmittels in alkalischer Lösung in die wasserlösliche Farbstoffleukoform überführt. Diese hat Affinität zur Faser und wird an der Faser adsorbiert. Anschließend wird die Leukoform mithilfe eines Oxidationsmittels, beispielsweise Luftsauerstoff, wieder zum wasserunlöslichen Farbstoff oxidiert.

c) Die Färbung auf Baumwolle erfolgt unter stark alkalischen Bedingungen (pH 12–13). Die Proteinfaser Wolle wird unter diesen Bedingungen geschädigt. Wird Wolle mit Indigo gefärbt, wird das für die Verküpung erforderliche alkalische Milieu durch verdünnte Ammoniaklösung erreicht. Der schwach alkalische pH-Wert der Färbelösung reduziert die Wollschädigung, schließt sie aber nicht vollständig aus.

A272.B3

a)

[Strukturformel Peptid mit Indikatorfarbstoff]

b) Die Farbe von Textilien soll sich durch den Gebrauch und äußere Einflüsse nicht verändern. Ein mit einem Säure-Base-Indikator gefärbtes Bekleidungsstück würde beispielsweise durch aufgetropften Obstsaft an den Tropfstellen seine Farbe verändern. Wird für die Wäsche ein seifenhaltiges Waschmittel verwendet, kann sich die Farbe des ganzen Bekleidungsstückes verändern.

A272.B4

Weißtöner sind "farblose" Farbstoffe. Sie absorbieren ultraviolette Strahlung und emittieren blaue Strahlung. Durch additive Farbmischung wird der Gelbstich von Textilien oder gelblichem Papier überdeckt. Der Weißton erscheint heller und strahlender.

A272.B5

a) Sulfanilsäure ist die Diazokomponente, N,N-Dimethylanilin die Kupplungskomponente bei der Reaktion. Aus Natriumnitrit und verdünnter Salzsäure bildet sich das für den elektrophilen Angriff an der Diazokomponente benötigte Nitrosyl-Ion. Wasser ist das Lösemittel, Eis wird zum Kühlen der Lösungen benötigt, da sich Diazonium-Ionen bei Temperaturen über 5 °C zersetzen. Die Kochsalzlösung dient zum Ausfällen des Farbstoffsalzes.

b) Bei der Reaktion handelt es sich um eine Diazotierung mit anschließender Azokupplung. Durch Protonierung entsteht aus einem HNO$_2$-Molekül ein elektrophiles Nitrosyl-Kation:

$$HNO_2 \xrightarrow[-H_2O]{+H^+} \overset{+}{N}=O$$

Das Nitrosyl-Kation greift elektrophil am Stickstoff-Atom eines Sulfanilsäure-Moleküls an. Die protonierte Form des N-Nitroso-4-Benzolsulfonsäure-Moleküls reagiert zu einem 4-Benzolsulfonsäurediazohydroxid-Molekül. Nach Aufnahme eines Protons wird ein Wasser-Molekül abgespalten und es bildet sich das 4-Benzolsulfonsäurediazonium-Ion:

[Reaktionsschema]

Das 4-Benzolsulfonsäurediazonium-Ion wird mit einem N,N-Dimethylanilin-Molekül als Kupplungskomponente in einer elektrophilen Substitution zum Azofarbstoff-Molekül gekuppelt und als Farbstoffsalz ausgefällt.

[Reaktionsschema Methylorange]

c) Der Farbstoff ist Methylorange und gehört zur Klasse der Azofarbstoffe. Azofarbstoffe werden häufig als Indikatoren oder als Textilfarbstoffe verwendet.

A273.C1

a) Sulfanilsäure ist die Diazokomponente, α-Naphthylamin die Kupplungskomponente bei der Reaktion. Aus dem bei der Reaktion von Nitrat mit Zinkstaub in essigsaurer Lösung gebildeten Nitrit, entsteht das für den elektrophilen Angriff an der Diazokomponente benötigte Nitrosyl-Ion.

b) Sind in der Gewässerprobe Nitrat-Ionen vorhanden, bilden sich durch die Reduktion mit Zinkstaub Nitrit-Ionen. Aus den Nitrit-Ionen bilden sich Nitrosyl-Kationen, die elektrophil am Stickstoff-Atom der Sulfanilsäure-Moleküle angreifen. Die protonierte Form des N-Nitroso-4-Benzolsulfonsäure-Moleküls reagiert zu einem 4-Benzolsulfonsäurediazohydroxid-Molekül. Nach Aufnahme eines Protons wird ein Wasser-Molekül abgespalten und es bildet sich das 4-Benzolsulfonsäurediazonium-Ion.

Das 4-Benzolsulfonsäurediazonium-Ion wird mit einem α-Naphthylamin-Molekül als Kupplungskomponente in einer elektrophilen Substitution zum Azofarbstoff-Molekül gekuppelt.

c) Im ersten Schritt erfolgt eine Diazotierung eines aromatischen Amins unter Bildung eines Diazonium-Ions. Das Diazonium-Ion wird mit der Kupplungskomponente in einer elektrophilen Substitution zum Azofarbstoff-Molekül gekuppelt.

d) Ist in der Probe neben Nitrat auch Nitrit vorhanden, verfälscht dieses das Ergebnis. Deshalb muss es vor der eigentlichen Reaktion mit Amidosulfonsäure (H_3SO_3N) zu Stickstoff reduziert werden.
Die Diazotierung muss unter Kühlung erfolgen, da sich Diazonium-Ionen bei Temperaturen über 5 °C zersetzen.

e) Der Farbstoff gehört zur Klasse der Azofarbstoffe.

A273.C2

Hinweis: Im Druck A² des Schülerbands wurden die Zahlenwerte in der Aufgabenstellung wie folgt geändert:

	Extinktion bei 535 nm	Konzentration in mg · l⁻¹
Brunnen 1	0,200	?
Brunnen 2	0,050	?
Brunnen 3	0,064	?
Kalibrierlösung 0	0,000	0,0
Kalibrierlösung 1	0,250	20,0
Kalibrierlösung 2	0,190	15,0
Kalibrierlösung 3	0,064	5,0

a) In einem Fotometer sendet eine Lichtquelle weißes Licht aus, dass mittels eines Monochromators oder Filters in monochromatisches Licht umgewandelt wird. Dieses Licht tritt durch die Küvette mit der zu analysierenden Probe, wo Teile des Lichtes absorbiert werden. Der Rest wird vom Detektor registriert und kann am Display als Extinktion abgelesen werden.

Das Konzentrationsbestimmung mittels Fotometrie beruht auf dem Lambert-Beerschen-Gesetz ($E = \varepsilon_\lambda \cdot \beta \cdot d$). Es besagt, dass die Intensitätsabnahme eines Lichtstrahls, der durch eine farbige Lösung geht, von der Schichtdicke und der Konzentration der farbigen Lösung abhängig ist.

b) Die Bestimmung des Absorptionsmaximums und die Verwendung von monochromatischem Licht erhöht wird die Empfindlichkeit der Messmethode. Aus der Stammlösung mit bekannter Konzentration können die Konzentrationen der Kalibrierlösungen berechnet werden. Kratzer und Schmutz auf den Küvetten beeinflussen das Messergebnis und müssen deshalb vor der Messung entfernt werden. Aus dem Konzentration-Extinktion-Diagramm kann über den Extinktionswert die Konzentration des Stoffes in der unbekannten Lösung direkt abgelesen werden.
Es gilt bei homogener Verteilung der absorbierenden Substanz und für niedrig konzentrierte Lösungen ($< 0,01$ mol · l⁻¹) ohne Wechselwirkungen zwischen den Teilchen.

c) Zunächst wird eine Stammlösung bekannter Nitratkonzentration hergestellt. In dieser Lösung wird der rote Azofarbstoff hergestellt. Anschließend wird ein Spektrum dieser Lösung aufgenommen und λ_{max} bestimmt. Aus der Stammlösung wird eine Verdünnungsreihe hergestellt und die Extinktionen der einzelnen Lösungen bei λ_{max} bestimmt. Die zugehörigen Nitratkonzentrationen werden berechnet und ein Konzentration-Extinktion-Diagramm gezeichnet. Aus diesem kann nach einer weiteren Extinktionsmessung die Nitratkonzentration in einer unbekannten Lösung abgelesen werden. Alternativ kann aus den vorgegebenen Messwerten mithilfe eines Tabellenkalkulationsprogramms ein Konzentration-Extinktion-Diagramm erstellt und die Geradengleichung $y = mx + b$ berechnet werden. y entspricht der Extinktion E, x ist die Massenkonzentration β. Da die Gerade die Y-Achse bei 0 schneidet, ist $b = 0$, sodass sich die Gleichung $y = mx$ ergibt. Die Steigung m entspricht dem Produkt aus dem Extinktionskoeffizienten ε_λ (mg⁻¹ · cm²) und der Schichtdicke d (cm). Mit der gemessenen Extinktion der unbekannten Probe kann die Massenkonzentration des Farbstoffes in der Probe berechnet werden.

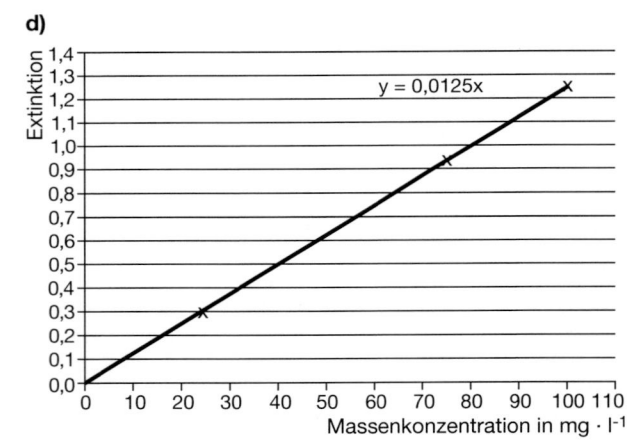

d)

$$\beta = \frac{E}{\varepsilon} \cdot d$$

	Extinktion bei 535 nm	Konzentration in mg · l^{-1}
Brunnen 1	0,200	8,0
Brunnen 2	0,050	2,0
Brunnen 3	0,064	2,6
Kalibrierlösung 0	0,000	0,0
Kalibrierlösung 1	0,250	20,0
Kalibrierlösung 2	0,190	15,0
Kalibrierlösung 3	0,064	5,0

e) Die Nitratkonzentration liegt bei allen Brunnen unter dem Grenzwert der Trinkwasserverordnung (50 mg · l^{-1}). Eine Gesundheitsgefährdung geht von dem aus dem Brunnen entnommenen Wasser nicht aus.

Vom Alkohol zum Aromastoff

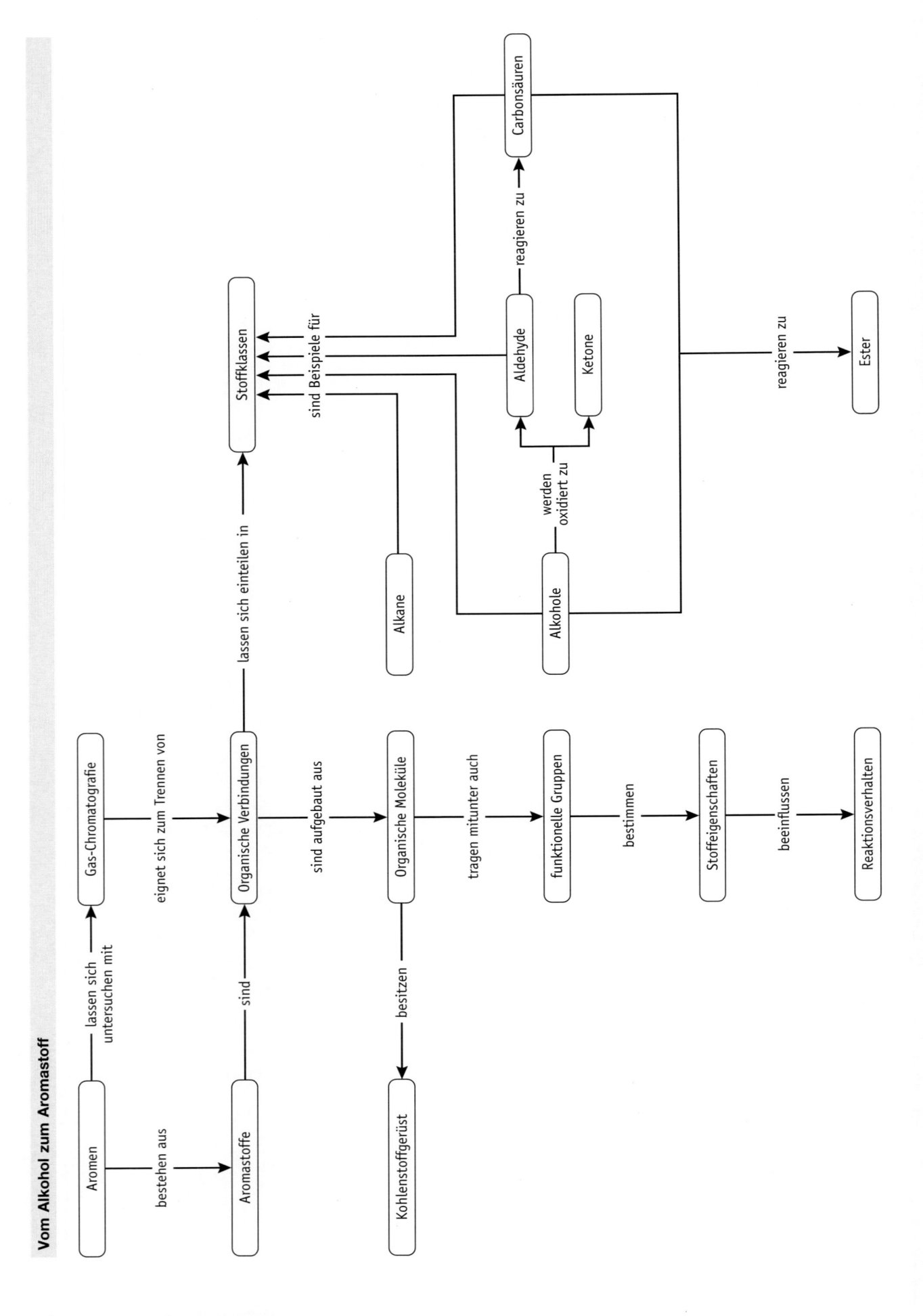

- Aromen — lassen sich untersuchen mit → Gas-Chromatografie — eignet sich zum Trennen von → Organische Verbindungen
- Aromen — bestehen aus → Aromastoffe — sind → Organische Verbindungen
- Organische Verbindungen — lassen sich einteilen in → Stoffklassen
- Organische Verbindungen — sind aufgebaut aus → Organische Moleküle — tragen mitunter auch → funktionelle Gruppen — bestimmen → Stoffeigenschaften — beeinflussen → Reaktionsverhalten
- Organische Moleküle — besitzen → Kohlenstoffgerüst
- Alkane — sind Beispiele für → Stoffklassen
- Alkohole — sind Beispiele für → Stoffklassen
- Aldehyde — sind Beispiele für → Stoffklassen
- Ketone — sind Beispiele für → Stoffklassen
- Carbonsäuren — sind Beispiele für → Stoffklassen
- Alkohole — werden oxidiert zu → Aldehyde / Ketone
- Aldehyde — reagieren zu → Carbonsäuren
- Alkohole + Carbonsäuren — reagieren zu → Ester

126 Die wichtigsten Begriffe – Concept maps

Steuerung chemischer Reaktionen

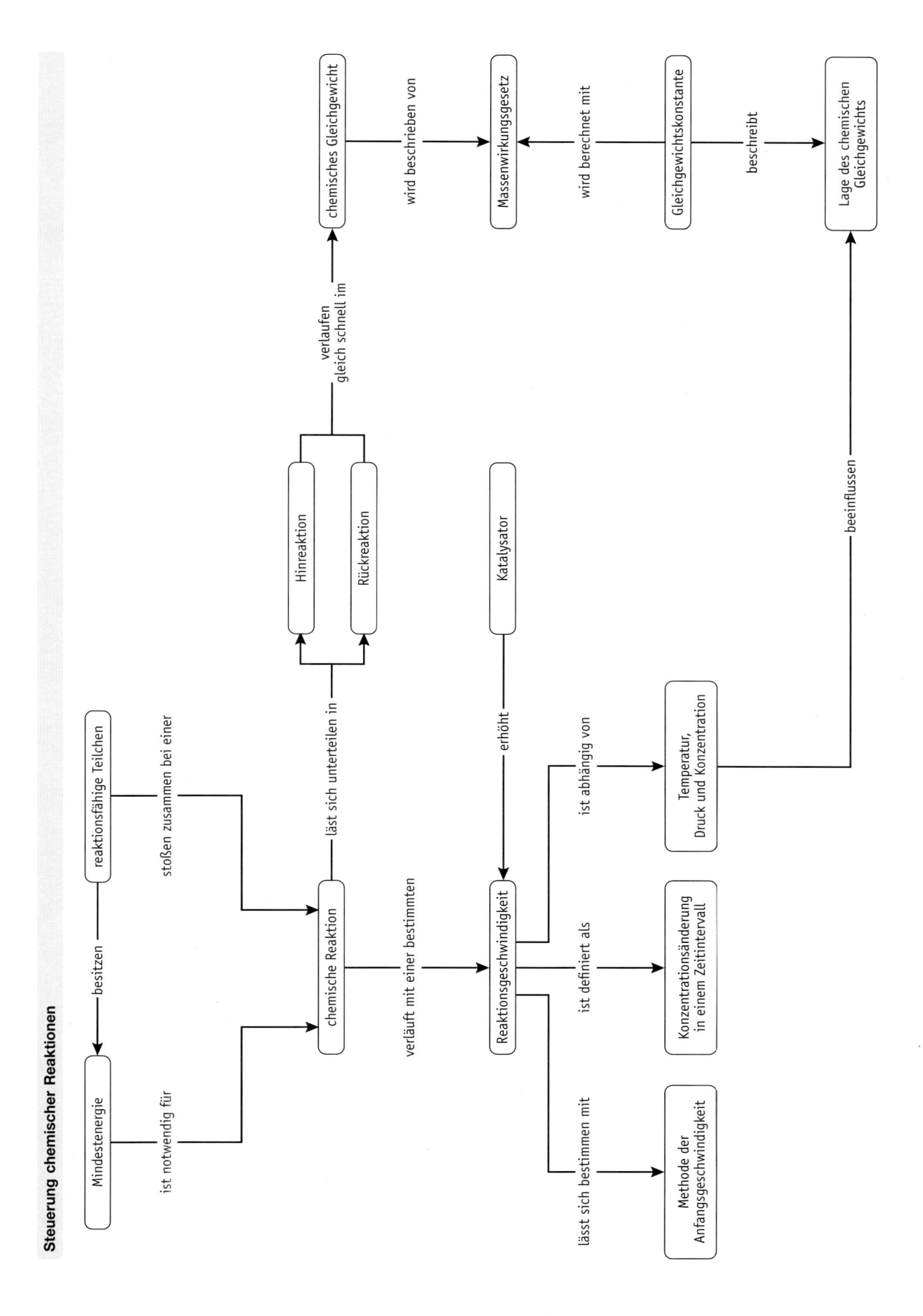

Mindestenergie — ist notwendig für → **chemische Reaktion**

reaktionsfähige Teilchen — besitzen → **Mindestenergie**

reaktionsfähige Teilchen — stoßen zusammen bei einer → **chemische Reaktion**

chemische Reaktion — läst sich unterteilen in → **Hinreaktion** / **Rückreaktion**

Hinreaktion und **Rückreaktion** — verlaufen gleich schnell im → **chemisches Gleichgewicht**

chemisches Gleichgewicht — wird beschrieben von → **Massenwirkungsgesetz**

Gleichgewichtskonstante — wird berechnet mit → **Massenwirkungsgesetz**

Gleichgewichtskonstante — beschreibt → **Lage des chemischen Gleichgewichts**

chemische Reaktion — verläuft mit einer bestimmten → **Reaktionsgeschwindigkeit**

Katalysator — erhöht → **Reaktionsgeschwindigkeit**

Reaktionsgeschwindigkeit — ist abhängig von → **Temperatur, Druck und Konzentration**

Temperatur, Druck und Konzentration — beeinflussen → **Lage des chemischen Gleichgewichts**

Reaktionsgeschwindigkeit — ist definiert als → **Konzentrationsänderung in einem Zeitintervall**

Reaktionsgeschwindigkeit — lässt sich bestimmen mit → **Methode der Anfangsgeschwindigkeit**

Die wichtigsten Begriffe – Concept maps

Kohlenstoff und Kohlenstoffkreislauf

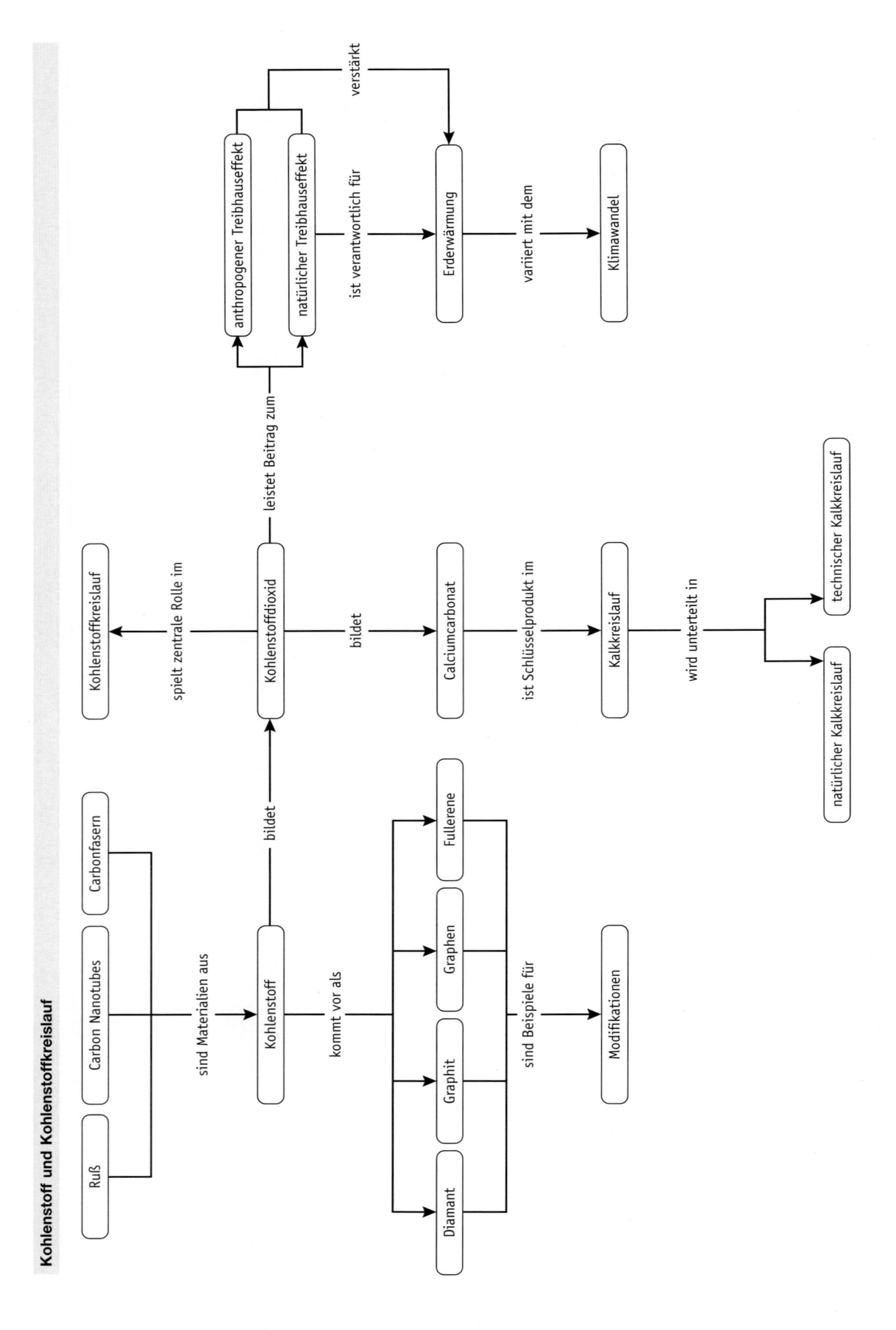

- **Ruß**, **Carbon Nanotubes**, **Carbonfasern** sind Materialien aus → **Kohlenstoff**
- **Kohlenstoff** kommt vor als → **Diamant**, **Graphit**, **Graphen**, **Fullerene**
- Diamant, Graphit, Graphen, Fullerene sind Beispiele für → **Modifikationen**
- **Kohlenstoff** bildet → **Kohlenstoffdioxid**
- **Kohlenstoffdioxid** spielt zentrale Rolle im → **Kohlenstoffkreislauf**
- **Kohlenstoffdioxid** bildet → **Calciumcarbonat**
- **Calciumcarbonat** ist Schlüsselprodukt im → **Kalkkreislauf**
- **Kalkkreislauf** wird unterteilt in → **technischer Kalkkreislauf**, **natürlicher Kalkkreislauf**
- **Kohlenstoffdioxid** leistet Beitrag zum → **anthropogener Treibhauseffekt**, **natürlicher Treibhauseffekt**
- **anthropogener Treibhauseffekt** verstärkt → **Erderwärmung**
- **natürlicher Treibhauseffekt** ist verantwortlich für → **Erderwärmung**
- **Erderwärmung** variiert mit dem → **Klimawandel**

128 Die wichtigsten Begriffe – Concept maps

Mobile elektrische Energiequellen

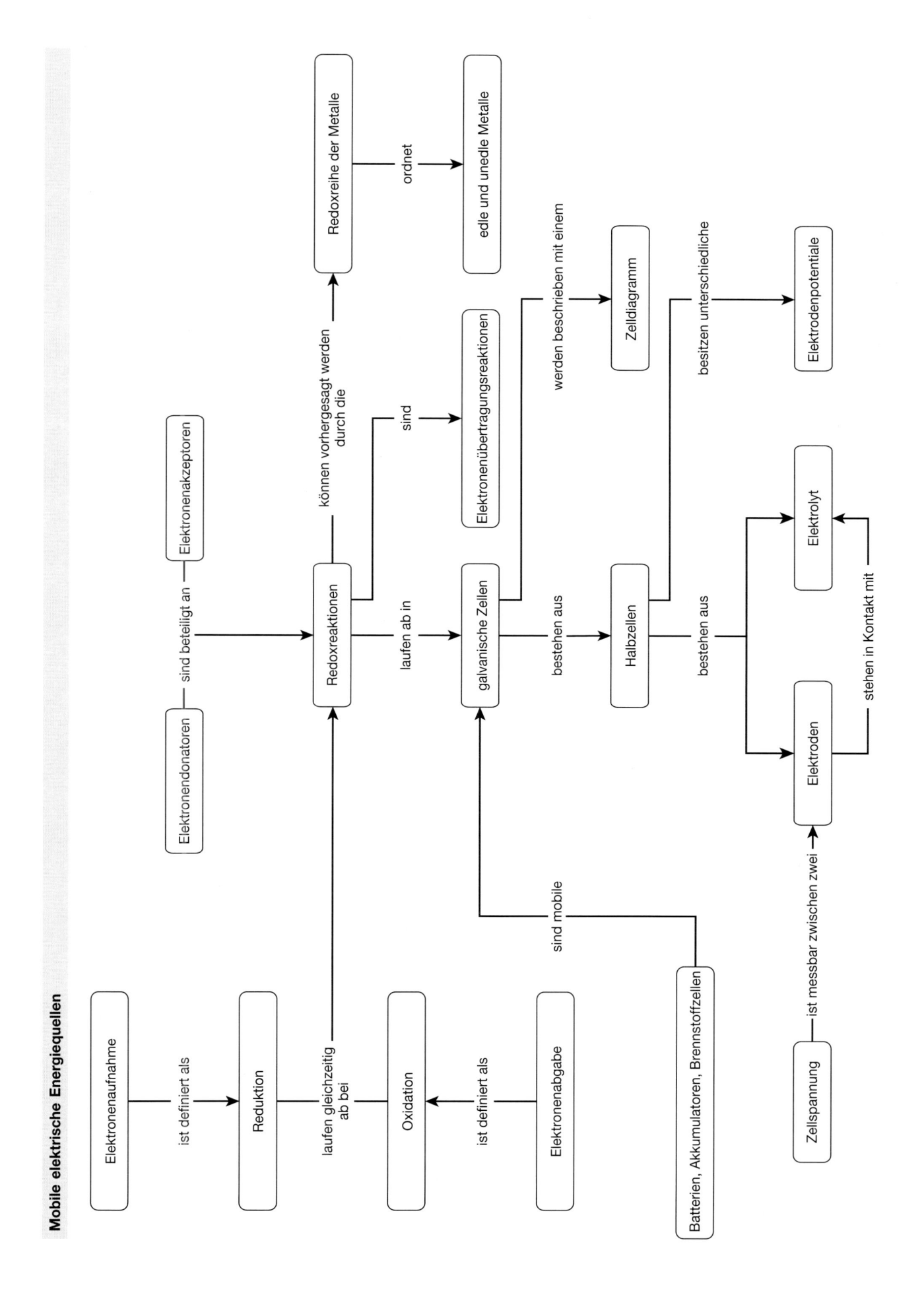

- Elektronenaufnahme — ist definiert als → **Reduktion**
- Elektronenabgabe — ist definiert als → **Oxidation**
- Reduktion und Oxidation — laufen gleichzeitig ab bei → **Redoxreaktionen**
- Elektronendonatoren — sind beteiligt an → **Redoxreaktionen**
- Elektronenakzeptoren — sind beteiligt an → **Redoxreaktionen**
- Redoxreaktionen — können vorhergesagt werden durch die → **Redoxreihe der Metalle**
- Redoxreihe der Metalle — ordnet → **edle und unedle Metalle**
- Redoxreaktionen — sind → **Elektronenübertragungsreaktionen**
- Redoxreaktionen — laufen ab in → **galvanische Zellen**
- galvanische Zellen — werden beschrieben mit einem → **Zelldiagramm**
- galvanische Zellen — bestehen aus → **Halbzellen**
- Halbzellen — besitzen unterschiedliche → **Elektrodenpotentiale**
- Halbzellen — bestehen aus → **Elektrolyt** und **Elektroden**
- Elektroden — stehen in Kontakt mit → **Elektrolyt**
- Zellspannung — ist messbar zwischen zwei → **Elektroden**
- Batterien, Akkumulatoren, Brennstoffzellen — sind mobile → **galvanische Zellen**

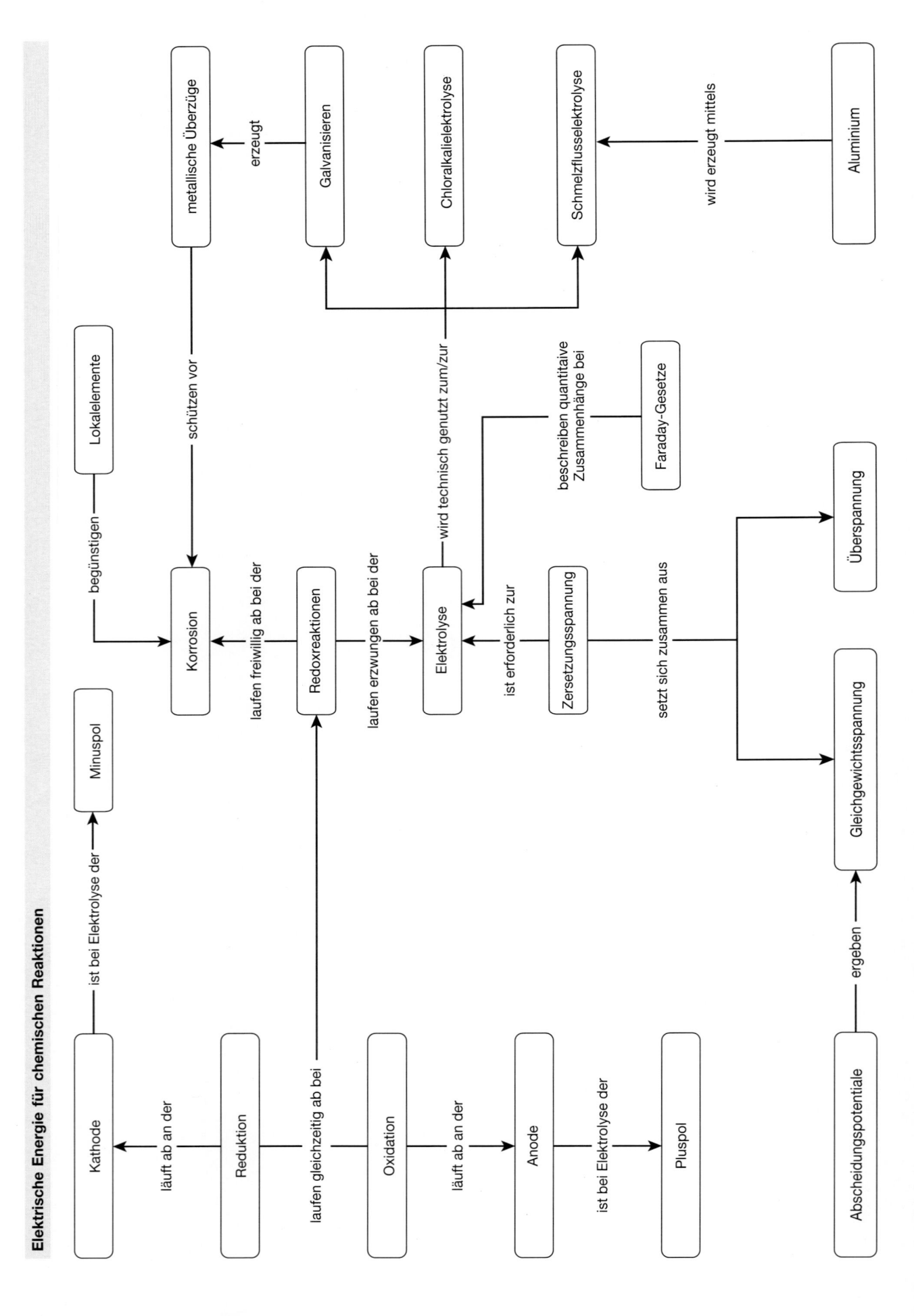

Elektrische Energie für chemische Reaktionen

Kathode — ist bei Elektrolyse der → **Minuspol**

Kathode ← läuft ab an der — **Reduktion**

Reduktion — laufen gleichzeitig ab bei → **Redoxreaktionen** ← **Oxidation**

Oxidation — läuft ab an der → **Anode** — ist bei Elektrolyse der → **Pluspol**

Lokalelemente — begünstigen → **Korrosion**

Korrosion ← laufen freiwillig ab bei der — **Redoxreaktionen** — laufen erzwungen ab bei der → **Elektrolyse**

metallische Überzüge — schützen vor → **Korrosion**

Galvanisieren — erzeugt → **metallische Überzüge**

Elektrolyse — wird technisch genutzt zum/zur → **Galvanisieren**, **Chloralkalielektrolyse**, **Schmelzflusselektrolyse**

Aluminium — wird erzeugt mittels → **Schmelzflusselektrolyse**

Faraday-Gesetze — beschreiben quantitaive Zusammenhänge bei → **Elektrolyse**

Zersetzungsspannung — ist erforderlich zur → **Elektrolyse**

Zersetzungsspannung — setzt sich zusammen aus → **Überspannung**, **Gleichgewichtsspannung**

Abscheidungspotentiale — ergeben → **Gleichgewichtsspannung**

130 Die wichtigsten Begriffe – Concept maps

Säuren und Laugen – analytische Verfahren

- **Ionenprodukt** — ist eine Gleichgewichtskonstante für die → **Autoprotolyse**
- **Autoprotolyse** ← bilden sich bei — **Hydroxid-Ionen** / **Oxonium-Ionen** (sind bei Wasser und in einer Lösung verantwortlich für **Leitfähigkeit**)
- **pOH-Wert** — ist ein Maß für die Konzentration an → **Hydroxid-Ionen**
- **Hydroxid-Ionen** — sind enthalten in → **alkalische Lösung** ← bilden mit Wasser meist — **Basen**
- **Basen** — besitzen charakteristische → **Basenstärke** ← ist Zahlenwert für — K_B
- pK_B — ist definiert als Zehnerlogarithmus → K_B
- **Leitfähigkeit** — reagieren miteinander → **Neutralisation** — läuft ab bei → **Titration**
- **Oxonium-Ionen** — werden übertragen bei → **Protolyse**
- **Oxonium-Ionen** — werden abgegeben von → **Brönstedt-Säure**
- **Oxonium-Ionen** ← werden aufgenommen von — **Brönstedt-Base**
- **pH-Wert** — ist ein Maß für die Konzentration an → **Oxonium-Ionen**
- **Oxonium-Ionen** — sind enthalten in → **saure Lösung** ← bilden mit Wasser meist — **Säuren**
- **Säuren** — besitzen charakteristische → **Säurestärke** ← ist Zahlenwert für — K_S
- **Indikator** — zeigt den Endpunkt an bei → **Titration**
- pK_S — ist definiert als Zehnerlogarithmus → K_S

Die wichtigsten Begriffe – Concept maps

Reaktionswege in der organischen Chemie

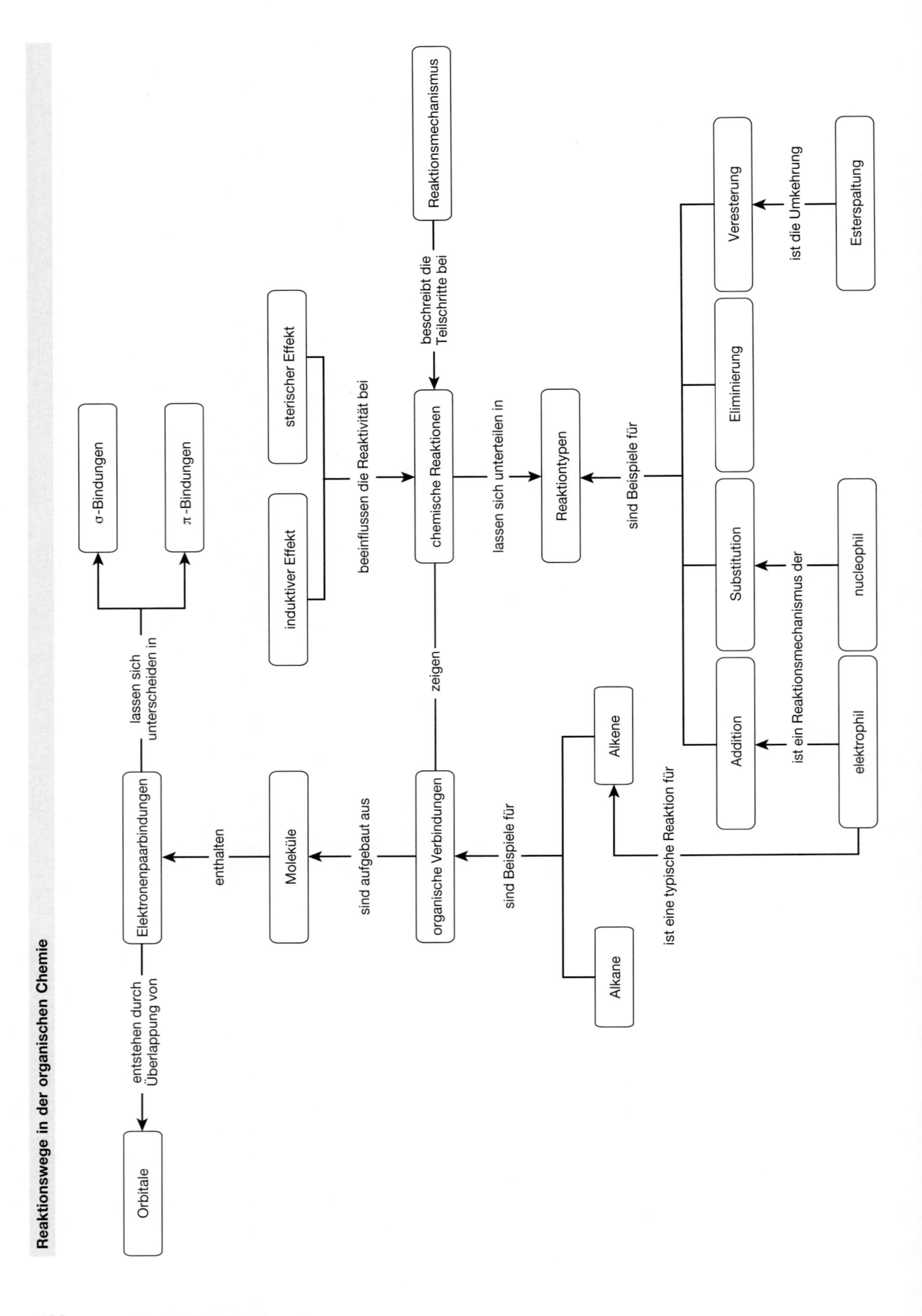

```
Orbitale
   │ entstehen durch Überlappung von
   ▼
Elektronenpaarbindungen ──lassen sich unterscheiden in──► σ-Bindungen
                                                         π-Bindungen
   │ enthalten
   ▼
Moleküle
   ▲ sind aufgebaut aus
   │
organische Verbindungen ──zeigen──► chemische Reaktionen
   │ sind Beispiele für                ▲
   ▼                                   │ beeinflussen die Reaktivität bei
Alkane / Alkene                        │
                                   sterischer Effekt
                                   induktiver Effekt

Reaktionsmechanismus ──beschreibt die Teilschritte bei──► chemische Reaktionen
                                                              │ lassen sich unterteilen in
                                                              ▼
                                                         Reaktionstypen
                                                              ▲ sind Beispiele für
                                                              │
           Addition   Substitution   Eliminierung   Veresterung
              ▲            ▲                            ▲
              │            │                            │ ist die Umkehrung
         elektrophil   nucleophil                   Esterspaltung
         
ist eine typische Reaktion für Alkene (elektrophil → Addition)
ist ein Reaktionsmechanismus der (elektrophil/nucleophil → Substitution)
```

132 Die wichtigsten Begriffe – Concept maps

Aromatische Verbindungen

```
ortho-, meta- oder para-dirigierend ←(wirken)— Substituenten —(üben aus)→ I-Effekt, M-Effekt, sterischer Effekt ←(beeinflussen)— elektrophile Substitution ←(sind Teilschritte der)— σ-Komplex, π-Komplex

elektrophile Substitution —(ist eine typische Reaktion für)→ aromatische Verbindungen

annelierte Aromaten —(sind eine Gruppe für)→ mehrkernige Aromaten
Benzol, Phenol —(sind Beispiele für)→ einkernige Aromaten
aromatische Verbindungen —(lassen sich einteilen in)→ einkernige Aromaten / mehrkernige Aromaten

Grenzformeln —(beschreiben)→ aromatische Verbindungen
Hückel-Regel —(legt Kriterien fest für)→ aromatische Verbindungen
aromatische Verbindungen —(besitzen)→ delokalisiertes Elektronensystem —(wird stabilisiert durch)→ Mesomerie
```

Die wichtigsten Begriffe – Concept maps

Kunststoffe – organische Werkstoffe

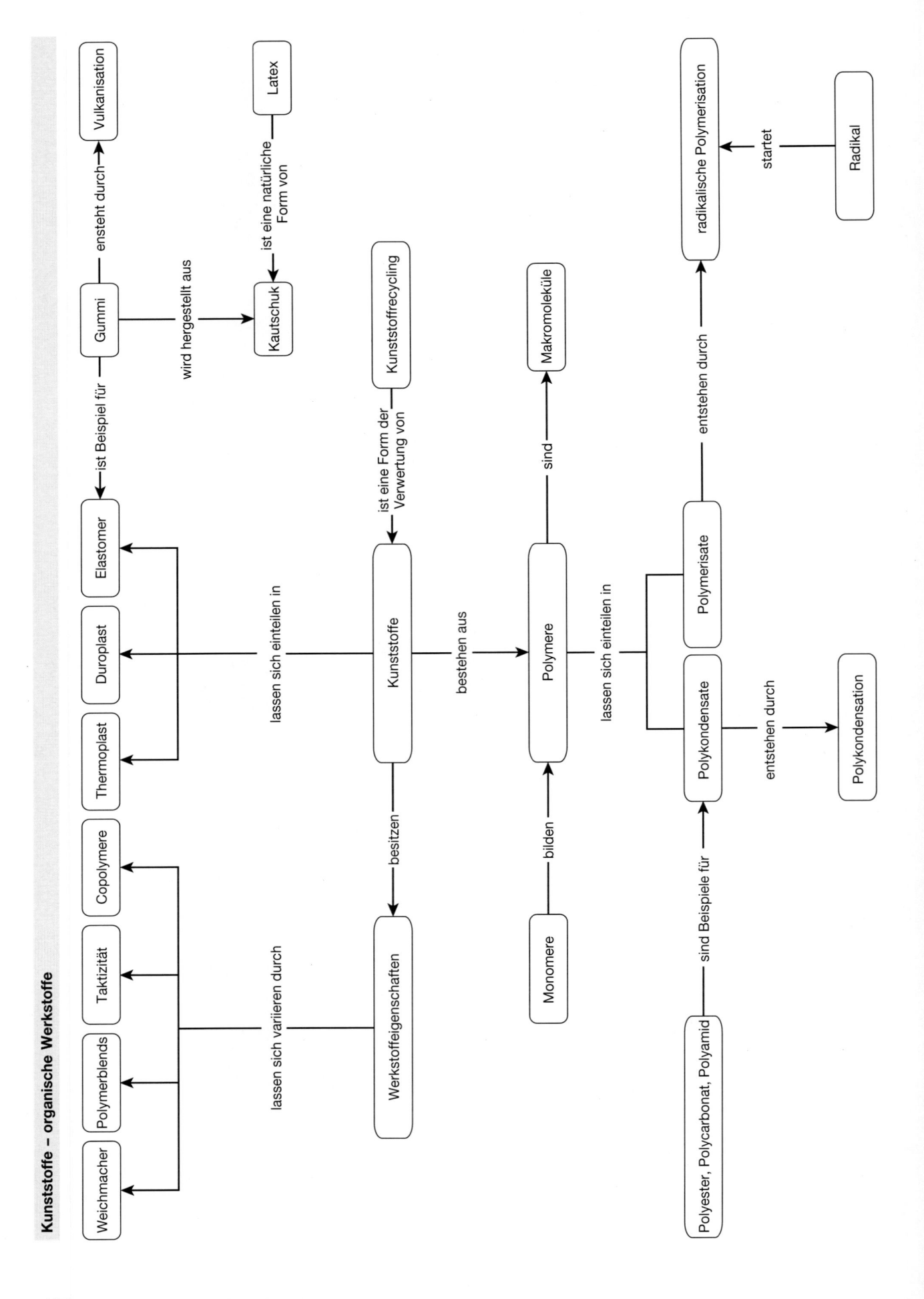

Kunststoffe lassen sich einteilen in: Elastomer, Duroplast, Thermoplast
- **Gummi** ist Beispiel für Elastomer
- Gummi entsteht durch **Vulkanisation**
- Gummi wird hergestellt aus **Kautschuk**
- **Latex** ist eine natürliche Form von Kautschuk

Kunststoffrecycling ist eine Form der Verwertung von Kunststoffe

Kunststoffe bestehen aus **Polymere**
- Polymere sind **Makromoleküle**
- **Monomere** bilden Polymere
- Polymere lassen sich einteilen in **Polymerisate** und **Polykondensate**
  - Polymerisate entstehen durch **radikalische Polymerisation**
    - **Radikal** startet radikalische Polymerisation
  - Polykondensate entstehen durch **Polykondensation**
  - **Polyester, Polycarbonat, Polyamid** sind Beispiele für Polykondensate

Kunststoffe besitzen **Werkstoffeigenschaften**
- lassen sich variieren durch: Weichmacher, Polymerblends, Taktizität, Copolymere

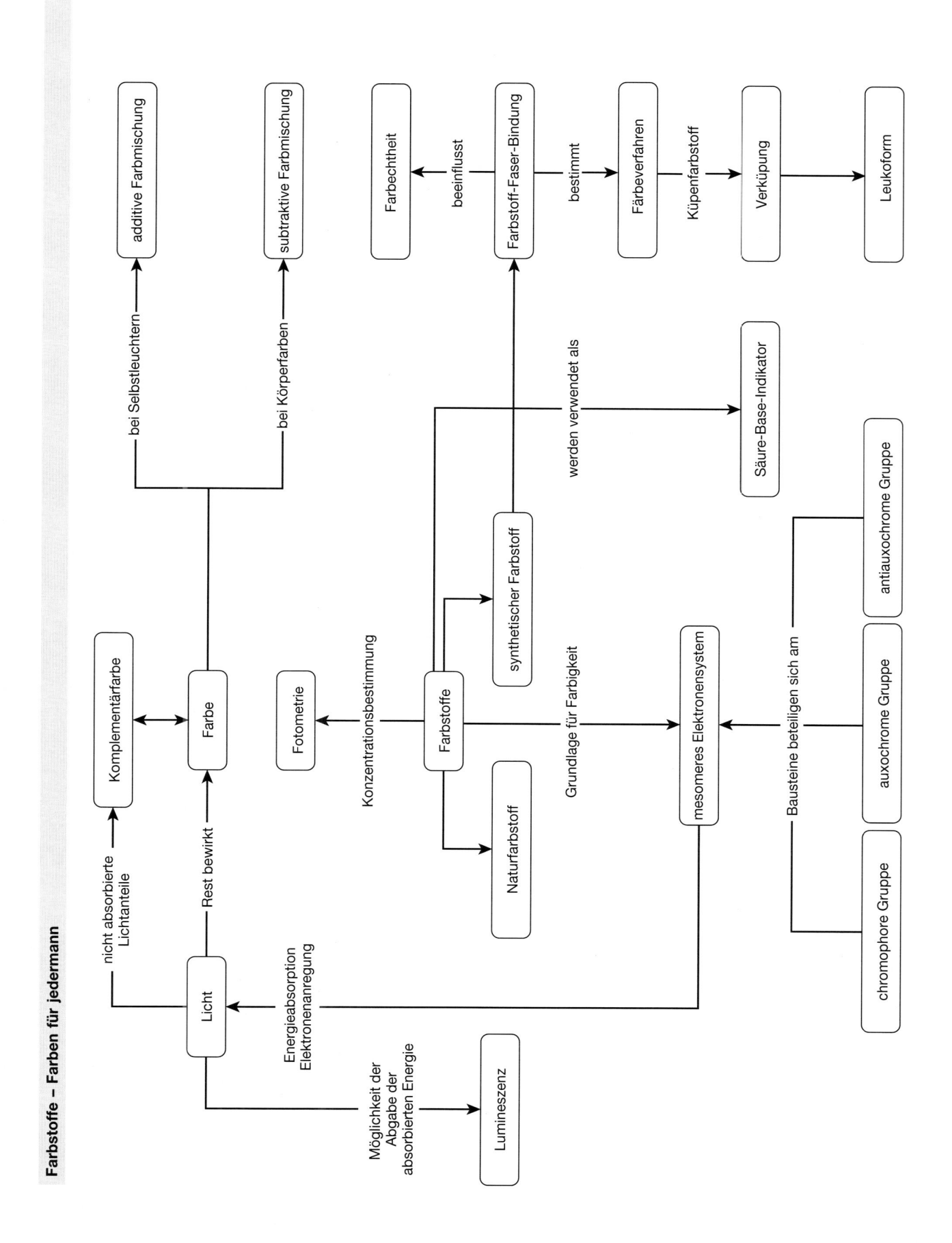

Farbstoffe – Farben für jedermann

- **additive Farbmischung** ← bei Selbstleuchtern — **Farbe**
- **subtraktive Farbmischung** ← bei Körperfarben — **Farbe**
- **Farbechtheit** ← beeinflusst — **Farbstoff-Faser-Bindung** — bestimmt → **Färbeverfahren** — Küpenfarbstoff → **Verküpung** → **Leukoform**
- **Komplementärfarbe** ↔ **Farbe**
- **Licht** — Rest bewirkt → **Farbe**
- nicht absorbierte Lichtanteile → **Komplementärfarbe**
- **Licht** ← Energieabsorption Elektronenanregung
- Möglichkeit der Abgabe der absorbierten Energie → **Lumineszenz**
- **Farbstoffe** → Konzentrationsbestimmung → **Fotometrie**
- **Farbstoffe** → **synthetischer Farbstoff**
- **Farbstoffe** → **Naturfarbstoff**
- **Farbstoffe** werden verwendet als → **Säure-Base-Indikator**
- **Farbstoffe** werden verwendet als → **Farbstoff-Faser-Bindung**
- **Farbstoffe** — Grundlage für Farbigkeit → **mesomeres Elektronensystem**
- Bausteine beteiligen sich am **mesomeres Elektronensystem**: **chromophore Gruppe**, **auxochrome Gruppe**, **antiauxochrome Gruppe**

Die wichtigsten Begriffe – Concept maps